중국과 세계

김재철 지음

국제주의, 민족주의, 외교정책

China and the World :
Internationalism, Nationalism,
and Chinese Foreign Policy

한울
아카데미

이 저서는 2013년 정부(교육과학기술부)의 재원으로 한국연구재단의 지원을 받아 수행된 연구입니다.
(NRF-2013S1A6A4017501)

이 도서의 국립중앙도서관 출판예정도서목록(CIP)은 서지정보유통지원시스템 홈페이지(http://seoji.nl.go.kr)와
국가자료공동목록시스템(http://www.nl.go.kr/kolisnet)에서 이용하실 수 있습니다.
CIP제어번호: CIP2017002448(양장), CIP2017002449(학생판)

책을 내며

이 책은 대외개방 이후 중국 외교정책에 발생한 두 차례의 중요한 변화('진화'와 '공세적 전환')를 국제주의와 민족주의라는 서로 다른 외교이념 사이의 경쟁을 통해 설명하고 있다. 중요한 변화와 상반된 생각을 주제로 한다는 점에서 이 책은 중국 외교정책에 관한 '고정관념'을 넘어서려는 시도인 셈이다.

이러한 시도는 필자의 개인적 경험과 밀접한 관련을 갖는다. 필자는 2007년에 출간한 『중국의 외교전략과 국제질서』라는 책에서 부상하는 중국의 외교전략이 구조적 현실주의가 제시하는 것처럼 국제질서에 도전하기보다 참여를 통해 자신의 목표를 실현하는 방향으로 진화하고 있음을 지적한 바 있다. 따라서 2010년 중국 외교정책에 발생한 또 한 차례의 중요한 변화, 즉 '공세적 전환'은 필자의 주장을 다시 돌아볼 필요성을 제기했다. 중국에서 국제체제에 참여하고 통합할 필요성 대신에 기존체제를 변화시킬 필요성을 강조하는 목소리가 증대됨에 따라 대외개방 이후 외교정책에 나타난 진화의 진정성에 대한 의구심이 제기되었다. 그동안 중국이 보여준 진화는 국력이 취약한 상태에서 자신의 의도를 감추기 위한 방편에 불과했고 결국 부상하는 중국은 기존 국제체제에 도전할 것이고 따라서 충돌이 불가피할 것이라는 주장이 힘을 얻었다.

이러한 상황에서 필자는 중국 외교정책에 나타난 공세적 전환의 정도와 원인, 그리고 의의를 다시 검토할 필요성을 느꼈다. 이 책은 이러한 성찰의 결과이다. 이 과정에서 중국 안에 외교정책에 관한 생각과 이념의 차이가 존재한다는 사실에 주목하게 되었다. 외교정책에 관한 중국의 생각과 정책이 통일되어 있다는 고정관념과 달리, 실제로는 상반된 생각과 정책이 제기되고 경쟁한다. 이러한 상호작용이 정책의 변화로 이어진다. 물론 서로 다른 생각이 항상, 그리고 직접적으로 정책 결정에 영향을 끼치는 것은 아니지만 정책 결정이 이루어지는 환경을 형성하고 또 대안을 제공한다.

이 책은 중국에 존재하는 차이를 국제주의와 민족주의로 구분한다. 물론 이러한 구분이 중국 내에 존재하는 다양한 생각을 모두 포괄하는 것은 아니다. 현실적으로 외교정책을 둘러싼 중국 내의 생각은 이보다 훨씬 더 세분화되어 있다. 아울러 혹자는 이러한 차이는 현실주의와 자유주의라는 보다 보편적 범주를 통해 더 적절하게 포착될 수 있다는 반론을 제기할 수도 있을 것이다. 그럼에도 불구하고 필자는 국제주의와 민족주의가 중국과 세계 간의 관계와 관련하여 중국에 존재하는 차이를 보여주는 데 더 적절하다고 판단했다. 두 이념 사이의 차이와 상반된 이념이 외교정책에 끼치는 영향에 대한 검토는 외교정책을 둘러싸고 중국에서 발생한 경쟁, 변화 그리고 혼선을 이해하는 데 기여한다. 대외개방 초기 발생한 외교정책의 진화가 중요하지만 완전하지 않았듯, 국력이 증대된 후 발생한 공세적 전환 또한 중요하지만 최종적인 것인지의 여부는 지켜볼 필요가 있다.

중국 외교정책에 발생한 변화를 이념의 차이를 통해 분석하는 것은 쉽지 않았다. 차이를 분명하게 드러내지 않는 현실로 인해 중국 내에 존재하는 생각을 구분하고 다시 이러한 생각과 정책 간의 연계를 찾아내는 데 5년이 넘는 시간이 걸렸다. 물론 아직도 보완해야 할 부분이 많지만, 인생의 '후반전'을 위해 투자하겠다고 결심했던 안식년을 원고작업에 쏟아붓고 날 때쯤, 지금 아니면 영원히 출간이 불가능할 수도 있다는 우려를 하게 되었고 마침내 출간을 결심했다. 필자는 이 책이 완성이기보다 시작이라고 생각하며, 추가적인 논의와 성찰을 통해 보완될 수 있기를 희망한다.

책을 펴내는 과정에서 여러 사람의 도움을 받았다. 우선, 초기 구상단계인 2011년 11월 국민대 중국인문사회연구소에서 "중국의 외교노선과 외교정책"이라는 제목으로, 또 2013년 3월에는 "중국의 외교노선과 외교정책: 시론적 검토"라는 주제로 중국정치연구회에서 각각 발표한 바 있다. 두 세미나에서 다양한 의견을 제시해주셨던 분들께 감사를 드린다. 또 이 무렵 한국연구재단에 재정지원을 신청하는 과정에서 제안서를 읽고 논평해준 국제학부 동료 김준석 교수께도 사의를 표한다. 한편 이 글의 초고가 완성된 후에는 이문기 교수와 김애경 교수께서 꼼꼼하게 읽고 의견을 제시해주었다. 모두 수용하지는 못했지만 논리와 사실을 보강하는 데 도움이 되었다는 감사의 얘기를 전하고 싶다. 마지막으로 듀크 대학에 재학 중인 최다현 양이 미주와 참고문헌 작업을 도와주었고, 가톨릭대 도서관의 장경숙 선생께서는 수시로 이루어진 자료요청에 불평 없이 응해주셨으며, 한울엠플러스의 김영은 편집자께서도 책의 가독성을 제고시키기 위해 힘써주셨다는 사실을 밝힌다. 모두에게 감사를 표한다.

2017년 1월

차례

제2부 외교정책

제3부 시진핑 체제의 강대국 외교정책과 세계

서론

중국의 부상이 촉발시킨 궁극적 질문 가운데 하나는 '중국이 세계와 어떤 관계를 형성할 것인가?'이다. 중국은 국제체제에 참여함으로써 성장을 이룬 데 힘입어 '세계 속의 중국'으로 남을 것인가? 아니면 증대된 힘을 활용하여 국제체제를 자신의 선호에 맞게 다시 구성하는 '중국식 세계'를 추구할 것인가? 이는 증대된 국력을 어떻게 활용할 것인가와 관련된 문제로, 중국의 선택은 자신의 미래뿐 아니라 세계의 운명에도 영향을 끼칠 것이다. 중국이 국제체제의 규칙, 규범, 그리고 책임을 수용하는 세계 속의 정상국가가 될 경우 현재의 국제질서가 유지될 가능성이 크다. 반면에 중국이 증대된 국력과 자신감에 힘입어 변화를 추구할 경우 국제체제에 불안정이 초래될 가능성이 크다.

사실 외부세계 또는 국제체제와 어떤 관계를 형성할 것인가는 중국이 오랫동안 씨름해온 문제이다. 이 문제는, 한 전문가의 주장처럼,[1] 19세기 중반 서구에 의해 국제체제에 편입된 이후 중국 외교정책의 가장 핵심적인 문제로 등장했다. 한편으로 서구가 앞선 과학기술과 경제력을 보유했다는 사실이 국제체제에 참여하는 것을 불가피하게 만들었다. 반면에 서구에 의해 강요된 국제체제로의 편입이 경제적 침탈과 민족적 수난으로 귀결되었던 역사적 경험은 외부세계에 대한 뿌리 깊은 경계심과 의구심을 촉발시켰다. 이에 따라 중국에서는 외부세계와의 수렴(收斂)을 추구할 것인지 아니면 독자성을 중시할 것인지에 관한 모색과 논쟁이 끊이지 않았다.[2]

마오쩌둥(毛泽东) 시기 자력갱생(自力更生)의 기치 아래 고립을 선택했던 중국은 덩샤오핑(邓小平)이 권력을 장악한 후 대외개방을 선택했다.[3] 경제발전을 위해 선택된 대외개방은 중국이 주권국가로서 국제체제에 자발적이고 본격적으로 참여함을 의미했다. 중국은 외국의 자본, 기술, 시장, 그리고 경제발전 경험 등을 획득하기 위해 서구가 주도하는 국제체제에 참여하기로 결정했다. 초창기 제한적 범위에서 시작된 중국의 참여는 대외개방이 경제발전에 기여한다는 사실이 확인되면서 확대되었다. 중국은 상호의존(interdependence), 협력을 통한 발전, 세계화, 공동안보 등 새로운 개념을 수용하고 다자적 무기통제 체제와 유엔 평화유지활동에도 참여했다. 이는 중국이 국제체제에 참여하는 데 필요한 조건을 충족시키려 들었을 뿐 아니라 한 걸음 더 나아가 국제적 책임을 부담함으로써 국제사회의 인정도 획득하려 들었음을 의미한다.

이처럼 대외개방을 통해 국제체제에 참여하고 또 국제적 규범을 수용함에 따라 중국이 세계와의 수렴을 추구하는 것처럼 보였지만, 이것이 곧 오랫동안 씨름해온 근본적 질문에 대한 분명하고도 최종적인 답을 찾았음을 의미하는 것인지는 분명하지 않다. 중국과 세계 간의 관계에 현저한 변화가 발생했지만, 상황은 그리 단순하지 않았다. 대외개방에도 불구하고 중국은 주권으로 상징되는 자율성을 유지하려는 노력을 계속했을 뿐 아니라 국력이 증대되면서 전통에 대한 자신감과 자부심도 부활했다. 그 결과 중국에서는 국제적 역할과 세계와의 관계를 둘러싼 논쟁이 다시 촉발되었다.

세계와의 통합과 수렴을 추구할 것인지 아니면 증대된 힘을 바탕으로 중국의 특성을 구현할 것인지에 관한 논쟁이 다시 등장한 것이다.

이러한 와중에 발생한 세계금융위기는 세계를 재구성(塑造)할 가능성과 필요성에 대한 목소리를 증강시켰다. 2008년을 고비로 중국은 국제체제 또는 세계와의 관계에서 "역사상 전례 없는 확신"을 갖게 되었고,[4] 이와 함께 그동안 '어떻게 세계 속으로 편입할 것인가'를 고민해왔던 데서 '어떻게 세계를 재구성할 것인가'를 고민해야 한다는 주장이 제기되고 확산되었다. 시진핑(习近平) 체제가 출범한 후 이러한 주장은 '중국의 방안(中国方案)'이나 '중국의 지혜(中国智慧)' 등에 대한 강조로 이어졌다. 이후 AIIB(아시아인프라투자은행)와 일대일로(一带一路) 등 중국의 구상에 유럽국가가 잇따라 호응하면서 중국에서는 '중국이 세계와 일치하는 것인가 아니면 세계가 중국과 일치할 것인가?'라는 질문까지 제기되었다.[5]

그렇다면 이는 개혁개방으로 심대한 전환을 경험한 세계와의 관계에 대한 중국의 시각과 입장에 또 다시 변화가 발생함을 의미하는가? 다시 말해 중국은 개방 이후 강조해온 국제체제에의 참여와 수렴으로부터 국제체제를 자국의 선호와 이익에 따라 재구성하는 방향으로 정책의 초점을 전환한 것인가?[6] 이 책은 대외개방 이후 중국에서 전개된 세계와의 관계에 관한 모색과 논쟁을 검토하게 될 것이다.

1. 기존 연구에 대한 검토

중국의 부상이 국제체제에 끼치는 영향은 그 중요성으로 인해 많은 관심을 받아왔는데, 이와 관련하여 기존 연구들은 서로 상반된 시각을 보인다.[7]

우선 현실주의 논의들, 특히 미국과 중국 사이의 상대적 국력 격차의 변화에 주목하는 구조적 접근은 부상하는 중국이 국제체제의 변화를 추구할 것이고 이에 따라 기존 주도국가인 미국과의 갈등이 불가피할 것임을 제시한다. 대표적으로 공세적 현실주의자인 미어샤이머(John Mearsheimer)는 중국이 국력의 증강과 함께 진정한 패권국이 되려고 추구할 것이며 따라서 미국과의 경쟁이 촉발될 것이라고 주장한다.[8] 강대국 사이의 국력 대비와 그 파급효과에 주목하는 세력전이론 또한 중국의 부상이 기존 패권국인 미국과의 충돌을 야기할 것이라고 규정한다.[9] 중국에서도 중국의 부상이 국제체제의 세력분포뿐 아니라 국제질서를 형성하는 규범과 책임에도 변화를 촉발시킬 것이라는 주장이 제기된다. 대표적으로 칭화대학의 옌쉐퉁(阎学通)은 2023년경까지 미국과 중국을 중심으로 하는 양극체제가 형성될 것이며, 양국 사이의 구조적 갈등이 불가피할 것으로 규정한다.[10]

이에 반해 자유주의나 구성주의의 논의들은 중국이 국제체제에 동화되고 있다는 점을 강조한다. 존스턴(Alastair Iain Johnston)은 중국이 개방정책을 실시한 이후 자발적으로 국제적 규범과 규칙을 수용함으로써 국제체제의 지지자 이미지를 추구해왔다고 지적한다.[11] 섐보(David Shambaugh) 또한 중국이 아시아에서 책임 있고 건설적인 강대국 이미지를 구축했다고 주장한 바 있다.[12] 아이켄베리(G. John Ikenberry)는 지난 30여 년의 역사는 중국이 평화적으로 부상함으로써 국제사회와 조화를 이룰 가능성을 보여주었으며 따라서, 전쟁이나 경제적 비극이 없다면, 자유주의적 질서는 쇠퇴하기보다 진화할 것이라고 주장한다.[13]

국제체제에의 참여와 수용을 강조하는 자유주의적 시각은 개혁개방 직후 중국에 발생한 변화를 설명하는 데 유용하다. 중국은 개방을 통해 국제체제에 참여하기로 결정했고, 개방이 경제발전을 가져다줌에 따라 국제체제가 혜택을 제공한다는 인식을 점차 강화했다. 그 결과 중국은 개방의 폭을 확대하고 또 기존 국제체제 내에서 자국의 목표를 달성하려는 의도를 강화했다. 대표적으로 중국은 2001년 WTO에 가입했고, 또 이후 많은 전문가들의 예상을 넘는 수준으로 WTO의 규정을 실천에 옮기기 위한 노력을 전개했다.[14] 다시 말해 WTO 가입은 국제체제에로의 전면적 편입과 국제적 연계가 급증하는 전기로 작용했다. 이후 중국은 평화적 부상(和平崛起)과 조화세계(和谐世界)론 등을 통해 국제체제에 도전하지 않겠다는 의지를 밝혔다.

그러나 이러한 변화에도 불구하고 중국은 계속해서 자율성에 집착했다. 다시 말해 중국은 국제체제에 참여하고 통합을 추구하면서도 기존 체제나 질서를 있는 그대로 수용하려 들지 않았다. 심지어 국제체제와의 수렴을 추구할 필요성을 주장하는 전문가들마저도 국제체제가 궁극적으로 변화하고 개선되어야 한다고 지적했다. 그 결과 평화적 부상이나 조화세계론 등도 조화를 추구하는 가운데 자율성을 허용하는 화이부동(和而不同)과 같은 포용성을 강조했다. 이후 국력의 증강과 함께 독자노선에 대한 목소리는 더욱 증강되었는데, 이러한 현상은 중국적 특색이 강조된 데서 단적으로 확인된다. 세계금융위기 이후 현저해진 중국특색에 대한 강조는 시진핑 체제가 들어선 후 공식화된다. 시진핑 주석이 제기한 '중국의 꿈(中国梦)'과 '중국식' 강대국 외교정책은 국제체제에 중국의 특색을 반영하려는 의도를 분명하게 드러냈다.

이러한 변화는 일견 구조를 중시하는 현실주의의 적실성에 힘을 보태는 것처럼 보인다. 즉, 중국이 국제체제의 재구성을 강조함에 따라 세계 최대의 경제체로 부상하는 시점에서 세계와 국제체제에 대한 입장을 변화시킨 것처럼 보인다. 그 결과 새롭게 부상하는 강대국으로서 중국이 미국과의 국력 격차가 축소됨에 따라 국제체제를 변화시키는 데서 이익을 발견했고, 국제체제와의 관계를 다시 정립하려 한다는 의구심이 제기되었다. 중국 밖에서는 중국이 세계의 규범과 표준을 수용하기보다 자국의 표준을 옹호하고 추진하는 것이 아닌지 나아가 자국이 중심이 되는 천하질서를 다시 구축하려 드는 것은 아닌지와 같은 의구심이 제기되었고,[15] 중국에서도 국제사회를 우러러보던 중국은 사라지고 국제사회를 무시하는 중국이 출현할 것이라는 우려가 제기되었다.[16]

그러나 이러한 의구심은 중국의 외교정책에 존재하는 계속성과 그로 인해 초래되는 혼선을 간과한다. 국력의 증대와 함께 외교정책에서 공세적 측면이 강화되었지만, 이것이 곧 국제체제에 대한 중국의 입장에 근본적 전환이 발생하거나 변화의 방향에 관한 중국 내의 합의가 형성되었음을 의미하는 것은 아니다. 국력의 증대와 함께 국제체제를 재구성할 필요성에 대한 중국 내의 요구와 지지가 증대되었지만, 동시에 이에 대한 비판과 반박 또한 계속된다. 즉, 중국의 성공은 외부세계와의 통합에 달려 있으며 따라서 계속해서 국제사회와의 수렴을 추구해야 한다는 주장이다.

이러한 주장을 반영하듯 중국은 국제체제의 개혁을 주장하면서도 본격적인 도전은 자제한다. 우선, 자신의 특색을 반영하려는 중국의 노력은 기존 제도를 공격하고 와해시키려는 시도로 나타나기보다 자신의 목적과 규범에 부합되는 새로운 기구를 창설하는 방식으로 전개된다. 이는 실질적으로 미국과의 충돌을 회피하려는 시도로서 구조적 설명이 제시하는 바와 차이를 보인다. 아울러 중국의 공세적 대외정책은 잘 계산된 행동이기보다 국내적으로 제고되는 요구에 부응하기 위한 노력으로서의 성격을 띤다. 즉, 중국 지도부는 성취를 자랑스러워하는 대중들이 불만을 표출하고 이것이 다시 국내적 불안정으로 이어지는 상황을 방지하기 위해 대외적으로 공세적 정책을 취한다.[17]

이러한 사실은 중국의 변화를 지나치게 확대해석하는 것을 경계할 필요성을 제기한다. 비록 겸허한 마음으로 외부세계의 성취를 학습하려는 의지는 크게 줄었지만, 대외적 진로에 대한 합의가 형성되지 않았을 뿐 아니라 중국의 공식적인 외교정책에 공세적 측면과 함께 온건한 측면이 공존한다. 이는 중국이 국제체제와의 관계와 관련하여 아직 응집력 있는 대안적 비전을 형성하지 못했으며, 여전히 자신의 국제적 역할을 모색하고 있을 가능성을 제시한다. 이 과정에서 중국이 나아가야 할 방향을 둘러싸고 상반된 주장이 제기되고 또 모순적인 정책이 추진됨에 따라 혼선이 초래된다.

이상의 간략한 논의는 현실주의나 자유주의와 같은 이론이 지닌 직선적 추론(linear projection)의 한계를 보여준다.[18] 다시 말해 특정 이론에 근거하여 중국의 변화와 진로를 직선적으로 추론하는 것은 중국이 부상하는 과정에서 표출하는 변화와 혼선을 포착하기 어렵다. 이러한 변화와 혼선을 이해하기 위해서는 중국 내부의 요인과 그것이 외교정책에 끼치는 영향에 대한 검토가 필요하다.

2. 중국 내부에 대한 관심

개혁개방기 중국 외교정책에 관한 연구는 국제체제의 국력 대비와 같은 외적요인을 중심으로 대외적 행위를 설명하려는 시도에 의해 주도된다. 물론 대외개방 직후 덩샤오핑의 역할과 같은 중국 내의 요인이 외교정책에 끼치는 영향이 관심을 받기도 했지만, 개방기 중국의 지도자들이 국제체제의 구조(格局)와 같은 외적 요인을 강조하고 국내적 요인이 외교정책에 끼치는 영향을 제어하려 노력함에 따라 국내적 요인이 외교정책에 끼치는 영향은 관심의 대상에서 벗어나 있었다.[19] 구조적 요인이 중국의 외교정책을 규정한다는 인식은 중국의 국력이 상대적으로 낙후되어 있을 때 형성된 것이다. 국력이 취약한 상태에서 중국은 국제체제에서의 힘의 분포를 고려하여 외교정책을 설정할 수밖에 없었고, 이러한 상황에서 외적요인을 중심으로 중국의 외교정책을 설명하려는 시도는 간결성이라는 장점을 지녔다. 즉, 국제체제의 힘의 분포에 대한 이해를 통해 중국 외교전략의 전반적 방향을 파악할 수 있었다. 이러한 구조 중심의 설명은 국력 대비에서 미국에 뒤처져 있다는 인식과 평가가 중국으로 하여금 온건한 외교정책을 추구하도록 작용한 반면에 국력의 증대가 중국으로 하여금 공세적이거나 심지어 공격적 외교정책을 추구하도록 작용한다는 주장과 우려를 촉발시켰다.

그러나 국력의 증대가 곧바로 그리고 반드시 적극적이고 공세적인 대외정책으로 이어지는 것은 아니다. 다시 말해 부상하는 강대국의 국제적 진로는 해당 국가의 국력 변화만으로 설명하기는 힘들다. 구조적 접근은 강대국이 어느 정도의 힘을 얻었을 때 대외정책을 공세적으로 전환하는지를 분명하게 제시하지 못한다. 국력의 변화만으로 외교정책의 방향을 판단하기 어렵다는 사실은 미국의 부상에 관한 연구에서 드러난다. 전간기(戰間期) 미국의 대외경제정책에 관한 한 연구는 미국이 1차 세계대전으로 세계경제와 정치의 주도국으로 부상했지만 국제체제의 지도력을 추구하지 않았고, 20여 년에 걸친 외교정책에 관한 격렬한 국내적 투쟁을 거친 후인 1930년대 말에서 1940년대 초에 이르러서야 비로소 세계정치와 경제의 지도력을 추구하기 시작했음을 제시한다.[20]

미국의 사례에 관한 다른 연구 또한 새롭게 부상하는 강대국의 외교정책을 이해하기 위해 국내적 요인에 주목할 필요가 있음을 제시한다. 자카리아(Fareed Zakaria)는 미국이 경제적으로 부강해진 후 국제정치적 이익을 재규정하고 또 확대했다고 주장한다. 즉, 경제적 부가 미국으로 하여금 해외에서의 목표를 실현할 수 있는 군사적·외교적 장치를 건설하는 토대로 작용했을 뿐 아니라 목표와 목표의식도 확장시켰다. 그러나 그는 이러한 변화가 국내적 조건이 구비된 후에야 비로소 발생했다고 규정한다. 즉, 국력의 증대에도 불구하고 고립주의 노선을 추구했던 미국이 적극적인 외교정책으로 전환하게 된 것은 외교정책에 대한 권한이 상원으로부터 대통령과 관료조직으로 이전된 이후였다는 주장이다.[21] 모두가 부상하는 강대국의 국제적 진로를 이해하기 위해서 국내적 요인에 대한 검토가 필요함을 제시한다.

여기서 부상하는 중국의 국제적 진로를 이해하기 위해 중국 내의 요인에 주의를 기울일 필요성을 찾을 수 있다. 국력의 증대로 패권국 미국과의 국력 격차가 축소됨에 따라 중국의 외교정책에서 구조적 요인의 비중이 축소되고 국내적 요인의 영향력이 증대될 것으로 기대할 수 있다. 실제로 중국에서도 국내적 요인에 대한 관심을 제고시킬 필요성에 대한 지적이 이어진다. 가령 베이징(北京)대학의 송웨이(宋伟)는 국내적 행위자 사이의 상호작용이 중국 외교정책에 커다란 영향력을 행사하며 많은 경우 국제체제의 제약을 넘어서기도 한다고 지적한다.[22] 다른 전문가들 또한 국제적 지위의 변화로 인해 중국의 행위와 선택이 국제체제의 기본적 특징과 진행방향을 규정할 수 있게 되었다고 주장한다.[23] 즉, 중국이 이제 국제적 권력서열을 덜 고려해도 될 정도로 강력해졌으며 따라서 중국의 외교정책은 국제관계의 종속변수가 아닌 독립변수라는 지적이다.[24]

중국 밖에서도 힘의 증대라는 현실주의적 요인만으로 중국 외교정책의 변화를 설명하기 어렵다는 주장이 제기된다. 가령 로스(Robert Ross)는 2009~2010년에 나타난 중국 외교정책의 변화를 이해하기 위해서는 민족주의라는 국내적 요인에 주목해야 한다고 주장한다.[25] 중국의 국력이 증대됨에 따라 대중의 기대가 제고되었고, 이것이 정부의 선택에 제약을 가했다는 주장이다. 다른 전문가 또한 국내의 지배적 가치나 이익에 대한 고려 없이는 중국의 국제적 행위를 이해하기 힘들다고 지적한다. 즉, 점증하는 다원화로 인해 국제적 요구가 국내적으로 조정되고 또 중재될 수 있다는 주장이다.[26] 모두가 중국 내에 존재하는 서로 다른 시각과 그 작용에 주목할 필요성을 제기한다.

실제로 중국에서는 국력의 증대와 함께 국제체제와의 관계에 대한 모색이 증대되었다. 특히 21세기에 들어서 정책엘리트와 전문가들은 국제문제와 관련한 중국의 역할에 대한 생각을 밝히는 것을 넘어 국제체제에 영향을 끼칠 가능성을 논의하기 시작했다. 중국의 한 전문가는 국력의 증대가 이상적 세계질서에 관한 중국의 생각을 표현할 필요성을 제기했다고 규정했다.[27] 다른 전문가 또한 중국의 부상은 단지 물질적인 것에 그치지 않고 관념적 측면도 포함해야 하며 중국은 어떤 방식으로 세계에 영향을 끼칠 것인가에 답해야 한다는 주장을 제기했다. 중국적 시각을 지닌 지식체계와 해석은 중국의 외교정책과 주장을 이론적으로 뒷받침할 뿐 아니라 중국의 국가이익과 전략적 추구를 표출하는 데 기여할 것으로 제시되었다.[28] 이러한 중국의 모색에는 부상하는 과정과 부상한 후에 추구할 외교적 목표를 담아야 하는 것으로 지적되었다. 즉, 중국이 어떠한 미래세계를 추구하는가라는 문제를 해결하는 것이 중국외교의 중요한 과제가 되었다는 주장이다.[29]

여기서 외교정책에 관한 중국의 이념에 주목할 필요성이 제기된다. 외교정책의 목표와 이를 실현하기 위한 수단에 관한 일련의 체계적 사고를 지칭하는 외교이념은 외교정책을 지도하는 것으로 간주된다.[30] 즉, 국력뿐 아니라 그 힘을 어떻게 사용할 것인가에 관한 생각 또한 외교정책에 영향을 끼친다는 지적이다.[31] 구체적으로 외교이념은 ① 국제사회의 성격에 대한 판단, ② 자신과 국제사회와의 관계 — 국가 간 관계가 독립 자주적인 개체 사이의 관계인지 아니면 상호의존적이고 상호 영향을 끼치는 관계인지 — 에 관한 인식, ③ 외부세계와의 교류 방법 등을 규정한다.[32] 다시 말해 외교이념은 외교정책을 구상하고 결정하는 프레임으로 작용한다.

따라서 중국 내부, 특히 중국 내에 존재하는 외교이념에 대한 검토는 중국이 추구하는 국제체제와 국제질서의 모습을 이해하는 데 기여한다. 국력의 증대에 따라 중국의 대외적 역할은 보다 적극적인 방향으로 변화할 수밖에 없을 것이다. 그러나 중국이 과연 기존의 국제체제를 대체하려는 의지와 구상이 있는지 아니면 단순히 패권국가로부터의 자율성 확보와 같은 기존 체제 내에서 보다 제한적 변화를 추구할 것인지의 문제에 답하기 위해서는 중국 내에 존재하는 생각과 선호에 대한 검토가 필요하다.

3. 분화하는 중국

한때 마오쩌둥이나 덩샤오핑과 같은 강력한 지도자가 외교정책을 직접 관장했었다는 사실과 중국의 정치체제가 여전히 권위주의적이라는 점 때문에 중국의 외교정책은 통합되고 또 일관된 모습을 보일 것으로 간주된다.[33] 그러나 중국의 내부를 들여다보면 이러한 이미지와는 다른 현실을 목격하게 된다. 중국의 외교정책이 통일되고 일관된 전략하에 추진될 것이라는 인식과 달리, 현실적으로 중국에서 거의 모든 중요한 외교적 이슈가 논쟁의 대상이 된다.

외교정책을 둘러싼 중국 내의 논쟁은 1990년대 중반 다극화를 둘러싸고 표면화되기 시작했다. 당시 중국의 전문가들은 다극화가 실제로 진행되고 있는지 또 가능할 것인지를 둘러싸고 논쟁을 전개했다.[34] 중국 내의 논쟁은 2000년대 들어 조화세계 구상이 제기된 후 더욱 분명해졌다. 2005년 후진타오(胡锦涛) 주석이 조화세계론을 천명한 것을 계기로 중국의 지식인들은 공식적 주장이 남겨 놓은 빈 공간을 채우는 방식을 통해 중국이 나아가야 할 방향에 관한 서로 다른 주장을 제기했다.[35] 이 과정에서 독자적 길 또는 전통 문화를 복원해야 한다는 주장이 제기되면서 국제체제에 참여하고 통합할 것을 주장하는 세력들과의 논쟁이 촉발되었다.

2008년 세계금융위기 이후 논쟁은 외교전략의 방향과 같은 거시적 문제뿐 아니라 대북정책, 동맹정책, 유엔 안보리에서의 거부권 행사 등 거의 모든 이슈로 확대되었다.[36] 이러한 논쟁은 시진핑 주석이 취임하고 외교정책에 대한 통제력을 제고시키려는 노력을 전개한 이후에도 계속된다. 한 전문가는 국제적 지위나 정체성을 둘러싼 논쟁이 계속되고 있는데, 이는 중국이 자신의 국력을 어떻게 평가하는지뿐 아니라 미래에 추구할 목표와도 관련된 것으로 규정한다.[37] 실제로 시진핑 체제가 출범한 후에도 외교정책을 둘러싼 논쟁은 계속되었다. 가령, 2014년 말 뤄위안(罗援) 전 장군과 우젠민(吴建民) 전 대사가 외교정책의 방향을 둘러싸고 공개적인 논쟁을 전개한 바 있는데, 이들은 중국의 안보환경이 근본적으로 변화했는지, 서구가 중국을 봉쇄하려 하는지, 또 외교전략의 방향을 전환해야 하는지 등 거의 모든 이슈에서 상반된 견해를 표출했다.[38] 2016년에 들어서도 우젠민 대사는 국제적 상황을 "전면적으로" 이해하지 못함으로써 "극단적이고 편협한 기사를 게재한다"라고 ≪환추시보(环球时报)≫ 편집장 후시진(胡锡进)을 비판하고, 이에 대해 후시진 편집장이 우젠민 대사를 비둘기파로 규정하여 반박함으로써 외교정책을 둘러싼 논쟁이 전개되었다.[39] ≪환추시보≫의 모회사이자 중국공산당의 기관지인 ≪런민일보(人民日报)≫는 이러한 차이를 중국을 지배하고 있는 강경파와 온건파 사이의 논쟁으로 규정했다.[40]

이처럼 논쟁이 계속된다는 사실은 중국 내에 외교정책의 방향을 둘러싸고 강건한 이견이 존재함을 제시한다. ≪환추시보≫는 중국 내부의 이견과 갈등이 미국 의회의 중국에 대한 비판에 못지않은 정도로 중국외교를 제약한다고 평가하는데,[41] 이러한 중국 내의 이견과 분화는 기본적으로 개혁개방의 결과로 이해할 수 있다. 즉, 개혁개방으로 촉발된 체제 및 사회적 변화가 외교정책에 대한 이견을 촉발시켰다. 우선, 개혁개방기 집단지도체제가 강화되면서 중국의 외교정책에 대한 최고지도자의 장악력이 크게 약화되었다. 중요한 정책이 정치국 또는 정치국 상무위원회에서 집단적으로 결정됨에 따라 최고지도자 또한 다른 지도자들의 동의를 획득할 필요성에 직면했다. 여기서 다양한 견해들이 지도부의 논의과정에 반영될 수 있는 여지가 발생했다.

다음으로 한때 정치와 안보에 집중되었던 중국외교의 영역이 경제, 문화, 사회 등 다양한 분야로 확장됨에 따라 외교정책에 관심을 쏟고 또 영향을 끼치려는 관료조직의 숫자도 증대되었다. 외교부와 중국공산당 대외연락부 등 전통적 외교행위자 외에도 군과 상무부를 비롯한 정부부서, 지방정부, 그리고 국영기업 등 다양한 행위자들이 자신의 선호를 외교정책에 반영하려 들었다.[42] 이처럼 다양한 관료조직이 자기 부서의 이익을 추구함에 따라 외교정책과 관련하여 다양한 목소리가 제기되었다.

여기에 더해 개혁기 들어 중국 외교정책에 영향력을 행사하기 시작한 '체제 밖'의 세력 또한 중국 내의 분화를 심화시키는 데 기여했다. 즉, 시장경제의 발전에 따른 사회의 분화와 시민사회의 영향력 확장 등이 외교정책을 둘러싼 이견을 확대시키고 강화시켰다.[43] 그 선두에 지식인과 전문가들이 있다. 중국의 대외관계와 국제정치를 연구하고 분석하는 대학의 교수들뿐 아니라 심지어 정부 산하 연구소의 전문가들 또한 이념적 제약이 완화되고 학문적 자유가 증대된 개혁기의 변화를 활용하여 자신의 선호를 적극적으로 제기했다. 이들은, 비록 당의 공식적 정책에 반대하지는 않았지만, 당과 함께 갈 것인지 또는 체제 밖에 남을 것인지를 선택할 수 있는 독자성을 누렸다.[44] 일부 전문가들은 사회적 지명도를 제고시키려는 계산에서 언론매체를 활용하여 자신의 의견을 발표함으로써 기존의 논의를 확장시키고 간헐적으로 공식적 주장에 도전을 제기하기도 했다. 이처럼 전문가들이 다양한 연구주제에 관해 다양한 의견을 표출함에 따라 분화가 시작되었는

데, 이러한 사실은 1990년대 이전까지 마르크스주의적 시각에 의해 지배되었던 국제관계에 관한 중국 내의 논의에 다양한 시각이 출현한 데서 확인된다.[45] 전문가들은 증대된 국력을 어떻게 활용할 것인가와 관련하여 서로 다른 생각들을 제시함으로써 중국의 국제적 정체성과 진로를 둘러싼 논쟁을 촉발시켰다.

개혁개방정책에 힘입어 급속하게 성장하고 또 상업성을 강화한 중국의 대중매체 또한 중국 내의 분화를 가속화시켰다. 대중매체는 시장화와 함께 대외정책에 대한 보도를 증대시켰다. 대중매체는 영향력 확장과 독자 확대 등 상업적 고려에서 외교정책과 관련하여 중요한 문제가 발생할 경우 관련 전문가를 초청하여 견해를 듣기 시작했다. 개혁개방으로 촉진된 정보의 공개와 민주적 절차의 진전이 언론매체로 하여금 공개적이고 또 어느 정도 자유롭고도 개인의 특성을 반영하는(个性化) 논평을 진행하는 것을 허용했다. 그 결과 ≪환추시보≫나 ≪난팡주말(南方周末)≫과 같은 매체들이 특정 성향을 대변하고 따라서 공식적인 정책과 완전히 일치하지 않는 의견과 입장을 개진하게 되었다.[46]

이처럼 전문가와 언론이 공개적으로 다양한 견해를 표명하기 시작함에 따라 대중들 또한 다양한 견해에 노출되게 되었다. 여기에 더해 정보화라는 기술상의 진보와 정치적 통제의 완화 또한 외교정책에 대한 대중들의 관심을 증대시켰다. 인터넷과 사회관계망(SNS)의 발전으로 대변되는 정보화는 외교정책에 관한 정보를 제공하고 확산시키는 데 기여했다. 대중들은 인터넷과 SNS를 통해 최신소식을 접할 뿐 아니라 자신의 의견을 표출하고 전파시키며 심지어 시위나 불매운동과 같은 집단행동을 조직할 수 있게 되었다. 다시 말해 인터넷의 등장과 발전이 전통적으로 체제 밖에 위치해 있던 대중들로 하여금 외교정책과 관련한 독자적 시각을 체득하고 표현하는 것을 허용했다.[47] 대표적으로 1999년 서비스를 시작한 ≪런민일보≫의 '강대국논단(强国论坛, http:bbs1.people.com.cn)'은 베오그라드 주재 중국대사관 폭격에 관한 활발한 논의의 장을 제공했다. 즉, 인터넷을 비롯한 정보기술의 발전에 힘입어 중국에서 외교정책에 관한 논의가 점차 공개되고 또 분화되기 시작했다.[48]

이러한 변화에 힘입어 외교전략의 방향을 둘러싼 중국 내의 이견이 확대되고 강화되었다. 젊은 층을 중심으로 인터넷 공간에서 외부세계에 대한 의구심과 강경한 목소리가 분출된 반면에 점차 부상하는 중산계층의 개방적 태도는 중국 지도부로 하여금 대외문제와 관련해 신중함을 유지하도록 작용했다.[49] 이는 중국 사회에서 '여론의 양극화'가 발생함을 의미한다. 후시진은 이를 중국 사회의 '복합성'으로 규정하는데, 그는 다른 국가에 비해 중국에서 복합성이 특히 현저하다고 주장한다. 즉, 이행 중인 과도기 국가로서 중국에서 합의 도출이 어렵다는 지적이다.[50]

실제로 중국에서 국력의 증대와 함께 국제체제와의 관계에 관한 이견이 표출되고 또 논쟁이 촉발되었다. 경제적 부상과 함께 중국에서 증강된 국력을 활용하여 적극적으로 국익을 추구함으로써 과거의 지위를 회복해야 한다는 기존의 외교정책과는 다른 강경한 목소리가 강화되었다. 그러나 이와 동시에 국제체제와의 통합을 강조하는 온건한 정책에 대한 지지 또한 계속되었다. 이러한 사실은 미국에서 금융위기가 발생한 이후 중국 내의 일부 세력이 패권이 약화되는 징조와 가능성을 환영했지만 많은 전문가들이 불안감을 표출했을 뿐 아니라 심지어 미국의 지도력 약화를 경계하는 목소리마저 제기한 데서 확인된다. 이처럼 정체성과 진로를 둘러싸고 합의가 존재하지 않음에 따라 중국에서는 "앞으로 어떻게 할 것인가?(中国下一步怎么走)"에 관한 논쟁이 계속된다.[51] 비록 시진핑 체제가 출범한 후 외교정책의 통합성을 회복하려는 노력이 전개되었지만, 앞에서 지적한 것처럼, 외교정책의 방향을 둘러싼 논쟁은 그치지 않는다.

4. 국제주의와 민족주의

국제체제와의 관계와 관련하여 중국 내에 존재하는 이념상의 차이는 기본적으로 국제주의와 민족주의라는 두 개의 범주를 통해 파악할 수 있다. 물론 중국 내에 존재하는 차이를 더 세밀하게 구분할 수 있는 것이 사실이지만,[52] 중국의 외교정책에 끼치는 영향력을 중심으로 볼 때 국제주의와 민족주의라는 두 개의 범주가 특히 현저하다.[53] 즉, 국제주의와 민족주의는 국제체제 또는 세계와의 관계와 관련하여 중국 내에 존재하는 상반된 선호들을 대표한다. 국제주의가 '세계 속의 중국'을 선호하는 데 반해 민족주의는 '중국식 세계'를 선호한다.

1) 국제주의

국제주의란 민족의 이익과 국제적 이익을 조화시키려는 시도로 국가들 사이의 공동의 이익을 인정하는 토대 위에서 법, 제도, 협력 등을 통해 평화와 안보를 증진시키려는 시도를 지칭한다. 아울러 국제주의는 자국의 이익뿐 아니라 보편적 가치도 중시한다.[54] 자국의 이익이 국제적 흐름과 밀접하게 연관된다는 국제주의적 신념은 2차 세계대전 후 미국에서 자리 잡은 자유주의적 국제주의에서 잘 구현되었다. 미국은 개방적이고 규칙에 기반을 둔 국제체제 아래에서 국가들이 교역과 협력을 통해 윈윈(win-win)을 이룰 수 있다는 판단에 따라 국제기구, 민주정부, 개방적 경제체제 등을 강조했다.[55]

중국의 국제주의 또한 기본적으로 이러한 특성을 공유한다. 중국에서 국제주의는 레닌이 주창했던 프롤레타리아 국제주의와 구별하기 위해 신국제주의(新国际主义)로 불리며 평화와 발전 시대의 국제주의로 규정된다.[56]

세계주의나 자유주의로도 불리는 개혁기 중국의 국제주의는 새로운 역사 흐름과 중국 외교전략을 발전시킬 필요성에 부응하기 위해 새롭게 제기되었다. 국제주의는, 다음 장에서 자세하게 논의하는 것처럼, 국가이익과 국제이익을 조화시킬 수 있다는 신념 아래 국제체제에의 참여와 통합을 추구한다는 점에서 국제관계에 대한 중국의 인식 변화를 대변한다.

우선, 중국의 국제주의는 국가이익과 인류의 이익이 조화될 수 있다고 본다. 세계화가 가져온 상호의존의 증대로 인해 모두가 혜택을 누리는 윈윈이 가능해졌으며 따라서 국가들 사이에서도 이익을 조화시킬 수 있게 되었다는 인식이다.[57] 이러한 인식은 중국의 국제주의가 국제체제의 긍정적 기능을 인정함을 의미한다. 국제주의는 국제체제의 제약과 규제의 기능이 증대됨에 따라 국가들 사이의 협조 가능성이 증대되었다고 본다. 다시 말해 국제체제의 기능이 강화됨에 따라 국제관계의 성격 또한 어느 정도 변화했다는 인식이다. 이는 중국의 국제주의자들이 국제관계를 비영합(non-zero-sum)적 시각에서 접근함을 의미한다. 즉, 상호의존, 다자적 제도, 국제레짐 등이 무정부 상태를 완화시킨다는 인식이다. 이처럼 국제체제의 기능이 강화됨에 따라 국가관계에도 광범위한 조정의 여지와 가능성이 출현한 것으로 간주된다.[58] 여기서 국제체제에 참여함으로써 국가이익을 구현할 수 있다는 판단이 도출된다.

국제체제의 긍정적 측면을 인정함에 따라 국제주의는 전면적 참여와 수렴을 강조한다. 한 전문가는 중국의 부상은 민족부흥의 과정이자 국제사회로 편입되는 과정이라고 규정한다.[59] 그 필요성은 국가이익의 실현에서 찾을 수 있다. 즉, 경제발전과 번영을 위해 국제체제를 인정하고 참여해야 한다는 인식이다. 국제체제에 참여하는 것은 국가이익을 추구하는 기본 전제로 제시된다. 나아가 적극적으로 참여할수록 중국의 현대화도 촉진될 것이기 때문에 국제체제에의 참여와 편입은 빠르면 빠를수록 좋은 것으로 규정된다. 반면에 국제체제에 참여하지 않을 경우 국제적으로 주변화되었던 19세기 전철을 다시 밟을 것으로 간주된다.[60]

국제체제에 참여한다는 것은 다자협력과 국제기구를 중시함을 의미한다. 다자협력과 국제기구는 중국의 국가이익을 촉진시키는 데 기여하는 것으로 간주된다. 아울러 국제협력은 인류 공동의 도전에 대응하기 위한 노력으로도 규정된다. 경제적 상호의존이 심화되고 비전통적 안보 이슈의 중요성이 증대됨에 따라 국가 간에 이익과 손해를 공유하는 운명공동체가 일정 정도 형성되었고 국제사회의 예방적 협력도 필요해졌는데, 이러한 상황에서 중국은 협력을 통해 윈윈을 추구하고 지역 공동체 건립에도 참여해야 하는 것으로 제시된다.[61]

나아가 국제주의는 국제규범을 준수하고 책임을 수행할 것을 규정한다. 국제주의는 공동의 가치관과 규범의 작용을 인정한다. 다시 말해 국제주의는 서구가 주도하는 자유주의적 국제규범이 중국에 반드시 불리하지는 않다고 본다. 심지어 국제주의는 공동의 규범을 통해 미국의 패권적 행위를 제어할 수 있다고 본다. 아울러 국제주의는 국제적 책임을 수행할 것을 규정한다. 국제사회의 책임을 수행하는 것은 중국의 국제적 이미지를 제고시키고 영향력을 확대하는 데 기여하는 것으로 간주된다. 국제적 책임을 수행할 필요성은 국력의 증대와 함께 더욱 증대되는 것으로 제시되는데,[62] 이는 국제주의가 국제적 정당성을 중시하고 추구함을 의미한다.

상호의존을 인정하고 협력과 같은 외교적 수단을 중시한다는 점에서 중국의 국제주의는 서구의 자유주의적 시각과 유사하다. 아울러 주권을 넘어 국제사회의 존중받는 일원으로 거듭나는 것을 추구하는 등 국제적 지위를 추구한다는 점에서도 자유주의와의 공통점을 찾을 수 있다. 그러나 중국의 국제주의는 서구의 자유주의와 차이를 보인다. 중국의 국제주의는 국가이익의 구현에서 국제체제에 참여할 필요성을 찾는다. 국제체제에 참여하는 것은 중국의 경제발전에 기여할 뿐 아니라 국력이 증대된 후 중국에 영향력을 행사하는 통로를 제공할 것으로 간주된다. 이는 중국의 국제주의가, 국가의 이익과 인류의 이익을 일치시키는 가치 지향적 국제주의와 달리, 국가의 이익을 강조하는 도구적 성격을 지님을 의미한다. 아울러 중국의 국제주의는 국제체제에 참여하고 국제적 협력을 추구하는 것이 반드시 수렴을 의미하는 것은 아니라고 본다. 오히려 국제주의는 독자성을 유지하는 가운데 공동발전을 추구하는 화이부동과 같은 포용성을 강조한다.[63] 이는 국제주의가 국제체제에 참여할 것을 주장하는 동시에 국제체제의 개혁도 상정함을 보여준다. 국제주의는 이처럼 참여하는 동시에 개혁하는 것이 서로 상충적이지 않다고 본다. 마지막으로 중국의 국제주의자들은 국제주의가, 뒤에서 논의할, 온건 민족주의(爱国主义)와 보완되어야 한다고 본다. 이는 중국에서 어느 누구도 애국주의를 거부할 수 없으며 모두가 애국주의자일 수밖에 없는 현실과 밀접한 관련이 있다.

2) 민족주의

국제주의가 중국의 이익과 국제적 이익이 조화될 수 있다는 믿음 아래 국제체제에 편입하고 수렴할 것을 강조하는 반면에 민족주의는 무엇보다도 국가의 이익을 중시한다. 중국의 민족주의는 주권을 강조한다. 국가주권은 서구가 주도하는 국제사회에서 중국의 생존과 정당한 지위를 확보하는 요체로 간주된다. 아울러 민족주의는 국력, 특히 군사력으로 규정된 국력을 외교정책의 목표를 실현하는 수단으로 강조한다. 민족주의자들은 국가가 낙후되면 침범당한다는 인식하에 국력을 증강시킬 것을 강조한다.[64] 이는 민족주의가 국가 간 경쟁을 국제관계의 핵심으로 간주하고 국제체제를 국가 간 적자생존과 약육강식의 장으로 인식함을 보여준다.

이러한 공통점에도 불구하고 중국의 민족주의에는 서로 다른 흐름이 존재하는데, 이러한 차이는 온건 민족주의와 급진 민족주의로 구분할 수 있다. 민족주의 진영 내의 차이는 무엇보다도 국제체제를 어떻게 보고 어떻게 대응할 것인가에서 분명하게 드러난다. 온건 민족주의가 국제체제를 현실로 간주하여 참여할 것을 주장하는 실용성을 보이는 반면에 급진적 민족주의는 서구가 주도하는 국제체제를 배척하고 다시 구성할 것을 주창한다.

온건 민족주의는 국제체제와 이를 주도하는 서방(西方)세계를 학습의 대상인 동시에 경쟁의 대상이라는 이중적 시각을 지닌다. 중국에서 통상 애국주의로 지칭되는 온건 민족주의는 국제체제를 현실로 인정하고 참여할 것을 주장한다. 그 필요성은 민족의 생존과 번영에서 찾아진다. 온건 민족주의는 유교적 계서제나 내향적 문화와 같은 전통을 중국의 취약성의 원인으로 간주함으로써 전반적 서구화를 추구했던 반전통주의와 맥을 같이한다. 이러한 판단에서 온건 민족주의는 국제체제에 참여하고 학습함으로써 현대적 형태의 국가 모습을 갖출 것을 강조한다. 이처럼 현대화의 결핍을 문제의 근원으로 규정하는 반면에 중국의 발전을 촉진시킬 수 있는 외국의 모든 방식을 채용할 것을 주장한다는 점에서 실용적이고 합리적 민족주의라고 규정할 수 있다.[65]

관방에 의해 주도되는 온건 민족주의는 민족의 생존과 번영을 위해 국제체제에 참여할 필요성을 인정하면서도 궁극적으로는 자율성을 확보하는 데 관심을 집중시킨다. 즉, 국제체제의 제약을 최소화하려 한다. 서구가 강요한 불평등 조약이 민족적 수모로 이어졌던 기억이 자율성에 집착하도록 작용한다. 자율성에 대한 집착은 다시 주권에 대한 강조로 이어진다. 다시 말해 온건 민족주의는 경제발전을 통해 국제무대에서 동등한 주권국가로서의 지위를 확보하는 데 초점을 집중시킨다. 반면에 국제적 책임을 이행하는 데는 보수적이다. 즉, 온건 민족주의는 국제적 책임을 중국의 능력에 부합하는 선으로 한정시키고 자국의 일을 잘 처리하는 데 초점을 집중시킬 것을 강조한다. 이처럼 주권을 강조한다는 점에서 온건 민족주의는 서구의 현실주의와 맥을 같이한다.

그러나 온건 민족주의가 현실주의와 차이를 보이는 것 또한 사실이다. 온건 민족주의는, 현실주의와 달리, 이익이 아니라 원칙을 중심으로 행동한다. 다시 말해 온건 민족주의는 때로 현실적 이익보다 상징성을 더 중시한다. 이러한 사실은 온건 민족주의가 전술적으로 유연한 입장을 취하면서도, 일본과의 영토분쟁이나 대만 독립과 같은 역사적으로 민감한 문제나 주권과 관련된 사안에 대해 타협을 거부한다는 사실에서 잘 드러난다. 이처럼 온건 민족주의가 민족적 존엄에 대한 공격으로 인식되는 문제와 관련하여 과도하리만큼 공세적으로 대응하는 것은 침략을 받았던 경험이 온건 민족주의로 하여금 이익이 아니라 원칙을 중심으로 행동하도록 작용하기 때문이다. 이에 반해 전략적으로 중요한 조치나 변화들이 때로 민족주의적 열정을 촉발시키지 않기도 한다.[66]

한편 대중들에 의해 주도되는 급진 민족주의에는 피해자 심리와 전통에 대한 우월의식이 불안하게 공존한다. 즉, 외세의 침략에 대한 기억과 함께 찬란한 과거와 역사에 대한 강렬한 기억이 불안하게 공존하는 분열적 사기 인식이다. 이는 근대 들어 국제체제에서 중국의 지위가 급격하게 추락함으로써 전통체제에서의 지위와 현격한 차이를 보였던 현실과 밀접한 관련을 갖는다. 이러한 역사적 경험이 대중들 사이에서 자부심과 굴욕, 배외(排外)와 숭외(崇外), 서방 선진문물에 대한 학습과 저항이 갈등을 일으키며 불안하게 공존하도록 작용한다.[67]

급진 민족주의는 국제체제를 억압과 착취의 근원으로 간주한다. 서구가 주도하는 국제체제가 중국의 성장을 제약했을 뿐 아니라 심지어 착취하기까지 했다는 인식이다. 중국이 경험한 민족적 수모는 중국의 낙후성보다 서구가 주도하는 국제체제에 의해 초래된 것으로 간주된다. 이러한 피해자 심리가 국제체제를 의심하고 배척하도록 작용한다. 즉, 국제체제에 참여하는 것은 득보다 실이 크며 회피해야 한다는 인식이다. 이는 19세기뿐 아니라 현재에도 적용된다. 급진 민족주의는 개방 이후 중국이 진행한 국제협력과 관련해서도 이익은 항상 외국인이 챙겼다고 본다.[68] 나아가 급진 민족주의는 자유주의적 국제질서와 국제적 책임을 수행하라는 요구를 중국의 부상을 좌절시키려는 미국의 함정으로 규정한다.[69] 이처럼 급진 민족주의는 세계, 특히 미국이 부상하는 중국을 수용할 것인가와 관련하여 의구심을 버리지 않는다.

동시에 급진 민족주의는 복고적이다. 다시 말해 과거의 위대한 영광을 재현하려 한다.[70] 급진 민족주의는 세계적 초강대국이 되려는 야심을 가질 것을 강조한다. 우선, 급진 민족주의는 국제정치를 잔인한 투쟁으로 인식하고 서구 제국주의와의 투쟁과 충돌에 대비할 필요성을 강조한다. 이들은 평화주의는 중국의 쇠퇴와 멸망을 초래할 것이라고 비판하고 대신에 상무(尙武)정신을 다시 회복할 것을 강조한다. 다시 말해 중국의 부상은 물질적 역량, 특히 군사력이 중심이 되어야 한다는 인식이다.[71] 여기서 급진 민족주의가 패권국 미국의 사고와 행동을 따라함으로써 국제체제를 다시 구성하려 들 가능성을 목격할 수 있다. 즉, 국제체제에 대한 참여나 자율성 확보를 넘어 국제체제를 자신의 선호에 따라 재구성하기 위해 노력할 가능성이다.

아울러 급진 민족주의는 중화민족의 위대성에 대한 믿음에서 전통적 가치의 보존과 발현을 강조한다. 특히 이러한 경향은 중국의 국력이 급속하게 성장하기 시작한 이후 분명해졌다. 중국의 부상과 함께 급진 민족주의는 '중국의 방식'에 대한 자신감을 강조하기 시작했다.[72] 한 전문가는 '세계의 중국화'를 강조한다. 그는 개방 초기 30년 동안 중국이 세계화되었던 데

〈그림 1〉 중국 외교이념의 범주

급진 민족주의	온건 민족주의	국제주의
국제체제 거부/재구성	자율성	참여와 통합

반해 이후 30년은 세계가 중국화될 가능성을 제시한다. 즉, 유럽의 복지국가 모델이나 미국의 신자유주의 모델이 도전에 직면한 상황에서 중국의 부상이 "세계의 발전모델과 제도를 더욱 다원화시킬 것"이라는 주장이다.[73]

국제주의와 민족주의 사이의 차이는 하나의 연속선상에서 이해할 수 있다. 〈그림 1〉에서 보듯 연속선상의 양극단에 급진 민족주의와 국제주의가 위치한다. 급진 민족주의가 기존 국제체제를 거부하고 재구성을 추구한다는 점에서 왼쪽 극단에 위치하며, 국제체제를 인정하고 참여와 통합을 지향하는 오른쪽 극단에 위치한 국제주의와 분명하게 대비된다. 이 양자 사이에 위치하는 온건 민족주의는 기본적으로 국제체제에 참여할 필요성을 인정하면서도 자율성을 더 중시한다. 온건 민족주의는 국제체제에 참여함에도 불구하고 자율성을 유지할 수 있으며 나아가 참여가 자율성을 강화하는 데 기여한다고 본다는 점에서 참여가 발전을 제약한다는 급진 민족주의와 차이를 보이며, 동시에 독자성을 강조한다는 점에서 보편성을 강조하는 국제주의와도 차이를 보인다.

이러한 세 개의 범주는 서로 구분되지만 절대적으로 배타적이지는 않다. 현실적으로 일부전문가들과 정책 엘리트 사이에서 서로 다른 이념이 불안하게 공존하며 또 선택적으로 사용될 수 있다. 이러한 사실은 일부 온건 민족주의자와 국제주의자들 사이에서 특히 분명한데, 이들은 서로 다른 이념을 배타적인 것으로 보기보다 절충 가능한 것으로 간주한다.[74] 온건 민족주의와 급진 민족주의의 경우에도 모두가 중국의 국가이익을 우선시한다는 점에서 절충 가능성이 존재한다.[75] 이 점에서 세 개의 범주는 중국에 존재하는 외교이념의 다양성을 보여주기 위한 이상형이라 할 수 있다. 아울러 중국의 모든 논의가 민족주의나 국제주의 가운데 어느 하나에 귀속되는 것도 아니다. 중국의 전문가들과 정책 엘리트들이 서로 다른 이념에 구애되지 않고 논의를 전개하는 경우를 찾기 어렵지 않다. 마지막으로 특정인의 입장은 다른 사람과의 비교 속에서 상대적으로 결정되고 또 이러한 입장마저 시기적으로 변화를 경험할 수 있다.[76] 이러한 한계에도 불구하고 서로 다른 이념의 범주는 외교정책의 방향을 둘러싼 중국 내의 차이와 경쟁을 검토하는 데 기여한다.

5. 외교이념과 외교정책

외교이념과 외교정책 사이의 연계와 관련하여 서로 상반된 입장이 존재한다. 구성주의는 이념이나 관념이 국가의 기본적 성격과 정체성을 규정함으로써 국가의 행위에 영향을 끼친다고 주장한다. 즉, 국가의 정체성이 국가의 안보이익에 영향을 끼치며, 따라서 정체성의 변화는 외교정책의 변화로 이어진다는 주장이다.[77] 자유주의 또한 이념이 정책에 끼치는 영향을 강조한다. 대표적으로 골드스틴(Judith Goldstein)과 코헤인(Robert O. Keohane)은 외교이념이 전략적 상황이나 경제적 압력과 같은 요인들로부터 구분되며, 국가의 정체성과 이익을 구성하고 문제에 대한 처방을 규정하는 등 국가의 대외적 행위를 규정한다고 주장한다. 구체적으로 이념은 선택지의 숫자를 줄임으로써 특정 행동을 유도하기도 하고 또 반대로 특정 선택지를 배제시키기도 한다.[78]

이에 반해 신고전적 현실주의(neoclassical realism)는 이념을 매개변수로 규정한다. 한 국가의 외교정책은 무엇보다도 해당 국가가 국제체제에서 차지하는 지위에 의해 영향을 받는다. 그러나 동시에 이러한 체제적 변수가 외교정책에 끼치는 영향은 정치 엘리트와 대중들의 인식이나 국내적 구조와 같은 행위자 수준의 변수에 의해 해석된다. 그 결과 유사한 힘을 지닌 국가라 하더라도 국내적 구조에 따라 서로 다른 외교정책을 추구한다.[79]

중국에서 외교이념이 외교정책에 끼치는 영향은 신고전적 현실주의가 제시하는 매개변수에 더 가깝다. 개혁개방과 함께 중국에서 이념이나 사상은 회피의 대상이 되었고, 외교정책은 실용적 고려에 의해 추진되었다. 이는 마오쩌둥 시기 이념이 지나치게 강조되었던 상황에 대한 반작용으로 덩샤오핑이 사상을 논하지 말 것을 규정했기 때문이었다. 그 결과 개방 이후 마르크스-레닌주의 이념이 외교정책에 끼치는 영향력은 현저하게 저하되었고 그 자리를 국가이익이 대신했다. 여기에 더해 중국의 지도자들은, 앞에서 지적한 것처럼, 국제체제라는 구조적 요인의 중요성을 강조했다. 따라서 개방기 중국에서 처음부터 이념이 정책을 규정한 것은 아니었다.

그러나 시간이 지나면서 중국에서 외교적 실천은 새로운 이념을 형성하거나 기존 이념을 다시 불러왔다. 개혁개방을 통해 경제를 발전시키려는 시도는 국제체제와의 긍정적 관계를 강조하는 국제주의의 도입과 성장을 도왔다. 이후 국력의 성장에 힘입어 중국의 전통과 특성 또한 다시 강조되었다. 다시 말해 국력의 증대와 함께 체제적 변수의 중요성이 감소하고 내적요인의 영향력이 증대되기 시작했다. 서로 다른 외교이념은 서로 다른 정책을 규정했다. 국제주의는 국제체제에의 참여와 일치를 강조했다. 이에 반해 급진 민족주의는 국제체제를 거부하거나, 국력이 증대된 이후에는 재구성할 것을 강조했다. 한편 온건 민족주의는 국제체제에 참여할 필요성을 인정하면서도 주권을 강조하고 국제적 책임은 회피하려 들었다.

정책 결정 과정에 존재하는 불투명성으로 인해, 중국에서 외교이념이 외교정책에 끼치는 영향을 확인하는 것은 쉽지 않다. 개혁기에 들어서도 외교정책의 결정권은 궁극적으로 지도부에 귀속되었고 전문가와 지식인들은 지도부의 의도를 반영할 것으로 기대되었다.[80] 이와 함께 개혁기에도 종종 외교적 실천이 이론이나 이념을 앞서가기도 했다. 즉, 지도자가 새로운 구상을 먼저 제창하고 학술계가 뒤따라 그것을 해석하고 확산시키는 현상이 계속되었다.[81] 그 결과 전문가들이 지도자의 사고에 영향을 끼치는지 아니면 반대로 지도자들이 전문가의 연구를 결정하는지에 대한 논쟁 또한 가시지 않는다.

이러한 한계에도 불구하고 개혁기 외교이념의 분화와 서로 다른 이념 사이의 세력 대비가 외교정책의 향방에 영향을 끼쳤다.[82] 이는 개혁기 중국에서 전문가들에게 정책 결정에 영향을 끼칠 기회가 제공되었다는 사실과 밀접한 관련을 갖는다. 개혁기 지도자들이 외교정책에 관한 다양한 견해를 표명하는 것을 허용하고, 외교정책을 결정함에 있어서 전문가의 조언을 적극적으로 구하기 시작했으며, 심지어 간헐적으로 전문가들의 의견을 기반으로 공식적 외교정책을 재평가하기도 했다는 사실이 전문가들에게 정책에 영향을 끼칠 여지를 제공했다. 다시 말해 정책 결정의 '민주화'와 '과학화'라는 개혁기의 변화가 전문가들 사이에서 진행된 이념의 분화와 논쟁이 중국 외교정책에 영향 끼칠 수 있는 통로를 제공했다.[83] 여기에 더해 외교정책의 결정과 관련하여 여론의 중요성이 증대되었다는 사실 또한 이념이 외교정책에 끼칠 공간을 창출하고 확대시켰다.[84]

그 결과, 비록 드물게이기는 하지만, 전문가 수준에서 진행되는 논의가 중국의 지도자들에게 압력을 가하기도 했다. 중국의 지도자들이 다양한 목소리에 귀를 기울일 수밖에 없고 외교정책과 관련하여 제약 받을 수밖에 없게 된 상황이 일부 조직에 다양한 수단을 통해 정책에 제약을 가할 수 있는 기회를 제공했다.[85] 대표적으로 군부는 강경론을 자극하여 대중들 사이에서 민족주의를 강화시킴으로써 엘리트 내의 균형을 강경론 쪽으로 옮길 수 있게 되었다. 민족주의 성향의 ≪환추시보≫가 전개하는 강경한 논조 또한 중국 사회에서 민족주의 정서를 고취시킴으로써 지도자에게 강경한 대외정책을 추구하도록 압력을 가했다.[86] 여기에 더해 일부 저명한 학자나 전문가들은 지도자들에게 외교정책에 대한 의견을 개진함으로써 정책에 영향을 끼칠 기회를 누렸다.

그러나 일반적으로 중국에서 이념은 서구에서처럼 지도부에 직접적인 압력을 가함으로써 정책 결정에 영향을 끼치기보다 간접적 방식을 띠었다. 가령, 전문가들은 지도자의 관심을 끌 수 있는 새로운 개념을 제시함으로써 정책 결정자들에게 정책 선택과 관련한 대안을 제공했다. 이 과정에서 전문가들은 외국의 새로운 아이디어나 인터넷상에서 진행되는 논쟁을 고위 정책 결정자에게 전달하는 통로로 작용했다. 즉, 전문가들이 지도부를 계몽하고 교육시키는 역할을 수행했다.[87] 이러한 사실은 전문가들의 논의에서 시작된 평화적 부상이 국가의 정책으로 채택된 사례나 시진핑의 중국의 꿈 구상이 민족주의자들의 논리와 주장을 대폭 수용한 데서 확인된다. 특히, 제3장에서 논의할 것처럼, 2003년 평화적 부상론의 등장은 대학교수를 비롯한 전문가들의 점증하는 중요성을 보여주었다. 이들은 정부 관리와 접촉하고 자문을 제공했을 뿐 아니라 미디어에 등장하여 외교정책과 관련한 논평을 진행하기도 했다.[88]

보다 많은 경우 이념의 영향력은 더욱 간접적인 방식으로 나타났다. 개혁기 중국에서 외교정책은 통상적으로 모호하게 제시되었다. 다시 말해 당의 공식 문건은 많은 경우 상충적 측면을 모두 포괄했다. 중국이 직면한 현실이 서로 다른 외교이념을 조화시킬 것을 요구했기 때문이다. 경제발전을 위해 국제체제에 참여하고 또 서구 국가로부터 자본과 기술을 도입해야 할 필요성이 국제주의 이념을 포용하도록 작용했다. 동시에 국제적으로 서구의 침략을 경험했던 역사와 국내적으로 정권을 유지할 필요성이 민족주의의 영향력을 유지시켰다. 다시 말해 중국 외교정책은 서로 다른 두 개의 이념을 조합할 필요성에 직면했다. 여기에 더해 중국의 지도부 또한 서로 다른 선호 사이의 균형을 유지하거나 공존을 강조하는 변증적 접근을 추구했다. 즉, 중국의 지도부는 상충적 측면을 보완적 관계(二元互补)로 인식했다. 대표적으로 중국은 국제체제에 참여하고 또 국제적 규칙과 규범을 수용하면서도 동시에 주권에 가하는 제약을 최소화시킴으로써 국가이익을 보호하려 들었다. "자신을 변화시키고 세계에 영향을 끼친다(改变中国 影响世界)"라는 구호가 제시하듯, 중국에서 민족주의와 국제주의는 선택의 문제가 아니라 조합의 문제로 인식되었다.[89]

이처럼 서로 다른 측면을 병렬시키는 경향이 서로 다른 세력에게 공식적인 정책을 자신의 선호에 맞게 해석함으로써 내용을 변경시킬 기회를 제공했다. 서로 다른 세력이 공식적 정책이 담고 있는 상반된 측면 가운데 자신의 선호를 부각시키고 강조함으로써 정책의 내용을 자신이 원하는 방향으로 끌고 가려 듦에 따라 정책의 해석을 둘러싼 경쟁이 촉발되었다. 2000년대 중반에 제기된 조화세계론이 그 대표적 사례였다.[90] 국제주의자들이 조화세계 구상의 국제주의적 요소를 강조한 데 반해 민족주의자들은 중국적 전통을 부각시킴으로써 대안을 제시하려 들었다. 논쟁은 시진핑의 '중국식' 강대국 외교정책의 해석을 둘러싸고도 계속되었다. 이러한 논쟁은 외교정책에 영향을 끼치려는 시도를 반영하는 것으로서 중국 외교정책의 방향을 명확하게 하기보다 모순적이고 심지어 혼란스럽게 만들었다.

6. 무엇을 통해 파악할 것인가?

한 국가의 외교이념은 그 국가가 국제관계와 관련하여 보이는 언술, 지도자가 행동을 위해 제시하는 논리, 그리고 외교정책에 관한 토론이나 논쟁 등에 대한 검토를 통해 파악이 가능하다.[91] 중국에서 외교이념이 정책에 끼치는 영향을 이해하기 위한 최선의 방법은 정책 결정권을 장악하고 있는 소수 지도자의 비전을 검토하는 것이다. 그러나 현실적으로 중국에서 지도자의 외교이념을 파악하기는 쉽지 않다. 이들은 공식적으로 결정된 사항을 제외하고는 외교정책에 대한 개인적 견해를 표명하지 않는다. 합의가 존재한다는 입장을 견지함으로써 이견이 존재할 가능성을 원천적으로 부인함에 따라 중국 지도부 내에 존재하는 외교이념과 관련한 이견이나 다양성을 파악하는 것은 쉽지 않다.[92]

이처럼 중국 최고 엘리트의 외교이념을 파악하는 것이 어려운 현실로 인해 중국에서 전문가들 사이에 전개되는 외교정책과 관련한 논의와 논쟁에 대한 검토가 외교이념을 파악하는 대안으로 등장한다. 지식인, 외교관, 기업가 등 중간 엘리트들은, 한 전문가가 지적하듯, 접근이 어렵고 자신의 선택과 그 동기에 대해 솔직하지 않은 최고 정책 결정자나 지나치게 주관적이고 변화가 심한 일반대중에 비해 더 나은 현실적 대안이 된다. 비록 이들이 중국의 대외정책을 결정할 직접적인 권한을 가진 것은 아니지만, 앞에서 지적한 것처럼, 권한을 가진 지도자들에게 영향을 끼칠 수 있다.[93]

물론 중국에서 지식인과 전문가들이 정책 결정에 끼치는 영향과 관련하여 이견이 존재하는 것이 사실이다. 한편에서는 대학, 연구소, 군 관련 기구의 학자를 포함한 외교정책 전문가들이 전통적으로 주변부에 위치한다는 사실을 들어 그 한계를 강조한다. 그러나 다른 한편에서는 이들이 점차 외교정책에 더 큰 영향력을 행사하며 실질적으로 외교정책과 관련하여 준

(準)관방적 행위자로 간주될 수 있다고 주장한다. 이는 개혁기에 발생한 변화를 반영한다. 장쩌민(江泽民)과 후진타오 등 중국의 지도자들은 학자와 전문가들, 특히 국제관계 전문가들에게 더 큰 표현의 자유를 허용했고 때로 정책논쟁이나 협의에 참여하도록 장려했다.[94] 이에 따라 중국의 전문가들은 정책 서클의 한 부분으로 등장했다.

심지어 개혁기 중국에서 지식인 사이에서 진행되는 이론적 논쟁은 일정 부분 당 내의 노선갈등을 대체하기도 한다. 다시 말해 지도부 내의 차이가 지식인들 사이의 차이로 나타나는 것이다.[95] 가령, 2000년대 초반에 진행되었던 의료개혁 논쟁이나 2005년에 진행된 국유기업 개혁과 노동의 권리에 관한 논쟁 등은 모두가 이론적 차원에서 전개되었지만 궁극적으로 정책 방향에 중요한 영향을 끼쳤다. 이러한 사실은 논쟁이 이제 더 이상 당과 국가 내부에 한정되기보다 사회의 공공영역으로 확대되며, 심지어 주로 당 밖에서 전개됨을 의미한다.[96]

여기서 외교전략에 관한 전문가들의 논쟁에 대한 검토를 통해 중국 내에 존재하는 서로 다른 생각을 확인할 가능성을 목격할 수 있다. 다시 말해 지식인들의 논쟁은 중국의 외교정책에 관한 다양한 생각의 범주를 이해하는 창으로 작용한다.[97] 이 책은 외교전략을 둘러싼 전문가들의 논쟁을 검토함으로써 중국에 존재하는 외교전략과 관련한 차이를 재구성하고, 이러한 차이를 다시 외교정책에 관한 중국 지도부의 선언과 대비시켜 확인할 것이다.

이러한 검토는 대외정책과 관련하여 중국에 나타난 서로 다른 생각과 이로 인해 중국이 경험하고 있는 대외정책과 관련한 변화와 혼선을 이해하는 데 도움을 줄 것이다. 우선, 서로 다른 이념에 대한 관심은 개혁개방기 대외적 진로와 관련하여 중국에서 출현한 서로 다른 흐름 사이의 차이와 갈등을 포착하는 데 기여한다. 초점은 국제체제와의 일치를 추구함으로써 세계의 주류문명과의 수렴을 추구할 것인지 아니면 중국특색을 강조할 것인지에 집중된다. 다음으로 이에 대한 검토는 중국이 향후 어디로 갈 것인가를 이해하는 데도 도움을 준다. 중국이 독자적이고 대안적 선호를 추구할 경우 서구문명과 표준을 둘러싸고 경쟁할 가능성이 존재한다. 반면에 중국이, 자신의 독특성을 유지하면서도, 세계의 평등하고 동등한 구성원이 되는 길을 걸을 경우 충돌은 회피될 수 있다. 마지막으로 이러한 검토는 강대국의 부상이 국제체제와 질서에 끼치는 영향이 기존 이론이 제시하는 것처럼 사전에 이미 결정되기보다 부상하는 강대국의 내적 요인에 의해 영향을 받는다는 사실을 보여줄 것이다.

7. 책의 구성

이 책은 서론과 결론을 제외하고 모두 여섯 개의 장으로 구성된다.

1부를 구성하는 제1장과 제2장에서는 외교이념으로서의 국제주의와 민족주의를 살펴본다. 이 부분에서는 서로 다른 외교이념의 형성과정, 지지세력, 차이점과 공통점 등을 검토하는 데 집중하고, 이러한 이념이 정책에 끼친 영향에 대한 검토는 제3장 이후에서 진행한다. 구체적으로 제1장에서는 중국의 개방과 국제주의 이념의 성장을 검토한다. 중국이 경제발전을 위해 기존 체제에 참여하고 또 혜택을 입음에 따라 중국 내에서 국제체제에 대한 인식이 변화하고 나아가 국제체제와의 일치를 강조하고 추구하는 이념과 세력이 등장하는 과정을 제시한다. 한편 제2장에서는 민족주의 이념의 부활과 변용을 고찰한다. 1989년 천안문 사태 이후 당 지도부가 권력을 공고화하기 위해 민족주의를 강조하고, 이러한 노력이 다시 대중민족주의로 확산되는 과정을 검토함으로써 중국에서 외교이념을 둘러싼 분화와 경쟁이 출현하기 시작했음을 제시한다.

제2부인 제3장과 제4장에서는, 이전 장에서 살펴본, 국제주의와 민족주의의 역할과 영향을 외교정책의 변화를 중심으로 검토한다. 전체적으로 초창기 국제주의가 온건 민족주의와의 조화를 통해 외교정책을 온건한 방향으로 진전시키는 데 기여했다는 사실과 이후 중국의 부상이 급진적 민족주의를 강화시킴으로써 중국의 대외정책을 강경하게 만들었다는 사실을 제시한다. 구체적으로 제3장에서는 국제주의와 온건 민족주의의 조화가 중국외교에 초래한 진화를 '책임 있는 강대국론', '평화적 부상론', '조화세계론' 등을 중심으로 논의하고 또 그 한계도 검토한다.

반면에 제4장에서는 국력의 증대가 중국의 외교정책에 초래한 변화를 살펴본다. 중국의 국력이 증대되면서 이를 활용하여 중국의 국가이익을 적극적으로 추구해야 한다는 민족주의 목소리가 증강된 반면에 국제체제에 기여하는 방식을 통해 영향력을 추구해야 한다는 국제주의 주장에 대한 비판이 강화되면서 외교정책의 방향을 둘러싼 논쟁이 촉발되었다는 사실을 제시한다. 구체적으로 중국에서 민족주의의 증강과 이에 따른 논쟁, 그리고 그 결과 나타난 외교정책의 공세적 전환 등을 살펴본다.

제3부인 제5장과 제6장에서는 시진핑 체제가 추진한 '중국식' 강대국 외교정책과 그것이 세계에 끼친 영향을 검토한다. 우선, 제5장에서는 시진핑 체제 출범 이후 본격화된 중국특색을 외교정책에 반영하려는 노력을 살펴봄으로써 중국이 추구하는 독자적 구상의 실체가 존재하는지의 여부와 그 모습을 고찰한다. 구체적으로 시진핑이 제기한 '중국의 꿈' 구상과 '중국식 강대국 외교정책'에 대한 검토를 통해 세계질서에 대한 중국의 구상과 생각을 살펴본다. 아울러 이러한 변화가 외교정책의 방향을 둘러싼 경쟁에서 민족주의가 국제주의를 누르고 궁극적으로 승리함을 의미하는지의 문제도 논의한다.

제6장에서는 중국식 강대국 외교정책에 대한 국제적 반응과 이것이 중국식 세계의 실현 가능성에 대해 갖는 의미를 살펴본다. 특히 중국의 공세적 정책에 대해 국제체제를 주도해온 미국과 국제사회가 어떻게 대응하는지 또 이러한 외부의 대응이 중국식 질서의 실현 가능성과 관련하여 갖는 의미는 무엇인지 등의 문제를 다룬다.

마지막으로 결론에서는 이상의 논의를 요약하고 또 향후 전망도 간략하게 제시할 것이다.

• 제1부 •

외교이념

제1장 대외개방과 국제주의의 성장

국가이익과 국제적 이익의 공존 가능성을 인정하는 기초 위에 협력을 통해 공동번영을 추구하고 국제적 책임을 중시하는 국제주의는 중국외교에 있어서 새로운 이념이다. 중국이 제국시기에 천하체제를 통해 자국 중심의 보편주의를 추구한 바 있지만,[1] 근대 이후 중국의 관심은 무엇보다도 부국강병(富國强兵)으로 대변되는 국가이익에 의해 지배되었다. 이는 공산정권이 수립된 후에도 마찬가지였다. 마오쩌둥 시기 전 세계 프롤레타리아들이 단결하여 세계혁명을 성사시킴으로써 제국주의의 지배를 종식시키자는 취지의 '프롤레타리아 국제주의'를 강조하기도 했지만, 현실적으로 중국의 외교정책은 독립과 자율성으로 대변되는 국가이익에 의해 압도되었다. 그 대표적 증거로 마오쩌둥이 '제한 주권론'을 표방한 사회주의 종주국 구소련과의 갈등을 불사한 사실을 들 수 있다.

이러한 사실을 고려할 때 국가이익과 함께 인류의 공동이익을 중시하는 국제주의의 등장은 중국의 외교이념에 심대한 변화가 발생함을 의미한다. 마오쩌둥 시기의 프롤레타리아 국제주의와 구분하기 위해 신국제주의로 지칭된 개방기 국제주의는 중국에서 세계의식의 부활을 상징한다.[2] 다시 말해 중국이 세계의 시각에서 자신의 존재와 이익을 인식하기 시작했음을 의미한다. 국제주의는, 한 중국학자의 지적처럼, 세계의 표준을 민족의 표준으로 간주하고 세계의 현실을 중국의 미래로 간주한다.[3] 이는 중국을 세계의 정상적 구성원으로 상정하는 것으로서, 중국이 중심이었던 전통시기의 보편성과도 다르다. 이 장에서는 개혁기 중국에서 등장한 새로운 외교이념인 국제주의를 살펴보게 될 것이다.

중국에서 국제주의의 출현은 개혁개방과 밀접한 관련을 갖는다. 국제주의는 중국이 국제체제에 참여하고 또 편입을 심화시키는 과정에서 출현하고 발전했다. 다시 말해 국제주의는 국제체제와의 상호작용의 과정에서 등장하고 또 개방이 확대되어 세계경제와의 일체화가 진행되는 과정에서 강화되었다. 국제체제에의 참여는 중국으로 하여금 국제적 규범, 규칙, 제도 등을 수용할 것을 요구했다. 경제를 발전시키기 위해 외부의 도움을 필요로 했던 중국은 국제기구에 가입하고 국제적 규범을 준수하려 들었다. 이러한 참여와 통합이 경제발전으로 이어지면서 국제체제에 대한 중국의 인식에도 변화가 발생했다. 국제체제의 일원으로서 발전을 이루고 국제적 지위를 성취할 수 있다는 인식이 출현하기 시작한 것이다. 즉, 정책과 환경의 변화가 관념상의 변화를 촉발시킨 것이다. 여기에 더해 급속하게 부상하는 중국에 대한 외부의 우려를 해소할 필요성 또한 중국에서 공존과 협력 그리고 국제적 책임을 강조하는 국제주의 이념의 성장을 도왔다. 이처럼 참여가 확대됨에 따라 국가이익 중심의 국제관에서 벗어나 국제체제를 인정하고 국제체제를 통해 안보와 번영을 확보하려는 새로운 이념이 등장했다.

이는 중국에서 국제주의의 출현이 적응(adaptation)의 결과임을 제시한다. 다시 말해 중국에서 국제주의는 외부환경에 적응할 필요성에 의해 촉발되었다. 이처럼 도구적 성격을 띤다는 사실이 국제주의의 내용에 영향을 끼쳤다.[4] 중국의 국제주의는 상호 호혜적 공동이익과 공동의 가치관 및 규범의 작용을 인정하며 다자협력, 국제기구와 국제체제를 중시한다는 점에서 서구의 자유주의와 일정 부분 유사성을 지닌다. 그러나 동시에 분명한 차이도 존재한다. 무엇보다도 중국의 국제주의자들은 국가 간 이익의 조화 가능성을 인정하는 동시에 한계에도 주목한다. 다시 말해 중국의 국제주의는 국가들 사이의 이익이 진정으로 조화를 이룰 수 있을 것인가에 대한 의구심을 완전하게 떨쳐버리지 못한다. 그 결과 중국의 국제주의는 국제주의가 민족주의를 대체하는 것을 상정하기보다 양자의 공존을 강조한다.

이 장에서 논의의 초점은 이념으로서의 국제주의에 집중될 것이다. 다시 말해 국제주의에 대한 중국 내의 인식과 주장에 초점이 집중될 것이고, 이러한 이념을 반영하는 정책에 대한 검토는 제3장에서 이루어질 것이다. 다음에서는 먼저 국제주의 이념이 출현하게 된 배경을 논의한 후, 중국에서 국제주의를 추동시킨 세력과 국제주의의 구성요소를 차례로 살펴볼 것이다. 계속해서 중국의 국제주의에 존재하는 한계를 검토한 후, 국제주의와 중국 외교정책 사이의 연계를 간략하게 제시하고 끝을 맺게 될 것이다.

1. 국제주의의 출현 배경

1) 대외개방과 인식의 변화

중국에서 국제주의가 출현하게 된 배경으로 무엇보다도 개방정책의 시행을 들 수 있다. 중국이 대외개방을 채택한 것은 경제를 발전시키기 위한 의도 때문이었다. 잘 알려진 것처럼, 중국은 1978년에 개최된 공산당 11기 3중전회에서 경제발전을 국가의 가장 중요한 과제로 설정했고 이와 함께 경제발전에 유리한 국제 환경을 조성하는 것이 중국외교의 목표로 등장했다. 다시 말해 중국외교는 경제발전에 필요한 국제적 환경을 조성하는 임무를 부여받았다. 대외개방은 이러한 새로운 임무를 달성하기 위해 추진되었다.

대외개방은 외국의 자본, 기술, 그리고 경험을 도입하고 시장을 활용하려는 시도였다. 다시 말해 세계경제와의 연계를 형성하여 세계경제가 제공하는 기회를 활용함으로써 경제발전을 이루려는 시도였다.[5] 이러한 시도는 마오쩌둥 사후 중국의 실질적 최고지도자로 등장한 덩샤오핑의 판단과 의지에 힘입은 바가 크다. 덩샤오핑은 '어떤 국가도 문을 닫아걸고 발전을 이룰 수 없으며, 중국의 발전은 세계와 떨어져 진행될 수 없다'라고 판단했다.[6] 이는 자본주의 국제체제에 참여하는 것이 중국의 경제성장을 가져옴으로써 공산당의 정치적 정당성을 증대시키는 데 기여할 것이라는 인식을 반영했다.

특히 덩샤오핑은 미국을 중국의 필요를 충족시켜줄 대상으로 간주했다. 구체적으로 그는 1977년 10월 한 미국인에게 중국의 낙후성에 대한 우려를 표명하면서 "선진국으로부터 배워야 한다"라고 지적한 데 이어, 1978년 12월 초에도 리셴녠(李先念) 등 지도자들에게 "전체적 국면과 관련"된 것이라고 강조함으로써 미국과의 수교를 옹호했다.[7] 계속해서 그는 1979년 미국을 방문한 후 미국과의 관계 개선이 기술을 이전받을 기회를 제공할 것이라고 강조했다.[8] 미국과의 관계 개선에 대한 덩샤오핑의 계속된 강조는 마오쩌둥 시기의 중국이 국제체제에 도전함으로써 많은 것을 잃었다는 사실을 깨달았음을 보여주었다.[9]

이러한 판단에 따라 덩샤오핑은 자력갱생과 쇄국이라는 극좌적 해법을 수정하고 대외경제협력과 과학기술교류를 적극적으로 추진했다.[10] 그는 1980년 6월 "개방정책을 실행하여 국제적 왕래를 강화하고 특히 선진국가의 경험, 기술, 자본을 흡수하는 데 주의를 기울임으로써 발전을 촉진"시킬 필요성을 지적했다. 이러한 그의 노력에 힘입어 1981년 11월에 개최된 5기 4차 전국인민대표대회는 "대외개방정책을 실행하고 국제적으로 경제와 기술교류를 강화하는 것이 우리의 분명한 방침"이라고 규정했고, 다음 해 12월에는 헌법에 대외개방정책을 삽입했다.[11] 여기에 더해 덩샤오핑은 대외개방을 안정적으로 추진하기 위해 전쟁을 피할 수 있고 '평화와 발전이 시대의 주제'라는 주장도 제기했다. 그는 핵무기의 출현과 평화적 역량의 성장으로 인해 세계대전을 피할 수 있게 되었다고 규정했는데,[12] 이는 국제체제에 참여하고 또 개혁과 발전에 정책의 초점을 집중시키기 위한 토대를 마련하려는 시도였다. '평화와 발전이 시대의 주제'라는 입장은 이후 당의 방침으로 채택되고 견지된다.

대외개방은 경제, 정치, 문화 등 다양한 측면을 포괄했지만, 가장 기본적인 것은 경제적 개방이었다. 우선, 중국은 경제특구를 창설했다. 1979년 4월 덩샤오핑이 특구 설치를 제안했고 같은 해 10월에 당 중앙과 국무원이 네 개의 특구를 지정했다.[13] 이와 함께 중국은 경제발전을 촉진시키기 위해 국제기구에 가입했다. 중국은 1980년에 세계은행과 IMF에 가입한 데 이어 1986년에는 GATT에 회원국 지위회복을 신청했다. 이는 개혁개방에 필요한 국제적 협력을 동원하는 데 기여할 것이라는 기대를 반영한 것으로서 마오쩌둥 시기 국제기구에 대해 신중한 태도를 견지했던 것으로부터의 변화였다. 한편 정치적 측면에서 중국은 기존 국제체제를 주도하는 미국 및 자본주의 선진국과 관계를 수립했고, 문화적 측면에서도 외부세계와의 광범위한 교류를 추진했다.

대외개방은 시간과 함께 더욱 확대되었다. 특히 덩샤오핑은 서방세계에 대한 경계심이 강화되었던 개혁개방의 혜택을 입은 남쪽 지방을 순회하며 개방정책을 지속시킬 필요성을 강조한 '남순강화(南巡讲话)'를 발표함으로써 반외세의 흐름이 확대되는 것을 차단하고 국제체제와의 통합을 촉진시키려 들었다. 이러한 그의 노력에 힘입어 그해 말에 개최된 중국공산당 14차 대회가 전면적 대외개방을 선언했고,[14] 그다음 해에 개최된 당 14기 3중전회 또한 "국제경쟁과 국제경제협력에 적극적으로 참여하고 중국경제의 비교우위를 발휘하며 개방형 경제를 발전시킴으로써 국제경제와의 상호연계와 보완(互接互补)을 실현"할 것을 선언했다.[15]

이처럼 국제사회에의 참여가 심화됨에 따라 국제주의는 명확한 발전 방향과 강력한 추동력을 갖게 되었다.[16] 중국은 국제체제에 참여하기 위해 국제사회의 규범과 행동을 수용했다. 다시 말해 중국은 국가의 이익을 추구하는 대가로 자국의 행동에 가해지는 외적제약을 수용하려 들었다.[17] 이는 외부로부터의 학습이 장려된 데 힘입었다.[18] 미국을 비롯한 서방세계는 중국의 참여를 수용하는 것이 자유주의의 영향력을 확대하는 결과로 이어질 것이라는 기대를 가졌다. 즉, 국제체제 참여가 중국에서 개혁을 선호하는 세력의 힘을 증대시킬 것이라는 기대였다. 이러한 상황에서 중국은 국제사회와의 긍정적 상호작용을 필요로 했다. 국제적 규범에 부합되는 행동을 했을 때 원조, 차관, 투자와 같은 경제적 인센티브를 얻을 수 있었다는 사실이 중국으로 하여금 국제적 규범을 수용하도록 작용했다.[19]

구체적으로 중국은 국제기구에 가입하거나 국제기구와의 거래를 체결하는 데 필요한 조건을 수용했다. 가령, 중국은 세계은행에 가입하면서 GNP라는 개념을 사용하기 시작했다. 또 중국은 세계은행의 지원을 획득하기 위해 경제 관련 자료를 제공하는 것과 관련해서도 더욱 투명하게 되었다. 여기에 더해 중국은 경제발전에 필요한 자금을 지원받기 위해 위안화 평가절하, 수입쿼터 철폐, 이자율 조정, 그리고 내적 제도개혁 등 세계은행이 제시한 조건들을 수용했다. 심지어 중국은 해외의 투자주체가 개입된 투자관련 분쟁에서 중국법을 국제법과 국제중재에 종속시키라는 국제투자

보증기구(Multilateral Investment Guarantee Agency)의 요구와 같은 심도 있는 변화까지도 수용했다.[20]

이와 함께 관념상의 변화도 발생했다. 가령, 개혁개방의 과정에서 중국외교는 다자기제를 통해 세계와 지역의 문제를 처리한다는 관념을 형성했다. 이는 중국에서 국제기구가 중국의 이익에 기여한다는 인식이 형성되었음을 의미한다. 구체적으로 중국에서는 국제기구가 투명성을 제고시키고 거래비용을 감소시키며 분쟁해결을 돕고 상호 이익을 추구하도록 작용한다는 인식이 출현했다. 이는 중국이 국제체제에의 참여를 통해 사회화됨을 의미한다.[21] 즉, 국제기구와의 상호작용을 통해 중국은 국제규범에 대한 이해를 제고시키게 되었다.

국제주의는 국가이익에 대한 위협은 외부가 아니라 내부에서 온다고 인식했다. 다시 말해 중국에 대한 주요 위협은 외부의 적이 아니라 자신의 결함이라는 주장이었다. 이와 함께 중국의 미래는 개혁개방을 통해 문제와 갈등을 해결할 수 있는가에 달려있다고 강조했다. 나아가 자신에 대한 성찰과 변화 없이 중국이 추구하는 반패권이나 국제체제의 합리화라는 외교적 목표를 달성하기 어렵다는 주장도 제기했다. 다시 말해 세계에 영향을 끼치기 위해서는 자기 자신을 변화시켜야 한다는 지적이었다.[22]

실제로 국제체제에 참여함에 따라 중국에서 정치·경제·사회적으로 심대한 변화가 발생했다.[23] 특히 1990년대 들어 본격화된 사회주의 시장경제의 추진과 함께 중국의 경제개혁은 국제경제체제의 규범과 원칙에 순응하는 방향으로 진행되었다. 구체적으로 소유제 조정, 재산권 변화, 시민의 경제권 확대, 정책 결정의 분권화 등이 진행되었다.[24] 이와 함께 법치원칙이 헌법에 삽입되고, 외국의 행정관리 경험과 법률제도의 학습과 차용도 이루어졌다. 이는 국제체제와 기구에 가입함에 따라 중국이 국제적 규범에 부합하는 방향으로 국내 제도와 법률을 변화시키게 되었음을 의미한다. 중국은 국내 제도의 혁신을 통해 외부세계와의 협력을 유지하고 경제발전에 유리한 평화적 국제 환경을 쟁취하려 들었다. 실제로 국내적 변화는 중국과 국제체제 사이의 협력을 촉진시키는 데 기여했다.[25] 아울러 중국에서 국제적 제도가 체화됨에 따라 개혁이 역전될 가능성도 낮아졌다.[26]

국제체제에 참여하는 것이 중국의 경제발전에 공헌했다는 사실이 이러한 변화에 힘을 보탰다. 개방정책을 시행한 후 10여 년의 시간이 지나면서 대외개방이 중국의 경제발전에 기여한다는 사실이 분명해졌다. 가령, 중국의 대외교역액은 1980년 381억 달러에서 1990년에 1156억 달러로 급격하게 증가했다. 대외교역액이 GNP에서 차지하는 비중 또한 1990년에 30.9%에 달함으로써 1978년의 9.9%로부터 크게 증가했다.[27] 대외개방이 경제성장에 기여하는 현상은 2001년에 이루어진 WTO 가입 이후 더욱 분명해졌다. 중국은 WTO에 가입한 이후 GDP의 비약적 성장, 교역액의 급증, 외환보유고의 꾸준한 증대 등 분명한 경제적 혜택을 누렸다. 이러한 변화는 상당 부분 대외교류의 증대에 힘입었는데, 한 전문가는 2000년대 첫 10년 동안 중국이 이룩한 경제적 성장의 70%가 WTO 가입에 힘입은 것으로 평가한다.[28]

이러한 사실이 중국에서 국제체제에 대한 긍정적 평가를 촉발시켰다. 경제발전과 함께 국제체제가 위협이라는 인식이 감소한 대신에 개혁과 개방을 추진하기 위해 국제체제를 지지해야 한다는 주장이 증대되었다.[29] 이러한 인식의 변화는 중국에서 국제주의가 뿌리를 내리고 발전하기 위한 견실한 기초를 제공했다.[30] 이처럼 중국은 참여를 통해 국제체제와의 관계를 다시 인식하게 되었다.

2) 우려 해소와 정체성 모색

1990년대 들어 중국의 부상이 점차 분명해지면서 국제적으로 중국에 대한 우려(중국위협론)와 책임 부담에 대한 요구(책임 있는 강대국론)가 잇따라 제기되었다. 이는 강대해진 중국이 어떤 국가가 될 것인지 또 대외적으로 어떤 정책을 추구할 것인지에 대한 국제적 관심과 우려를 반영했다. 중국위협론은 중국의 전략적 의도와 관련하여 부상하는 중국이 기존 체제에 도전을 제기할 것이라는 우려를 반영했다. 반면에 책임 있는 강대국론은 강대해진 중국이 국제적으로 더 많은 책임을 분담해야 한다는 기대를 보여주었다. 양자 모두 중국의 부상이 가져올 불확실성을 반영한 것인데, 이러한 불확실성을 해소할 필요성 또한 국제주의의 출현과 성장에 기여했다.[31] 다시 말해 반대세력의 비판을 해소하고 국제적 이미지를 개선함으로써 중국의 부상을 실현할 필요성이 국제주의를 추동시켰다.[32]

1990년대들어 처음 제기된 것은 중국위협론이었다. 1992년부터 1996년까지 GDP 성장률이 연평균 10%를 상회하는 등 경제성장 추세가 분명해지면서 중국에 대한 위협의식이 촉발되었다. 중국의 자료에 따르면, 최초의 중국위협론은 일본에서 제기되었다. 1990년 8월 일본 방위(防衛)대학의 한 교수가 우익 월간지 ≪쇼쿤(諸君)≫에 발표한「중국이라는 잠재적 위협을 논함」이라는 글에서 중국을 잠재적 적으로 규정했다.[33] 이후 1993년에 헌팅턴(Samuel P. Huntington)이 문명충돌의 가능성을 제기했고,[34] 1997년에는 두 명의 전문가가 중국과의 군사적 충돌 가능성까지 제기했다.[35] 2000년대에 들어서도 미국 국방부가 2002년에 발표한 연례 보고서에서 중국의 군사적 위협을 제기하는 등 중국위협론은 계속해서 이어졌다.[36]

중국에게 이러한 국제적 우려는 경제발전에 유리한 국제적 공간을 확보할 필요성을 제기했다. 다시 말해 중국은 국제사회의 우려를 해소함으로써 경제발전을 촉진시키는 데 필요한 국제적 공간을 확보할 필요성에 직면했다. 이러한 배경에서 국제주의가 강조되었다. 국제주의는 중국의 이미지를 개선하고 강대국과의 정상적 관계를 발전시키는 데 도움을 줌으로써 중국위협론을 해소하는 데 기여할 것으로 인식되었다.[37] 가령, 국제적 규범을 준수하고 조약과 기구에 참여하는 것은 중국이 강성해지더라도 협력적으로 행동할 것이라는 점을 주지시킴으로써 중국위협론을 해소하고 경제발전에 필요한 양호한 국제적 환경을 창출하는 데 기여할 것으로 간주되었다.[38] 즉, 중국의 부상에 따른 불확실성에 대한 우려를 감소시키는 반면에 중국의 부상을 수용하려는 의도를 확대시키는 데 기여할 것이라는 주장이었다.

한편 책임 있는 강대국론은 1995년 페리(William Perry) 미국 국방장관이 시애틀에서 행한 연설에서 처음 제기했다. 그는 중국에게 책임 있는 강대국(responsible world power)이 될 것을 촉구했는데, 이는 관여(engagement)를 통해 중국을 책임 있는 강대국이 되도록 유도하려는 의도를 반영했다.[39] 이후 미국 관리들은 중국에게 책임 있는 국제사회의 일원으로 행동하라는 권고를 이어갔다. 이러한 미국의 움직임이 중국 내의 호응을 촉발시켰다. 중국에서는 국력의 증대와 함께 국제적 규칙을 준수하고 현행 질서를 유지하는 책임 있는 강대국이 되기를 바라는 국제적 기대가 제고되었다는 사실이 인식되기 시작했다.[40] 이와 함께 중국에서 국가의 정체성과 외교전략에 관한 논의가 촉발되었다. 즉, 중국의 국제적 정체성은 무엇이며 강대국으로서의 중국은 어떤 전략을 취해야 할 것인가에 관한 논의였다.

이러한 모색은 물론 외부에 의해 촉발되긴 했지만 동시에 중국의 강대국 지위에 대한 자신감을 반영한 것이기도 했다. 2000년대 들어 중국의 부상은 더욱 분명해졌다. 1978년 1473억 달러였던 중국의 GDP는 2005년 2조 2600억 달러에 달함으로써 영국을 추월하고 세계 4위가 되었다.[41] 이러한 성장과 함께 중국은 동아시아에서 중요한 경제적 행위자로 등장했다. 중국은 2004년 한국의 최대 교역상대국이 된 데 이어 2007년에는 일본의 최대 교역상대국으로 등장했다. 동남아시아에서도 주요한 경제적 행위자로 등장했는데, 대표적으로 중국-베트남 교역액이 2005년 100억 달러를 돌파함으로써 80억 달러에 머문 미국-베트남 교역액을 추월했다.[42] 이러한 변화가 중국인들의 자부심을 자극했다. 한 연구소가 중국인들을 대상으로 시행한 여론조사에 따르면 1995년 응답자의 1/3이 세계에서 가장 중요한 국가로 미국을 선택했던 데서 2003년에 이르면 40% 가까운 사람들이 중국을 선택한 반면에 훨씬 적은 수의 응답자만이 미국을 선택했다. 1995년 중국을 선택했던 비중이 13%에 불과했음을 고려하면 커다란 변화였다.[43]

증대되는 국력과 이에 수반한 자부심 증대는 중국으로 하여금 국제적 정체성과 대외정책에 대해 고민하도록 작용했다. 중국의 부상은 "중국이 필요로 하는 국제체제는 무엇인가?"의 문제와 "중국과 국제체제 간의 마찰과 충돌을 어떻게 피할 것인가?"의 문제 등을 중요한 의제로 부각시켰다.[44] 이와 관련하여 중국에서 국제주의를 통해 국제적 지위를 제고시키자는 주장이 제기되었다. 한 전문가는 국제주의를 주창하고 실행함으로써 중국의 국제적 역할과 관련한 의문에 답해야 한다고 주장했다.[45] 국제적 의무를 수행하는 것은 중국위협론을 해소하는 데 기여할 뿐 아니라 평화적이고 책임 있는 국가라는 이미지를 형성하는 데도 기여할 것으로 제시되었다.

국제주의자들은 국력의 증대가 중국에게 국제적 사안에 참여할 필요성을 제기한다고 주장했다. 국제제도에의 참여를 더욱 촉진시킴으로써 국제사회로부터 인정을 받고 국제적 영향력을 확보하기 위한 국제적 합법성을 마련해야 한다는 주장이었다.[46] 아울러 국제기제를 잘 준수하고 국제적 약속을 잘 이행해야 비로소 다자외교에서 능동성을 확대할 수 있다는 주장도 제기했다.[47] 이처럼 중국의 성장이 안정과 평화에 기여할 것임을 설득하는 동시에 중국의 국제적 정체성을 모색하는 과정에서 국제주의에 대한 지지가 증대되었다.

3) 세계화의 영향

중국의 개방은 세계화가 확산되는 시기에 진행되었다. 이에 따라 중국에서도 세계화가 수용된다. 베이징대학의 왕이저우(王逸舟)에 따르면, 1990년대 이후 중국에서 세계화에 대한 인식과 수용이 빠르게 확산되었다. 시장경제의 수용과 WTO 가입 등에 힘입어 중국의 대외개방이 새로운 단계에 진입했고 이 과정에서 세계화에 대한 이해도 심화되었다. 이후 2000년대 들어 세계화가 "전면적으로 전파"됨으로써 "정치적 정확성"을 나타내는 지표의 하나가 되었다.[48]

세계화가 중국과 국제체제 사이의 윈윈을 가능하게 할 것이라는 인식이 세계화를 수용하도록 작용했다. 세계화는 개방에 유리한 국제적 환경과 조건을 제공함으로써 경제발전을 가속화시키는 데 기여할 것으로 인식되었다. 구체적으로 세계화는 자본조달과 시장 확대에 기여할 뿐 아니라 선진기술과 설비 도입에도 기여하며 나아가 선진적 관리경험을 학습하는 데도 도움이 될 것으로 간주되었다. 이는 세계화가 중국의 경제성장에 기여할 것으로 간주되었음을 의미하는데, 경제성장은 체제의 생존에 긍정적으로 작용할 뿐 아니라 군사 현대화에 필요한 자본과 기술도 제공했다. 여기에 더해 증대된 경제력은 중국의 외교력과 소프트 파워를 증강시키는 데도 기여하는 것으로 인식되었다.[49] 이러한 인식이 세계화를 수용하도록 작용했다. 중국에서 세계화가 피할 수 없는 흐름이라는 인식이 점차 확산되었는데, 심지어 세계화가 불평등과 불공정성을 초래할 가능성이 있다고 우려하는 전문가마저도 세계화를 '역전시킬 수 없는 필연적 추세'로 간주했다. 중국공산당 대외연락부의 한 연구원은 중국이 세계화의 폐단을 인식하고 이용하며 방지할 수 있을 뿐 저지하거나 회피할 수 없다고 규정하고, 따라서 적극적이고 능동적으로 참여하는 전략을 취할 것을 주장했다.[50]

한편 세계화를 긍정적으로 평가하는 측에서는 세계화가 초래한 보다 본질적인 변화에 주목한다. 그 대표적 인물이 사회과학원 부원장을 지낸 리션즈(李慎之)이다. 그는 초국가적 역량과 전 지구적 문제의 출현이 세계의 특징이며 따라서 인류는 전 세계적 필요에 주목해야 하고 또 국가의 임무는 이러한 새로운 요구에 부합하는 새로운 해결방법을 찾는 것이라고 규정했다. 나아가 그는 중국에게 세계화는 불가피한 것으로 선택할 수 있는 사항이 아니라고 전제하고, 세계화 시대에 국제(세계)주의를 추구해야 한다고 주장했다. 특히 그는 중국이 전통을 기초로 하면서 세계화를 목적으로 삼아야 한다고 규정했다. 즉, 세계화의 보편적 법칙을 체(体)로하고 중국의 특색을 용(用)으로 삼아야 한다는 지적이었다. 그는 이를 "역사의 흐름"으로 규정하고, 순응하지 못하는 자는 역사의 징벌을 받을 수밖에 없다고 지적했다.[51]

왕이저우 또한 1995년 출간한 저서에서 초국가적 흐름과 발전이 확대됨에 따라 국제체제에 변화가 발생했고 그 결과 국가주권에 대한 제약이 증대되었다고 규정했다. 그는 주권에 제약이 가해지는 것은 부분적으로 서구 국가의 편협한 이익 때문이기도 하지만, 동시에 지구적 상호의존의 증대와 국제사회의 형성이라는 현실 때문이기도 하다고 규정했다.[52] 즉, 중국이 처한 국제적 환경에 근본적 변화가 발생했다는 주장이다. 다른 전문가는 이러한 변화가 국제협력을 추동시키고 강화한다고 지적했다. 경제 세계화와 일체화가 정치적·군사적 경쟁을 크게 약화시켰을 뿐 아니라 세계화로 인해 어떤 국가도 독자적으로 문제를 해결하는 것이 어렵게 되었기에 모든 문제는 국제기구를 통해 해결해야 한다는 주장이었다. 이처럼 세계화가 국제협력을 추동시키고 강화하는 상황에서 중국만이 예외가 되어서는 안 되는 것으로 규정되었다. 즉, 중국 또한 국제협력에 적극적으로 참여하여 대화와 교류를 통해 국가이익을 수호해야 한다는 지적이었다.[53]

이는 세계화가 중국에서 막 형성되기 시작한 국제주의에 대한 지지를 확장시키는 결과로 이어졌음을 의미한다. 즉, 왕이저우가 지적하듯, 세계화는 인류가 공동으로 직면한 문제에 대한 중국 내의 인식을 강화시켰다. 이러한 인식은 다시 중국의 외교전략에 영향을 끼쳐, 중국으로 하여금 공동의 이익을 인정하고 인류 공동의 이익과 국가 이익 간의 균형을 추구하도록 작용했다.[54]

2. 지지 세력

대외개방을 통해 국제체제에 참여하고 또 그로부터 혜택을 얻음에 따라 중국에서 국제체제와의 통합을 강조하는 세력이 출현했다. 국제주의를 지지하는 세력은, 민족주의에 대한 지지자와 마찬가지로, 다양하고 이질적이다. 국제주의에 대한 지지는 무엇보다도 학자를 비롯한 전문가 집단에 의해 주도되었다. 냉전이 종식된 이후 중국에서 국제정치에 대한 관심이 급증했고, 이 과정에서 많은 전문가들이 상호의존과 세계화에 주목하고 국제주의를 주창했다.[55] 이들은 국제체제에 참여하고 통합을 추구하는 것이 중국의 국익을 실현하고 또 국제적 영향력을 확보하는 데 기여한다는 주장을 제기했다. 21세기에 들어 국제주의에 대한 중국 전문가들의 관심은 더욱 심화되었지만 세계금융위기 이후, 특히 시진핑 체제가 들어선 후에는 국제체제와의 통합에 대한 강조가 완화되는 대신에 국제체제와 중국특성 사이 상호 적응의 필요성이 강조된다.

이러한 사실은 중국에서의 국제관계 연구경향에 의해 확인된다. 외교대학(外交学院)의 주리췬(朱立群)은 협력과 국제사회에의 통합을 주장하는 자유주의와 구성주의가 외교정책을 둘러싼 중국 내의 논쟁에서 지배적 지위를 차지한다고 주장한다.[56] 중국에서 국제주의에 대한 최초의 공개적인 지지는 리션즈에 의해 제기되었다. 그는 1990년대 후반 냉전의 종식으로 자유주의가 최선의 그리고 가장 보편적인 가치임이 입증되었다고 선언함으로써 '서방모델'을 공개적으로 지지했다.[57] 아울러 그는 세계화로 인해 국제관계의 행위자와 규칙이 크게 변화할 것이라는 주장을 제기했다. 비국가 행위자와 국내 행위자의 역할이 증대되고 이에 따라 국가, 주권, 국경의 개념이 변화할 것이며 국가들은 상호 협력을 통해 새로운 공동의 해결책을 추구해야 할 것이라는 주장이었다. 그는 중국이 국수주의를 선택한다면 그것은 중국과 세계의 불행이 될 것이고, 반대로 국제주의를 선택한다면 중국과 세계의 행운이 될 것이라고 규정했다.[58]

왕이저우 또한 자신의 저서에서 유사한 주장을 제기했다. 그는 상호의존과 세계화가 국가주권에 관한 전통적 관념에 충격을 가했다고 전제하고, 세계화 시대의 세계적인 문제는 세계적 차원의 해결책을 요구한다고 주장했다. 국제주의의 필요성과 관련하여 그는 안보와 생존에 대한 새로운 위협에 대응할 필요성 때문이기도 하지만 동시에 "인간으로서의 우리를 새로운 시대의 특징에 따라 전환시키고 형성하기 위해서"라고 규정했다.[59]

국제주의에 대한 지지는 2000년대 중반에 들어 정점에 달한다. 옹호론자들은 중국의 부상이 정체성의 문제를 제기했다고 전제하고, 국제주의를 통해 대응할 것을 주장했다. 통지(同济)대학 궈슈에탕(郭学堂)은 2004년에 국제주의 외교정책을 강력하게 추구할 것을 주장했다.[60] 그는 부상하는 중국에게 주어진 과제는 국가의 핵심이익을 수호하는 동시에 국제사회의 책임 있는 강대국이 되는 것이라고 규정했다. 종합국력의 증대는 중국이 국제적 이슈에 참여할 것을 요구한다는 지적이었다. 외교대학의 친야칭(秦亚青) 또한 중국이 국제사회에 완전하게 통합될 때 비로소 국제적 지위에 대한 열망을 실현할 수 있다고 주장했다. 그는 1840년에 국제체제와 처음 조우한 이후 중국은 힘의 정치와 정글의 법칙을 목격했고, 그 결과 분노감으로 인해 서구와 똑같이 행동하려는 심리를 획득했다고 지적했다. 그러나 그는 이러한 중국의 시도가 지위의 회복으로 이어지지 않았다고 강조했다. 대신에 중국은 국제체제에 참여할 때 비로소 국제적 지위에 대한 열망을 실현할 수 있다고 주장했다.[61]

베이징대학의 주펑(朱锋)은 중국의 부상이 '어떤 유형의 국가가 될 것인가?'와 '어떤 방식을 통해 지역질서와 국제질서에 영향을 끼칠 것인가?'라는 문제를 제기했다고 전제하고, 국제주의를 선택해야 한다고 주장했다. 즉, 국제기구에의 참여, 국제규범의 존중 및 보급, 국제적 윈윈모델을 추동하는 국가가 되어야 한다는 지적이었다. 그는 중국이 이미 진정한 의미의 강대국이 되었다고 전제하고, 부상하는 중국이 기존 질서의 수호자이자 국제적 윈윈모델의 추동자가 될 것을 옹호했다.[62]

전문가 집단이 학습이나 각성을 통해 국제주의를 체득하고 지지했다면, 대외개방으로 혜택을 얻은 세력들은 자신의 이익을 옹호하고 확대하기 위해 국제주의를 지지했다. 개방과 국제화는 중국 내에서 거대한 수혜집단을 창출했다. 개방은 외국의 시장, 투자, 기술에 대한 접근을 허용함으로써 국제 교류에 참여하는 개인과 집단에게 혜택을 가져다주었다. 개방과 함께 새로운 사상과 자금이 밀려들어왔고, 학생과 지식인들은 해외로 진출할 기회를 누렸다. 이와 함께 국제경쟁에서 우위에 있는 노동집약형 산업, 연해지역, 비공유 경제 부문, 자유주의적 지식인, 중간계층 및 정부와 기업 간 협력을 통해 세수 증대를 도모한 중앙과 지방의 관료 등이 안정적 대외무역과 투자에서 이익을 얻음으로써 중국 사회에서 지배적 우위를 누리게 되었다.[63] 즉, 국제화된 영역이나 지역이 여전히 폐쇄적인 영역이나 지역을 압도하게 된 것이다.

이러한 대외개방의 수혜세력 가운데 대표적인 것으로 연해지역의 대도시를 들 수 있다.[64] 연해지역은 지리적 우세로 인해 국제시장과의 연계를 조기에 형성하고 중국이 국제화를 추진하는 과정에서 중요한 역할을 수행했다. 아울러 연해지역은 이러한 국제교류에서 직접적 수익을 얻음으로써 중국의 국제화와 세계화를 추진하는 핵심적인 역량으로 등장했다.[65] 그 결과 개방을 통해 급속한 성장을 경험한 중국의 동남부 도시들은 민족적 정체성뿐 아니라 국제적 정체성도 동시에 지니게 되었다. 여기에 더해 개방정책에 힘입은 중산계층의 성장 또한 국제주의의 확대에 기여했다.[66] 이처럼 대외교류로부터 혜택을 입은 집단들이 개혁개방을 지지함으로써 국제체제와의 협력을 강화하도록 작용했다.

마지막으로 개방을 통해 형성된 국제적 연계 또한 중국에서 국제주의를 확대시키는 데 기여했다. 대외개방은 중국의 민간조직들에게 국제적 연계를 강화할 기회를 제공했다. 이들이 국제적 NGO와의 교류협력을 강화함에 따라 중국에서 외부요인의 영향력 또한 증대되었다. 국제적 연계의 증대와 이를 통한 국제적 NGO를 비롯한 외부요인의 영향력 강화는 중국에서 국제주의를 확산시키는 데 기여했다.

3. 국제주의의 구성요소

1) 국제체제에 대한 지지

국제주의는 국제체제에 대한 중국의 새로운 인식을 반영한다. 공산정권이 수립된 이후 중국은 계급적 시각에서 국제체제를 보았다. 즉, 국제체제는 자산계급이 지배하는 국가들에 의해 조성된 것으로 자산계급의 이익을 대표하는 것으로 간주되었다. 이에 따라 국제체제는 사회주의 국가인 중국에게 위협적인 존재로 인식되었고, 마오쩌둥은 이를 세계혁명을 통해 타도하려 들었다. 그러나 대외개방 이후 국제주의자들은 국제체제에 대한 이러한 인식을 변화시킬 필요성을 제기했다. 다시 말해 국제체제를 위협으로 보던 데서 국제체제를 활용하고 지지해야 한다는 주장이다.[67]

이는 개혁개방에 대한 국제적 지지를 획득할 필요성에 기인한 것이자 동시에 국제관계의 성격에 대한 이해가 변화한 데 힘입은 것이다. 중국의 국제주의자들은 시대의 변화가 국제체제에 대한 인식을 변화시킬 필요성을 제기한다고 주장했다.[68] 우선, 냉전의 종식으로 국가 간 격렬한 대치가 종식되고 평화와 협력이 국제정치의 주류로 등장한 것으로 제시되었다.[69] 아울러 세계화 또한 국가들 사이의 교역을 증대시키고 경제적 이익을 서로 밀접하게 연결시킴으로써 고도의 경제적 상호의존을 창출했다. 경제적 상호의존의 심화는 국가주권을 약화시키는 대신에 국가들이 이익과 손해를 공유하는 운명공동체를 초보적으로나마 형성시켰다. 즉, 세계화가 국제사회에서 공통의 인식을 창출하고 또 국경을 초월하는 문제를 초래함으로써 내정불간섭 원칙에 도전을 제기했다는 주장이다.[70] 이러한 변화가 국가들, 특히 강대국 사이에 공동의 이익을 창출함으로써 협력이 필요하고 또 가능하게 된 것으로 제시된다.[71]

여기에 더해 국제체제의 제약과 규제 기능 또한 증대된 것으로 간주된다. 세계화로 인해 형성된 자본, 금융, 정보, 기술상의 상호의존이 모든 국가의 행위와 전략에 일정한 제약을 가한다.[72] 이와 함께 국가들 사이의 충돌과 협력을 규정하는 일정한 규범과 제도가 작동하는 국제적 공공영역이 형성되었다.[73] 이러한 국제체제의 제약성 강화는 국가관계에 광범위한 조정의 여지와 가능성을 가져온 것으로 제시된다. 즉, 국제체제의 구속력이 강화됨에 따라 협력의 가능성이 증대되었고, 국가들은 협력을 통해 공동이익을 구현할 수 있게 되었다.[74] 이러한 변화는 다시 국가의 행위에 영향을 끼치는 것으로 간주된다. 상호의존의 증대에 따라 이제 대다수 국가는 외부확장을 통해 국제적 권력이나 영향력을 추구하는 대신에 국내 개혁과 대외교역이나 투자 등을 통해 권력과 영향력을 추구할 수 있게 되었다는 인식이다.

국제체제에 발생한 이러한 변화는 중국에게 경제발전에 집중하도록 허용하는 것으로 제시된다. 상호의존으로 인해 강대국 사이의 직접적 대항과 충돌 가능성은 현저하게 낮아진 반면에 평화적 방식을 통해 분쟁을 해결하려는 의지는 증대되었다.[75] 즉, 전쟁과 혁명 대신에 평화공존과 공동발전이 시대의 새로운 주제가 되었다는 것이다.[76] 따라서 국제사회는, 과거와 달리, 부상하는 국가를 고립시키려는 정책을 추구하지 않는 것으로 간주된다. 다시 말해 국제사회는 중국을 배제하려 하지 않으며 오히려 중국에 대한 적극적 관여정책을 추구한다는 지적이다.[77]

이는 중국의 안보관에 변화가 발생함을 의미한다. 국제주의는 군사안보를 넘어 경제안보, 금융안보, 문화안보의 중요성을 강조한다. 아울러 군사안보와 관련하여 국제주의는 집단안보와 협력안보를 강조한다. 높은 수준의 상호의존 시대에 한 국가의 안보는 다른 국가의 이익과 밀접하게 연계되기에 다자안보체제를 통해 전 지구적 안보라는 공동의 이익을 확보하는 것이 점차 보편적 합의가 되었다는 주장이다.[78] 이는 중국의 국제주의가 국제체제를 중국의 안전을 위협하기보다 중국의 국익을 달성하는 데 기여하는 것으로 인식함을 의미한다.[79]

2) 참여와 협력

국제체제에 발생한 변화는 국가이익을 실현하는 방식에도 영향을 끼친 것으로 제시된다. 국제주의는 어떤 국가도 국제사회에서 이탈하여 발전할 수 없다고 전제하고 중국 또한 적극적으로 참여할 것을 주장한다. 상호의존과 세계화의 진전이 국제협력을 추동시키고 강화하는 상황에서 외부세계와의 긍정적 조율을 통해 국제사회와의 평화적 공존을 달성해야 한다는 주장이다.[80] 이처럼 국제체제에의 참여를 통해 공동의 이익을 추구하는 것이 국가의 근본적 이익을 실현하는 유효한 방법으로 제시된 반면에 적극적으로 참여하지 않을 경우 국가이익이 위태롭게 되는 것은 물론이고 국제사회의 불만도 초래할 것으로 간주된다.[81]

국제체제에 참여하는 것은 민족의 이익을 추구하고 발전시키는 기본적인 전제로 제시된다. 동시에 국제체제 안에서 발전을 추구하기 위해서는 국제규칙을 따라야 하고 따라서 단순한 민족주의는 국가전략의 지도방침이 되기 어려운 것으로 규정된다. 이러한 주장을 뒷받침하기 위해 친야칭은 WTO 가입이 중국의 경제발전을 추동시켰다는 사실을 거론한다. 국제체제와 제도에 참여함으로써 발전을 성취하고, 발전하는 과정에서 다시 참여를 더욱 강화시킴으로써 합리적이고 공정한 국제질서 건립을 위해 노력하고 공헌해야 한다는 주장이다.[82]

다른 전문가 또한 세계화 시대는 국제사회가 부단하게 제도화되는 시대로, 국제체제에 참여하여 국제규범을 준수하고 국제협력을 강화하는 것이 모든 국가가 국가이익을 추구하고 세계평화를 실현하는 근본적 전제이자 유효한 방법이라고 주장한다.[83] 따라서 중국이 발전이라는 목표를 달성하려면 국제사회에 더 편입되어야 하는 것으로 규정된다. 국제체제에 참여하는 것은 중국의 발전을 위해 국내적 자원뿐 아니라 국제적 자원을 이용하는 데 기여할 것으로 제시된다.[84] 즉, 국제체제에 참여함으로써 경제발전에 필요한 자원, 에너지, 시장 등을 얻을 수 있다는 주장이다. 이는 국제주의가 자율성보다 상호의존을 중시함을 의미한다.

아울러 국제주의는 협력을 강조한다. 국제주의는 국가이익에 착안하면서도 국제협력을 통해 공동의 이익을 추구할 것을 주창한다. 국가 간 협력은 국제주의의 핵심으로 제시된다. 국제주의는 냉전의 종식으로 인해 국가 사이의 격렬한 대치국면이 종식되고 평화와 협력이 국가관계의 주류가 되었다고 본다.[85] 이제 냉전시기와 같은 강대국 간 불가피한 대결은 사라졌고 전쟁이 초래할 비용이 이익보다 훨씬 크기에 강대국 간 전쟁은 더 이상 합리적 선택지가 아닌 것으로 규정된다.[86] 평화와 발전의 시대에 국가 간 갈등은 대부분 비대결적이고 비영합적인 것으로 제시된다.[87] 이는 중국의 외교적 성공이 외부세계와의 통합과 주요 강대국과의 협력적 관계에 달려 있다는 믿음을 반영한다.

여기에 더해 세계화 또한, 앞에서 지적한 것처럼, 국가 간 협력을 강화하도록 작용한 것으로 제시된다. 안보와 경제 등에서 강대국 사이의 공동이익이 현저하기에 협력의 동기가 강화되고 협력의 영역 또한 확대되었다는 지적이다. 특히 영욕과 손해를 함께하는 운명공동체의 출현은 인류가 공동으로 직면하고 있는 문제를 해결하기 위한 국제사회의 광범위하고 심도 있는 협력을 요구하는 것으로 제시된다.[88] 다시 말해 세계화 시기 각국의 이익이 고도로 얽혀듦에 따라 최대한도의 협력을 통한 상호 이익의 실현이 요구된다는 지적이다. 반면에 평화와 발전의 시기에 국가 간 경쟁은 더 이상 영합적 경쟁이 아닌 서로 윈윈하는 경쟁으로 규정된다.[89] 이처럼 전면적 경쟁의 유용성이 약화되고 타협의 공간이 확대된 상황에서 협력을 통해 공동의 이익을 확대하고 윈윈을 추구할 필요성이 강조된다.

3) 국제규범의 수용

국제주의는 국제규범을 수용함으로써 보편성을 추구할 것을 강조한다. 국제규범은 통상 국제사회의 핵심적 가치, 행위규칙 그리고 제도 등을 포함하는 것으로 규정된다. 이러한 국제규범은 국가의 대외적 행위를 제약하고 형성할 뿐 아니라 국가의 행위가 합법성을 획득하는 중요한 근원으로 작용하는 것으로 제시된다. 즉, 국제무대에서의 행위규칙이나 게임규칙을 지칭하는 국제규범은 국제질서의 기초라는 인식이다.[90] 국제주의자들은 중국이 이러한 국제체제의 규범과 절차를 수용할 필요성을 강조한다.

베이징대학의 국제법 전문가인 라오거핑(饶戈平)은 현행의 법률체계를 인류 진보의 산물로 이해해야 한다고 주장한다. 물론 현재의 국제질서와 법률체계가 서방세계가 건립한 것이고 강대국의 생각과 이익을 담고 있지만, 상대적으로 합리적이며 중국도 그로부터 이익을 얻을 수 있다는 지적이다. 특히 현 국제제도는 기본적으로 평화적 환경을 유지하는 데 기여하기 때문에, 중국 또한 현재의 체제와 제도를 타파하고 혁신할 것이 아니라 수호하고 존중하는 기초위에 개선을 추구해야 한다는 지적이다. 나아가 그는 중국문화의 우월성을 선전하는 것과 함께 다른 문화의 가치도 주목하고 또 포용해야 한다고 주장한다.[91]

런민(人民)대학의 팡중잉(庞中英)은 국제규범을 수용하는 것을 중국이 정상국가가 되는 길이라고 규정한다. 그는 정상국가를 국제사회에서 통용되는 방식을 통해 생존과 발전을 추구하고 세계가 인정하는 방식을 통해 거버넌스를 시행하며 세계의 주류 속으로 진입함으로써 국제적 지위를 추구하고 인류의 진보와 발전에 기여하는 국가로 규정하고, 중국이 이러한 정상화를 필요로 한다고 주장한다. 즉, 중국이 국제사회의 주류에 진입하고 국제사회의 주류적 이익과 관념을 공유해야 한다는 주장이다. 반면에 중화

민족의 부흥을 실현하는 것을 지칭하는 '세계 강대국'을 지향해야 한다는 주장은 역사적 야망에 근거한 것으로 규정한다.[92] 이는 중국의 국제주의가 국제사회의 인정(recognition)을 추구함을 의미한다. 즉, 국제주의는 국제사회의 존중받는 구성원이 될 필요성을 강조하고, 이를 위해 국제사회와의 수렴을 추구할 것을 주장한다.

다른 전문가 또한 중국의 부상을 민족부흥의 과정인 동시에 국제사회로 편입되는 과정으로 규정한다. 즉, 한 국가의 정체성을 재구성하는 과정이자 동시에 평화적으로 발전하는 과정이라는 지적이다. 따라서 그는 중국이 세계의 정치문명을 내재화(內化)시키는 속도와 정도를 강화할 것을 주장한다. 즉, 애초 세계정치의 문명을 수용할 것을 강요받았었던 중국이 개방을 통해 능동적으로 수용하는 단계로 나아가고, 궁극적으로는 내재화하는 더 높은 단계로 자발적으로 나아가야 한다는 주장이다.[93]

이처럼 국제규범과의 수렴을 추구하는 것은 중국이 강대국으로 부상하기 위해 불가결한 것으로 제시된다. 국제주의자들은 강대국을 규정하는 기준은 물질적 측면뿐 아니라 규범적 측면도 포함한다고 본다. 즉, 한 국가의 힘은 가치나 책임으로부터 분리될 수 없으며, 따라서 중국이 강대국이 될 수 있는가의 여부는 중국이 국제적 규범을 수용하는가에 의해 영향받을 것이라는 주장이다. 현실적으로 중국은 경제적 성장에도 불구하고 규범적 힘이라는 측면에서 여전히 취약한데, 일부 국제주의자는 이를 권위주의 체제가 중국으로 하여금 국제규범과 제도를 포용하고 세계주의적 국가정체성을 표출하는 것을 제약하기 때문으로 규정한다. 이는 일부 국제주의자가 민주적인 중국만이 강대국에게 요구되는 책임을 떠맡고, 존경을 받으며, 지도력을 행사할 수 있다고 판단함을 보여준다.[94] 여기서 국제주의와 정치적 자유주의 사이의 연계를 발견할 수 있다.

4) 국제적 책임

중국의 국제주의는 국제적 책임을 감당할 것을 주장한다. 국제적 책임과 관련하여 비교적 일찍 적극적인 목소리를 낸 전문가는 왕이저우였다. 그는 1999년에 "중국은 적극적이고 건설적 태도를 유지함으로써 책임 있는 강대국의 이미지"를 가지고 21세기를 맞아야 한다는 주장을 제기했다.[95] 다음 해에도 그는 국제적 책임이 강대국의 품격을 구현하는 길이라는 주장을 이어갔다. 아울러 그는 향후 중국의 대외전략에서 국제적 책임을 부담할 필요성이 차지하는 비중이 더욱 증대될 것으로 규정했다.[96]

국제주의는 중국이 국제적 책임을 수행할 필요성을 무엇보다도 국력의 증대에서 찾는다. 즉, 국력 증대가 중국으로 하여금 국제적 책임을 수행할 필요성을 제기한다는 주장이다. 한 전문가는 1990년대 이후 분명해진 경제적 도약과 이에 따른 물질적 능력의 증대가 자신의 역할에 대한 중국의 인식을 변화시키는 데 기여했다고 지적한다. 역량의 증대에 따라 국제적으로 영향력을 누리고 역할을 수행하는 세계적 강대국이 되려는 욕구가 증대되었는데, 이것이 책임 있는 강대국 역할에 대한 인식을 강화시켰다는 지적이다.[97] 다른 전문가 또한 국제체제에 참여한 후 중국의 역량이 급속하게 성장함에 따라 국제사회에 대한 책임의식과 공생의식이 강화되었다고 지적한다.[98]

전 지구적 문제의 등장 또한 중국의 책임을 요구하는 것으로 제시된다. 가령, 한 전문가는 냉전종식 이후 민족과 종교, 그리고 지역 분쟁이 계속해서 발생하고 테러리즘과 초국적 범죄 등 전 세계적 문제가 사회의 당면과제로 부상함에 따라 국제사회에서 이러한 문제를 해결하기 위해 강대국 사이의 협력과 책임분담에 대한 목소리가 제고되었다고 규정하고, 이러한 상황에서 중국 또한 책임을 분담할 필요성이 있다고 주장한다.[99] 다른 전문가 또한 중국이 국제적 난제와 관련하여 능동적으로 책임을 분담해야 한다고 지적하고, 구체적 사례로 6자회담에서 역할을 다할 필요성을 제기했다.[100]

국제주의는 책임 있는 강대국을 스스로 자제하는 강대국으로 규정한다. 즉, 현재의 국제질서를 파괴하지 않고 스스로 국제적 규칙과 제도의 제약을 수용하며 평화적 방식을 통한 분쟁해결을 추구하며 국제적 군비감축과 핵 비확산을 적극적으로 추진하는 국가이다.[101] 여기에 더해 국제적 책임은 해당 국가의 발전, 국민의 권리에 대한 책임, 그리고 세계의 평화와 발전, 인권에 대한 책임까지 포함하는 것으로 규정된다.[102] 결국 강대국은 인류에 공헌하고 세계 각국의 공동번영을 촉진시켜야 한다는 인식이다.[103] 이러한 책임 있는 강대국 역할을 수행하는 것은 중국의 발전을 더욱 촉진시키는 것 뿐 아니라 국제사회에 현재의 국제체제를 유지하겠다는 메시지를 전달하는 데도 기여할 것으로 제시된다.

특히 국제주의는 중국이 동아시아 지역에서 경제적 안전과 군사적 안정을 위해 노력하고 충돌을 감소시키며 신뢰를 확립하는 등 책임을 다할 것을 강조한다. 외교대학의 웨이링(魏伶)은 강대국이 국제적 책임을 맡는 것은 국제사회의 공통된 인식이라고 전제하고, 중국이 지역의 강대국으로서 동아시아에서 책임을 수행할 것을 주장한다. 그는 지역의 책임을 부담한다는 것은 중국의 정책이 초래한 결과에 대해 책임을 지는 것을 넘어 적극적이고 능동적인 자세와 행동, 행위 규범상의 자기절제, 경제적으로 더 많은 것을 주고 적은 것을 얻으며, 지역 거버넌스에 필요한 공공재를 제공하며, 그리고 지역의 문화형성을 주도하는 것 등을 포함한다고 규정한다.[104] 왕이저우는 이러한 노력이 중국위협론에 대응하는 데 도움을 줄 뿐 아니라 아태지역에서 영향력을 발휘하고 나아가 전 세계적 범위에서 건설적인 역할을 인정받는 국가로 부상하는 데 기여할 것이라고 주장한다.[105]

5) 국제기구와 다자주의

중국의 국제주의는 국제기구와 다자주의를 긍정적으로 평가한다. 대표적으로 왕이저우는 많은 중요한 국제기구가 강대국에 의해 창설되었지만, 일단 성립된 후에는 독자적 관성, 동력, 규범 등을 획득함으로써 창설국의 이익과 일치하지 않을 수 있다고 지적한다. 아울러 그는 세계화와 상호의존이 증대되는 상황에서 국제기구는 국가들 사이의 평화와 국제적 안정을 유지하는 데 기여할 수 있으며, 다자외교에 능한 국가는 외교수단을 확대할 수 있다고 규정한다.[106] 즉, 다자적 국제기구가 중국의 이익을 실현하는 데 기여할 가능성을 인정한 것이다. 다른 전문가 또한 다자적 국제기구에의 참여가 국제관계에서 규칙을 이용하여 자신을 보호하는 방법을 배우고 규칙에 맞는 방식으로 더 많은 이익을 추구하는 결과로 이어질 것이라고 주장한다.[107]

중국에서 다자적 국제기구에 대한 긍정적 인식이 출현한 배경은 다양하다. 우선, 대외 경제적 연계가 정책을 조정할 것을 요구했다. 즉, 경제가 급속하게 발전함에 따라 에너지와 원자재에 대한 의존도도 급속하게 증가했고 이에 따라 다자제도의 틀에 진입할 필요성이 제기되었다. 아울러 국제적 연계가 증대됨에 따라 한 국가만의 노력으로 해결될 수 없는 문제들이 증가한 사실 또한 다자협력의 필요성을 강화시켰다.[108] 여기에 더해 다자주의에 참여하는 것은 기존 질서를 개조하는 데도 기여하는 것으로 간주되었다. 현존의 국제질서가 서방에게 유리하게 구성되었지만 동시에 기존 질서에 진입해야만 그것을 점진적으로 개조시켜 공정하고 합리적으로 변화시킬 수 있다는 인식이다.[109] 즉, 다자주의는 중국이 선호하는 국제관계의 민주화를 추진하는 주요한 통로가 될 것으로 간주되었다.[110]

이 외에도 다자주의는 중국에 많은 이익을 가져다줄 것으로 간주된다.

다자외교는 중국으로 하여금 폐쇄상태에서 벗어나 국제적으로 역할을 증대시키고 책임 있는 강대국으로서의 이미지를 수립하는 데 기여할 것으로 제시된다. 경제적으로 다자외교는 중국경제와 세계경제의 일체화를 촉진시킴으로써 국민경제를 발전시키는 데 기여할 것으로 제시된다. 여기에 더해 다자외교는 중국이 주변 국가와의 관계를 개선하고 주변 환경을 안정시키며, 신뢰를 증진시킴으로써 중국위협론을 극복하고 국가의 이미지를 제고시키는 등 중국의 평화적 부상을 위한 환경을 조성하는 데도 기여할 것으로 제시된다.[111] 이는 2차대전 이후 다자주의에 대한 공약을 통해 다른 국가의 우려를 잠재웠던 미국의 사례가 준거 틀로 작용한 것으로서, 중국 또한 아시아에서 다자기구에의 참여를 통해 자국에 대한 우려를 해소할 수 있을 것이라는 기대를 반영한다.

국제주의는 다자외교를 중국이 세계적 강대국이 되기 위해 반드시 구비해야 할 사항으로 규정한다. 대표적으로 왕이저우는 중국에서 강대국 외교는 곧 서방세계와 대항하는 것으로 상정된다고 비판하고, 강대국의 기풍을 지닌 외교가 반드시 힘의 정치를 의미하지는 않는다고 주장한다. 대신에 그는 다자외교가 국제문제에서 중국의 능동성을 강화하고, 국가이익을 수호하며, 국제사회의 근본이익을 실현하는 데 도움을 준다고 규정한다.[112] 즉, 다자제도가 중국을 제약할 수 있지만 중국 또한 다자기구를 통해 타국을 제약할 수 있기에 궁극적으로 외교적 행동 공간을 확대하는 중요한 수단이 된다는 지적이다.[113]

4. 중국 국제주의의 한계

이상에서 살펴본 것처럼 중국에서 국제주의는 대외개방 이후에 새롭게 등장하고 확산되었다. 그렇다면 국제주의의 등장은 국가와 민족을 중심으로 국제관계를 보는 중국의 전통적 국제관에 근본적인 변화가 발생함을 의미하는가? 또 국제주의가 중국에서 차지하는 비중은 어느 정도인가?

1) 근본적 변화?

국제주의는, 앞에서 지적한 것처럼, 국가이익을 구현하기 위한 방편으로 국제체제에의 참여와 협력을 주창하는 도구적 국제주의와 자신의 이익을 세계의 이익과 완전하게 일치시키는 가치적 국제주의로 구분할 수 있다. 이러한 시각에서 볼 때 중국의 국제주의는 도구적 국제주의로서의 특성을 더 강하게 띤다. 다시 말해 중국의 국제주의자들은 국가이익의 실현을 명분으로 국제주의를 주창한다.

중국의 국제주의는 국가이익과 인류이익 간의 조화와 공존의 가능성을 인정하면서도, 여전히 민족국가의 시대는 끝나지 않았고 전쟁의 위험 또한 완전히 제거되지 않았다고 본다. 대표적 국제주의자인 왕이저우 마저도 국제주의자가 될 필요성을 강조하면서도, 동시에 가장 선진적인 국가마저 편협한 자기이익에 집착하는 패권적 행위를 지속하는 것을 보면 공동이익에 대한 의구심을 떨쳐버리기 어렵다는 고민을 토로한다. 특히 그는 1999년의 코소보 사태를 주권이, 전례 없는 도전에 직면했음에도 불구하고, 여전히 국제정치의 기본이라는 사실을 보여준 사례로 규정했다. 즉, 국제사회는 여전히 무정부적이며 힘의 정치에 의해 지배된다는 지적이었다.[114]

따라서 중국의 국제주의는 주권보다 인권을 우선시하는 서구적 국제주의를 전면적으로 수용하는 데 어려움을 경험한다. 이러한 사실은 국가주권과 안보를 제일로 간주하는 전제 아래 국제협력에 적극적으로 참여하고 세계평화를 수호하며 공동발전을 촉진시킬 것을 주장하는 한 국제주의자의 지적에서 확인된다. 그는 국제주의를 추구하는 것이 곧 중요한 국가이익을 방기하거나 패권을 추구하는 것을 의미하지는 않는다고 규정한다.[115] 여기에 더해 국제주의자들은 국제적 협력이 반드시 일치를 요구하는 것은 아니라고 규정한다. 오히려 차이가 인정될 때 비로소 발전도 있다는 입장이다. 이는 중국의 국제주의가 국가 간 평등과 존중을 협력을 통한 상호 이익을 실현하는 기초로 간주함을 의미한다. 이와 관련하여 국가주권이 평등과 장기적 협력을 보증하는 중요한 전제로 제시된다. 즉, 국가들 사이에 차이와 문화적 다양성이 존중될 때 비로소 상호 신뢰가 형성되고, 이러한 기초 위에 안정적 협력이 추진될 수 있다는 주장이다.[116] 이는 중국의 국제주의가 국제체제와의 통합을 추구하면서도 동시에 중국의 특색도 유지하려 듦을 의미한다.

중국의 국제주의자들은 국제주의를 국익을 실현하는 데 필요한 정도로 한정시키려 든다. 가령, 한 전직 외교관은 경제세계화로 인해 상호의존이 증대됨에 따라 외자를 도입하고 경제적 협력을 추구하기 위해 타협과 양보가 필요하기에 국제규칙과의 일체화를 추구할 필요성이 있다고 지적하면서도 동시에 무조건 일치만을 추구해서는 안 된다고 규정한다. 그는 한편으로 공인된 합리적 규칙을 수용하면서도 동시에 자신의 핵심이익을 보호하고 중국의 특색을 유지하는 방법을 배워야 한다고 규정한다.[117] 아울러 국제체제에 참여하는 동시에 국제체제의 개혁을 위해 노력하고 이 과정에서 국제질서에 관한 독자적 이념과 구상을 제시함으로써 중국의 경험을 전달하고 중국이 추구하는 바를 반영시켜야 한다는 주장도 제기된다.[118]

이는 국제주의가 국제규범의 수용과 중국특색의 유지를 서로 상충적인 것으로 인식하지 않음을 제시한다.[119] 즉, 중국의 국제주의는 국제체제에의 적극적인 참여를 강조하면서도 동시에 자율성도 유지할 수 있다고 본다. 나아가 국제주의는 국제체제와의 통합을 추구하면서도 동시에 국제체제의 개혁도 지향한다. 중앙당교(中央党校)의 먼홍화(门洪华)는 중국이 우선 국제체제에 참여하고 이후 국제체제가 전환기에 처하는 기회를 포착하여 변화를 추구하는 적극적이고 건설적 개혁자가 되어야 한다고 규정한다. 그는 새로운 문제가 계속해서 출현함에 따라 중국은 규칙 제정에 참여할 기회를 가지게 될 것으로 제시한다.[120] 국제주의자들이 국제체제에의 참여를 강조하는 동시에 개혁의 필요성을 제기하는 것은 국제체제에 개선이 필요하다고 생각하기 때문일 수 있다. 국제주의자와 같은 진보주의자들은 변화에 대해 비교적 개방적이다. 그럼에도 불구하고 이들은 변화의 방향과 시기에 대해서 구체적으로 밝히지 않는다. 따라서 이들이 국제체제를 개혁할 필요성을 제기하는 것은 중국특색이 강조되는 현실 속에서 국제체제에 참여할 필요성을 부각시키기 위해 취한 전략적 선택으로도 볼 수 있다. 즉, 기존 질서에 진입해야만 그것을 점진적으로 개조시켜 공정하고 합리적으로 변화시킬 수 있다는 사실을 명분으로 참여의 필요성을 강조하려 들었다. 실제로 국제주의자들은 국제체제로의 편입 및 통합과 함께 조정의 필요성도 언급하지만 편입과 통합에 초점을 집중시킨다.

상호의존과 세계화에 주목하는 많은 전문가들이 어떻게 하면 해를 피하고 이익을 추구할 것인가에 관심을 집중시킨다는 점에서 중국의 국제주의자들은 여전히 국가이익이라는 시각에서 국제주의를 인식하며, 따라서 국제주의는 도구적 성격을 지닌다고 할 수 있다. 이러한 사실은 중국의 국제주의가, 구성주의가 주장하는 것처럼, 사회화나 인식의 전환에 힘입은 것이라기보다 전략적 적응의 결과일 가능성을 제시한다. 여기서 국제체제와의 통합에 대한 지지가 상황의 변화와 함께 약화될 가능성을 찾을 수 있다. 실제로 중국의 부상과 함께 국제주의자들은 중국의 일방적 변화보다 중국과 국제체제의 상호 적응을 강조하게 된다.

2) 지배적 이념?

국제주의는 중국에서 지배적 국제관으로서의 지위를 추구하는가? 다시 말해 중국의 국제주의자들은 국제주의를 중국의 지배적인 국제관으로 부각시키려 시도하는가? 아니면 국제주의자들은 국제주의를 중국 국제관의 한 부분으로 만드는 데 만족하는가?

앞에서 지적한 것처럼, 중국에서 국제주의는 개방정책에 힘입어 등장했다. 구체적으로 1980년대 말과 1990년대 초부터 중국에서 국제주의가 등장하기 시작했다. 이후 중국에서 국제주의는 그 영향력을 꾸준히 확장시킨다. 그 결과 1990년대 초 중국에서 상호의존에 대한 언급이 증대된다. 심지어 당 총서기 장쩌민마저도 1994년 11월 APEC 정상회의에서 "인류가 직면한 많은 도전들은 국경을 초월한다. …… 많은 문제가 협력과 공동의 표준을 요구한다"라고 언급함으로써 국제주의적 시각을 포용하기 시작했음을 드러냈다.[121] 다음 해인 1995년 유엔 창설 50주년 기념대회에서 행한 연설에서도 그는 "중국은 세계로부터 떨어질 수 없다"라고 규정했다.[122]

이후 1997년 중국공산당 15차 대회의 보고는 처음으로 세계화가 현실이라고 지적했고, 2002년 16차 대회의 보고 또한 세계화 개념을 네 차례에 걸쳐 거론했으며, 2007년 17차 대회의 보고는 아홉 차례에 걸쳐 언급하는 등 그 횟수가 계속해서 증가했다. 또한 17차 대회의 보고는 처음으로 국제적 상호의존 개념을 제기함으로써 중국의 미래가 세계의 미래와 밀접하게 연계되어 있음을 지적했다.[123] 이와 함께 중국에서 국제주의 시각이 더 많은 외교 엘리트들의 지지를 획득할 것이라는 기대가 형성되었다. 많은 고위 지도자들과 연로한 전문가들이 서구에 대한 경험 부족으로 인해 외부세계를 의심의 눈으로 보지만, 시간이 지나면서 국제주의의 시각을 지닌 지도자와 학자들이 더 큰 영향력을 행사할 것이라는 기대였다.[124]

중국에서 국제주의에 대한 지지는 2005년경 최고조에 달한다. 앞에서 지적한 것처럼 중산계급과 같은 개혁개방정책의 수혜집단이 국제화 노선을 지지하고,[125] 전문가들 또한 국제주의를 적극적으로 제기했다. 대표적으로 2006년 초 중국의 국제주의자들은 민족주의 성향의 ≪환추시보≫에 국제주의를 옹호하는 글을 연이어 게재했다. 3월 22일 사회과학원 일본연구소의 한 연구원이 중국의 발전에 유리한 국제 환경 조성과 다른 국가의 대중정책에 영향을 끼치는 데 도움이 된다는 명분으로 국제주의를 재인식하고 중시할 것을 촉구했고, 4월 25일에는 미국연구소의 한 연구원이 중국의 국제적 이미지를 개선하기 위해 국제주의를 추구할 것을 주장했다.[126]

그러나 이것이 중국에서 국제주의가 지배적 가치가 되었음을 의미하는 것은 아니다. 중국의 국제주의는 민족주의를 완전하게 대체하려 들기보다 민족주의, 특히 온건 민족주의와의 공존을 상정한다. 중국의 국제주의는 국가주권과 안보에 있어서 타협의 여지가 없다는 주장을 제기한다. 대표적으로 국제주의를 주장하는 한 전문가는 대만, 티베트, 신장 문제에서 국제주의는 부차적이라고 규정한다. 이처럼 국가의 주권과 안전을 제일로 하는 전제 아래 국제협력에 적극 참여하고 세계평화를 유지하고 공동발전을 촉진함으로써 좋은 국제적 이미지를 형성해야 한다는 주장이다.[127] 다른 전문가 또한 중국이 국제적 책임을 다하겠다는 것이 곧 책임 있는 강대국으로서의 정체성이 국가이익에 대한 추구를 추월함을 의미하지는 않는 것으로 규정한다.[128]

이처럼 중국의 국제주의는 애국주의와 배타적이기보다 상호 보완적인 것으로 제시된다.[129] 세계화가 발전의 격차, 혼란과 차이의 심화, 그리고 불확실성의 증대를 초래하는 상황에서 애국주의는 여전히 사회통합과 정치적 동원에 필요한 요소로 규정된다. 이처럼 애국주의의 필요성을 강조하면서도, 국제주의자들은 국제주의적 시각과 평등의 관념이 없을 경우 애국주의가 편협하고 비이성적 민족주의로 후퇴할 가능성을 지적한다.[130] 즉, 애국주의가 급진 민족주의로 퇴화할 가능성에 대한 경계이다. 이들은 배타성, 비합리성, 정서화 경향 및 자민족 중심주의를 특징으로 하고 국가이익을 좁게 정의하며 극단적 방식을 통해 국가이익을 추구할 것을 주장하는 급진 민족주의가 일견 애국주의처럼 보이지만 국가이익을 심각하게 훼손한다고 주장한다. 따라서 이들은 급진 민족주의 요소를 배제한 애국주의와 가장 광범한 국제적 협력을 결합한 신국제주의를 추구할 것을 주장한다.[131] 즉, 신국제주의는 중국의 민족주의가 편협하고 비이성적 민족주의로 후퇴하는 것을 방지하는 데 기여할 것으로 제시된다.[132] 이처럼 온건 민족주의와의 결합을 주장하면서도, 국제주의자들은 민족주의를 국제주의의 틀 내에서 실현할 것을 주장함으로써 궁극적으로 국제주의를 관건적 지위에 위치시키려 든다.[133] 즉, 온건 민족주의와의 결합을 통해 입지를 마련하고 나아가 영향력을 확대하려는 점진적 접근전략이다.

5. 국제주의와 외교정책

국제주의는 중국 외교정책의 진화를 추동시킬 가능성을 제시한다. 우선, 국제주의는 중국의 주권이나 자율성보다 상호의존과 윈윈을 강조한다. 즉, 경제관계를 확대하고 이를 통해 국가 사이의 관계를 강화하는 데 중국 외교정책의 초점을 집중시켜야 한다는 주장이다. 경제적 이슈의 중요성이 증대되었다는 인식이 국제관계에 대한 갈등적 시각을 완화시키고 공동발전과 공동이익을 강조하도록 작용한다. 이것이 국제주의가 국제체제에의 참여와 협력, 그리고 공동이익의 추구를 강조하는 배경이다. 나아가 국제주의는 국제체제와 규범을 수용할 것을 촉구한다.

여기에 더해 국제주의는 세계평화를 유지하고 공동발전에 기여함으로써 책임 있는 강대국으로서의 이미지를 구축할 것을 강조한다. 평화적 발전을 추구하는 강대국으로서의 이미지를 형성하는 것은 중국이 국제적 지위와 영향력을 확보하는 첩경으로 제시된다. 나아가 이러한 국제적 이미지 구축은 궁극적으로 국제체제를 개조하는 데 기여하는 것으로 간주된다. 따라서 중국은 국제적 규칙을 형성하기 위한 국제협상에 더 능동적으로 참여하고 또 의견을 개진해야 하는 것으로 제시된다. 즉, 국제적 규칙을 설정하기 위한 경쟁에 적극적으로 참여함으로써 인류의 미래와 중국의 이익에 영향을 끼치는 결정에 영향력을 행사해야 한다는 주장이다. 그럼에도 불구하고 국제주의는 중국이 국력의 한계를 인식하고 국제질서에 대한 도전을 자제하며 또 극단적 민족주의나 패권을 추구하지 말아야 한다고 지적한다. 즉, 국제주의는 세계의 정상적 구성원으로서의 중국을 강조한다.[134]

국제주의의 등장은 민족주의, 특히 급진 민족주의가 주도하는 강경론이 중국 외교정책에 끼치는 부정적 영향을 제어하는 데도 기여한다. 국제관계의 초점이 영토와 군사안보에서 경제와 소프트 파워 문제로 변화했으며 따라서 경제, 문화, 외교에서의 업적이 군사적 측면에서의 성과보다 더 중요하다는 국제주의적 인식은 대결을 회피하고 협력적 외교정책을 추구하도록 작용한다. 국제주의는 민족주의가 아닌 국제주의를 중국 외교정책의 관건적 지위에 배치시켜야 하며 또 민족주의에 대한 중시는 국제주의라는 보다 커다란 틀 속에서 이뤄져야 한다고 주장함으로써 중국의 외교정책이 민족주의적 강경론에 의해 주도되는 것을 방지하려 시도한다.

종합하면 국제주의는 중국이 국제체제에 적극적으로 참여하고 국제적 책임의 수용을 통해 국제적 이미지를 개선함으로써 급속한 부상으로 인해 초래된 오해와 두려움을 해소하고 국제적 수용의 정도도 제고시킬 것을 옹호한다. 이러한 국제주의는 중국이 부상하는 과정에서 협력과 공존을 추구하도록 작용한다. 그러나 중국에서 국제주의가 외교정책에 끼치는 영향에는 분명한 한계가 존재한다. 우선, 중국에서 국제주의는 독자적으로 외교정책을 주도하기보다 지도자의 정책을 해석하고 확장하는 방식을 통해 영향력을 끼쳐야 한다. 다시 말해 지도부가 모호하게 제시한 정책을 국제주의에 유리하게 해석하는 방식을 통해 외교정책에 영향을 끼쳐야 한다. 이 과정에서 경제를 발전시키기 위해 국제체제에 참여할 필요성이 강조된다.

아울러 국제주의는 수시로 도전에 직면한다. 가령, 1990년대 말에 발생한 미국의 유고 주재 중국대사관 폭격과 같은 우발적 사건은 주권의 제약과 초국가적 가치를 주장한 국제주의자들을 수세에 몰아넣었다. 2006년 초 중국에서 국제주의에 대한 목소리가 증대되었을 때도 일부 학자들은 국제관계가 여전히 민족국가 중심으로 전개되는데 세계 어떤 나라가 국제주의 교육을 실시하느냐는 반론을 제기했다.[135] 2013년 중반 안후이(安徽)성 성도 허페이(合肥)시의 한 중학교가 아침 자율학습 시간에 학생들에게 오바마(Barack Obama) 대통령의 연설문을 읽도록 하자, 학부모와 언론이 '왜 중국의 고전이 아닌 미국 대통령의 연설문을 읽도록 하는냐'는 반론을 제기했다.[136] 이러한 사례는 중국에서 국제주의가 민족주의의 간섭으로부터 자유롭지 않으며, 민족주의와의 상호작용 속에서 외교정책에 영향을 끼치기 위해 경쟁해야 함을 의미한다. 다음 장에서는 중국 민족주의의 부활과 분화를 살펴보도록 하자.

제2장 민족주의의 부활과 분화

많은 국가에서 민족주의가 외교정책에 영향을 끼치지만, 중국에서 민족주의의 영향력은 특히 강력하다. 이는 역사적 경험에서 기인한다. 서구의 강압에 의해 문호를 개방했고 이러한 개방이 '한 세기에 걸친 민족의 수모와 치욕'으로 이어졌던 기억이 민족주의를 활성화시킨다. 서구로 대표되는 외부세력의 억압에 대한 기억은 국가의 주권에 집착하도록 작용한다. 개혁개방과 국력의 성장에도 불구하고 주권에 대한 강조가 완화되지 않고 있다는 사실은 외부세계에 대한 의구심이 매우 깊고 완고함을 보여준다.

대외개방 정책을 채택한 이후 중국의 민족주의는 짧은 휴지기를 거쳐 복원된다. 민족주의는 개혁개방과 함께 마오쩌둥 시기에 대한 반성으로 인해 그 영향력이 약화되었다.[1] 1980년대 중국에서는 민족의 부흥을 실현하려면 서구의 보편적 길을 따라야 하며 전통은 부흥으로 나아가기 위해 극복해야 할 부담이라는 인식이 지배했다. 1980년대 중반 후야오방(胡耀邦) 총서기가 위생상의 이유로 젓가락 대신에 포크와 나이프를 사용하고 접시도 각자 별도의 것을 사용하는 서구의 방식을 채택해야 한다고 지적한 것은 당시 전통을 대하는 태도를 상징적으로 보여주었다.[2] 이처럼 전통이 비판을 받고 개방이 강조됨에 따라 국제주의가 중국을 지배할 것이라는 주장이 제기되기도 했다.[3]

그러나 1990년대 들어 민족주의는 부활의 길을 걷는다. 무엇보다도 천안문 사태로 곤경에 처한 중국 정부가 정치적 정당성을 확보하기 위해 민족주의를 활용했다. 여기에 더해 현대성과 문화에 대한 서구의 패권에 저항한 일부 지식인들 또한 미국이 지배하는 질서에 편입되는 것에 대해 회의론을 제기하며 현대성에 대한 중국적 방식을 모색했다. 이처럼 1990년대 이후 국가와 지식인을 중심으로 부활하기 시작한 민족주의는 2000년대 들어 인터넷의 보급에 힘입어 대중들에게로 확산되었다.[4] 이 과정에서 민족주의 성향의 지식인들은 서구가 중국의 부상을 제어하려 한다는 의구심을 제기함으로써 민족주의를 대중적 차원으로 확산시키는 데 기여했다. 이후 분명해진 중국의 부상은 지식인과 대중 모두로 하여금 중국의 전통과 문화를 다시 평가하도록 작용했다.

중국의 민족주의는 부국강병을 통한 민족의 부흥을 추구한다. 즉, 부강한 국가의 건립을 통해 역사적 수모를 만회하고 국제체제에서 당연히 누려야 할 지위를 회복하자는 것이 민족주의의 공통된 주제이다. 이에 따라 민족주의는 영토와 주권을 강조하고 또 힘을 강조한다. 이는 민족주의가 국가의 힘을 중심으로 국제관계를 인식한다는 의미이다. 즉, 국제정치의 본질은 생존을 향한 국가 간의 경쟁이며 경쟁과 정복을 본질로 하는 국제정치의 속성은 강대국 사이에서 가장 분명하게 구현된다는 인식이다.[5]

그러나 자세히 들여다보면 민족주의 내에서도 차이가 발견된다.[6] 이러한 차이의 핵심에 '국제체제와의 관계를 어떻게 설정할 것인가'의 문제가 자리 잡고 있다. 중국의 민족주의는 국제체제의 정당성을 인정하지 않는다. 서구의 침략으로 인해 민족적 수모를 경험했던 역사적 요인이 서구가 창출하고 주도하는 국제체제에 대해 의구심을 지니도록 작용한다. 그럼에도 불구하고 국제체제와의 관계와 관련하여 민족주의 진영 내에 차이가 존재한다. 한편에서는 국제체제를 현실로 인정하고 참여할 것을 주장한다. 통상 애국주의로 불리는 온건 민족주의는 국제체제의 동등한 일원이 되는 것을 목표로 설정하고,[7] 세계가 중국을 어떻게 대하는가는 중국이 자강(自强)을 실현할 수 있는가에 달려있는 것으로 간주하다. 따라서 온건 민족주의는 중국을 강하게 만들 수 있는 외부와의 교류를 수용할 것을 주장한다. 즉, 평등한 행위자로서의 국제적 지위를 확보한다는 목표를 달성하기 위해 합리적으로 행동할 것을 주장한다. 이처럼 온건 민족주의는 국제체제에의 참여를 주장하면서도 동시에 서구적 보편성을 수용하는 것에는 반대함으로써 자율성을 유지하려 든다.

반면에 급진 민족주의는 서구가 주도하는 국제체제 대한 강렬한 의구심과 반외세적 경향을 그 특성으로 한다. 중국에서, 애국주의와 구별되어, 민족주의로 불리는 급진 민족주의는 서구가 주도하는 국제체제를 중국의 불행을 초래한 근본적 원인으로 규정한다. 대중들 사이에 광범위하게 자리잡은 급진적 민족주의는 국제체제의 주도국인 미국이 중국의 부흥을 방해한다고 본다. 패권을 유지하기 위해 미국이 강력한 힘과 국제적 규칙을 활용하여 중국을 소외시키고 부상을 억제하려 한다는 인식이다. 따라서 급진 민족주의는 국제체제와의 대결을 불사할 것을 강조한다. 여기에 더해 급진 민족주의는 중국문화를 서구의 문화적 패권에 대한 대안으로 간주한다. 이러한 문화적 자부심이 급진 민족주의로 하여금, 중국의 부상이 분명해진 후, 국제체제를 중국의 특성을 반영하여 다시 구성할 필요성을 제기하도록 작용한다.

민족주의가 외교정책에 끼치는 영향에 관해서는 이견이 존재한다. 한편에서는 민족주의로 인해 중국의 부상이 평화롭지 못할 것이라는 주장이 제기된다. 일찍이 1990년대 후반에 중국의 부상으로 인해 미국과의 충돌이 불가피할 것이라는 주장이 제기된 바 있고,[8] 2010년에 들어 현저해진 중국 외교정책의 공세적 전환 또한 이러한 주장에 힘을 실어주기도 했다. 그러나 다른 편에서는 중국의 민족주의가 매우 실용적이라는 주장도 제기된다.[9] 이러한 이견은 중국 민족주의 내에 존재하는 차이를 반영한다. 다시 말해 민족주의의 성격에 따라 외교정책에 끼치는 영향도 달라진다.

이 장에서는 중국 민족주의의 부활과 분화를 검토할 것이다. 이러한 검토는 부상하는 중국이 공세적 정책을 추구할 가능성이나 중국외교의 중국화(中國化) 등을 이해하는 데 기여한다. 아래에서는 우선 중국에서 민족주의가 부활하게 된 배경을 살펴본다. 이어서 중국의 민족주의를 온건 민족주의와 급진 민족주의로 구분해 살펴본 후, 지지 세력도 검토한다. 마지막으로 민족주의가 추구하는 외교정책의 방향을 제시하고 끝을 맺을 것이다.

1. 민족주의 부활의 배경

1) 지도부의 의지

중국에서 민족주의의 부활은 무엇보다도 지도부의 의지에 힘입었다. 1989년 천안문 사태 이후 보수파에 의해 장악된 중국 지도부는 격변의 시기에 정치체제에 대한 대중의 충성심을 이끌어내고 체제의 통일성을 유지하는 도구로 민족주의를 활용하려 들었다.[10] 다시 말해 민족주의는 개혁개방으로 인해 쇠퇴한 사회주의 이념을 대체할 수단으로 상정되었다. 당 지도부는 민족의 부흥을 달성하기 위해 공산당의 지도 아래 단결할 것을 촉구함으로써 정치적 혼란을 극복하고 안정을 유지하려 들었다.[11]

대중들의 충성심을 동원하기 위해 중국 지도부는 청년층을 대상으로 애국주의 교육운동을 진행했다.[12] 우선, 천안문 사태 이후 총서기에 취임한 장쩌민이 1990년 5·4운동 71주년 기념식 연설에서 애국주의를 인민의 단결과 분투를 동원하고 고무시키는 기치로 규정했다. 이후 1993년 9월에 중앙선전부를 비롯한 네 개 단위가 공동으로 초·중등학교에서 애국주의 교육을 전개할 것을 요구하는 통지(通知)를 내려보냈고, 다음 해 8월에도 중앙선전부가 애국주의 교육의 수단을 확대할 것을 요구하는 요강(纲要)을 발표했다. 계속해서 1995년 3월 민정부(民政部)가 100개의 애국주의 교육 기지를 확정했고, 또 5월에는 중앙선전부와 국가교육위원회 등이 100권의 애국주의 도서, 100편의 애국주의 영화, 그리고 100곡의 애국주의 가곡을 선정하여 발표하는 등 애국주의 교육운동을 이어갔다.

애국주의 교육에 대한 강조는 2000년대 들어서도 이어졌다. 2002년 11월에 개최된 16차 당대회가 애국주의를 핵심으로 하는 위대한 민족정신을 배양할 것을 강조한 데 이어, 2006년 3월에는 후진타오 총서기가 "여덟 가지 영광과 여덟 가지 치욕(八荣八耻)"을 내용으로 하는 영욕관(榮辱觀)을 제기하며 자라나는 청소년에게 '조국에 대한 사랑은 영예이고 조국을 해치는 것은 치욕'임을 가르칠 필요성을 강조했으며, 같은 해 10월의 당 16기 6중전회는 애국주의를 핵심으로 하는 민족정신과 개혁·혁신을 핵심으로 하는 시대정신을 사회주의의 핵심가치로 규정했다. 다음 해 10월에 열린 17차 당대회의 보고 또한 애국주의를 핵심으로 하는 민족정신과 개혁·혁신을 핵심으로 하는 시대정신을 활용하여 전 국민의 투지를 제고시키고 또 단결시킬 필요성을 지적했다.

정부가 주도한 애국주의 교육운동은 체제에 대한 대중들의 충성심을 확보함으로써 일당체제를 유지하는 데 그 초점이 집중되었다. 구체적으로 애국주의 교육운동은 '당이 중화민족의 구원자'라는 이미지를 강조했다. 즉,

당이 민족의 이익을 대변하기에 인민들은 개인적 이익을 조국에 귀속시키고 민족의 이익을 옹호하는 것을 자신의 도덕적 의무로 간주해야 한다는 메시지였다.[13] 이와 동시에 대중들에 대한 '국정(國情)교육'을 통해 중국의 상황이 독특하기 때문에 서구적 민주주의를 채택하는 것이 적합하지 않으며 경제발전을 추진하기 위한 전제조건인 정치적 안정에 기여하는 현재의 일당체제를 지속시켜야 한다고 설파했다.

중국인들이 민족부흥에 대한 꿈을 공유하는 상황에서 민족주의는 당의 정당성을 강화하는 효과적 도구로 작동했다. 당이 민족의 부흥을 실현할 주체로 규정됨에 따라 당에 대한 비판은 중국의 부상을 방해하려는 시도로 간주되었다.[14] 이처럼 지도부가 애국주의를 통해 정권의 정당성을 유지하려 든 대표적 사례로 '평화적 이행(和平演变)'에 대한 비판을 들 수 있다. 1990년대 초 중국지도자들은 서구 국가들이 경제적 연계를 통해 정권의 전복을 기도하고 있다는 평화적 이행론을 거론함으로써 중국인의 애국심을 자극하고 당의 지배를 유지하려 시도했다. 이는 당시 권력을 장악한 3세대 지도부가 중국의 통합을 유지할 독자적인 권위와 권력 기반을 결여했던 현실과 밀접한 관련을 갖는다. 이러한 상황에서 3세대 지도부는 민족주의 정서를 조장함으로써 체제의 안정을 유지하려 들었다. 여기에 더해 민족주의는 대중의 관심을 국내의 어려움으로부터 밖으로 돌리는 데도 기여했다.

이처럼 민족주의를 통해 어려움을 극복하려는 시도는 최근까지도 계속되고 있다. 가령, 세계금융위기 발발을 전후하여 대중들에 의한 집단시위를 의미하는 군체성 사건(群体性事件)이 증대됨에 따라 사회적 불안정에 대한 중국 지도부의 우려가 제고되었다. 구체적으로 군체성 사건은 2008년 12만 건에서 2년 후인 2010년에는 18만 건으로 급증했다.[15] 이러한 상황이 중국 지도부로 하여금 민족주의를 동원하여 안정을 추구하도록 작용했다. 즉, 지도부는 외세의 도발이나 외국과의 갈등을 부각시킴으로써 대중들의 관심을 외적인 이슈로 돌리고 정치적 안정을 유자하려 들었다. 이러한 시도에 힘입어 중국에서 민족주의가 지속적으로 표출된다.

2) 좌절감과 의구심

중국이 경험한 대외적 좌절감과 이로 인해 초래된 서구에 대한 의구심 또한 민족주의를 활성화시키는 데 기여했다. 경제발전과 함께 국력이 증대되었음에도 불구하고 국가이익의 구현이나 국제적 지위의 인정과 같은 중국이 원하는 목표가 쉽게 성취되지 않는 상황이 민족주의를 촉발시키고 확장시켰다. 이러한 상황은 1990년대 들어 점차 분명해졌다. 이 시기 발생한 일련의 사건들은 중국에서 좌절감과 외부에 대한 의구심을 불러일으켰다. 이러한 좌절감은 주로 미국에 의해 촉발되었다. 대표적으로 1996년 5월 대만해협 위기 때 미 해군은 베트남전쟁 이후 최대 규모의 전력을 대만해협에 파견했다. 이 사건을 계기로 중국에서 미국에 대한 이미지가 급격하게 악화되었다. 1970년대 반소동맹의 파트너였고 1980년대 개혁개방의 모델로 등장했던 미국이 의구심과 좌절의 근원으로 변화한 것이다. 이 사건 직후 언론계, 교육계, 문학계에 종사하던 30세 전후의 젊은 저자들에 의해 출간되어 베스트셀러가 되었던 『노라고 말할 수 있는 중국(中国可以说不)』은 젊은이들 사이에서 미국이 중국의 부상을 봉쇄하려 한다는 인식과 국제사회에 대한 의구심이 강화되었음을 보여주었다.[16]

이러한 좌절감과 의구심은 1993년에 발생한 베이징 올림픽 유치 좌절과 인허(银河)호 사건, 1999년 베오그라드 대사관 폭격 사건, WTO 가입에 대한 미국의 견제, 중국의 인권문제에 대한 미국의 비판 등 이 무렵 발생한 일련의 사건에 의해 더욱 심화되었다.[17] 즉, 1990년대 발생한 일련의 사건들이 중국에서 서구에 대한 불만과 의구심을 강화시킨 것이다. 이러한 불만과 의구심은 중국의 부상이 더욱 분명해진 2000년대 들어서도 계속된다. 부상하는 강대국임에도 불구하고 국제사회에서 당연한 존중과 지지를 받지 못하며 국제사회에 진입하는 데 어려움을 경험한다는 좌절감과 함께 민족주의 정서가 더욱 확산되었다.[18] 미국이 중국의 부상을 제어하려 하며, 따라서 설령 중국이 민주적으로 전환한다고 해도 충돌의 가능성은 줄어들지 않을 것이라는 우려였다. 서방의 의도에 대한 불신은 최근까지도 계속된다. 2014년 ≪환추시보≫의 한 사설은 서방이 중국의 성공을 도와줄 성의가 없음이 명백하다고 규정했다. 심지어 소련 해체, 유고슬라비아 내전, 우크라이나 사태, 태국과 아랍 세계에서 발생한 "정치적 사건" 등은 서방의 길이 많은 국가를 매장시켰음을 보여준다고 경고했다.[19]

서방에 대한 불만은 주로 청년층과 사회의 '취약계층'에 의해 집중적으로 표출되었다. 청년층을 중심으로 개혁개방 이후에도 중국이 여전히 불공정한 대우를 받고 있으며 따라서 중국인은 분노할 이유가 있다는 인식이 형성되었다. 이러한 대중 민족주의는 2000년대 들어 활발해진 인터넷을 통해 확산되었다. 인터넷은 1990년대 후반 이후 중국과 미국 사이, 그리고 중국과 일본 사이에 발생한 사건들에 대한 젊은 층의 불만을 표출할 통로를 제공했다. 네티즌들은 대외적 사건을 중국이 존엄과 당연한 지위를 회복했는가의 문제나 다른 국가가 중국의 발전을 제어하려 하는지의 여부를 판단하는 시금석으로 간주하고, 중국에 불리한 사건이 발생했을 때 집단적 우환의식을 강렬하게 표출했다.[20] 이들은 외부세계에 대해 과도하고 단순하거나 거친 태도를 표출하고 또 정부의 대외정책을 연약하다고 비판했다.[21]

3) 국력성장과 자부심

앞에서 지적한 것처럼 부상하는 과정에서 경험한 어려움이 중국에서 민족주의를 활성화시켰다. 그러나 흥미롭게도 그 반대의 측면, 즉 중국의 급속한 성장 또한 민족주의를 활성화시키는 데 기여했다. 개방 이후 중국의 국력은, 널리 알려진 것처럼, 예상보다 빠르게 증대되었는데, 이러한 급속한 성장은 중국인의 자신감을 제고시켰다.[22] 경제발전과 이에 따른 자신감 제고는 중국에서 문화적 부흥을 위한 기초를 제공했다.[23] 개혁개방 이후 중국에서 전통문화는, 앞에서 언급한 것처럼, 후진성의 원인으로 규정되었다. 마오쩌둥 체제의 과오가 전통에 기인한 것으로 규정되면서 자유주의 지식인들을 중심으로 전통문화에 대한 비판이 전개되었다. 이러한 '전통문화열' 속에서 전반적 서구화가 대안으로 제시되었다.

그러나 1990년대 들어 상황이 급변한다. 전통에서 문제의 근원을 찾는 '전통문화열'이 완화되는 대신에 전통이 대안으로 간주되는 '국학열(国学热)'이 등장했다. 이러한 변화의 배경에는 앞에서 논의한 당의 의지가 작용했다. 당 지도부는 1980년대를 지배했던 중국문화에 대한 비판과 공격이 애국주의의 작동을 어렵게 만듦으로써 천안문 사태가 야기되었다고 판단했다. 이러한 사실은 중국공산당의 한 이론지가 1989년 8월 3일 사설에서 부르주아 자유화를 실천한 사람들이 "수천 년의 문명과 문화"뿐 아니라 "지난 수십 년간 당의 지도 아래 중국이 이룩한 찬란한 업적"을 부정했다고 지적한 데서 확인된다.[24] 이러한 판단에 따라 당은 민족주의를 강조함으로써 서방문화의 침식을 제어하고 서방의 자유주의 이념에도 저항하려 들었다. 이것이 애국주의 교육운동이 민족적 허무주의와 중국문화에 대한 공격을 비판의 대상으로 삼게 된 배경이었다. 공산당 지도부가 애국주의 교육을 강조하고 반서구 캠페인을 전개함에 따라 전반적 서구화 주장이 퇴조하고 민족주의가 그 자리를 대체했다.

지도부가 민족주의를 고취시키는 상황에서 지식인들 사이에서도 전통문화를 다시 평가하려는 움직임이 촉발된다.[25] 대표적으로 1994년 ≪전략과 관리(战略与管理)≫라는 학술지가 전통문화열에 대응하기 위해 민족주의에 관한 논의를 시작했고, 민족주의 지식인들은 중국의 전통문화에 결함이 있고 중국인이 열등하다는 주장을 자기비하적 인종주의(逆向种族主义)라고 비판했다. 1980년대 서구를 유일한 영감의 근원으로 간주했던 중국 지식계에서 서구적 가치를 비판하고 현대성을 향한 토착적 경로를 강조하는 경향이 출현한 것이다. 이들은 민주적 변화와 개인적 권리와 같은 서구적 가치를 강조하는 대신에 유교의 보수적 가치와 국가의 통제를 결합시키려 들었다. 즉, 서구에 반대하고 유교적 전통을 부활하려 시도했다.[26]

경제성장 또한 굴욕의 역사와 가난으로 인해 상실되었던 민족의 자존감을 회복시킴으로써 이러한 변화에 힘을 보탰다.[27] 경제성장과 함께 한때 문제의 근원으로 인식되었던 전통문화가 다시 평가되기 시작했다. 민족주의자들은 중국의 문화와 역사가 서구의 현대성보다 우월하며 이러한 사실은 동아시아 국가의 경제적 성공이 유교자본주의의 가능성을 입증한 데서 이미 확인되었다고 규정했다. 나아가 이들은 중국적 가치가 21세기 세계의 가치를 형성하는 기초가 되어야 한다고 주장했다.[28] 이는 일부 극단적 민족주의 세력들 사이에서 서구모델이 극복의 대상으로 규정되고 중국문화가 서구의 문화적 패권과 식민주의에 대한 대안으로 등장했음을 의미한다. 5000년의 역사에서 기인한 강렬한 민족감정과 자부심이, 시진핑 총서기가 2006년 한 서구인에게 지적했듯,[29] 민족부흥에 대한 욕구를 촉발시켰다.

2005년경이 되면 중국의 문화를 부흥시키려는 경향이 분명해진다.[30] 이 시기, 칭화대학의 추수룽(楚树龙)에 따르면, 중국의 정부와 대중 모두의 관심이 외부세계로부터 중국 내로 이동했다. 무엇보다도 중국과 세계 간의 격차가 축소되었다는 사실이 외부에 대한 관심을 저하시켰다. 여기에 더해 중국의 국제화 과정 또한 기본적으로 종식됨으로써 국제체제에의 진입과 정도 기본적으로 완성된 것으로 인식되었다. 학습, 업무, 생활 등에서 중국과 서구와의 차이가 축소됨에 따라 중국은 더 이상 외국만을 바라보지 않게 되었고 대신에 갈수록 많은 사람이 중국 내에 더 많은 발전의 기회가 있다고 생각하게 되었다. 그 대표적 증거로 추수롱은 2004년 해외유학을 위해 출국한 사람의 숫자가 개방정책을 시행한 이후 처음으로 감소했다는 사실을 들었다.[31]

이처럼 발전과 부강에 힘입어 외부에 대한 관심과 흥미가 저하된 반면에 전통문화가 중국외교의 정신적 원천이 되어야 한다는 주장이 강화되었다.[32] 특히 이 시기 강조된 소프트 파워를 증대시키려는 시도와 관련하여 중국의 전통문화를 근거로 삼아야 한다는 주장이 빈번하게 표출되었다. 즉, 중국적 특성이 경제적 성공의 핵심이기에 전통문화를 통해 소프트 파워를 형성해야 한다는 주장이었다. 이러한 현상은 2008년에 발생한 세계금융위기 이후 더욱 분명해졌다. 중국이 강대국이 되었다는 신념이 확산되면서 중국의 경제적 능력과 외교적 영향력에 대한 자부심과 오만감이 확산되었다. 과거 서방에 대해 지녔던 존중은 이제 맹목적인 미신으로 비판되었고 대신에 서방의 질책이나 비판을 수용하지 않으려는 경향이 분명해졌다. 이러한 상황을 반영하듯, 옌쉐퉁은 전통사상이 중국 외교계의 주류이자 대외적 행위의 근원이 될 것이라는 주장을 제기했다.[33] 나아가 중국이 강대국으로서 힘의 외교를 추구하고, 이를 통해 국가이익을 실현해야 한다는 인식도 강화되었다. 서방의 압제에 시달렸던 경험이 급진 민족주의로 하여금 중국도 유사한 방식의 힘의 외교를 시행해야 한다고 주장하도록 작용했다.

2. 온건 민족주의

온건 민족주의는 중국 정부가 선호하고 또 주도하는 관방 민족주의이다.

온건 민족주의는 통상 애국주의로 불리는데, 실용적 특성을 지니며 긍정적(positive)이고 확신에 찬 민족주의로 규정할 수 있다.[34]

온건 민족주의는 국가 중심적이다. 구체적으로 온건 민족주의는, 앞에서 지적한 것처럼 공산당의 지도력과 사회주의 제도를 옹호한다.[35] 이는 중국에서 민족주의가, 다민족 국가라는 사실 때문에, 민족이 아닌 국가를 중심으로 상정됨을 의미한다. 아울러 온건 민족주의는 국가를 중국공산당과 동일시한다. 다시 말해 온건 민족주의는 중국공산당이 지배하는 중국의 국가적 힘을 증대시킴으로써 강대국 지위를 회복하려는 시도이다.[36] 따라서 온건 민족주의에서 애국은 곧 애당(愛黨)을 의미한다. 이는 중국공산당이 중국인민의 근본 이익을 대변하는 것으로 상정되기 때문이다. 이러한 인식을 반영하듯, 천안문 사태 이후인 1990년대 중국에서는 '당이 없으면 신중국도 없다(没有共产党 就没有新中国)'라는 구호가 강조되었고 최근에는 '공산당이 없으면 중화민족의 위대한 부흥도 없다(没有共产党 就没有中华民族的伟大复兴)'라는 구호가 강조된다. 한 전문가는 당을 사랑하는가의 여부가 진정한 애국의 기준이라고 주장한다.[37] 이처럼 중국공산당이 국가와 동일시됨에 따라 중국공산당에 대한 비판은 곧 비애국적 행위로 규정된다. 이 점에서 온건 민족주의는 "국민들 사이에서 공동체 의식을 형성함으로써 인기 없는 체제에 대한 대중적 지지를 동원"하려는 시도로 평가될 수 있다.[38]

다음으로 온건 민족주의는 반전통적이고 실용적이다. 온건 민족주의는 중국의 취약성의 근원을 유교적 계서제나 내향적 문화와 같은 중국의 전통에서 찾는다. 이는 온건 민족주의가 19세기 말과 20세기 초에 등장했던 부흥 민족주의와 맥을 같이함을 의미한다. 이 당시의 민족주의는 중국의 취약성의 원인을 전통에서 찾았고 그에 대한 대안으로 현대화를 강조했다. 다시 말해 낙후되면 침략을 당하기에 침략을 당하지 않기 위해서는 현대화를 실현해야 하며, 이를 위해서는 다시 전반적인 서구화가 필요하다는 논리였다.[39] 온건 민족주의 또한 중국의 어려움을 현대화의 결핍에서 찾는다. 즉, 취약한 산업생산 능력, 취약한 인적 능력과 정치제도 등이 중국의 문제로 간주되고,[40] 따라서 변화하는 세계에 적응할 필요성이 강조된다.[41]

물론 온건 민족주의 또한 외부세계에 대해 의구심을 지닌다. 그럼에도 불구하고 온건 민족주의는 외부세계에 대한 개방을 추구한다. 이는 중국이 현대화의 결핍으로 인해 서구 제국주의의 먹이가 되었다는 판단 때문이다. 물론 외부의 경제적 착취와 문화적 침탈이 중국에게 고난을 초래했지만, 애초 중국이 제국주의의 침략대상이 된 이유는 낙후되었기 때문으로 간주된다.[42] 따라서 온건 민족주의는 중국의 경제적 취약성을 해결하고 부강을 이루기 위해 필요한 외국의 모든 방식을 채용할 것을 주장한다. 이는 중국이 국제체제에 참여함으로써 어려움의 근원인 저발전 문제를 해결해야 한다는 인식을 반영한다. 이처럼 의구심에도 불구하고 서구에 대한 개방을 추구한다는 점에서 온건 민족주의는 실용적이다.[43]

마지막으로 온건 민족주의는 베스트팔리아 체제 내에서 민족국가로서의 정체성을 확립하고 또 지위를 인정받는 것을 목표로 강조한다. 온건 민족주의는 중화민족의 부흥을 국제적으로 주권을 인정받고 평등한 행위자로서의 지위를 확보하는 것으로 규정한다. 이는 온건 민족주의가 현실주의적 아이디어와 이상에 의해 활성화됨을 의미한다. 다시 말해 베스트팔리아 체제의 지배적 규범이 온건 민족주의의 사고와 행위에 영향을 끼친다. 따라서 온건 민족주의는 무엇보다도 국가주권의 수호와 유지를 강조한다. 국가의 주권을 확고하게 하는 것은 여전히 '취약한' 중국이 강대국들로부터 피해를 입지 않는 보호장치로 간주된다. 아울러 국가주권을 강조하는 것은 국가에 대한 대중들의 충성심을 유도하고 국내적 반대를 제압하는 데도 도움을 주는 것으로 인식된다. 반면에 국가주권과 영토에 대한 도전은 국내적 위기를 촉발시킬 수 있는 것으로 상정된다. 이는 온건 민족주의가 국제정치의 일부 관념과 규범을 체화했으며 또 이러한 관념과 규범이 민족주의적 동원의 기반으로 작용함을 의미한다.[44]

온건 민족주의는 세계화에도 불구하고 국가주권과 민족이익이 계속해서 핵심으로 남을 것으로 본다. 비록 세계화로 인해 상호의존이 증대하고 그 결과 국가들이 손해와 이익을 공유하는 상황이 초래되었지만, 이는 사태의 한 측면에 불과할 뿐이며 국가들이 이익을 공유하는지의 여부는 사안별로 다르다는 입장이다.[45] 따라서 온건 민족주의는, 국제적 지위를 추구하고 국제적 일에 참여할 것을 옹호하면서도, 서구가 주장하는 보편적 원칙을 수용하는 것을 거부한다.[46] 이처럼 국제체제에의 참여를 옹호하면서도 계속해서 주권에 집착한다는 점에서 온건 민족주의는 국제주의와 차이를 보인다.

온건 민족주의는 천안문 사태 이후 중국 민족주의를 주도했다. 이러한 온건 민족주의는 다음에 논의할 급진 민족주의와 차이를 보인다. 심지어 온건 민족주의는 영광스런 과거에의 향수에 의해 촉발된 급진 민족주의를 비판하기도 한다. 베이징대학의 판웨이(潘维)는 국가 내 사회공동체에 대한 사랑을 애국주의로, 반면에 다른 사회공동체에 대한 멸시나 본국의 이익을 위해 타국의 이익을 희생시키려는 시도를 민족주의로 규정한다. 나아가 그는 이러한 속성으로 인해 민족주의가 제국주의로 변모할 위험성이 있다고 비판한다.[47] 반면에 중산(中山)대학의 역사학자 위안웨이스(袁伟时)는 애국주의마저도 맹목적이라고 규정한다. 그는 중국의 역사 교과서가 중국과 외국 사이의 충돌과 관련하여 중국이 무조건 옳다고 기술하고 모든 문제를 외부에서 찾고 있다고 비판했다. 이 점에서 그는 애국주의마저도 다른 열강과 외국에 반대하는 것으로 간주한다.[48]

온건 민족주의는 국제주의와 공존할 가능성을 지닌다. 이는 온건 민족주의가 중국의 발전을 최고 목표로 설정하고 이에 기여할 수 있는 외국의 모든 방식을 채용할 것을 주장하기 때문이다. 국제주의 또한, 제1장에서 살펴본 것처럼, 애국주의와의 공존을 강조한다. 여기서 온건 민족주의와 국제주의가 연대를 형성할 가능성을 목격할 수 있다. 이러한 연대는 현실적이고 온건하며 개방적인 방식으로 민족의 생존과 발전을 추구함으로써 중국의 부강이라는 오랜 꿈을 실현하려는 온건한 외교정책의 토대로 작용한다.

그럼에도 불구하고 양자는 국제적 책임을 둘러싸고 중대한 차이를 보인다. 국제주의가 국제적 책임을 수행함으로써 지위를 제고시킬 것을 주장하는 데 반해 온건 민족주의는 이러한 행위가 중국의 국력을 약화시키는 결과로 이어질 것이라는 우려에서 능력이 허락하는 범위 내로 제한할 것을 주장한다. 이는 온건 민족주의가 국제적 책임과 관련하여 신중한 입장을 견지함을 의미한다. 온건 민족주의는 중국의 국제적 책임은 서방국가가 정하는 것이 아니고 중국이 자신의 능력과 국가이익에 근거하여 설정하는 것이라는 입장이다. 즉, 중국의 국제적 역할은 중국의 능력 범위 내에서 이뤄져야 하며, 기존 질서의 기득권자가 아니기에 과도한 책임을 담당할 수 없다는 입장이다.[49] 이는 온건 민족주의가, 국제적 정당성을 중시하는 국제주의와 달리 국내적 정당성을 강조함을 의미한다.

3. 급진 민족주의

중국에서 민족주의는 지도부의 주도로 활성화된 이후 분화를 경험한다. 특히 1990년대 중반 이후 대만해협 위기와 베오그라드 주재 중국대사관 피폭 사건 등을 거치면서 민족주의는 대중에게로 확산되고 또 급진적으로 변화한다. 일부 지식인과 '분노한 청년(憤青)'들에 의해 주도되는 급진 민족주의는 외부세계에 대한 배타성과 중국의 우월감을 기묘하게 결합한다.

급진 민족주의의 배타성은 외부세계에 대한 단순한 의구심을 넘어 노골적인 반외세적 경향을 띤다. 이러한 배타성은 중국이 과거 경험했던 피해에 대한 강렬한 기억에서 연원한다. 서구의 침략과 이로 인해 초래된 민족적 수모에 대한 역사적 기억이 서구가 주도하는 국제체제에 반감을 갖도록 작용한다. 급진 민족주의는 국제체제가 중국의 국가적 존립을 위협한다고 인식한다. 특히 미국이 중국을 서구화시키고 분열시키려 하는 것으로 간주한다.

서구에 대한 경계심은 대외개방이 시작된 직후부터 표출되었다. 대표적으로 1980년대 초에 전개되었던 정신오염 비판 운동은 서구사상의 침투를 경계했다. 서구의 부패한 사상이 침투했다는 경고는 서구세력에 대한 강한 의구심을 보여주었다. 외교정책과 관련한 배외주의는 1990년대 들어서 본격화된다. 그 대표적 사례로 앞에서 언급한 『노라고 말할 수 있는 중국』을 들 수 있다. 이 책은 개방기 비판의 대상이 된 대약진 운동을 중국의 민족혼을 일깨운 사건으로 규정한 반면에 외부세계가 중국의 부상을 제어하려 한다고 규정함으로써 반외세적 성향을 드러냈다.[50]

급진 민족주의는 특히 미국의 패권에 주목한다. 대표적으로 급진 민족주의는 세계화를 미국이 주도하는 것으로 간주한다. 이러한 시각은 『세계화 그림자하의 중국의 길(全球化阴影下的中国之路)』이라는 책에 잘 드러난다. 이 책은 미국이 세계화를 주도함에 따라 중국은 강대국에 영향을 끼칠 수 있는 규칙을 만들기 어렵고 미국이 제정하는 규칙을 따라갈 수밖에 없기에 진정한 세계화는 비현실적이고 이상적인 꿈에 불과하다고 규정한다.[51] 이러한 세계화에 대한 비판은 국제관계를 보는 급진 민족주의의 시각이 중국의 불행했던 역사적 경험에 근거하고 있음을 보여준다. 즉, 미국의 의도와 행위에 대한 판단의 근거를 서구세력의 역사적 행태에서 찾고 있다.

이러한 의구심에 따라 급진 민족주의자들은 미국과의 공존을 주장하는 세력을 비판한다. 1999년 미국이 유고 주재 중국대사관을 폭격한 이후 왕샤오둥(王小东)은 국제주의자들을 현실적 국제관계에서 국가 간의 이익갈등을 무시하는 친미파로 규정했다. 그는 중국과 미국의 국가이익이 충돌함에도 불구하고 이들이 따져보지도 않고 미국을 지지한다고 비판했다. 나아가 국가, 민족, 종족의 구분이 존재하는 한 민족주의는 존재가치를 지니며 인권 또한 민족의 권리와 분리되어 존재하기 어렵다고 규정함으로써, 지구촌 시대에 민족주의는 편협하고 폐쇄적이며 인권을 억압하는 독재의 도구에 불과하다는 국제주의의 비판을 반박했다.[52]

이후에도 패권국 미국과의 공존과 협력에 대한 비판과 반발은 계속되었다. 가령, 2006년 2월 보수파들이 운영하는 인터넷 사이트에 평화적 부상론을 제기한 정비젠(郑必坚)에 대한 비판의 글이 게재되었다.[53] 전 전국총공회 서기처 후보서기 한시야(韓西雅)와 전 국무원발전연구센터 고문 마빈(馬賓)은 정비젠을 개인이 아닌 특정의 계급적 세력을 대표하는 것으로 규정하고, 그들의 언행이 중국의 국가주권, 민족의 독립, 그리고 사회주의의 이상을 심각하게 위협한다고 비판했다. 특히 그들은 정비젠이 부시(George W. Bush) 대통령과 미국 정부의 주요 인사들이 미·중관계의 전반적 안정을 지지한다고 주장한 것과 관련하여, 졸릭(Robert Zoellick) 미 국무부 부장관 같은 관리가 중국의 경제, 정치, 외교, 군사, 심지어 공산당 일당통치에 대해서도 비난하고 또 변화를 요구하는 현실을 무시한 것으로서 수용할 수 없다고 규정했다. 급진 민족주의가 국제주의의 배후에 외부세력의 음모가 있다고 인식함을 보여준다.

이러한 배외적 경향은 2009년에 출간된 『중국은 기쁘지 않다(中国不高兴)』에서도 드러났다. 이 책은 세계의 주요 도시에서 베이징 올림픽 성화봉송을 수호하고 달라이 라마에 대한 프랑스의 지원을 응징하기 위해 까르푸 불매운동에 나선 분노한 젊은이들의 '영웅적 애국심'을 칭송했다. 특히 왕샤오둥은 중국과 서방 사이에 힘의 대비에서 근본적 변화가 발생했다고 전제하고 더 이상 중국이 일방적으로 서방의 호의를 구걸하거나 서방과의 수렴을 추구해서는 안 되며 서방 또한 중국의 시각과 정서를 이해해야 한다고 주장했다.[54] 이러한 배외적이고 자기중심적 경향은 민족정신을 통해 세계정신에 대항할 것을 옹호한다는 점에서 신좌파(新左派)의 주장과 밀접하게 연결된다. 아울러 급진 민족주의는 서구가 중국의 부상을 원치 않기에 설령 중국이 민주화된다 해도 갈등은 사라지지 않을 것으로 간주한다.

급진 민족주의는 국제적 책임을 수행하라는 요구에 대해서도 미국이 국제적 규칙과 원칙을 활용하여 자신의 지배력을 공고화하고 중국의 부상을 제어하려는 시도라고 규정한다. 즉, 국제적 책임은 "서방이 파놓은 함정"으로 중국을 견제하고 중국의 부상을 지연시키려는 시도라는 주장이다.[55] 따라서 급진 민족주의는 서구가 대만이나 티베트 문제에서 양보할 때만 협조할 것을 주장한다.[56] 대신에 이들은 중국의 영토와 주권을 방어하는 것을 책임으로 제시한다.[57] 다시 말해 이들은 철저히 중국적 시각에서 국제적 책임을 규정하며 이와 관련한 보편적 기준을 거부한다.

이처럼 외부세계에 대해 배타성을 보이는 반면에 급진 민족주의는 중국의 우월성을 신봉한다. 급진 민족주의는 서구 제국주의의 침탈로 인해 중국의 토착적 선의(善意)가 전도(顚倒)된 것을 위기의 근원으로 규정하고, 유교적 전통으로 회귀할 것을 주장한다. 즉, 토착적 선과 관념을 옹호하는 것이 민족 부흥의 길이라는 주장이다.[58] 이처럼 토착적 가치를 옹호하고 외부의 영향력을 배척한다는 점에서 급진적 민족주의를 극단적이고 편협한 민족주의로 규정할 수 있다. 중국이 과거에 누렸던 역사적 위대성을 회복할 필요성에 대한 강조는 중국의 부상과 함께 더욱 분명해지는데, 이러한 사실은 외교정책에서도 관찰된다. 급진 민족주의는 중국외교의 이념을 서구가 아니라 중국의 역사와 문화적 전통으로부터 찾을 것을 주장한다.

세계금융위기가 발생한 2008년 이후 급진 민족주의는 중국적 특색을 보편적인 것으로 제시하기에 이른다. 이러한 사실은 2008년 올림픽과 금융위기를 계기로 중국경험이 중국모델(中国模式)로 격상된 데서 확인된다. 중국모델은 중국의 특수한 상황에 부합될 뿐 아니라 나아가 서방과 겨룰 수 있는 대안적 현대성으로 승화되었다. 과거 중국의 국력이 취약했을 때 특수론이나 예외주의를 통해 서구의 보편적 가치에 저항했던 데서 이제 중국의 경험을 보편성을 지닌 중국모델로 전환함으로써 국제무대에서 문명담론과 관련하여 주도권을 추구하려는 의도를 보여주었다.

2008년 이후 급진 민족주의는 국제무대에서 주도권을 추구해야 한다는 주장을 분출시켰다. 우선, 『중국은 기쁘지 않다』라는 저서의 저자들이 세계의 지도력을 추구할 것을 주장했다. 대표적으로 왕샤오둥은 중국이 서방의 경제위기를 활용하여 산업을 업그레이드시키고 세계질서를 다시 형성함으로써 세계를 지도하려는 포부를 가져야 하며, 징벌외교 개념을 명확하게 제기해야 한다고 규정했다.[59] 그는 다른 저서에서 중국의 강대국 지위를 천명(天命)으로 규정했다.[60] 류밍푸(刘明福) 또한 자신의 저서 『중국의 꿈(中国梦)』에서 어떻게 세계 제일이 될 것인가에 관한 논의를 더욱 분명하게 할 필요성을 제기했다.[61] 마지막으로 옌쉐퉁은 중국인들은 중국이 세계 최강대국이 아니라는 사실을 수용하기 어렵다고 주장했다. 그는 민족부흥은 단순히 과거에 비해 국력이 증대되는 것이 아니라 중국이 과거에 누렸던 세계의 선도적 지위를 회복하는 것이라고 규정했다.[62]

급진 민족주의는 현실적 온건성이나 냉정한 태도를 대외적 유약성이나 타협으로 간주하는 강렬한 정서화 경향을 보인다. 대신에 국방력 건설을 강조하는데, 그 필요성을 역사적 경험에서 찾는다. 한 전문가는 중국 현대사는 강력한 국방력이 없으면 경제발전 또한 물거품이 될 수 있음을 보여주었다고 규정한다. 중국이 1822년 경제력에서 세계 제일이었지만 20년

후 아편전쟁에서 패배했고, 또 1890년에도 GNP에서 일본의 5.8배에 달했지만 4년 후 패배했던 역사적 경험이 경제발전에 맞춰 국방력을 증대시킬 필요성을 제시한다는 지적이다.[63] 류밍푸는 송나라의 예를 들어 국가가 군사력 대신에 문화에만 지나치게 치중할 경우 쇠락할 수밖에 없다고 강조한다. 심지어 그는 소프트 파워까지도 무력에 근거할 수밖에 없다고 지적한다.[64] 옌쉐퉁 또한 경제적 부를 활용하여 군사적 능력을 제고시켜야만 비로소 민족부흥을 실현할 수 있다고 전제하고, 중국이 2차 세계대전 이후 일본이 걸었던 길을 따라가서는 안 된다고 주장한다.[65] '백년에 걸친 민족적 수모'라는 역사적 기억에 의해 촉발된 피해의식이 다른 모든 논리를 압도하는 것이다.

왕샤오둥 또한 실력과 의지를 강조한다. 그는 중국과 서방국가 사이에 국가 이익상의 충돌이 있음을 분명하게 인식해야 하고, 따라서 서방국가에 대해 과도하게 기대해서는 안 된다고 경고한다. 그는 중국에 위기가 출현한다면 그 근원의 반 이상은 나라 밖에서 오는 것으로 규정한다. 이는 위기의 근원을 중국 내부에서 찾는 국제주의와 분명하게 대비된다. 흥미로운 것은 그가 위기의 근원을 나라 밖에서 찾으면서도, 급진 민족주의 지지자로서는 예외적으로, 중국의 전통문화와 거리를 유지한다는 사실이다. 그는 화합을 강조하는 문화 민족주의를 사실에 부합하지 않는다고 비판하고 상무정신을 중국의 전통으로 규정한다.[66]

일부 급진 민족주의자들은 중국이 독자적 세력권을 구축해야 한다는 주장까지 제시한다. 이러한 현상은 2008년에 발생한 일련의 변화가 중국에서 민족주의와 지정학의 결합을 촉발시키면서 나타났다. 즉, 생존 공간의 확보를 중시하는 지정학의 부활이 영향권을 구축할 필요성에 대한 강조로 이어진 것이다. 영향권 구축을 합리화시킬 도덕적 근거로는 확장되는 중국의 국가이익이 제시되었다.[67] 이처럼 영향권 구축을 제시하면서도 급진 민족주의는 이러한 중국의 노력이 서구의 제국주의나 패권과는 다르다고 규정한다. 즉, 세력권을 구축하려는 중국의 노력은 정의롭지 못한 국제질서를 정의롭게 만들려는 시도이기에 서구의 제국주의나 미국의 패권주의와 다르다는 도덕적 판단이다.[68]

이는 급진 민족주의자들이 중국에서 표출되는 민족주의적 행태를 반응적인 것으로 본다는 의미이다. 대표적으로 2008년에 중국과 세계도처에서 진행된 시위와 관련하여 급진민족주의자들은 외부의 위협에 의해 촉발된 불가피한 반응으로 규정한다. 즉, 성화봉송이 전 세계적으로 저항에 직면하고, 주변 지역이 미국의 동맹에 의해 포위되었으며 내부의 분열분자가 외부세력에 의해 자극되었기 때문에 중국 사회에 국가의 자강을 촉구하고 외부의 반중세력을 경계하는 목소리가 출현했다는 주장이다.[69] 이는 급진 민족주의가 자신의 모든 행위를 선한 것으로 규정하는 도덕적 우월주의에 사로잡혀 있음을 보여준다. 나아가 급진 민족주의는 중국보다 주변 국가에서 민족주의가 더 심하다고 주장한다. 대표적으로 민족주의 성향의 언론인 ≪환추시보≫는 2012년 황옌(黃岩)도 사건에 대한 대응과 관련하여 중국의 국내적 반응이 필리핀보다 온건했다고 규정한다. 이는 중국의 민족주의가 과거보다 온건해졌음을 보여주는 증거로서 중국의 자신감 증대와 연관된 것으로 제시된다. 이처럼 중국의 민족주의가 온건해졌음에도 불구하고 국제적으로 문제가 되는 것은 서방의 반중의식과 그에 대한 중국 내의 지지자들 때문이라는 주장이다.[70] 이는 급진 민족주의가 외부의 위협을 강조함으로써 모든 행동을 합리화하려 듦을 보여주는 것으로, 여기서 급진 민족주의가 극단적 민족주의로 전환될 가능성을 목격할 수 있다.

4. 지지 세력

민족주의에 대한 지지 세력 또한 국제주의에 대한 지지자처럼 다양하고 이질적이다. 심지어 국제주의자마저도, 제1장에서 지적한 것처럼 온건 민족주의를 옹호하는 등 중국에서 민족주의를 정면으로 거부하기는 쉽지 않다. 그러나 민족주의에 대한 지지는 초창기 주로 일부 지식인, 분노에 찬 젊은이, 그리고 군인들에 한정되었던 데서 점차 노동자들을 포함한 다양한 세력으로 그 범위가 확산된다. 이는 민족주의에 대한 지지가 개혁의 진전과 함께 나타난 중국 사회의 다원화에 힘입었음을 의미한다. 중국에서 사회의 다원화가 국제주의에 대한 지지를 확장시키는 결과로 이어질 것이라는 외부의 기대와 달리 현실적으로 다원화는 국제주의에 대한 지지뿐 아니라 반대의 견해가 피력될 수 있는 공간도 창출했다.

여기에 더해 경제발전에 힘입은 국력 증대 또한 민족적 자부심을 증대시키는 데 기여했다. 특히 2008년 세계금융위기는 중국에서 제고된 국력이 구체적 혜택으로 이어질 것이라는 기대를 확산시키는 계기가 되었다. 미국이 경제적 침체를 경험한 반면에 중국이 빠르게 위기를 극복한 것이 민족주의 정서를 확산사키는 데 기여했다.[71] 이는 국가가 부상할 때 그 국가의 내부에서 국가이익을 더 잘 수호할 것이라는 기대와 증대된 국제적 지위가 구체적 혜택으로 돌아올 것이라는 기대가 제고되는 현상을 반영한다.

구체적으로 민족주의에 대한 지지는 주로 세 개의 그룹으로부터 온다. 우선, 지식인을 들 수 있다. 민족주의 지식인들은 외교이념을 둘러싼 토론이나 행동에 참여함으로써 논쟁을 촉발시키고 민족주의를 확산시키는 역할을 한다. 일부 소수의 지식인들은 민족주의 사이트를 직접 개설하거나 심지어 민족주의자들이 감행하는 사이버 공격에 가담하기도 한다. 그러나 지식인들의 중요성은 중국 최대의 민족주의 지지 세력인 네티즌들에게 끼치는 영향에서 찾을 수 있다. 한 전문가는 민족주의를 표방하는 대중들은 실질적으로 민족주의 이념의 전파자나 소비자 또는 민족주의 정서의 표출자에 불과하며 근본적으로 지식인으로부터 영향을 받는다고 규정한다. 다시 말해 지식인들이 인터넷을 포함한 다양한 경로를 통해 자신의 견해를 밝힘으로써 네티즌에 영향을 끼치고, 이를 통해 다시 사회전반에 영향을 끼친다는 지적이다.[72]

이러한 지식인 그룹에는 앞에서 논의된 저서의 저자들이 포함된다. 대표적으로 『노라고 말할 수 있는 중국』과 『중국은 기쁘지 않다』의 저자들을 들 수 있다. 이들 대부분은 국제관계의 전문가는 아니다. 『중국은 기쁘지 않다』에 저자로 참여한 왕샤오둥은 1988년 당시 중국을 강타한 다큐멘터리 '허상(河殇)'을 비판하는 글을 발표하는 등 비교적 일찍부터 민족주의를 옹호하기 시작함으로써 중국 네티즌들 사이에서 '중국 민족주의의 대부'로 불린다.[73] 캉샤오광(康晓光)은 앞에서 언급한 ≪전략과 관리≫의 민족주의 논의에 적극적으로 참여했고, 이후 문화 민족주의를 주창한다. 국제관계의 전문가들 가운데 비교적 초기에 그리고 강력하게 민족주의를 옹호한 것은 칭화대학의 옌쉐퉁이었다. 그는 1990년대 후반 독립을 추구하던 대만에 대한 정책과 관련하여 민족주의적 강경론을 전개했다.[74]

중국의 대표적 민족주의 지식인들은 주로 군부와 관련이 있다. 널리 알려진 것처럼 중국에서 군은 대외정책과 관련하여 지속적으로 강경론을 주창한다. 원칙적으로 레닌주의 체제에서 당의 지도를 받는 군부는 외교정책과 관련하여 독자적 입장을 표출할 수 없도록 규정되어 있다.[75] 그럼에도 불구하고 주청후(朱成虎), 양이(杨毅), 뤄위안(罗援) 등 전현직 장성을 비롯한 일부 군 인사들은 외교정책에 관한 논의에 공개적으로 참여함으로써 영향력을 행사하려 들었다. 이러한 현상은 중국의 부상과 함께 더욱 분명해졌다. 군부 인사들은 대중매체를 통해 중요한 외교적 의제에 대해 강경론을 전개했다. 가령 이들은 강대국으로서 중국이 해군력과 힘을 투사할 수 있는 능력을 증강시켜야 한다는 주장을 제기했다. 또 2010년에는 대만에 대한 미국의 무기판매와 관련하여 제재조치를 취할 것을 앞장서 주장했다.[76] 여기에 더해 군은 무력상의 성취를 과시하는 방식을 통해 중국 사회의 자신감을 고취시킴으로써 강경론에 대한 지지를 형성하기도 한다. 2011년에 이뤄진 J-20 스텔스 전투기의 시험비행이나 다음 해 이뤄진 항공모함 랴오닝(辽宁)호의 취역과 같은 사건은 중국의 군사력에 대한 대중의 자부심을 자극함으로써 정책 결정 환경에 영향을 끼친다.

셋째, 민족주의의 가장 분명한 지지그룹은, 앞에서 지적한 것처럼, 청년세대의 네티즌들이며 그 가운데서도 주축은 대학생들이다. 개혁개방시대에 성장한 중국의 젊은이들은 경제성장에 대해 자부심을 가지면서도 동시에 서구, 특히 미국의 모욕적 행동에 대한 분노에서 급진적 민족주의를 옹호한다.[77] 서구의 비판에 대해 분노를 표출하는 젊은이들은 인터넷을 통해 연결된다. 인터넷이 민족주의를 동원하는 도구로 작동하는 현상은 1999년 '강대국논단'의 설립이 계기가 되었고, 2000년대 들어서 더욱 분명해졌다.[78] 네티즌들은 인터넷상에서 민족주의를 표출하고 전파함으로써 인터넷 민족주의라는 개념을 촉발시키기도 했다.[79] 1990년대 후반 중·일과 중·미 사이에 발생한 일련의 사건이 인터넷 민족주의에 동력을 제공했다. 인터넷 민족주의자들은 극단적 언어를 사용하고 배외주의와 소란행위 등을 통해 파괴적 측면을 표출하기도 했다.[80]

구체적으로 중국에서 외교정책과 관련한 인터넷상의 여론은 주로 1980년대생과 1990년대생에 의해 주도된다.[81] 이들은 경제적 여건이 개선된 상황에서 성장한 세대로서 존엄성과 가치를 중시한다는 공통점을 지닌다.[82] 아울러 이들은 애국주의 교육을 이수한 세대라는 공통점도 지닌다. 그러나 1980년대생과 1990년대생 사이에는 중요한 차이도 존재한다. 1980년대생은 최초의 외둥이(独生子女) 세대로 성장과정에서 많은 자유와 개성을 누렸다는 점에서 이전과 다른 최초의 새로운 세대로 간주된다. 아울러 이들은 이전 세대와 달리 영웅주의나 집단주의의 영향을 적게 받은 대신에 개혁개방에 힘입어 서방의 새로운 사물과 관념을 경험함으로써 이전 세대에 비해 개방적인 것으로 평가된다. 따라서 이들은 특정의 이념이나 가치를 견지하고 지키겠다는 인식이 강하지 않으며 애국주의에 대한 생각도 고정되거나 확고하지 않은 것으로 평가된다.[83]

이에 반해 1990년대 이후 출생자들은 독특한 애국주의를 체현하는 것으로 간주된다. 중국이 부상하는 과정에서 성장한 이들은 자기비하, 고난, 치욕의 기억이 없다. 다시 말해 피해자 심리가 없다. 반면에 한 조사에 따르면 1990년대 이후 출생자의 85%가 중국인의 생활수준이 세계평균에 도달했거나 또는 그 이상이라고 보며, 또 79%가 중국을 강대국으로 간주한다. 즉, 이들은 중국이, 최소한 경제적으로는, 세계와 동등하다고 본다. 이러한 자신감과 자부심이 이들로 하여금 중국을 적극적으로 옹호하도록 작용한다. 특히 외부인이 중국을 비판할 때 이들은 애국주의자로 변모하여 적극적으로 대응한다.[84]

기술 발전에 힘입어 즉각적 소통이 가능해지면서 네티즌들은 대중시위를 조직하고 민족주의 감정을 확산시키는 역할을 한다. 이는 인터넷이 민족주의자들 사이의 상호작용뿐 아니라 심지어 시위를 촉진시키는 작용을 수행함을 의미한다. 네티즌들이 일련의 민족주의적 시위를 주도하는 현상은 2000년대 초반부터 분명해졌다. 가령, 2003년 중국 네이멍구(内蒙古)에서 일본군이 남겨둔 화학무기가 발견되자 중국의 분노한 젊은이들은 인터넷에서 반대의견을 표출하고 또 행동에 나섰다. 모두 일곱 개 사이트가 "대일배상요구 100만 명 서명활동"을 추진하여 약 1개월 동안 100만 명의 서명을 받아, 배상요구서와 함께, 일본대사관에 전달했다.[85] 2005년에는 네티즌들이 일본의 유엔 안보리 상임이사국 진출에 반대하는 서명 운동을 주도하여 2000만 명의 서명을 받았다. 2008년에도 네티즌들은 중국의 많은 도시뿐 아니라 전 세계에서 올림픽 성화 봉송을 수호하는 운동을 전개했다. 이들은 중국의 국가이익을 수호하겠다는 정부의 약속에 높은 기대를 표시하며, 이러한 기대가 충족되지 않을 때 정부의 정책을 지나치게 유약하다고 비판했다.[86] 특히 네티즌들은 정부보다 한 발 앞서 현안에 대한 입장을 표명함으로써 지도부의 대외적 정책 선택에 제약을 가한다. 정당성이 취약한 중국의 지도자들로서는 외교정책을 결정함에 있어서 네티즌들이 제기하는 강경론에 주의를 기울일 수밖에 없다.

5. 민족주의와 외교정책

민족주의가 중국 외교정책의 방향과 관련하여 제시하는 바는 무엇인가? 과연 민족주의는, 국제주의와 비교하여, 보다 강경하고 공세적인 외교정책을 옹호하는가? 또 민족주의 진영 내의 차이는 외교정책에 어떻게 반영되는가?

민족주의는 중국의 안보와 주권문제를 강조하고 나아가 정당한 국제적 지위를 추구한다. 여기서 국제적 지위란 중국이 전통적으로 누렸던 강대국 지위를 의미하며 이러한 지위를 회복하는 것은 중국의 이익에 직접적인 영향을 끼치는 것으로 이해된다. 이처럼 힘을 중심으로 국제적 지위를 규정한다는 점에서 국제사회의 인정을 획득하는 것과 연관시켜 정의하는 국제주의와 차이를 보인다. 따라서 민족주의는 힘을 기를 것을 강조한다. 즉, 경제발전이 군사력 증강으로 이어져야 한다는 인식이다. 이는 민족주의가 국가의 힘과 그에 근거한 국제적 지위가 국가의 행위양식과 범위를 결정한다고 인식함을 보여준다. 아편전쟁에서의 패배가 민족적 수탈로 이어졌던 역사적 기억이 힘을 국가이익을 옹호해줄 궁극적 수단으로 간주하도록 작용한다.[87] 이처럼 군사력을 중시하는 반면에 경제, 외교, 정치적 수단이 국가전략에서 차지하는 중요성에 대한 평가는 부족하다.[88] 즉, 소프트 파워가 하드 파워를 제고시키는 데 기여함을 인정하지만 여전히 하드 파워를 중시한다.[89] 이는 국제체제에의 참여를 통해 국제적 규칙을 활용함으로써 국가의 이익을 추구하거나 또는 국제규범의 준수나 국제적 책임의 수행을 통해 국제적 지위를 구축함으로써 영향력을 확대할 것을 옹호하는 국제주의와 분명하게 대비된다.

아울러 민족주의는 국가의 힘이 증대됨에 따라 외교정책 또한 강경해질 것으로 기대한다. 민족주의 지지자들은 증대되는 국력을 활용하여 국가의 이익을 확보하고 또 국제적 지위와 영향력을 강화시킬 것을 기대한다. 이 또한 힘의 정치에 대한 역사적 기억에서 근원한다. 따라서 민족주의자들은 정부가 국력의 증대와 함께 국가이익을 수호하는 데 적극적으로 나설 것을 촉구한다. 이는 민족주의가 궁극적으로 강대국 외교정책을 옹호함을 의미한다. 이러한 기대가 좌절될 경우 민족주의는 정부의 외교정책이 너무 연약하다고 비판한다.[90]

그러나 민족주의가 외교정책에 끼치는 영향은 온건 민족주의와 급진 민족주의에서 각각 다르게 나타난다. 온건 민족주의는 서구의 현실주의와 유사한 외교정책을 선호한다. 구체적으로 온건 민족주의는 국가이익을 기반으로 한 외교정책을 선호한다. 국가이익은 외교정책의 직접적이고 주요한 동기로 간주된다. 아울러 모든 국가가 국가이익에 근거하여 상대와의 관계를 처리한다면 충돌은 해결되고 세계는 평화로워질 것으로 상정된다.[91] 이 점에서 온건 민족주의는 국가이익의 추구가 국가 간 갈등을 촉발시킨다는 현실주의와 차이를 보인다. 국가이익의 수호와 관련하여 무엇보다도 주권이 강조된다. 이에 따라 온건 민족주의는 국제체제에 참여할 것을 옹호하면서도 동시에 이러한 참여가 민족의 주권과 안보에 해를 가하는 것을 경계한다.

온건 민족주의는 주권이나 영토문제와 같은 핵심적 이익과 관련하여 비타협적 정책을 추구한다. 이러한 문제가 중국공산당의 정통성과 연관되기 때문이다. 이처럼 온건 민족주의는 형식적으로는 공세적 입장을 취하면서도, 실질적으로 반응적 외교정책을 옹호한다. 이는 온건 민족주의가 중국의 경제발전을 더 시급한 과제로 간주하기 때문이다. 온건 민족주의는 경제발전에 필요한 정치적 안정을 강조하고 민족주의 정서가 외교정책에 끼치는 영향을 최소화하려 노력한다. 다시 말해 온건 민족주의는 유연한 외교정책을 옹호한다. 여기서 온건 민족주의가 경제발전을 위해 미국 및 다른 서방국가와 관계를 유지하는 것을 옹호할 가능성을 찾을 수 있다.[92]

온건 민족주의는 국제체제에 참여하는 것이 중국의 경제발전에 기여함으로써 국가이익을 증진시킬 것으로 간주한다. 그러나 이러한 참여는 중국의 이익에 봉사하는 정도로 제한되어야 하는 것으로 규정된다. 아울러 온건 민족주의는 국제적 책임과 관련해서도 보수적 태도를 보인다. 비록 온건 민족주의가 주권과 이익을 옹호하는 데 도움이 되는 한계 내에서 국제체제를 수호할 필요성을 인정하지만, 기본적으로 자신의 일을 잘 처리하는 것을 책임으로 간주한다. 따라서 온건 민족주의는 외부에서 요구하는 국제적 책임의 이행을 중국의 능력에 부합하는 선으로 한정시킬 것을 강조한다. 이 점에서 온건 민족주의는 국가의 역량을 넘어선 국제적 역할을 강조했던 마오쩌둥 시기의 외교정책으로부터 분명한 변화라 할 수 있다.

경제적 이슈나 일상적 외교 이슈에서 현실적 가능성을 중심으로 사고하고 또 실용성을 중시한다는 점에서 온건 민족주의는 국제주의와 결합할 수 있는 가능성을 지닌다. 그러나 국제적 책임을 둘러싸고 온건 민족주의가 보이는 보수성은 국제주의자의 비판을 촉발시킨다. 한편 온건 민족주의가 강조하는 외교정책상의 온건성과 실용성은 급진적 민족주의 세력으로부터 지나치게 연약하다는 비판을 촉발시킬 소지를 제공한다.

국가이익과 힘, 그리고 주권을 중시한다는 점에서 온건 민족주의는 현실주의와 유사성을 갖는다. 아울러 합리성을 강조한다는 점에서도 유사성을 보인다. 그럼에도 양자 간에는 차이가 존재한다. 우선, 서구의 현실주의가 군사안보를 중시하는 데 반해 온건 민족주의는 경제와 기술발전을 강조한다. 다시 말해 국가이익과 관련하여 경제적 이익을 중시한다.[93] 온건 민족주의가 경제발전을 중시하는 것은 경제력이 국가주권을 공고하게 하는 기반이라는 판단 때문이다. 온건 민족주의는 경제성장이 한 세기만에 국가주권에 대한 밖으로부터의 위협으로부터 자유로울 수 있는 기회를 제공할 것으로 간주한다. 아울러 온건 민족주의는 상징을 중시한다는 점에서도 현실주의와 차이를 보인다. 이러한 현상은 대중들의 주목을 받는 이슈에서 특히 현저하다. 가령, 하나의 중국 원칙이나 미국 패권에 대한 반대, 그리고 일본의 과거사 문제 등은 이익에 근거하여 해결할 문제이기보다 원칙의 문제로 간주되고, 따라서 강경한 입장이 강조된다.[94]

한편 급진 민족주의는 보다 배타적이고 강경한 외교정책을 선호한다. 급진 민족주의가 선호하는 외교정책의 구체적 양상은 중국의 국력상황에 따라 차이를 보인다. 다시 말해 중국의 국력이 약한지 아니면 강한지에 따라 선호하는 외교정책의 양상이 달라진다. 중국의 국력이 취약할 때 급진 민족주의가 옹호하는 강경한 외교정책은 반외세와 외국인 혐오 등 배타적 형태를 띤다. 외국으로부터 가해지는 모욕에 대한 민감성과 중국의 국력이 취약한 현실이 결합되어 배타적 대응이 옹호된다. 이러한 배외성은 심할 경우 쇄국주의에 대한 옹호로 이어지기도 한다. 그 대표적 사례로 계획경제시기 국내시장과 경제활동에 대한 국가의 전체주의적 통제를 국가주권의 체현으로 간주하고 이에 변화를 가하려는 개혁개방정책에 반대한 것을 들 수 있다. 대외개방 초기 경제특구 내의 토지사용권을 외국기업에 제공하는 것을 국가주권을 팔아넘기는 것으로 간주하여 반대했던 사례는 급진 민족주의의 폐쇄성과 배타성을 잘 보여주었다.[95]

이러한 배타성은 이후 네티즌들의 반외세 시위에도 표출된다. 네티즌들은 모든 외국, 특히 강대국의 행동을 중국에 대한 모욕으로 해석하는 경향을 보인다. 이러한 사실은 일본에 대한 인식에서 잘 나타난다. 일본 정치인이 침략 사실을 부정하는 언급을 할 때마다 급진 민족주의는 과격한 반응을 보인다.[96] 이에 따라 개방기 일본은 중국에서 민족주의를 발효시키는 온상으로 작용한다. 아울러 급진 민족주의는 미국에 대해서도 강한 의구심을 보인다. 한 연구에 따르면 급진 민족주의는 미국에 대한 인식에 영향을 끼침으로써 중국의 외교정책에 영향 끼치는데, 온건 민족주의가 선한 국제주의와 결합하는 것과 달리, 급진 민족주의는 맹목적 민족주의와 결합되는 경향을 보인다.[97] 이와 함께 급진 민족주의는 국제체제에 참여하는 것에 대해 유보적 입장을 보인다. 이는 급진 민족주의가 쇄국정책을 옹호할 가능성을 제시한다.

급진 민족주의는 정부의 인내심 있고 타협적인 대외정책을 비판하며 중국의 핵심이익과 국가의 존엄을 해치는 행위에 대해 교훈을 주거나 징계를 가할 것을 주장한다.[98] 대표적으로 『노라고 말할 수 있는 중국』의 저자들은 중국 정부의 타협적 대외정책을 서방에 대한 투항주의로 공격하고 강경한 정책을 주문했다.[99] 외교정책에 대한 급진 민족주의자들의 관심은 외부로부터 위협이 제기되었을 때 급격하게 고조된다. 이들은 정부의 외교정책이 지나치게 타협적이며 국가의 이익을 추구하기 위해 충분한 노력을 기울이지 않고 있다고 비판하면서 보다 강경한 외교전략을 추구할 것을 주문한다. 여기서 급진 민족주의자들이 주도하는 시위가 반정부 시위로 이어질 가능성을 발견할 수 있다. 다시 말해 급진 민족주의는 한편으로 체제의 정당성을 확보하는 데 기여하면서도 동시에 지도부의 선택을 제약하는 양면성을 지닌다.

이처럼 강한 배타성을 보이다가도 중국이 강성해진 후 급진 민족주의는 강경한 대외정책을 옹호함으로써 전혀 다른 모습을 보인다. 급진 민족주의는 증대된 힘을 활용하여 국가이익을 확장하고 심지어 국제체제를 다시 구성할 것마저 주장한다. 실제로 2008년 세계금융위기로 중국의 국력이 상대적으로 제고된 이후 급진 민족주의자들은 공세적 정책을 통해 중국이 당한 한 세기의 수모를 만회할 것을 주장했다. 가령, 이들은 대만에 무기를 판매하는 데 참여한 미국 기업을 제재할 것을 주장했다. 아울러 이들은 중국이 이제 강대해졌기에 동중국해와 남중국해에서 과감하게 이익을 추구해야 한다는 주장도 제기했다.[100] 즉, 필요한 경우 중국과 영토분쟁을 전개하는 필리핀과 베트남에 교훈을 줘야 한다는 주장이었다. 여기에 더해 이들은 중국이 확장되는 국가이익을 보호하기 위해 세력권을 구축할 필요성도 제기했다. 국력에 대한 자신감 증대와 민족적 좌절감이 교직되면서 힘을 사용하는 것이 정당하다는 주장으로 이어진 것이다. 나아가 이들은 이 모든 것을 위해서 중국의 군사적 능력, 특히 원거리 투사 능력을 증진시킬 필요성을 강조했다.[101] 물론, 앞에서 지적한 것처럼, 급진 민족주의는 이 모든 조치를 방어적이라고 규정함으로써 외교정책과 관련하여 강한 도덕적 판단을 드러낸다.

여기에 더해 일부 급진 민족주의자는 전통을 부활시킬 것을 옹호함으로써 중국의 우월성에 대한 자부심을 표출한다. 특히 세계금융위기가 발생한 이후 이들은 서구모델의 위기를 거론하면서 중국모델이 대안이 될 수 있다는 주장을 제기한다. 이는 중국에서 급진 민족주의가 서구와 다른 독자적 규범이나 표준을 추구할 가능성을 제기한다. 국제체제로의 진입을 강조했던 데서 중국의 전통으로 회귀하려는 경향이다. 여기서 중국이 국제적 규범을 중국의 역사와 국내적 경험에서 추출된 원칙에 맞춰 변형시키고 다시 형성하려 시도할 가능성을 목격할 수 있다.[102]

중국에서 민족주의는 이중적 역할을 수행한다. 민족주의는 한편으로 당과 정부가 통치의 정당성을 확보하는 것을 허용하는 동시에 다른 한편으로 대중들에게 국가의 업적을 평가하는 기준을 제공한다. 이처럼 당과 정부가 민족주의적 과제를 잘 수행할 경우 통치의 정당성을 제고시킬 수 있는 반면 그렇지 못할 경우 비난에 직면할 수 있다는 사실이 민족주의가 외교정책에 영향을 끼칠 소지를 제공한다. 이에 따라 중국의 지도자들은 민족주의에 관심을 기울이는데, 이러한 관심은 자유민주주의 체제에서처럼 숫자가 가장 많은 중간층의 의견이 아니라 극단적 의견에 집중된다. 극단적 세력이 시위를 전개할 가능성 가장 크기 때문이다.[103]

이는 중국의 민족주의가 대중 민족주의에 의해 주도될 가능성을 제기한다. 대중 민족주의는 외부세계와의 마찰이 발생할 경우 활성화된다. 즉, 국가이익이 침해되었다고 인식할 경우 반외세 정서가 촉발되고, 인터넷을 통해 급격하게 확산된다. 이러한 대중 민족주의는 매우 강력한 동원력을 자랑한다. 수십만에서 수백만에 이르는 서명을 받을 수 있고, 또 간헐적으로 대중적 시위를 전개하기도 한다. 이러한 폭발력이 정부에 압력으로 작용한다. 다시 말해 정부는 국내적 여론을 잠재우기 위해 강력한 대외정책을 천명한다.[104]

중국의 외교정책이 민족주의의 영향을 받는다는 사실을 보여주는 사례는 드물지 않다. 가령, 아래에서 논의하는 것처럼, 1999년 베오그라드 주재 중국대사관 피폭 이후 중국의 인터넷상에서 강화된 민족주의 논의가 정부의 정책에 영향을 끼쳤다. 개혁개방기 계속된 대일 강경책 또한 인터넷 민족주의의 영향력을 보여준다. 일본과의 관계와 관련한 강경한 여론이 외교정책 결정자로 하여금 일본에 대해 강경한 입장을 견지하도록 작용했다.[105] 중국 정부가 군사 현대화에 관심을 증대시키는 것 또한 대중 민족주의 분출에 따른 결과로 이해할 수 있다.[106] 2008년 세계금융위기 이후 표출된 중국의 공세적 정책 또한 중국에서 민족주의 정서가 증대된 것과 밀접한 관련을 갖는다.

그러나 이는 중국에서 민족주의가 정부의 대외정책을 지배함을 의미하는 것이 아니다. 중국 지도부는 민족주의 성향의 대중을 만족시키는 것과 외부세계에 중국이 위협이 아님을 설득할 필요성 사이의 균형을 유지하려 든다. 민족주의, 특히 급진 민족주의가 중국의 외교정책에 제약을 가하거나 심지어 중국과 외국 사이에 많은 갈등을 야기할 수 있기 때문이다. 이에 따라 중국 정부는 민족주의를 통제할 필요성에 직면한다. 실제로 중국 지도자들은, 사회세력의 급속한 성장과 다원화 그리고 인터넷 확산 등에 힘입어 대중 민족주의를 통제하는 데 어려움이 초래되었음에도 불구하고, 민족주의를 통제함으로써 외국과의 관계에서 충돌이 발생하는 것을 피하려 들었다.[107] 그 대표적 사례로 네티즌에 대한 감시와 통제를 들 수 있다. 아울러 중국 정부는 인터넷 민족주의의 전개방향을 유도하려는 노력도 전개했다. 가령, 2005년 4월 중앙 선전부와 외교부는 중·일관계에 관한 선전강연단을 조직하여, 주요 대도시를 순회하면서 보고회를 거행함으로써 반일감정을 완화시키려 노력하기도 했다.[108] 보다 최근에는 18차 당대회의 개최를 앞두고 중국의 관방언론들이 당의 영도를 따를 것을 강조하는 논평을 연이어 발표하는 등 이념 캠페인을 전개함으로써 여론에 대한 통제력을 강화하려 시도했다.[109] 이러한 노력이 성공할 경우 중국의 외교정책은 온건성을 유지할 수 있다.

그러나 현실적으로 이러한 통제가 완벽할 수는 없다. 민족주의의 세력이 지도자가 외교정책을 확정하기 전에 이미 이슈의 프레임을 결정함으로써 정책에 영향을 끼칠 수 있기 때문이다. 중국에서 정치엘리트가 대응하기 이전에 여론이 동원되고 그 결과 공세적 민족주의가 정책을 규정할 수 있음을 보여주는 사례로 앞에서 언급한 베오그라드 주재 대사관 피폭사건을 들 수 있다. 세 명이 사망하고 20명이 부상한 이 사건과 관련하여, 미국은 정보수집과 목표설정과정에서 발생한 일련의 오류 때문이었다고 설명했다. 그러나 중국의 언론은 이러한 설명을 부적절하고, 진지하지 못하며 믿을 수 없는 것으로 치부했다. 이러한 국내적 여론이 지도부의 행동에 영향을 끼쳤다. 일단 여론이 동원되자 다양한 관료기구들이 이 기회를 활용하여 자신의 이익을 추구하려 들었고 지도부는 합의를 도출하는 데 어려움을 경험했다.[110] 댜오위(钓鱼)도 문제와 같은 이슈에서도 지도부가 입장을 결정하기 전에 이미 언론에서 여론이 형성되고 따라서 지도자들은 이를 깨는 데 어려움을 경험했다.[111] 이처럼 언론이 외교정책을 이슈화시킴으로써 지도자들로 하여금 외교문제를 국내정치적 차원에서 처리하도록 할 경우 온건한 정책은 지지를 얻기 어려워진다.[112] 이제 서로 다른 이념이 중국 외교정책을 둘러싸고 전개하는 상호작용과 그 결과 나타난 중국 외교정책의 전개 양상을 살펴보도록 하자.

• 제2부 •

외교정책

제3장 국제주의와 중국외교의 진화

대외개방은 중국 외교정책의 진화를 위한 토대를 제공했다. 대외개방을 추진하기 위해 중국은 국제체제에 대한 대결적 입장을 버리고 참여와 통합을 통해 국제사회의 수용을 획득해야 했다. 이러한 현실적 필요성이 중국 외교정책에 변화를 가져왔다. 국제체제에 참여하려는 지도부의 의도는 1980년대 개최된 당대회의 보고들에서 분명하게 드러났다. 1982년의 12차 당대회 보고가 마오쩌둥 시기 강조했던 제국주의 타도라는 구호 대신에 일본과 미국 등 자본주의 국가와의 관계를 강조했고, 1987년에 개최된 13차 당대회 보고는 평화공존 5원칙의 기초 위에 세계 여러 나라와 우호협력관계를 발전시키겠다는 입장을 천명했다. 이러한 선언과 함께 중국은 국제기구에 대해서도 전향적인 입장을 취했다. 1971년 유엔 안보리 상임이사국 지위를 회복한 이후에도 국제기구에 대한 의구심을 버리지 않았던 중국은 1980년대 들어 "보편적 문명에 진입"할 필요성을 강조하면서 보다 적극적인 입장으로 선회했다.[1]

물론 중국외교의 진화는 쉽게 오지 않았다. 역사적 기억과 국제체제가 자본계급의 이익을 대변한다는 뿌리 깊은 인식이 국제체제에 본격적으로 참여하는 데 제약요인으로 작용했다. 특히 1989년에 발생한 천안문 사태에 대한 서방의 제재는 국제체제에 참여할 필요성에 대한 의구심을 다시 불러일으켰다. 이러한 상황에서도 지도부는 대외개방을 더욱 확대하는 선택을 통해 위기를 돌파하려 들었다. 그 대표적 사례로 1992년에 개최된 당 14차 대회 보고가 전면적 대외개방의 방침을 천명함으로써 제한적 참여에서 전면적 참여로 대외개방에 대한 의지를 더욱 강화한 것을 들 수 있다. 경제를 발전시킬 필요성이 중국 지도부의 선택을 규정했다. 국제체제에의 참여가 경제를 발전시키고 국제적 지위를 제고시킴으로써 체제를 강화할 수 있다는 판단에 따라 장쩌민을 비롯한 지도부는 국내적으로 정치적 통제를 강화하는 상황에서도 국제체제에의 참여를 지속시키고 확대하려 들었다. 이후 중국의 외교정책은, 보수화된 국내정치와 달리, 대외개방을 지속적으로 강화한다.

이러한 상황전개가 중국에서 국제주의의 성장을 촉진시켰고, 강화된 국제주의는 다시 외교정책에 영향을 끼쳤다. 국제사회에 성공적으로 편입해야 하는 과제가 주어짐에 따라 중국을 사회화시켜 체제 내의 정상국가로 만들 필요성이 강조되었다.[2] 지도부는 전문가들로 하여금 서구의 국제관계 이론을 학습하고 교수하는 것을 장려하는 동시에 이들의 의견도 청취하기 시작함으로써,[3] 국제체제에 참여하고 또 통합하려는 의지를 보여주었다. 이러한 배경에서 성장한 국제주의가 외교정책에 영향을 끼쳤다.[4] 국제주의자들은 대외개방이 중국의 경제발전을 촉진시킨다는 사실을 들어 국제체제와의 통합을 더욱 가속화할 필요성을 주장했다. 즉, 참여와 통합이 중국의 지위를 강화시키고 나아가 국제체제에 영향 끼칠 수 있는 기회도 가져다줄 것이라는 지적이었다.

물론 이는 이 시기 중국의 외교정책이 완전히 국제주의에 의해 주도되었음을 의미하는 것은 아니다. 국제주의와 온건 민족주의 사이에 연대가 형성되어 외교정책을 주도했다고 보는 것이 더 정확한 지적이다. 그럼에도 불구하고, 온건 민족주의가 외교정책과 관련하여 신중함을 유지한 데 반해, 국제주의는 적극적인 목소리를 냄으로써 변화를 주도했다. 1990년대 이후 중국 내의 논의와 정부의 문건에서 '세계와의 일치'나 '국제적 관례에 따른 업무 처리' 등이 강조되고 '국제적 책임', '다자주의', '국제적 게임규칙' 등과 같은 개념의 출현 빈도도 제고되었는데, 이는 국제적 규범체계가 중국의 외교담론에 영향을 끼쳤음을 의미한다.[5]

이러한 인식의 변화와 함께 중국의 외교정책에 진화가 발생한다. 1990년대 후반부터 2008년 세계금융위기가 발생하기 이전까지 중국의 외교정책은 온건하고 협력적인 모습으로 진화한다. 경제발전과 군사현대화 사이의 적절한 균형점을 찾으려는 노력이 전개되는 가운데, 중국은 국제기구에 가입하고 또 국제적 규범과 규칙을 수용했다. 이 시기 중국에서 '세계 속의 중국'이라는 개념이 강조되었는데, 이는 국제체제에 참여하는 것이 하나의 학습, 조정, 적응의 과정, 즉 사회화 과정으로 이해되었음을 의미한다. 이처럼 국제적 규범이 정체성과 지위, 관념과 이익, 기대와 행동을 형성함에 따라 중국은 폐쇄적 국가에서 개방적 국가로 전환된다.[6] 이는 국제체제에 대한 고립과 대결을 추구했던 과거로부터의 분명한 변화였다.

이 장에서는 대외개방 이후 중국에서 진행된 국제주의의 등장이 외교정책에 끼친 영향을 검토한다. 이러한 검토는 1990년대 중반부터 10년 정도의 시기에 중국 외교정책에 나타난 진화를 보여줄 것이다. 다음에서는 우선 1989년 천안문 사태 이후 중국외교의 기조를 검토한 후, 계속해서 중국외교에 나타난 변화들을 살펴본다. 구체적으로 국제기구와 다자주의의 수용, WTO 가입, 평화적 부상론, 조화세계론 등에 대한 검토를 통해 중국이 국제체제의 비판자에서 책임 있는 구성원으로 점차 진화했으며 이 과정에서 국제주의가 중요한 역할을 했음을 제시한다. 마지막으로 이러한 변화에 존재하는 한계를 살펴봄으로써 중국에서 국제주의의 확산과 이에 힘입은 외교정책의 진화가 직선적인 과정만은 아니었음도 제시하고자 한다.

1. 도광양회(韬光养晦)

1989년은 중국에게 위기이자 선택의 시기였다. 그해 4월 동유럽에서 공산정권이 붕괴되기 시작했고, 그로부터 얼마 지나지 않은 6월 중국에서도 천안문 사태가 발생했다. 비록 구소련이나 동유럽에서와 같은 체제붕괴는 막았지만, CNN을 통해 전 세계로 생생하게 전해진 천안문 사태의 참상으로 인해 미국을 비롯한 서방세계가 중국에 제재를 가하게 된다. 개방을 통해 중국의 정치적 변화를 유도할 수 있을 것이라는 기대가 좌절되었다고 판단한 미국정부는 6월 5일 중국에 대한 무기 수출 금지와 정부 차원의 고위급 접촉 중단을 선언했고, 이후 차관제공도 중단했다. 이러한 미국의 조치에 유럽의 선진국과 일본이 동참하면서 중국에 대한 서방의 제재가 형성되었다.[7]

제재에 직면한 중국에서는 서방의 의도에 대한 경계심이 증대되었다. 천안문 사태 이후 중국의 일부 지도자는 미국이 중국을 봉쇄하려 한다고 규정하고 개혁개방을 거부하고 서방과 대결해야 한다는 급진적 주장을 제기하기도 했다.[8] 이처럼 서구의 압력과 국내적 반발이라는 어려운 상황에서도 중국 지도부는, 국내적으로는 애국주의 교육운동을 전개하는 등 보수화되었음에도 불구하고, 외교정책과 관련하여 마오쩌둥 노선으로 회귀하는 대신에 개방정책을 계속해서 추구했다. 이를 위해 중국 지도부는 강경론이 제기되는 것을 통제했다. 이러한 노력의 중심에 덩샤오핑이 있었다. 그는

1989년 9월 국제정세를 개괄하면서 “(사태를) 냉정하게 관찰하고, (우리의) 위치를 굳건하게 유지하며, (도전에) 침착하게 대응(冷静观察, 稳住阵脚, 沉着应付)”할 것을 강조함으로써 외교정책의 방향을 제시했다.[9] 계속해서 다음 해 3월에도 그는 당 지도부와의 대화에서 모든 국가와의 교류를 지속할 필요성을 지적했고, 특히 소련 및 미국과의 교류를 강화할 필요성을 강조했다.[10] 이러한 덩샤오핑의 노력에 힘입어 중국 지도부는 ‘평화와 발전이 여전히 시대의 주제’이며 따라서 우호적 외부환경의 조성이 가능하다는 입장을 견지함으로써 개방정책을 지속시키려 들었다. 이는 서방과의 대결을 회피하고 경제발전에 초점을 집중하려는 의도를 반영했다.

이러한 방침을 중국에서는 통상 ‘도광양회’라고 규정한다. 엄격하게 말하면 덩샤오핑이 직접 도광양회를 언급한 것은 아니다.[11] 추수룽이 지적하듯, “덩샤오핑의 연설을 모아놓은 문선(文选)에 도광양회라는 표현은 등장하지 않는다”.[12] 그러나 이 구호는 외교정책의 방향에 대한 덩의 전체적인 생각을 반영한다. 베이징대학의 왕지스(王缉思)에 따르면 도광양회는 당내 고위 지도부의 인식을 통일시키기 위해 제기한 지도이념으로서 초기에는 소수에게만 알려졌었다.[13] 이후, 다른 전문가에 따르면, 1990년대 중반 첸치천(钱其琛) 외교부장이 덩샤오핑의 외교사상을 “냉정하게 관찰하고, 위치를 굳건하게 유지하며, 침착하게 대응하는” 것에 ‘도광양회, 유소작위(有所作为)’의 여덟 자를 덧붙여 모두 20자로 요약하고, 이를 “도광양회, 유소작위”로 약칭했다.[14]

이처럼 도광양회와 유소작위를 병렬시켰지만, 중국외교는 실질적으로 도광양회에 의해 주도되었다. 도광양회의 사전적 정의는 재능을 감추어(隐藏才能) 드러나지 않게 하고(不使外露) 시기를 기다리는(等待时机) 것이다.[15] 그러나 도광양회의 의미에 관해서는 중국 내에 다양한 해석이 존재한다. 아울러 도광양회는 1990년대 중국의 외교사상을 일치시키는 역할을 수행했지만,[16] 21세기 들어 그 의미를 둘러싸고 학계에서 이견이 발생했다. 이러한 이견은 도광양회의 의미가 불명확한 데서 연원하기도 하지만 동시에, 다음 장에서 논의하는 것처럼, 이에 대한 불만 때문이기도 하다.

왕지스는 덩샤오핑의 의도가 냉정과 신중함을 유지할 것을 강조하는 데 있다고 주장한다. 즉, 경제발전에 역량을 집중시키고 때를 놓치지 말 것을 강조한 것이라는 해석이다.[17] 전직 외교관으로 후에 중국국제문제연구소 소장을 지낸 양청쉬(杨成绪) 또한 도광양회가 앞장서는 대신에(不当头) 경제발전에 집중할 것을 규정한 것이라고 주장한다.[18] 결국 도광양회란 국제적 환경이 어떻게 변화하든 국제문제에 과도하게 개입하는 것을 경계하고 경제발전에 역량을 집중할 것을 규정한 것으로 해석할 수 있다. 이 점에서 도광양회는 중국이 국제적으로 입장을 굳게 고집하지 않는 온건한 정책을 추구할 것을 규정한 것이라 할 수 있다.[19] 다시 말해 도광양회는 국제무대에서 외교적 선회의 공간, 즉 유연성을 확보할 것을 강조한다.

도광양회는 온건한 외교정책에 힘을 실어주었다. 온건한 정책을 지지하는 세력은 중국의 국력을 냉정하게 평가할 것을 주장했다.[20] 국제체제의 구조를 변화시킬 수 있는 능력을 구비하지 못한 상태에서 중국은 상황을 관찰하고 어렵게 얻은 국제체제에 편입될 기회를 놓치지 말아야 하는 것으로 제시되었다.[21] 즉, 기존 질서를 전복시키고 새로운 질서를 수립한다는 목표를 포기하고 대신에 평화로운 주변 환경을 조성하는 데 초점을 집중시켜야 한다는 주장이었다. 동시에 자신을 변화시키는 것이 중국의 힘의 근원이자 세계에 영향을 끼치는 주요 방식으로 제시되었다.[22] 중국 내의 변화가 커야 외적인 영향력도 커진다는 주장은 국제주의의 인식을 반영했다.

이처럼 도광양회가 중국 외교정책을 주도함에 따라 중국외교는 경제발전을 위해 봉사하게 된다. 즉, 경제발전에 필요한 평화로운 주변 환경 조성이 외교정책의 목표로 규정된다. 1992년의 14차 당대회 보고는 외교정책의 목표가 개혁개방과 현대화 건설을 위해 유리한 국제 환경을 조성하는 데 있다고 규정했다. 이어서 다음 해인 1993년 8차 재외공관장회의(驻外使节会议)에서도 장쩌민 총서기는 중국 외교업무의 근본임무가 중국에 유리한 평화로운 국제 환경, 특히 평화로운 주변 환경을 공고화하고 발전시키는 것이라고 규정했다. 이러한 주장은 2000년대 들어서도 계속된다. 2002년의 16차 당대회의 보고는 21세기 첫 20년을 중요한 전략적 기회의 시기(战略机遇期)로 규정했다. 2004년에도 후진타오 주석이 10차 재외공관장회의에서 중요한 전략적 기회의 시기를 수호하고 평화롭고 안정적인 국제 환경을 쟁취하는 것이 근본 목표라고 강조했다.[23]

이처럼 경제발전에 초점이 집중된 대신에 국방비 지출은 억제되었다. 가령, GDP에서 국방비가 차지하는 비중은 1986년부터 시작된 7차 5개년 계획 기간에 1.73%에 달했었던 데서, 1991년부터 시작된 8차 5개년 계획 기간에는 1.29%로 하락했고, 1996년부터 시작된 9차 5개년 계획 기간에는 1.19%로 더욱 하락했다.[24] 국방비가 국가재정지출에서 차지하는 비중 또한 1979년 17.37%였던 데서 1999년 8.16%를 기록함으로써 절반 이하로 축소되었다.[25] 1980~2000년 사이 중국의 국방비 증가속도는 일본의 1/3, 인도의 1/6에 불과했고, 국방비가 GDP에서 차지하는 비중 또한 선진국 평균인 3%는 물론이고 심지어 개도국 평균인 2.6%보다도 낮은 수준을 유지했다.[26]

2. 민족주의에 대한 통제

도광양회가 경제발전에 초점을 집중시킬 것을 요구했지만 중국에서 민족주의는 시간이 가면서 그 세력을 확장한다. 민족주의의 확산은, 제2장에서 지적한 것처럼, 중국에서 애국주의 교육이 본격화된 것과 궤를 같이한다. 전통문화에 대한 비판과 서구 이론에 대한 학습이 주류를 형성했던 1980년대와 달리, 1990년대 들어 중국의 지식인들은 현대성에 대한 토착적 길을 모색하기 위해 전통문화에 관심을 기울이기 시작했다.[27] 이들은 세계화가 중국에 기회가 아닌 도전을 초래할 것이라고 주장하는 등 국제체제에 참여하는 데 비판적이었다.[28] 여기에 더해 국내외적으로 연이어 발생한 위기 또한 민족주의를 강화시켰다.

이처럼 중국에서 민족주의가 세력을 확장했지만, 이것이 곧 민족주의가 중국의 외교정책을 주도했다는 의미는 아니다. 중국의 지도부는, 내적으로 민족주의를 활용하여 체제의 정당성을 확보하려 시도하면서도, 민족주의가 외교정책에 끼치는 영향은 통제하려 들었다. 이는 민족주의가 갖는 양면성 때문이었다. 민족주의는, 제2장에서 밝힌 것처럼, 체제의 정당성을 확보하는 데 기여하면서도 동시에 온건한 정책을 비판하고 대결적 정책을 옹호함으로써 외교정책의 유연성을 제약할 가능성을 지녔다. 이러한 부작용에 대한 우려가 지도부로 하여금 민족주의가 외교정책에 영향을 끼치는 것을 제어하도록 작용했다. 즉, 한편으로 핵심이익의 방어와 관련하여 대중들의 정서적 표현을 용인하고 심지어 조장하면서도 다른 한편으로 이러한 민족주의적 정서가 대중적 시위로 이어지는 것은 제어했다.[29] 이는 중국 지도부가 한편으로 일본과의 영토분쟁이나 대만 독립과 같은 민감한 역사적 문제에 대해서 타협을 거부하면서도 다른 한편으로는 국제적으로 대결국면이 형성되는 것을 방지하기 위해 노력했음을 의미한다. 다시 말해 중국은 주권과 관련된 문제에 대해 강경하게 얘기하면서도 행동에는 유연했다.

1990년대 중국 지도부가 민족주의를 통제함으로써 온건한 외교정책을 추진하려 들었다는 사실을 제시하는 사례는 많다. 가령, 1996년 일부 일본인이 댜오위도에 등대를 설치한 것과 관련하여 홍콩과 대만에서 대중적 반대시위가 전개되었지만 중국은 각 지방에 통지를 발송하여 대중시위가 발생하지 않도록 통제했다.[30] 이러한 지도부의 노력에도 불구하고 이 시기 계속된 대외적 위기가 간헐적으로 대중 민족주의를 분출시킨다. 대표적으로 1999년 5월 미국이 베오그라드 주재 중국 대사관을 폭격하자 일부 대학생들이 베이징의 미국 대사관과 영사관 앞에서 계란과 돌을 투척하는 등 시위를 감행했다. 이러한 상황에서 후진타오 국가부주석은 학생들의 애국주의를 지지하면서도 과격한 행동은 경고함으로써 민족주의 감정이 분출되는 것을 통제하려 들었다. 계속해서 2001년 정찰기 충돌사건이 발생한 후에도 중국 정부는 반미시위를 차단하려 들었다. 중국 정부는 파월(Colin Powell) 미국 국무장관의 유감표명(very sorry)을 사과의 의미를 지닌 빠오첸(抱歉)으로 번역함으로써 미국과의 대결을 회피하려 시도했다.[31] 즉, 민족주의 정서가 분출되는 것을 억제함으로써 미국과의 관계를 유지하려 들었다.

이러한 사실은 중국 지도부가, 중국의 취약성을 인식하면서, 경제발전을 위해 국제체제와의 통합을 계속해서 추구하고 또 서구 국가와의 협력관계를 유지하려 들었음을 제시한다. 다시 말해 중국은 미국이 주도하는 국제체제에 적응하려 들었다.[32] 이에 따라 1999년 베오그라드 대사관 피폭 사건에도 불구하고 평화와 발전이 시대의 주제라는 지도부의 판단은 변화하지 않았다. 1999년 베오그라드 대사관 폭격 후 일부 전문가들이 평화와 발전에 관한 논쟁을 제기함으로써 국제정세를 재평가하려 시도했음에도 불구하고 ① 다극화는 계속될 것이고, ② 평화와 발전이 여전히 시대의 주제이며, ③ 미국은 여전히 중국과의 관계를 발전시키기를 원한다는 판단이 견지되었다.[33]

유사한 논쟁은 2001년 정찰기 충돌사건이 발생한 이후에도 다시 전개되었다. 선거과정에서 중국을 전략적 경쟁자로 규정한 부시 대통령이 취임하고, 남중국해에서 정찰기 충돌이 발생했으며, 리덩후이(李登輝) 대만 총통과 달라이 라마의 미국 방문이 이어지는 와중인 2001년 5월 말 ≪환추시보≫가 '중국외교환경의 변화와 대책'을 주제로 개최한 토론회에서는 두 개의 서로 다른 의견이 대립했다. 민족주의자들을 중심으로 외교정책을 조정하지 않으면 피동적인 국면이 형성될 것이라는 주장이 제기되었다. 이들은 미국의 주류사회가 중국을 배척하려 하기 때문에 중국이 타협적 자세를 취하더라도 미국은 포위와 봉쇄정책을 계속할 것이라고 전제하고 부시 정부의 도전에 용감하게 맞서야 한다고 주장했다. 특히 이들은 중국의 주권에 도전하는 것을 용납하지 않을 것임을 분명하게 선언할 것을 주장했다. 이에 대해 국제주의자들은 평화와 발전의 시대는 변화하지 않았으며, 따라서 부시 정부의 적대시 정책에도 불구하고 도광양회를 견지하고 경제발전에 주력해야 한다는 주장을 견지했다.[34] 이러한 논쟁의 와중에서도 중국 지도부는 계속해서 국제체제에의 참여와 국내적 변화를 강조했다. 이러한 사실은 장쩌민 총서기가 2002년 16차 당대회 보고에서 중국이 역사적 흐름과 함께하고 인류의 공동 이익을 수호할 것을 천명한 데서 확인된다. 그는 중국 외교정책의 목표는 세계평화를 유지하고 공동발전을 옹호하는 것이라고 규정했다.[35] 이후에도 중국의 지도자들은 평화를 옹호하고 공동이익을 강조했다. 이는 미국이 지배하는 국제질서를 수용하고 그 속에서 부상을 성취하려는 의도를 반영했다.

민족주의를 통제하려는 노력은 2000년대 중반에도 계속되었다. 2005년 4월 중국에서 대중들의 반일시위가 확대될 조짐을 보이자 중국 정부는 이를 통제하려 들었다. 공안부는 4월 21일에 대중들이 시위에 참가하는 것을 금지하는 성명을 발표하는 동시에 반일 문자메시지를 차단하고 시위를 요구하는 인터넷상의 호소도 차단했다. 여기에 더해 많은 시위 주동자와 참여자를 억류하고 또 주요 도시에서 경계를 펼침으로써 반일시위를 제어했다.[36] 이러한 노력에 힘입어 중국에서 민족주의가 강화되었음에도 불구하고 중국 외교정책은 비협조적이거나 강경하지 않았다. 이는 중국의 국력이 증대됨에도 불구하고 지도자들이 외교정책에 대한 실용적 입장을 변화시키지 않았음을 의미한다.[37]

이러한 노력에 힘입어 일부에서는 민족주의를 신화로 규정하고, 민족주의가 타파될 것이라는 주장까지 제기했다. 대표적으로 왕이웨이는 민족주의를 서구적 관념이자 현대 민족국가가 수립된 이후에야 비로소 형성된 새로운 전통이라고 규정하고, 세계화와 지역화가 진행되는 상황에서 애국주의는 과도기적 현상에 불과하다고 주장했다. 심지어 그는 궁극적으로 민족국가가 박물관으로 가게 될 것이라고 전제하고, 중국의 국제적 정체성을 형성함에 있어서 민족주의를 넘어서 미래를 볼 필요성을 강조했다. 다시 말해 중국이 필요한 것은 '국제사회가 인정하는 중국모델'이지 민족주의가 아니라는 주장이었다. 그는 평화적 발전이 중국의 국제적 정체성을 다시 구성하고 있으며 이러한 노력이 성공할 경우 민족주의의 '신화'는 자연스럽게 타파될 것이라고 규정했다.[38]

이러한 온건한 입장은 중국이 경제발전을 위해 국제체제의 도움을 필요로 하는 한 유지될 수 있었다. 다시 말해 중국이 처한 상황이 변화할 경우 잠복되어 있었던 강경론이 제기되고 이로 인해 외교정책을 둘러싼 논쟁이 다시 전개될 가능성이 상존했던 것이다. 실제로 중국의 국력이 증대되면서, 제4장에서 살펴볼 것처럼, 중국이 국제체제로부터 도움을 필요로 하는지의 여부가 다시 논쟁의 대상으로 등장하고 민족주의가 목소리를 제고시킨다.

3. 국제기구에의 참여와 다자주의의 수용

1992년의 14차 당대회가 전면적 개방 방침을 확립한 후 중국외교에는 많은 변화가 발생했다. 이러한 변화는, 앞에서 지적한 것처럼, 국제주의 이념을 따라 진행되었다. 국제체제에 참여할 필요성이 중국의 대외적 인식을 변화시켰고, 인식의 변화가 다시 외교정책의 진화를 촉진시키는 선순환이 발생했다.

중국 외교정책의 진화는 무엇보다도 국제기구에의 참여와 다자주의의 수용에서 확인된다. 대외개방과 함께 중국은 가능한 많은 국제기구와 회의에 참여함으로써 당연히 누려야 할 권리와 기회를 향유하려 들었다. 국제기구에 대한 중국의 참여는 경제적 측면에서부터 시작되었다. 중국은 개혁개방을 추진하는 데 도움을 제공할 국제경제기구에 특히 적극성을 보였다. 이는 국제기구에 참여하는 주요 목표가 개혁개방과 경제건설을 촉진하는 데 있었음을 의미한다. 다시 말해 중국은 국제기구를 국가이익을 촉진시키는 수단으로 인식했다.[39] 대표적으로 중국은 1980년에 세계은행과 IMF에 가입했다. 중국 정부는 이 같은 기구에 가입하는 것이 경제발전에 도움을 제공하는 반면에 부담해야 할 비용은 적을 것으로 기대했다. 이후 중국은 두 기구의 기술적 조언을 수용하고 세계은행의 최대 수원국(受援國)이 되는 등 좋은 관계를 유지했다.[40] 계속해서 중국은 1986년 아시아개발은행에 가입했고 1990년에는 APEC에도 참여했다.

경제 외적 영역에서도 국제기구에 대한 가입이 이루어졌다. 중국은 1984년 국제원자력기구(IAEA)에 가입했고, 1986년에는 대기층에서의 핵실험 중지를 선언했다. 여기에 더해 그동안 반대해오던 PKO 활동에 대한 입장에도 변화가 발생했다. 대표적으로 중국은 1981년 12월 레바논 주둔 임시부대의 임기 연장에 대한 안보리 투표에서 찬성표를 행사했고, 1988년에는 평화유지특별위원회 구성국가가 되었다.[41] 다음 해인 1989년 1월에는 유엔정전감독기구에 군사옵서버를 파견했고, 이후 평화유지활동에 군대, 경찰, 민간관리, 공정부대, 운송부대, 의료부대 등의 인력을 파견했다.[42]

1990년대 들어 국제기구에의 참여는 더욱 활발해졌다. 중국은 더 많은 국제기구와 조약에 가입했을 뿐 아니라 참여의 범위 또한 경제협력으로부터 군비통제 등으로 확대된다. 가령, 1970년대 군축협정의 10~20% 정도만 조인했던 중국은 1990년대 중반에 이르면 85~90%를 조인했다.[43] 구체적으로 1992년 3월에 핵확산금지조약(NPT)에 가입한 데 이어 1996년 9월에는 포괄적핵실험금지조약(CTBT)에도 가입했다. 아울러 중국은 미사일기술통제체제(MTCR)에 대한 준수를 공약하고 국내적으로 수출통제 체제도 구축했다. 이러한 변화는 중국이 국제기구를 타도의 대상으로 보기보다 국가이익을 제고시키는 데 기여한다고 인식하기 시작했음을 보여준다. 이처럼 국제기구와 적극적으로 상호작용하기 시작했다는 것은 중국이 기존 체제를 수용하기 시작했음을 의미한다.

국제기구에의 참여는 다시 다자적 외교행위에 대한 인정과 적응을 강화시킨다.[44] 앞에서 언급한 1992년 14차 당대회 보고는 다자적 외교활동에 적극적으로 참여하기를 희망한다고 규정했다. 이는 1980년대 국제기구에 참여하는 과정에서 다자주의에 대한 중국의 인식에 심대한 변화가 발생한 데 힘입었다. 세계경제에의 참여를 통해 획득한 발전의 경험이 중국으로 하여금 다자제도에 대한 인식을 변화시키도록 작용했다. 즉, 중국은 다자적 국제기구를 자국의 이익을 옹호하는 데 활용할 수 있음을 깨달았고, 이러한 인식이 중국으로 하여금 국제적 다자기제에 더욱 적극적으로 임하도록 작용했다.[45]

1990년대 중반 이후 중국에서 다자주의에 대한 긍정적 평가가 출현하기 시작했다. 1997년 초 중국 외교부 산하 중국국제문제연구소가 출간하는

≪국제문제연구≫에 게재된 한 논문은 다자주의가 다극화 추세와 일치하며, 특히 아태지역에서의 다자적 안보기구는 미국의 군사동맹과 패권기제에 대항하는 데 기여한다는 취지의 논지를 전개했다.[46] 이는 그보다 2년 앞선 1995년에 같은 잡지에 게재된 논문이 "아시아 태평양 지역의 다자안보주의는 미국이 자신의 가치관을 전파하기 위한 속임수"라고 주장했던 것과 분명하게 대비된다.[47]

2000년대 들어 다자외교는 중국외교의 중요한 구성요소로 등장했다. 2000년대 초 중국에서는 WTO라는 다자기구가 미국의 일방주의를 견제하는 장치로 작동하며, 특히 동아시아 지역의 다자주의는 중국이 국제정치에 영향을 끼치는 가장 좋은 방법 가운데 하나라는 주장이 제기되는 등 다자주의에 대한 긍정적 평가가 이어졌다.[48] 여기에 더해 중국은 국제기구에 참여하던 데서 한 걸음 더 나아가 다자적 국제기구를 창설하기 시작했다. 구체적으로 중국은 SCO와 중-아세안 FTA 창설 등을 주도함으로써 국제기구를 활용하여 국가이익을 실현하려 함을 보여주었다.[49] 이는 중국이 국제규칙을 준수하는 것을 넘어 국제적 규칙을 창출하는 데도 관심을 보이기 시작했음을 의미한다. 국제규칙에 대한 관심의 증대는 다자기제의 운영규칙에 대한 중국의 인식이 제고된 데 힘입었다. 국제적 규칙을 형성하는 것은 국가이익을 구현하는 데 기여할 뿐 아니라 국가의 권위와 자부심의 근원으로도 인식되기 시작했다. 아울러 국제적 규칙의 제정과 개정에 적극적으로 참여하는 것은 국제체제의 불합리한 측면을 개혁하는 데도 기여할 것으로 간주되었다.[50]

이처럼 중국은 서방이 주도하는 국제체제에 참여하고 국제적 협력을 추구하며 다자주의를 중시함으로써 국제주의의 특징을 지닌 국가로 점차 진화하기 시작했다.[51] 이러한 사실은 국제제도와 국제규범이 중국의 국내적 변화를 촉발시킨 데서도 확인된다. 중국은 국제기구의 규칙과 조약 등에 맞춰 국내 법규와 제도를 변화시켰다. 국제체제에의 참여가 중국이 각 분야에서 제도를 건립하고 법률을 확립하는 결과로 이어진 것이다. 이처럼 국제체제에 참여하는 과정에서 관련 국내 기구가 설치됨에 따라 기구와 제도가 취약했던 마오쩌둥 시기의 상황이 개선되었다. 이는 중국이 국제체제에 참여하고 국제제도를 수용하는 과정에서 학습을 통해 사회화됨을 의미한다. 즉, 중국은 참여를 통해 자신의 행위를 제어하고 규범화시켰다.[52] 이러한 중국의 변화는 다시 서방국가의 중국에 대한 태도에 영향을 끼쳤다.[53] 다시 말해 중국이 국제기구에 적극적으로 참여하고 또 국내적으로 변화를 추진함에 따라 중국에 대한 외부의 인식이 개선되었다.

중국이 국제기구에 참여하고 다자외교를 중시한 것은 1980년대 이후 중국의 외교관념과 실천에 발생한 중요한 변화로 외교에 관한 새로운 사고를 반영한 것이었다. 그럼에도 불구하고 중국의 참여에는 분명한 한계와 특징이 존재했다. 우선, 중국은 국제적 인정의 정도가 높은 제도에 보다 적극적으로 참여했다.[54] 아울러 중국은 규범이 명확하고 분명한 국제기구를 선호했다. 권리와 의무 및 절차가 명확하게 규정되어 있을 때 국제기제가 초래할 영향을 명확하게 파악할 수 있었기 때문이다.[55] 여기에 더해 경제적 측면과 정치안보적 측면에서의 다자주의에 대한 태도에도 차이가 존재했다. 구체적으로 경제적 성격의 지역 내 다자간 경제협력에는 매우 적극적이지만, 다자안보협력에는 상대적으로 소극적이었다.[56] 이는 국제기구에 대한 중국의 포용이 불균등하고 초보적임을 제시한다. 즉, 중국은 경제적 혜택이 분명하고 국가주권을 가장 적게 침범하는 다자기구에 적극적이었다.

4. WTO 가입

중국이 국제체제에 참여하고 또 국제체제와의 통합을 추구했다는 가장 분명한 증거로 WTO 가입을 들 수 있다. 이는 중국이 국제경제체제에 본격적으로 진입함을 의미한다. WTO 가입이 중국의 자율성을 제약할 가능성을 제기했음에도 불구하고 지도부는 가입을 적극적으로 추진했고, 15년에 걸친 긴 협상을 거쳐 마침내 2001년 12월에 정식으로 가입하게 된다. 중국의 WTO 가입은 세계화라는 기회를 활용하여 경제를 발전시키려는 노력을 반영했다. 중국은 세계화가 개혁개방과 현대화에 전례 없는 기회와 도전을 동시에 제기했다고 보았다. 이에 따라 중국 정부는 대세에 순응하여 적극적으로 참여해야만 발전이라는 과제를 성취할 수 있다는 판단에서 국제체제에 편입되는 것을 가속화시켰다.[57]

WTO 가입이 중국의 국내적 법규와 제도에 대한 변화를 규정함으로써 주권을 제약할 가능성을 지녔다는 점에서 WTO 가입은 중국이 국제체제와의 통합을 선택했음을 의미한다. 물론 국제체제와의 통합을 추구하려는 의도는 동아시아 외환위기 이후부터 이미 드러나기 시작했다. 그럼에도 불구하고 WTO 가입은, 한 중국 전문가의 지적처럼,[58] 중국의 대외개방에서 발생한 중요한 진전을 상징한다. 중국 지도부는 가입을 통해 국내체제와 세계규칙의 수렴을 추구함으로써 그동안 추구해온 부분적 개방을 넘어 전면적 개방으로 나아가려 들었다.

WTO 가입과 관련해 중국에서는 국제사회와의 수렴을 추구할 필요성이 특히 강조되었다. 가령, 한 전문가는 중국이 경제적 영역에서 국제규범과의 일치를 추구할 필요성을 지적했다. 시장경제를 고도로 발달시킨 문명의 성과를 수용하는 것은 계획경제에서 시장경제로 이행하는 데 따른 고통을 감소시키고 체제 전환을 가속화시키는 강력한 동력을 제공할 것이라는 주장이었다.[59] 다른 전문가 또한 WTO 가입이 교역을 증대시키는 효과도 있겠지만 가장 중요한 영향은 경제제도의 개혁, 특히 구조적 변화를 촉진시키는 데 있다고 지적했다. 그는 중국의 경제개혁이 시장경제 제도의 보편적 법칙과 국제적 규칙에 따라 진행되어야 한다고 전제하고, 이를 중국적 특색을 약화시키고 국제적 관례를 강화시키는 것으로 규정했다.[60] 또 다른 전문가는 WTO 가입과 함께 대외무역관계에서 모든 것을 국제적 규칙과 관례에 따라 처리할 필요성을 지적했다. 중국적 특성만을 강조하기보다 오히려 관념을 변화시켜 중국적 특성을 완화시켜야 한다는 주장이었다.[61]

WTO 가입 이후 중국 정부는 경제적, 법적, 행정적 변화를 적극적으로 추진했다. 우선, 중국은 '규칙 준수와 시장 개방'이라는 약속을 이행하기 위해 관세를 네 차례에 걸쳐 대폭 감축했다. 가입 전 15.3%에 달했던 평균관세는 2002년 12.7%, 2003년 11%, 2004년 10.4%로 낮아졌고 2005년에 다시 9.9%로 인하됨으로써 10% 이하로 낮추겠다는 목표를 조기에 달성했다.[62] 여기에 더해 중국은 WTO에 가입하기 위해 중앙 차원에서 2300개의 법과 규정, 그리고 다시 지방 차원에서 1900개 이상의 법과 규정을 수정했다.[63] 중국이 WTO에 가입하고 WTO 규정에 따라 경제적 측면에서 세계와의 일치를 추구했다는 사실은 기존의 국제적 규칙을 승인하고 또 기존 체제의 구성원이 되려 했음을 보여준다.

이처럼 중국은 규칙 준수의 의무를 다하고 제약을 수용하는 동시에 규칙이 제공하는 권리를 향유하고 또 규칙의 제정에도 참여하려 들었다. 우선, 중국은 WTO 규칙을 활용하여 자신의 이익을 수호하려 시도했다. 즉, 의무를 이행하는 동시에 점차 자신의 권리를 수호하는 것도 학습한 것이다. 아울러 중국은 세계무역규칙의 제정에도 참여하려 들었다. 이는 WTO 가입을 위해 제시된 명분이기도 했다. 중국은 WTO에 가입하면서 가입을 통해 국제규칙의 제정과 개정에 참여할 수 있다는 주장을 제기했다. 이러한 주장을 구현하기 위해 중국은 WTO 규칙의 제정과 관련하여 발언권을 추구함으로써 합법적인 수단을 통해 권익을 수호하려 했다. 이러한 사실은 중국이 2003년 멕시코에서 개최된 제5차 WTO 각료회의에서 20개국 집단 및 다른 개발도상국과 함께 공동의 이익을 추구하려 시도한 데서 확인된다.

국제경제체제에의 참여는 중국의 경제력과 국제적 지위를 대폭 제고시켰다. 이러한 사실은 WTO 가입이 중국의 경제성장에 기여했다는 사실에서 확인된다. 이처럼 WTO 가입이 중국의 경제발전에 기여함에 따라 세계화와 국제체제에 대한 중국의 이해에도 변화가 발생했다. 베오그라드 대사관 피폭 이후 중국에서 언론과 젊은 지식인들을 중심으로 세계화에 대한 반대가 거셌었지만, WTO 가입 이후에는 세계화의 불가피성에 대한 이해가 제고되었다.[64] 동시에 WTO 가입이라는 중국의 선택은 국제체제와 질서를 강화하는 데도 기여했다. 다시 말해 중국의 WTO 가입은 기존 자유무역체제를 강화시키는 데 기여했다.

5. 책임 있는 강대국

중국외교의 진화는 책임 있는 강대국이라는 개념을 수용하기 시작한 데서도 확인된다. 중국이 책임 있는 강대국 개념을 수용하기 시작했다는 사실은 국제체제에 참여하는 데서 한 걸음 더 나아가 국제적 지위를 추구하려 들었음을 의미한다. 다시 말해 국제체제에의 참여와 통합을 통해 부국강병을 이루고 또 이를 바탕으로 국제적 지위를 확보하려는 시도가 중국으로 하여금 국제적 책임을 수용하도록 작용했다.

책임 있는 강대국 개념은, 제1장에서 지적한 것처럼, 1995년 페리 미국 국방장관에 의해 처음 제기되었다. 그 취지는 강대국으로 부상하기 시작한 중국에게 기존 체제의 책임 있는 행위자가 될 것을 촉구한 데 있었다.[65] 다시 말해 중국에게 미국이 주도하는 국제체제와 질서를 유지하는 데 기여할 것을 촉구한 것이었다. 이러한 미국의 촉구에 중국이 점진적으로 호응하기 시작했다. 1996년 아세안안보포럼(ARF)에서 첸치천 외교부장은 중국이 "지역의 평화와 발전을 위해 노력함으로써 강대국으로서의 책임과 의무를 이행"할 것을 선언했다. 다음 해인 1997년 동아시아 외환위기가 발생했을 때 중국은 책임 있는 강대국이 되겠다는 의도를 더욱 분명하게 했다. 중국은 IMF를 통해 동아시아 지역 국가에 자금을 제공하는 외에 위안화의 평가절하도 자제했다. 이러한 노력이 국제적으로 중국에 대한 이미지를 제고시킴에 따라 국제적 의무를 수행하고 또 국제적 규칙을 준수하겠다는 중국의 의지는 더욱 강화되었다.[66] 실제로 중국 외교부가 국제정세와 중국외교를 소개하기 위해 매년 발간하는 『중국외교』 1999년판은 1998년에 "평화, 협력, 책임 있는 강대국으로서의 중국의 이미지가 점차 증대되고, 국제적 지위와 영향력이 더욱 제고되었다"라고 지적함으로써 중국을 책임 있는 강대국으로 규정했다.[67] 이후 중국 외교부는 매년 『중국외교』에서 국제적 책임이나 책임 있는 강대국 이미지를 언급한다. 이는 중국의 역할에 대한 외부의 평가가 책임 있는 강대국에 대한 중국 정부의 인식을 강화시켰음을 보여준다.

이러한 중국의 움직임은 부분적으로 방어적 성격을 띠었다. 이 시기 중국은, 국제적 규범을 수용하려는 노력에도 불구하고, 여전히 국제적으로 불량 국가(rogue state)로 비판받았다.[68] 군축문제에서 보인 보수성과 1990년대 중반 대만해협에서 전개한 무력시위 등이 이와 같은 평가를 촉발시켰다.[69] 이러한 상황에서 중국은 국제체제의 구성원으로서의 정당성이 취약하다고 판단하고 이를 극복하려 시도했다. 즉, 중국에 대한 국제적 인식을 개선하려는 시도였다. 책임 있는 강대국이라는 이미지를 형성하는 것은 급속한 성장에 대한 다른 국가의 우려를 해소하는 데 기여할 것으로 기대되었다. 이에 따라 중국은 기존 국제질서와 규칙을 준수하고 또 국제사회를 위해 기여하겠다는 공약을 통해 자국에 대한 국제적 의구심을 완화시키려 들었다. 동시에 책임 있는 강대국이라는 이미지를 수용한 것은 중국에서 자신의 국가이익과 국제사회의 공동이익 사이에 균형을 유지할 수 있다는 국제주의적 인식이 힘을 얻었음을 보여준다.[70]

중국이 자신의 국가 이미지에 더 큰 관심을 경주하기 시작했다는 사실은 1999년의 베오그라드 대사관 피폭 이후 2000년대 초까지 전개된 외교정책에 관한 논쟁에서도 확인된다. 다양한 경쟁적 대안들이 제기된 논쟁에서 중국의 많은 전문가들은 강대국 지위를 추구해야 한다는 주장을 제기했다. 특히 국제주의자들은 강대국 지위가 단순히 물질적 역량만이 아닌 규범적 요인에 의해서도 규정된다고 주장했다.[71] 구체적으로 이들은 중국이 자신의 발전에 주의를 기울이는 동시에 국제사회에서 책임을 감당하고 외부 이미지를 고려할 것을 주장했다.[72] 이러한 주장은 국제체제에서의 정당성 획득이 중국의 국제적 지위와 관련하여 중요하게 인식되었음을 보여준다.[73]

국제적 책임은 국제사회의 구성원으로서 다른 행위자에 대해 책임을 지는 것으로 규정되었다.[74] 가령, 1997년 15차 당대회의 보고는 중국의 국제적 책임으로 지역의 안정 수호, 공동발전의 촉진, 유엔과 다른 국제기구에서의 역할 수행, 다양성 존중 등을 거론했다. 이러한 상황을 반영하듯, 왕이저우는 21세기 초 중국이 아태지역에서의 책임과 이익에 주력해야 한다고 규정했다. 즉, 아태지역에서 적극적이고 중요한 영향력을 발휘하고, 글로벌 차원에서 영향력을 추구하며, 또 건설적 역할을 수행하는 국가로 인정받을 필요성을 지적한 것이었다. 아울러 그는 유엔 안보리에서 더 적극적이고 건설적 역할을 수행하고 각종 국제기구에서 충분한 대표권을 획득하며 평화유지활동에 기여하는 것 또한 국제적 책임을 수행하는 것으로 규정

했다.[75]

2002년의 중국공산당 16차 대회 보고는 중국의 국제적 책임을 세계적 차원으로 확장시켰다. 구체적으로 국제사회의 안정 유지, 공동발전의 촉진, 인류 공동 이익의 수호, 유엔과 기타 국제기구에서의 역할 발휘, 국제 및 지역협력의 강화, 세계 다양성의 수호, 다극화의 촉진, 공동번영의 실현, 반테러, 신안보관 수립, 국제관계의 민주화 촉진 등이 포함되었다. 이후 중국의 지도자들은 다양한 연설에서 중국을 책임 있는 강대국으로 규정했다. 특히 원자바오(溫家寶) 총리는 여러 차례에 걸쳐 중국이 책임 있는 강대국이 될 것임을 언명했고, 2006년 3월 4일 10기 4차 전인대 기자회견에서는 "이미 책임 있는 국가가 되었다"라고 선언했다.[76]

중국이 국제적 책임을 수용한 것은 국제체제의 일원으로 행동하려 함을 보여준 것으로 중국 외교정책의 실천과 이념에 발생한 새로운 현상이자 진전을 상징한다. 친야칭은 1840년 이후 국제체제와의 관계설정이 중국의 핵심적인 과제로 등장하여 개혁개방 때까지 해결되지 않았다고 규정한다. 즉, 천하개념이 붕괴된 이후 중국은 세계와 어떻게 관계를 형성할 것인지 몰랐다는 평가다. 그러나 그는 개혁개방으로 국제체제에 참여한 이후 중국의 지위가 심대하게 변화했으며, 이제 국제체제의 책임 있는 구성원이 되기 시작했다고 규정한다.[77] 중국이 국제체제에 가입하고 규범을 수용한 것은 책임 있는 강대국 이미지를 취득하고 싶은 의지를 반영하며 국제사회가 중국의 사고와 행위에 영향을 끼침을 보여준다.[78] 이는 중국이 기존 국제체제를 인정하며 타도하려 들지 않게 되었음을 의미한다. 물론 이것이 곧 중국이 현상에 만족하는 국가가 되었음을 의미하지는 않는다. 중국의 국제주의자들 마저도 현재의 국제질서는 불공정하고 불합리하기에 조정과 변화가 필요하다는 입장이다. 그러나 이들은 문제를 단번에 해결하기보다는 협의를 통해 점진적으로 개조할 것을 옹호한다.[79] 다시 말해 '참여를 통한 개혁'이다. 그럼에도 불구하고 국제주의자들은 개혁에 관한 구체적 계획이나 시간표를 제시하지 않았다.

6. 평화적 부상론

2002년에 개최된 중국공산당 16차 대회의 보고는 강대국과의 관계를 중국 외교정책의 최고 우선순위에 배치했다. 이후 중국은 미국의 이익에 도전하지 않을 것이라는 입장을 분명하게 밝혔다. 이와 함께 중국외교에서 상호의존과 호혜공영의 이념이 강조되기 시작했다. 이러한 변화는, 친야칭에 따르면,[80] 중국외교가 새로운 단계로 진입했음을 상징한다.

중국외교가 진화했다는 구체적 증거는 2003년에 제기된 평화적 부상론에서 분명하게 드러난다. 평화적 부상론은 중국에서 외교정책에 대한 관심이 제고되는 시기에 등장했다. 2000년대 초중반 서구에서 중국의 부상에 관한 논의가 급증하면서 중국에서도 국력에 대한 재평가와 국제적 역할에 대한 논의가 촉발되었다. 이 시기 강대국으로의 부상과 관련하여 중국 내에서 크게 두 개의 서로 상반된 경로가 제기되었다. 그 하나는 '전쟁을 통한 부상'이었다. 이는 실제로 전쟁을 하겠다는 주장이기보다 무력을 사용해서라도 에너지 이용권과 같은 부상에 필요한 핵심적 문제를 해결해야 한다는 주장이었다.[81] 이에 반해 평화적 부상은 국내적 개혁을 통해 부상을 위한 제도를 확립하고 인류문명의 성과를 흡수하여 중화문명을 선양하는 것을 주요 내용으로 했다.[82] 특히 국제적으로 평화적 부상론은 기존 질서에 도전하지 않고 협력과 윈윈의 길을 걸으며 국제체제의 수호자가 되겠다는 의지를 표명한 것이었다.[83] 이 점에서 평화적 부상론은 중국 외교정책의 방향에 대한 국제주의의 영향력을 보여주었다.

평화적 부상론을 제기하는 과정에서 중앙당교 부총장을 지낸 정비젠이 중요한 역할을 했다. 그는 2002년 12월 미국 방문에서 중국의 부상에 대한 의구심이 광범위하게 존재하며 이것이 중국의 부상에 부정적 영향을 끼칠 가능성을 목격하고, 귀국한 후 당에 보고서를 제출했다. 이후 당의 승인을 얻어 중국의 대응책을 모색하기 위한 팀을 구성하여 당시 상하이를 중심으로 논의되던 평화적 부상론을 대책으로 검토했다.[84] 이후 1년만인 2003년 11월 그는 보아오(博鰲) 포럼에서 행한 연설에서 중국이 평화적인 방식으로 책임 있고, 비위협적인 강대국으로 부상할 것이라고 선언했다. 즉, 중국이 국제질서를 불안정하게 하거나 주변 국가들을 억압하지 않고 강대국 지위에 오를 것이라는 주장이었다.[85] 정비젠이 주도한 연구 작업에 참여했던 왕지스는 평화적 부상을 중국이 과거 20년 동안 걸어온 길이라고 규정했다.[86] 이는 평화적 부상론이 국제체제에의 참여와 수렴을 계속해서 추구하겠다는 의지의 표현임을 보여준다. 이 점에서 평화적 부상론은 중국위협론에 대한 중국의 대응이었다. 즉, 국제기구와 국제법의 테두리 안에서 평화적으로 부상하겠다는 의지를 천명함으로써 국제적 우려를 불식시켜 중국의 부상을 수용하도록 하려는 시도였다.

이후 평화적 부상론은 원자바오 총리와 후진타오 주석에 의해 중국의 공식적 정책으로 제기된다. 우선, 2003년 12월 원자바오 총리가 하버드대학에서 행한 연설에서 중국을 평화를 추구하는 부상하는 강대국이라고 규정했다.[87] 다음 해 2월에는 후진타오 주석이 정치국 집단학습에서 동료 지도자들에게 평화적 부상의 발전노선을 견지할 것을 강조했다.[88] 그는 중국은 평화의 시기를 활용하여 자신을 발전시킬 것이고, 개방을 지속할 것이며, 다른 국가에 위협을 가하지 않을 것이라고 지적했다. 계속해서 3월에는 차오강촨(曹剛川) 국방부장이 중국의 부상에 대한 국제사회의 지지를 확보할 필요성을 강조함으로써 최고 지도자들의 뒤를 따랐다.[89]

평화적 부상론은, 강대국으로 부상하겠다는 의도를 표명했음에도 불구하고, 실질적으로 평화에 방점을 찍었다. 실제로 정비젠은 국제질서에 불합리한 부분이 존재하지만 중국 역시 국제체제를 강화할 책임을 진다고 지적했다.[90] 평화적 부상론은 중국이 부강해진 것을 개혁개방과 규칙에 근거한 국제질서에 편입된 데 힘입은 것으로 규정했다. 즉, 중국은 기존 질서의 최대 수혜자이며 따라서 이러한 질서를 공고화하는 것이 중국의 이익에 부합된다는 선언이었다. 반면에 이익을 과도하게 주장하는 것은 중국의 보다 광범위한 이익을 위협하는 것으로 규정했다. 결국, 평화적 부상은 기존 강대국과 다른 방식을 통해 강대국으로 부상하겠다는 중국의 메시지를 담았다. 다시 말해 평화적 부상론은 경제적 부상이라는 새로운 길을 개척하려는 중국의 의도를 보여주었다. 이처럼 평화적 부상은 미국에게 현상을 변경시킬 의도가 없다는 메시지를 전달하면서도, 후일 시진핑 체제가 제기하는 새로운 형태의 강대국 관계 구상과 달리, 미국에게 중국의 이익을 존중해달라는 대가를 요구하지 않았다.

그러나 이후 중국에서는 평화적 부상론을 둘러싼 논쟁이 촉발된다. 학계뿐 아니라 퇴직 외교관과 군부 등에서 반대의 목소리가 제기되었다. 평화적 부상에 대한 국제적 반응은 괜찮은 반면에, 왕지스의 지적처럼,[91] 국내적으로는 비판이 강했다. 평화적 부상에 대한 비판은 서로 다른 방향으로부터 왔다. 한편에서는 부상이라는 용어가 주변 국가를 자극할 것이고 또 도광양회와도 배치된다고 주장했다. 아울러 평화적 부상론이 국내적으로 민족주의를 자극하여 강경한 외교정책에 대한 요구를 촉발시킴으로써 지도부에 어려움을 초래할 것이라는 비판도 제기되었다. 이에 반해 다른 편에서는 평화적 부상이 비현실적이라고 주장했다. 특히 평화를 강조하는 것은 대만문제 해결이나 군 현대화에 장애가 될 것으로 지적되었다.[92] 즉, 역사상 어떤 국가도 평화적으로 부상한 적이 없다는 비판이었다. 이러한 비판은 중국 외교정책의 방향과 관련하여 국제주의의 영향력이 증대되었음에도 불구하고 여전히 이견이 가시지 않았음을 보여주었다.

이러한 상황에서 지도부 내에서도 평화적 부상론에 대한 이견이 제기되었다. 퇴임한 장쩌민 전 주석과 다른 정치국 상무위원이 이의를 제기했고, 그 결과 2004년 4월 이 개념을 공개적으로 사용하지 않는다는 결정이 이뤄졌다.[93] 실제로 후진타오 총서기는 2004년 4월 보아오 포럼에서 평화적 부상이라는 용어 대신에 평화발전(和平发展)이라는 용어를 사용함으로써 변화가 발생했음을 보여주었다.[94] 이러한 변화에도 불구하고 평화적 부상을 대체할 개념으로 평화발전이 채택됨으로써 평화에 대한 강조가 계속되었다는 사실은 국제주의의 영향력이 여전함을 의미한다.

심지어 이 시기 중국에서 증대되는 국력을 공세적으로 사용하지 않도록 담보할 수 있는 국내 제도적 장치가 마련되어야 한다는 주장이 제기되었다는 사실 또한 중국의 외교정책에 나타난 진전을 보여준다. 상하이 국제문제연구소 위신텐(兪新天) 소장은 국력 증대로 인해 중국의 전략변화가 국제질서에 영향을 끼치게 될 것이라고 전제하고, 이러한 변화가 국제체제의 다극화를 촉진시키는 긍정적 방향으로 전개되기 위해서는 지도부의 자의적인 권력 사용에 대한 제도적 제약을 포함하는 법치를 확립할 필요가 있다고 지적했다.[95]

7. 조화세계론

평화발전론에 이어 제기된 조화세계론 또한 기본적으로 국제관계에 관한 국제주의 이념을 반영했다. 그러나 동시에 조화세계론은 국제관계에 관한 독자적 선호도 드러냄으로써 부상하는 중국이 이상적 국제질서에 대한 모색을 시작했으며, 또 그 과정에서 자신의 특성을 반영하려 듦을 보여주었다.

조화세계론은 2005년 4월 자카르타에서 열린 아시아아프리카 정상회의에서 후진타오 주석에 의해 처음 제기되었고, 이후 7월 후주석의 모스크바 방문에서 채택된 '21세기 국제질서에 관한 중·러공동성명(中俄关于21世纪国际秩序的联合声明)'에 삽입되었으며, 9월 유엔 총회 연설에서 다시 천명되었다. 후 주석은 유엔에서 행한 연설에서 중국이 다자주의, 유엔 헌장, 국제법, 그리고 보편적으로 인정되는 국제관계의 규범을 활용하여 조화로운 세계를 건설할 것임을 선언했다. 그는 다자주의를 통한 공동안보와 함께 중국이 평화, 발전, 협력을 핵심으로 하는 평화발전의 길을 추구한다는 입장도 견지했다.[96] 평화적 부상론에 이어 조화세계론을 제기한 것은 이 시기 중국 안팎에서 급증한 중국의 부상과 역할에 대한 관심과 의구심에 대한 중국 지도부의 대응으로 볼 수 있다. 중국이 고도성장을 거듭하면서 서구에서 세계적 강대국으로 등장할 중국의 전략적 의도에 대한 관심과 의구심이 제기되었고, 이러한 국제적 논의가 다시 중국 내에서 국력에 대한 재평가와 함께 국제적 역할에 대한 논의를 촉발시켰다.

다자주의를 통한 공동안보와 협력을 통한 공동번영을 강조했다는 점에서 조화세계론은 중국에서 국제주의의 영향력이 여전함을 의미했다. 조화세계의 건립은 세계 각국과의 정치적 조화, 경제적 공동발전, 문화적 보완, 안보적 상호신뢰 강화 등을 포함하는 것으로 규정됨으로써 세계와의 수렴을 계속해서 추구하겠다는 중국의 의지를 보여주었다.[97] 이 점에서 조화세계론은 자신의 미래가 세계와 밀접하게 연계되어 있다는 인식하에 인류의 보다 나은 미래를 구현하기 위해 계속해서 노력하겠다는 중국의 의지를 천명한 것으로 볼 수 있다. 다시 말해 조화세계론은 중국이 국가의 부강과 번영을 세계의 평화 및 발전과의 밀접한 연계 속에서 이해하게 되었음을 보여주었다. 이러한 사실은 장예수이(张业遂) 외교부 부부장이 조화세계 이념이 인류의 공동이익과 보편적 희망을 반영한 것으로서 국제사회가 기회를 함께 누리고 도전에 공동으로 대응하는 데 기여할 것이라고 규정한 데서 확인된다.[98] 결국 중국은 조화세계론을 통해 세계에 중국의 성장이라는 과실을 공유할 수 있다는 메시지를 전하고, 이를 위해 세계 또한 중국의 부상에 대해 개방적 태도를 가질 것을 촉구했다.[99]

이처럼 국제주의의 영향을 보여주면서도, 조화세계론은 중국의 독자적 선호도 반영했다. 이러한 사실은 조화세계론이 '조화'라는 중국의 전통개념을 내걸었을 뿐 아니라 보편성보다 개별 국가의 독자성을 강조했다는 점에서도 확인된다. 조화세계론은 '중국의 지혜'를 기반으로 하여 이상적 세계에 관한 청사진을 제시했다.[100] 다시 말해 조화세계론은 국력의 증대와 함께 나타난 전통문화에 대한 관심증대를 반영했다. 아울러 조화세계론은 다양한 문명이 공존하는 다극(多極)적 세계의 건설을 제시하고, 이를 위해 각 국가가 독자적으로 자신의 체제와 발전 노선을 선택할 권리가 존중되어야 한다는 구동존이(求同存異)를 강조했다.[101] 이처럼 모든 국가가 평등하다는 전제하에 보다 민주적이고 평등한 세계의 건설을 강조했다는 점에서 조화세계는 이상적 세계질서에 대한 중국의 생각을 드러낸 것으로 볼 수 있다. 이는 개혁개방에 따른 변화에도 불구하고 주권과 자율성에 대한 중국의 선호가 계속됨을 보여준다.

조화세계론은 광범위하고 심지어 서로 상반적인 측면을 포괄하면서도, 목표를 달성하기 위한 정책수단은 구체적으로 제시하지 않았다.[102] 이러한 조화세계론에 존재하는 포괄성과 모호성이 전문가들로 하여금 그 의미와 실천방식을 둘러싸고 논쟁을 전개하도록 작용했다. 즉, 조화세계론은 중국의 정체성과 외교정책의 방향을 통일시키기보다 이견을 심화시켰다.[103] 국제주의자들은 조화세계론의 자유주의적 측면을 강조하려 들었다. 가령, 우젠민은 조화세계의 핵심을 정치적 평화공존, 경제적 호혜공영, 안보적 상호 신뢰, 문화적 교류 강화라고 규정했다.[104] 아울러 그는 다자외교를 조화세계 건설의 수단으로 제시했다. 심지어 그는 국제관계의 민주화와 법제화라는 외교적 목표마저도 다자외교를 통해 실현할 것을 주장했다.[105] 위커핑(俞可平)은 조화세계론이 공동이익의 증진과 국제기제를 중시한다는 점에서 서구가 주장하는 글로벌 거버넌스의 중국판이라고 규정했다.[106] 다른 전문가들 또한 중국 정부가 공정하고 합리적인 새로운 국제질서의 건립만을 말하던 데서 조화세계 건설을 제시했다는 사실은 중국이 전방위적 개방과 편입을 추구하며 국제규범에 대한 수용의 정도 또한 증대되었음을 보여준다고 주장했다. 아울러 조화세계론의 제기는 중국이 과거 국제질서의 비판자에서 건설적 참여자로 변화한 데 이어 이제 마침내 중요한 행위자가 되었음을 보여준다고 규정했다.[107]

그러나 일부 국제주의자들은 조화세계론이 참여 속의 개혁을 강조한다고 주장했다. 가령, 친야칭은 조화세계가 중국이 기존의 국제질서와는 다른 새로운 이념을 추구함을 보여준 것으로 규정했다. 구체적으로 그는 조화세계가 서로 다른 국가의 평등, 지위, 권리, 특성의 상호 존중을 중시하는 새로운 국제질서관으로서 미국이 추구하는 단극질서와 다르다고 규정했다.[108] 즉, 힘의 정치에 기반을 둔 서방의 국제질서에 대한 대안이라는 지적이다. 실제로 조화세계론은 국제관계의 민주화와 서로 다른 제도 및 문명의 공존과 대화를 주장했는데, 이는 미국의 지위에 도전하지 않을 것을 천명하면서도 동시에 미국을 무조건 추종하지도 않을 것임을 밝힌 것이었다. 위커핑 또한 조화세계론의 취지가 새로운 국제정치경제질서를 수립하는 데 있다고 지적했다. 즉, 중국이 세계화에 참여하는 동시에 국제적 규칙을 수립하는 등 국제적으로 더 적극적인 역할을 수행하려는 의지를 표명했다는 평가이다.[109] 이 점에서 조화세계론은 국력이 증대된 중국이 국제적 규칙의 제정이나 수정을 통해 또 국제제도 건설에의 참여를 통해 국제질서의 불합리하고 불공정한 부분을 변화시키려 듦을 보여주었다.[110]

또 다른 전문가는 조화세계가 중국 외교정책의 핵심이념이 되었다는 사실은 중국이 국제체제와의 융합을 추구하는 가운데서도 변화를 추구할 것임을 보여준다고 규정했다. 특히 그는 조화세계론이 세계화 속에서 더욱 분명해지는 '중국의 세계화와 세계의 중국화'라는 문제를 적절하게 처리하려는 시도라고 지적했다.[111] 즉, 중국이 자신과 세계 사이의 문제를 다시 생각하게 되었으며, 세계화된 중국이 반드시 수렴을 추구하는 것은 아니라는 주장이다. 차이퉈(蔡拓)는 기존 질서를 인정하면서도 동시에 변화를 추구하는 것이 필요하다고 지적했다. 국제체제에의 편입과 융합이 반드시 자신의 가치와 이념을 포기한다는 의미는 아니며 책임 있는 구성원으로서 현행 법규에 근거하여 변화를 추구해야 한다는 지적이었다.[112] 나아가 그는 조화를 이루기 위해서는 가치와 문화에 대한 상호 존중과 포용이 필요하다고 규정했다.[113] 다시 말해 조화세계론은 한 국가에 의한 독단적 결정이 아닌 협의를 중시한다는 지적이었다.

이처럼 중국의 특성을 반영할 필요성을 강조하면서도 국제주의자들은 차이를 지나치게 강조하는 것 또한 경계했다. 가령, 친야칭은 2005년 9월 졸릭 미 국무부 부장관이 이해당사자(stakeholder) 구상을 제기한 데 이어 후진타오 주석이 같은 달 유엔에서 조화세계를 주장한 것은 중국이 세계와 상호작용하는 관계임을 보여준다고 평가했다.[114] 차이퉈 또한 특수성이 아닌 공통성을 인정하는 방향으로 나아갈 필요를 강조했다. 그는 조화세계 구상이 인류사회의 공통성을 인정하는 것을 전제로 하며 따라서 독자성을 고집하려는 노력과 차이를 보인다고 규정했다. 또한 근대 이후 국가의 쇠락과 서구의 침입이라는 상황에서 중국이 개성과 특성을 강조해왔지만 이제 특수성을 강조하는 동시에 보편성도 학습해야 한다고 주장했다.[115]

이와 함께 국제주의자들은 조화세계가 중국문화에서 온 것임을 인정하면서도 문화적 민족주의로 흐를 가능성을 경고했다. 이는 조화세계의 핵심 요소로서 전통문화를 지나치게 강조하는 경향을 차단하려는 시도였다. 앞에서 지적한 것처럼, 조화세계론은 화합문화라는 중국의 전통적 사상을 반영하는 것으로 제시되었다. 이와 관련하여 친야칭은 중화문화의 우수한 요소를 세계 공동의 가치와 결합시켜 보편적으로 수용될 수 있는 가치체계를 형성할 필요성을 강조했다. 구체적으로 그는 국가 사이의 공동이익을 더 확대하고 현재의 국제제도를 건설적으로 유지하고 개선하며 글로벌 거버넌스에 적극적으로 참여해야 한다고 지적했다.[116] 왕지스 또한 특수성만을 강조하면 조화를 이루기 어렵다고 지적함으로써 문화 영역에서 자신의 것을 지나치게 내세우는 것을 경계했다. 대신에 그는 모두가 동의하는 것을 더 강조해야만 조화세계를 이룰 수 있다고 주장했다.[117]

조화세계론의 제기는 중국력이 증대되는 과정에서 '중국이 국제사회와의 관계를 어떻게 형성할 것인가'라는 현실적 문제에 직면했음을 보여주었다. 이와 관련하여 국제주의자들은 국제체제로의 편입을 계속해서 추진할 필요성을 강조했다. 그러나 주목할 점은 일부 국제주의자들마저도 중국이 국제사회에 일방적으로 편입되기보다 서로 영향을 끼치는 관계를 형성할 필요성을 제기하기 시작했다는 사실이다. 즉, 국제체제에 참여하면서도 중국이 자신의 문화적 가치와 역사적 기억을 통해 국제사회에 영향을 끼칠 필요성을 제기하기 시작했다. 이러한 과정은 갈등과 경쟁을 포함할 수밖에 없지만 중국과 국제사회가 충돌할 것임을 의미하지는 않는 것으로 인식되었다. 이 점에서 조화세계 개념의 제기는 중국의 국제관에 또 한 차례의 중요한 변화가 발생함을 의미한다.

8. 국제주의적 '중국의 꿈'

중국에서 국제주의는 2000년대 중반 최고조에 달했다. 이러한 사실을 반영하듯 샘보는 이 시기 중국의 국제관계 전문가들이 세계화, 글로벌 거버넌스, 국제협력, 상호의존, 다자주의, 국제기구 등 자유주의적 개념에 대한 관심을 증대시켰다고 지적했다.[118] 중국의 한 현실주의자 또한 이 시기 중국의 대부분 학자들이 이상주의나 구성주의를 수용하고 있다고 비판했다. 즉, 미국을 지지하고, 세계화, 지구촌, 상호의존, 글로벌 거버넌스 등을 강조한다는 지적이었다.[119] 외교전략과 관련하여 중국의 공식적 정책이나 지도자들 사이에서 국제주의적 요소가 강조되는 반면에 민족주의가 완화되었다는 평가도 제기되었다.[120]

왕이저우 또한 중국에서 한때 지배적이었던 우려감과 혁명의식이 자신있고, 개방적이며 협력적 태도로 점차 대체되고 있다고 규정했다. 즉, 국제적 의무를 이행하는 데 더 적극적이 되었고 국제체제 구성원으로서의 의식 또한 증대되었다는 지적이었다. 이는 중국외교가 내향적이고 방어적인 데서 개방적이고 자신감 있으며 책임 있는 역할로 변화했음을 의미하는 것으로 간주되었다. 물론 그는 구호에 비해 정책적 뒷받침이 부족하다는 현실도 인정했다.[121] 다른 전문가들 또한 중국에서 국제규범에 대한 인정의 정도가 제고되었다고 규정했다.[122]

이처럼 영향력이 증대되는 가운데, 일부 국제주의자들은 중국의 외교전략을 보다 적극적인 방향으로 변화시킬 필요성을 지적했다. 이러한 주장은 일찍이 왕이저우에 의해 제기된 바 있다. 그는 2003년에 덩샤오핑이 개방을 통해 대문을 열었지만 발전의 문제에 집중하느라 외교정책과 관련하여 "행동만 하고 입장은 표명하지 않는" 낮은 자세를 유지했다고 지적했다. 그 결과 외부세계가 중국의 의도를 이해하지 못하게 되었고 특히 강대국으로 부상한 후 중국이 어떤 전략을 취할지 모른다는 의구심이 제기되었다고 규정했다.[123] 이러한 판단을 근거로 국제주의자들은 도광양회를 보다 적극적인 전략으로 대체해야 한다는 주장을 제기했다. 도광양회가 국제정세와 시대의 요구에 부합되지 않고 국가이익의 옹호와 국제무대에서 책임 있는 강대국 이미지 구축에 불리한 영향을 끼치기에 "할 것은 하고 하지 않을 것은 하지 않는(有所爲, 有所不爲)" 전략으로 대체하자는 주장이었다.[124]

그렇다면 국제주의가 그리는 '이상적 중국-세계 관계'는 어떤 모습인가? 중국에서 국제주의가 최고조에 달했던 상황에서 제기된 이상적 세계질서에 대한 검토를 통해 이에 대한 초보적 답을 얻을 수 있다. 이 시기 국제주의자들의 이상은 그들이 제기한 '중국의 꿈'에서 확인할 수 있다. 2006년부터 연례적으로 개최되었던 "중국의 꿈과 조화세계(中国梦与和谐世界)"라는 주제의 세미나에서 국제주의자들은 자신이 선호하는 '중국의 꿈' 구상을 제기했는데,[125] 후일 류밍푸(2009년)가 제기하는 중국의 꿈이나 시진핑(2012년)이 제기하는 중국의 꿈과 차이를 보인다.

이 세미나를 주재한 중국의 전직 프랑스 대사이자 당시 외교대학 학장이던 우젠민은 2006년 4월에 열린 첫 세미나에서 중국의 꿈을 "세계와 함께 꾸는 것"으로 규정했다. 즉, '중국의 꿈'의 핵심은 중국이 세계와 발전을 공유하는 데 있다는 지적이었다. 그는 이것이 중국이 세계의 흐름과 같이 가는 것을 의미한다고 강조했다. 세계에는 평화, 발전, 협력의 흐름과 냉전, 대결, 충돌이라는 두 개의 서로 다른 조류가 있는데 중국의 꿈은 미래의 추세인 전자와 맥을 같이한다는 주장이었다.[126] 한편 평화적 부상론을 주도했던 정비젠은 중국의 꿈을 평화발전과 문명부흥으로 규정했다. 구체적으로 평화발전이란 2020년까지 중국의 GDP를 네 배로 증대시키고, 2050년까지 현대화를 기본적으로 실현하는 것으로 제시되었다. 동시에 그는 문명의 발전 없이는 조화를 실현하기 어렵다고 규정했다. 즉, 중화문명이 21세

기에 대결이 아닌 조화와 협력 속에서 위대한 부흥을 실현해야 한다는 주장이었다.[127]

국제주의 구상은 2007년에 개최된 2차 토론회에서도 반복된다. 주최측인 외교대학은 "중국의 꿈은 중국의 발전과 기회를 세계의 인민들과 함께 향유하는 조화세계 건설을 의미한다"라는 취지를 알리는 데 초점을 두고, 2차 토론회의 주제를 국제무대에서 책임 있는 강대국으로서의 중국의 이미지를 형성하고 조화세계 건설에 공헌하기 위한 건강하고 합리적 민족의식과 국민심리의 형성으로 설정했다. 이 세미나는 중국의 꿈을 중국인이 국제사회와의 긴밀한 상호의존 속에서 자신의 이상을 추구하려는 시도로 규정함으로써 국제주의 이념을 확산시키려 시도했다. 세미나 주최자인 우젠민은 중국이 세계와의 수렴을 추구해야 한다고 강조함으로써, 중국의 젊은이들이 민족적 자신감과 자부심뿐 아니라 세계적 기상과 포부도 함께 지닐 것을 촉구했다.[128]

이러한 국제주의 이념을 반영하듯, 2007년 10월 17차 당대회 개최 전날 당 기관지 ≪런민일보≫에 발표된 기념 기사는 중국이 "국제무대에서 평화, 민주, 문명, 진보의 이미지를 수립"할 것을 강조했다. 이 기사는 "국제관계의 민주화"를 추구함으로써 세계의 다양성을 확보하여 인류에 공헌할 필요성을 지적하면서도, 중국이 국제사회의 중요한 구성원으로서 국제적 의무와 책임을 감당하고 국제협력을 적극적으로 추구할 것을 강조했다.[129] 양제츠(杨洁篪) 외교부장 또한 2007년의 외교업무를 평가하면서 중국을 "국제사회의 책임 있는 강대국"으로 규정하고, 중국이 역량이 증대됨에 따라 더 많은 국제적 책임을 부담하고 세계 각국의 인민과 함께 평화와 발전을 추진할 것임을 강조했다.[130] 이러한 일련의 상황은 국제체제의 정상적이고 보편적 구성원으로서의 중국이라는 정체성을 추구하는 국제주의가 중국 외교정책의 방향에 영향을 끼쳤음을 의미한다.

9. 민족주의의 반론과 진화의 한계

대외개방과 함께 중국 외교정책에서 국제주의 이념의 영향력이 제고되었지만 이것이 곧 중국외교가 국제주의적 정체성을 전면적으로 체현했음을 의미하지는 않는다. 대외개방과 국제체제에의 참여에 힘입어 국력이 증대되었음에도 불구하고 중국의 국제적 정체성은 여전히 불확실했고, 그 결과 주권국가로서의 자율성을 강조하는 민족주의적 정체성과 국제사회의 책임 있는 강대국으로서의 역할 사이에 긴장이 존재했다. 이는 중국이, 중국 내 일부 전문가의 주장과 달리, 완전한 체제 내 국가로 변화하지 않았음을 의미한다.

이러한 사실은 조화세계론에 대한 중국 내의 비판에서 단적으로 확인된다. 한 전문가는 조화세계론을 현실과 거리가 있는 이상주의로 규정하고, 평화와 협력을 과도하게 강조하는 것이 국가이익을 수호하는 데 문제를 초래할 수 있다고 주장했다. 아울러 그는 이상주의를 지나치게 강조할 경우 외교정책의 의도와 행동 사이의 불일치를 초래할 가능성도 지적했다.[131] 런민대학 진찬룽(金灿荣) 또한 조화세계 구상이 지도이념으로서는 의의가 있지만 실현에 어려움이 있고 따라서 공동화될 가능성이 크다고 평가했다.[132] 여기에 더해 조화세계론의 내용을 다시 규정하려는 시도도 전개되었다. 대표적으로 류밍푸는, 다음 장에서 논의할 것처럼, 조화세계를 건설하기 위해서는 상무정신이 강화되어야 한다고 지적함으로써 민족주의적 해석을 제기했다.

이러한 비판과 반론은 중국에서 부상의 방식과 내용을 둘러싸고 논쟁이 계속됨을 보여준다. 개혁개방에 힘입어 중국에서 국제체제와의 통합이 강조되었지만, 논쟁이 가시지 않았다. 이는 중국에서 국제주의가 확고한 지위를 점한 것은 아님을 의미한다. 실제로 민족주의자인 왕샤오둥은 다른 국가들이 중국을 동등한 동반자로 간주하지 않는다고 지적함으로써 중국이 주류 국제사회에 진입했다는 국제주의의 주장을 반박했다. 심지어 그는 시장경제 지위조차 인정받지 못했다는 사실을 들어 중국이 경제적 측면에서마저도 체제 내로 진입하지 못했다고 주장했다. 나아가 그는 중국이 이념을 중시하지 않는다고 말하지만 서방국가는 이념을 중시하며, 이러한 이념적 차이로 인해 중국은 민주화하지 않는 한 근본적으로 체제 내로 진입하기 어렵다고 규정함으로써 미래와 관련해서도 비관론을 제기했다.[133]

국제체제와의 수렴을 강조하는 경향에 대한 민족주의의 반론도 제기되었다. 한 전문가는 경제일체화의 핵심은 미국화이기에 중국이 이를 따라가서는 안 된다고 규정했다. 다른 전문가는 국제적 규칙을 중국의 개혁에 간여하려는 수단으로 규정하고 서구의 모델을 따라가면 안 된다고 주장했다. 그는 외부의 압력보다 중국 내부의 지나친 의욕이 더 큰 문제라고 지적함으로써 국제주의를 비판했다.[134] 이와 함께 국제적 책임론이 중국을 제어하고 압력을 가하려는 서방의 도구라는 지적도 계속되었다. 한 전문가는 서방국가가 선전하는 책임관은 패권주의와 힘의 정치적 색채를 띠고 있다고 규정하고 원칙적으로 중국은 능력이 허락하는 범위와 국가의 상황 그리고 여론이 허락하는 범위 내에서, 또 중국 특유의 전통과 시간표에 따라 국제적 선례를 참고하여 제한적인 책임만을 수행해야 한다고 주장했다.[135]

이러한 비판과 함께 외교정책에도 변화가 발생하기 시작했다. 대표적으로 2007년 중국공산당 17차 대회의 보고는 국제체제에 참여할 필요성과 함께 국가의 주권을 다시 강조하기 시작했다. 후진타오 총서기는 대회에서 행한 보고에서 "중국과 세계 간의 관계에 역사적 변화가 발생했다"라고 전제하고, 중국의 운명은 세계의 운명과 밀접하게 연계되어 있으며 중국의 발전은 세계로부터 분리될 수 없고 세계의 안정 또한 중국과 분리될 수 없다고 규정했다. 이는 중국과 세계 사이에 발생한 상호의존에 대한 인정이었다. 아울러 그는 기존 질서를 일정 정도 준수해야 개조와 개량을 위한 조건을 마련할 수 있다고 지적함으로써 기존 국제규칙에 따라 합법적 권익을 추구하겠다는 의지도 표명했다.[136] 이처럼 국제체제와의 일치를 강조하면서 국가주권도 동시에 강조했다. 구체적으로 해당 보고는 기존에 강조해온 경제발전에 더해 국가주권과 안보이익을 강조했다.[137]

중국의 외교정책이 상호의존과 공동이익을 강조하는 진화를 경험했음에도 불구하고 국가이익과 주권을 다시 강조하기 시작했다는 사실은 보편적이고 정상적인 행위자가 되는 것이 쉽지 않다는 사실을 보여주었다. 여기에 더해 2000년대 중반에 들어 독자적 목소리를 낼 필요성과 함께 그 방식으로 전통문화가 제시되기 시작했다는 사실은 중국에서 개방에 힘입어 발생한 외교적 진화가 도전에 직면할 가능성마저 제기했다.[138] 실제로 이후 민족주의가 다시 부상함으로써 이러한 가능성이 현실화된다. 이제 중국에서 민족주의의 부상과 그것이 외교정책에 초래한 전환을 살펴보자.

제4장 민족주의와 외교정책의 공세적 전환

외교정책의 방향을 둘러싸고 중국 내에서 논쟁이 증대되는 가운데, 중국의 대외적 진로에 영향을 끼치는 중요한 변화가 발생한다. 그것은 중국의 국력에 발생한 심대한 변화이다. 2007년부터 중국에서 미국의 국력이 쇠퇴할 가능성이 거론되기 시작했고, 다음 해인 2008년에는 베이징 올림픽의 성공적 개최와 세계금융위기의 발발로 국력에 대한 중국의 자신감이 더욱 증강되었다. '중국 없이는 국제문제를 해결하기 어렵다'는 인식이 확산되면서 중국의 외교정책에도 변화가 필요하다는 주장이 힘을 얻었다.

특히 미국에서 발생하여 전 세계로 번진 세계금융위기를 계기로 국제체제에 통합해야 한다는 목소리에 도전이 제기된 반면에 강대국 지위의 회복이라는 민족적 염원이 부각되었다. 다시 말해 국력의 증대와 함께 국제체제를 무조건적으로 수용하고 또 일방적 통합을 추구하기보다 자신의 선호를 밝히고 추구해야 한다는 주장이 강화되었다. 이러한 움직임의 중심에 급진 민족주의자들이 있었다. 이들은 중국의 부상과 미국의 상대적 쇠퇴라는 '승리주의(Triumphantalism)적' 인식에서 출발하여 평화와 협력을 중시하는 외교정책을 지나치게 나약하다고 비판하고 대신에 강화된 지위에 부합하는 보다 강력한 외교정책을 추구할 것을 주장했다.[1] 즉, 중국 또한 서방국가가 그랬던 것처럼 힘을 통해 이익을 구현해야 한다는 주장이었다. 아울러 이들은 미국과 서방국가에 대해서도 오만함을 버리고 중국을 존중할 것을 촉구했다. 반면에 서방 강대국의 대중정책에 존재하는 부정적 측면에 대한 용인도는 급속하게 하락했다.

급진 민족주의자들은 중국의 문화와 전통도 다시 평가했다. 이들은 중국 전통문화에 결함이 있고 중국인이 열등하다는 시각을 자기비하적 인종주의라고 비판하고 대신에 중국이 과거 한(漢)나라와 당(唐)나라 시기에 세계에서 가장 선진적 문명을 구축했었다는 사실을 부각시켰다.[2] 심지어 일부에서는 천하체제를 다시 확립해야 한다는 주장도 제기했다. 이러한 움직임은 중국이 경험했던 역사적 치욕을 해소하려는 노력인 동시에 중국이 응당 차지해야 할 강대국으로서의 지위를 확보할 것을 옹호하는 것이기도 했다.

급진 민족주의가 세력을 확장함에 따라 중국 외교정책은 공세적으로 전환한다. 이러한 사실은 2010년에 들어 특히 분명해졌다. 중국은 한반도와 남중국해 등 인접지역에서 자국의 이익을 분명하게 밝히고 이를 구현하려 노력했으며, 이 과정에서 갈등이 초래되는 것도 불사했다. 그러나 이것이 곧 국제체제와의 일치를 추구하는 중국의 외교정책에 근본적인 전환이 발생했음을 의미하는지는 분명하지 않다. 공세적 외교정책이 중국의 국제적 환경을 악화시킴에 따라 국제주의자를 중심으로 국제체제와의 통합을 계속해서 추구해야 한다는 비판이 제기되었고, 외교정책을 둘러싼 논쟁은 계속된다.

이 장은 중국에서 민족주의의 부상이 중국의 외교정책에 끼친 영향을 검토한다. 이를 통해 국력의 증대와 함께 중국에서 민족주의가 증대되고 외부의 비판을 수용하려는 의지가 감소되었으며, 이에 따라 외교정책 또한 공세적으로 전환되었음을 제시하고자 한다. 다음에서는 우선 국력의 증강과 이에 따른 급진 민족주의의 확산을 검토할 것이다. 이어서 영향력을 강화한 급진 민족주의자들을 중심으로 전개된 도광양회에 대한 공격과 중국의 전통을 부활시키려는 노력을 살펴본 후, 이러한 움직임의 결과로 나타난 외교정책의 공세적 전환을 논의한다. 마지막으로 외교정책의 전환으로 인해 초래된 부정적 결과에 대한 국제주의자들의 비판을 살펴봄으로써 중국외교에 계속해서 존재하는 혼선을 제시하고 끝을 맺을 것이다.

1. 국력 증대와 급진 민족주의의 확산

2008년 세계의 이목은 중국에 집중되었다. 이해 8월 중국에서 올림픽이 개최되었다. 대부분의 권위주의 국가에서 그러하듯, 중국에서도 올림픽의 개최는 국가의 부상을 상징하는 증거로 제시되었다. 이러한 상징성으로 인해 엄청난 관심이 집중되는 가운데 개최된 올림픽에서 중국은 사상 최초로 금메달 숫자에서 미국을 추월함으로써 자신감을 더욱 제고시켰다. 여기에 더해 그다음 달 미국에서 발생한 세계금융위기는 중국의 부상에 대한 확신을 더욱 강화시켰다. 패권국 미국이 경제적 위기에 직면하고 또 이를 극복하는 데 어려움을 경험한 반면에 중국은 상대적으로 빠르게 경제위기에서 탈출했다. 더욱이 2009년 새롭게 출범함 미국의 오바마 행정부가 경제위기 극복을 위해 중국의 협력을 얻을 필요성을 강조하면서, 중국은 이제 세계경제의 새로운 중심으로까지 인식되었다. 중국이 예상보다 훨씬 빠른 2010년에 일본을 제치고 세계 제2대 경제체로 등장하자, 다양한 평가들은 중국이 미국과 대등한 경제 규모를 갖게 될 시기에 대한 예측을 애초 제시했던 2040년대에서 2020년대로 앞당겼다. 이러한 경제적 성공에 더해 2008년

유인 우주선 선저우 7호 발사성공, 2009년 다양한 신무기를 동원하여 성대하게 거행된 건국 60주년 기념식, 그리고 2011년 초 이루어진 J-20 스텔스 전투기 공개 등은 중국에서 군사력 현대화가 꾸준한 진전을 거두고 있다는 인식을 창출했다.

이러한 변화는 중국인의 심리를 복잡하게 만들었다.[3] 중국인들은 국력의 증대에 힘입어 '중국의 세기'에 대한 야망을 갖게 되었지만 동시에 강대국 지위의 실현 가능성에 대한 초조감도 버리지 못했다.[4] 한편으로 중국에서 미국을 따라잡고 있다는 인식이 제기되었다. 가령, 금융위기에 직면한 미국에서 중국과의 협력 필요성을 강조하는 G2론이 제기되었다는 사실은 국제적 힘의 구조에 변화가 발생했다는 중국 내의 인식을 창출했다. 여기에 더해 금융위기가 자유주의 시장경제에 대한 경고로 인식되면서 미국의 경제력이 생각했던 것만큼 강한 것은 아니라는 인식도 확산되었다.[5] 물론 이는 중국에서 미국을 앞지를 것이라는 인식이 지배적이 되었음을 의미하는 것은 아니다. 지배적 견해는 금융위기로 인해 미국의 국력이 쇠퇴했지만 단극으로서의 지위는 흔들리지 않을 것이라는 판단을 유지했다. 위기에 대한 대처능력과 인구구조 등의 요인에서 미국의 우위는 여전하며 심지어 오바마 정부가 잘 대처할 경우 미국의 패권적 지위는 더욱 강화될 가능성마저 존재한다는 주장도 제기되었다.[6] 이러한 지배적 견해에도 불구하고 급진 민족주의자들을 중심으로 탈냉전으로 형성되었던 미국 중심의 단극구조가 종식되었다는 인식이 확산되었다.

이러한 인식은 자신감 제고로 이어졌다. 경제위기가 서구질서의 지속 가능성에 대한 재평가를 촉발시킨 반면에 경제적 성취는 중국의 길과 방식에 대한 자신감을 제고시켰다. 이에 따라 왕샤오둥은 국제체제에서의 힘의 대비에 변화가 발생했기에 이제 서방도 중국의 수용을 얻어야 한다고 주장했다.[7] 자신감은 문화적 측면으로까지 확산되어, 중국의 부상은 전통문화의 경쟁력을 보여주는 것으로 간주되었다. 중국에서 자신감이 제고되었다는 사실은 ≪환추시보≫가 2008년 말 다섯 개 대도시를 대상으로 실시한 조사의 결과에서 단적으로 드러났다.[8] 중국이 이미 세계적 강대국(强国)이 되었다고 응답한 사람의 비중이 26.8%를 기록함으로써 조사를 실시한 2006년 이후 처음으로 20%선을 넘어섰다. 여기에 더해 중국의 장래를 낙관적으로 보는 비율이 80%를 초과했다. 이러한 조사 결과는 중국인의 심리에 발생한 변화를 잘 보여주었다.

다른 한편으로, 경제적 활력이 중국의 자신감을 고취시켰음에도 불구하고, 외부적 상황은 이러한 기대에 부합되지 않는 방향으로 전개됨으로써 중국인들의 초조감을 자극했다. 베이징 올림픽을 앞둔 2008년 3월 중국이 티베트에서 발생한 시위를 진압하자, 이에 대한 항의로 서구 여러 국가가 성화 봉송행사를 거부했다. 이를 목격한 중국의 젊은이들은 외부의 반중세력이 티베트 사태를 활용하여 중국의 부상을 제어하려 한다고 의심했다. 즉, 서방세계가 중국에 대한 "전략적 포위를 더욱 구체화했다"라는 인식이었다.[9]

국력의 증대에도 불구하고 국제적으로 충분한 존중을 받지 못한다는 인식은 중국에서 민족주의를 강화시키는 결과로 이어진다. 세계금융위기 이후 중국에서 민족주의가 더욱 강화되었다는 사실은 이 시기에 진행된 조사와 연구에서 확인된다. 2008년에 실시된 한 조사는 중국의 민족주의가 세계 36개 조사대상 국가 가운데 가장 강력하다고 평가했다.[10] 베이징대학의 주펑 또한 2008년 중국에서 애국주의가 고양되었음을 지적했다. 비록 국제주의의 영향력 또한 상당하다고 전제했지만, 그는 올림픽 이후 정서적 민족주의의 간여를 방지하고 도광양회라는 전략방침을 유지하는 것을 중국 외교의 과제로 규정했다.[11]

이 시기 중국에서 민족주의는 일부 지식인과 네티즌을 중심으로 영향력을 행사하던 데서 도시의 다양한 분야로 확산됨으로써 보다 강고한 정치적 세력으로 등장한다. 이와 관련하여 전통 매체뿐 아니라 인터넷이 민족주의 정서의 확산에 기여했음을 지적할 필요가 있다. 세계금융위기 이후 중국의 국제적 지위에 대한 자부심이 제고되면서 많은 중국인들이 경제적 성공이 대외관계에서 구체적 혜택으로 이어질 것이라는 기대를 갖게 된 상황에서 언론매체들은 이러한 기대를 표출시킴으로써 민족주의 정서를 확산시키는 역할을 했다. 여기에 더해 인터넷의 확산 또한 민족주의의 영향력을 더욱 확대시키는 요인으로 작용했다. 도시 지역을 중심으로 지식인, 퇴직군인, 그리고 네티즌들이 인터넷 매체를 활용하여 민족주의를 옹호하고 확산시켰다.[12]

이러한 대중 민족주의의 급속한 확대는 베이징 올림픽 이전에 민족주의를 경계하는 목소리가 강조되었던 상황과 분명하게 대비된다. 2006년 팡중잉은 민족주의가 강화될 가능성을 경계하며 올림픽이 중국의 긍정적 이미지를 증대시키고 부정적 이미지를 완화시키는 계기가 되어야 한다는 주장을 제기했다. 그는 편협한 민족주의를 반대하는 것이 덩샤오핑 이론의 정수이며 개방기의 실천 또한 중국의 발전과 인류의 발전이 밀접하게 연관됨을 잘 보여주었다고 규정하고, 주최국으로서 중국은 민족주의가 아닌 전 세계적 시각을 지녀야 한다고 주장했다.[13] 이러한 그의 주장을 반영하듯 2008년 베이징 올림픽은 '하나의 세계, 하나의 꿈(同一个世界, 同一个梦想)'을 구호로 내걸었다.

그러나 궁극적으로 베이징 올림픽은 민족주의를 분출시키고 강화하는 계기로 작용했다. 한 전문가는 2008년 올림픽을 빌려 중국모델이 활력과 생명력을 보여줌으로써 서방 중심주의에 타격을 가했다고 규정했다. 그는 도쿄 올림픽이나 서울 올림픽이 서구의 표준에 따라 진행되었던 반면에, 베이징 올림픽은 '거국체제(举国体制)'라는 동방의 문화적 가치관과 모델을

구현함으로써 진정한 예외를 형성했다고 주장했다.[14]

중국에서 민족주의가 확산되었다는 사실은 2011년 ≪환추시보≫의 조사 결과에서 확인된다. 앞에서 언급한 2008년의 조사와 마찬가지로 다섯 개 대도시를 대상으로 실시된 조사의 결과는 경제발전과 함께 중국에서 국가에 대한 일치감과 자부심이 증대되었음을 보여준다. '가장 좋아하는 국가를 고르라'는 질문에 대해 응답자의 60% 이상이 중국을 선택했는데, 이는 2008년 조사에서 나타난 34.35%보다 20% 포인트 이상 상승한 수치였다. 반면에 미국을 포함한 다른 국가를 선택한 응답은 어떤 경우에도 10%를 넘지 않았다. 중국을 선택한 비율이 조사 사상 최고치에 달한 반면에 다른 국가를 선택한 비율은 하락한 것이었다. 이처럼 중국에 대한 자부심이 증대되었지만, 중국이 이미 세계적 강대국이 되었다는 응답은 12.4%에 그침으로써 최고점을 찍었던 2008년에 비해 14.4% 포인트가 감소했다.[15] 이는 2010년에 전개된 일련의 사태로 인해 주변정세가 악화되는 것을 목격하면서 중국의 국제적 지위를 제고시키는 데 많은 현실적 어려움이 존재한다는 사실을 깨달은 결과였다. 이 시기 중국에서 국력에 대한 자부심과 강대국 지위의 실현 가능성에 대한 초조감이 불안하게 공존했음을 보여준다.

민족주의의 확산은 중국에서 서구에 대한 의구심과 비판이 증대되었음을 의미한다. 국력이 증대되면서 중국에서는 자신이 외부세계에 적응하기 위해 노력하는 데 반해 서방국가는 중국이 기대한 만큼 변화에 적응하려 들지 않는다는 인식이 확산되었다.[16] 특히 2010년 미국이 일련의 공세를 전개한 것을 계기로 중국을 포위하려 한다는 의구심이 강화되었다. 이러한 의구심은 그 후에도 계속되는데, 2012년 중국 사회과학원의 한 원로 전문가는 일부 발전도상국가가 외부의 간섭이나 무력침공을 받을 위험성이 크다고 지적함으로써 서방에 대한 경계심을 드러냈다.[17]

2008년 이후 중국에서 증강된 민족주의는 급진적 성격을 더욱 강화했다. 다시 말해 민족주의의 주도권이 온건 민족주의에서 급진 민족주의로 옮아갔다. 위기에 처한 서구가 중국의 부상을 제어하기 위해 모든 노력을 다할 것이라는 전제 아래, 중국 또한 강력하게 대응해야 한다는 주장이 힘을 얻었다. 급진 민족주의자들은 중국 외교정책이 지나치게 보수적이고 유약하며 심지어 기본적 국가이익을 옹호하기도 어렵다고 비판하면서 보다 강경한 외교정책을 추구할 것을 주장했다. 이들은 국가이익이 침해받을 때 당연히 반격해야 하며 국력의 성장에 힘입어 중국이 이러한 힘을 갖게 되었다고 강조했다. 반면에 강대국이 되었기에 타협할 필요성은 평가절하 되었다.

이러한 흐름은 이 시기 출간된 일련의 민족주의 서적들에서 잘 드러난다. 중국의 대표적 급진 민족주의자인 왕샤오둥은, 제2장에서 지적한 것처럼, 2008년 출판된 자신의 저서에서 중국이 강대국이 되는 것을 천명으로 규정했다.[18] 다음 해 2월 일군의 민족주의자들에 의해 출판된『중국은 기쁘지 않다』또한 서방에 대한 강한 불만을 표출했다. 이 책은 중국과 서구사이의 대결이 불가피하다고 규정하고, 강대국으로 부상하기 위해 무력을 구비한 상황에서 경제발전을 추구할 것을 주장했다. 아울러 국토방어를 넘어 핵심이익의 수호로 정책의 초점을 이전하고 경제적 핵심이익의 확장에 맞춰 군사적 활동반경을 확대할 것도 주장했다.[19] 2010년에 출판된 류밍푸의『중국의 꿈』은 2006~2007년 국제주의자들이 제기했던 평화적 부상과 조화세계를 핵심으로 하는 중국의 꿈과 분명하게 상반되는 경로를 제시했다. 그는 미국이 중국의 부상을 봉쇄하려 한다고 전제하고 중국의 부상을 수호하기 위해서는 미국의 패권과 경쟁할 수 있는 군사적 부상이 필요하다고 주장했다.[20] 즉, 증대되는 경제력을 군사력으로 전환시킴으로써 중국의 꿈을 실현해야 한다는 주장이었다. 이처럼 급진 민족주의가 세력을 확장함에 따라 지도부는 민족주의를 통제하는 데 어려움을 경험한다.

2. 도광양회에 대한 비판

급진 민족주의의 확산은 외교정책의 방향을 주도해온 도광양회에 대한 비판으로 이어졌다. 도광양회는, 제3장에서 지적한 것처럼, 2000년대에 들어서면서 이미 서로 다른 방향으로부터의 공격에 직면했었다. 그 배경에, 도광양회에 존재하는 불분명성과 함께, 중국의 국력 증대가 있었다. 국력의 증대와 함께 중국 안팎에서 중국위협론과 중국 역할론이 동시에 제기되었고, 중국 또한 일부 국제적 이슈에서 적극적인 역할을 수행하기 시작하면서 도광양회에 대한 비판이 촉발되었다.

도광양회에 대한 비판은 크게 두 개의 서로 다른 방향으로부터 왔다. 먼저 국제주의자들을 중심으로, 앞장에서 지적한 것처럼, 도광양회가 중국의 국가 이미지 형성에 불리하게 작용한다는 주장이 제기되었다. 도광양회 전략에 관한 논쟁을 촉발시킨 베이징대학의 예즈청(叶自成)은 도광양회가, 외교정책에 대한 생각을 통일시키는 데 중요한 작용을 했다는 사실을 인정하면서도, 중국에서 은인자중(隱忍自重)으로 해석되는 데 반해 외국에서는 와신상담(臥薪嘗膽)으로 이해됨으로써 오해를 불러일으킨다고 지적했다.[21] 즉, 아직 힘이 충분히 강하지 않은 중국이 전략적 야심을 도광양회로 은폐하고 있다는 오해를 촉발시킨다는 지적이었다. 그 대표적 사례로 미국이 도광양회를 전략적 기만책으로 간주하고, 이에 따라 부상한 이후의 중국의 진로에 대한 오해와 의구심이 촉발되었다는 사실이 제시되었다.[22]

반면에 민족주의자들은 전혀 다른 방향에서 비판을 제기했다. 우선, 이들은 도광양회가 중국의 이익을 방어하기에는 너무 취약하다고 주장했다. 즉, 도광양회에 근거한 온건한 외교정책이 중국의 안전을 강화시키지 못했을 뿐 아니라 오히려 중국위협론이 끊이지 않고 제기되는 배경으로 작용했다는 비판이다.[23] 여기에 더해 민족주의자들은 세계금융위기 이후 중국과 서구 선진국 사이의 국력 격차가 급속하게 축소됨에 따라 도광양회가 적실성을 상실했다고 규정했다. 즉, 국제정세의 변화가 도광양회를 더 이상 지속하기 어렵게 만들었다는 주장이었다. 구체적으로 중국의 부상은 국제적으로 견제와 경계심을 촉발시켰고 심지어 미국은 중국에 대한 압력을 증대시켰다. 이에 따라 중국의 주변 환경이 악화되었고 전략적 기회의 시기는 끝났는데, 이러한 변화가 중국의 외교정책을 전환시킬 것을 요구한다는 주장이었다.

이러한 주장은 앞에서 언급한 『중국은 기쁘지 않다』에서 이미 드러났다. 공동저자인 숭샤오쥔(宋晓军)은 이제 도광양회는 불가능하다고 규정했다.[24] 옌쉐퉁 또한 중국의 부상으로 인해 미국과의 구조적 갈등이 불가피하게 되었다고 규정했다. 중국의 부상이 국력 면에서 미국과 대등해지는 것을 의미하기에, 미국은 이를 수용하지 않을 것이며 중국은 미국의 경계대상이 되었다. 즉, 양국 사이에 구조적 갈등이 존재하며 이에 따라 중국은 미국의 견제를 받을 수밖에 없다는 지적이었다. 이는 중국 정부가 유지해온 중국과 미국 사이의 관계가 제로섬적 관계가 아니라는 입장을 부정한 것이었다. 그는 현실을 직시하고 미국과의 경쟁에 대비할 것을 촉구했다. 특히 그는 '우두머리 역할을 추구하지 않고(不当头) 어떻게 강대국이 될 수 있는가'라는 반문을 제기함으로써 도광양회를 전면적으로 비판했다.[25] 아울러 그는 인터넷상의 여론 또한 도광양회를 지지하지 않는다고 지적했다.[26]

전직 해군 소장인 양이 또한 도광양회가 이미 불가능해졌다고 규정했다. 그는 2010년 중국이 직면한 안보압력과 도전이 매우 심각하다고 지적하고, 이를 변화하는 세계와 변화하는 중국 사이의 상호작용의 문제로 규정했다. 특히 그는 미국의 전략적 중점이 아태지역으로 이동함에 따라 중국에 대한 압력이 증대되었다고 지적했다. 미국의 목표가 중국이 이 지역을 주도하는 것을 방지하는 데 있기에 중국이 겸허하고 신중(谦虛谨慎)하며 실용적(老老

实实) 정책을 추구하더라도 중국의 부상을 수용하지 않을 것이라는 주장이었다.[27] 이처럼 증대되는 도광양회에 대한 비판은 중국외교가 전환기에 들어섰음을 의미한다.

3. 유소작위(有所作为)와 강대국 외교의 옹호

도광양회에 대한 공격은 유소작위에 대한 옹호로 이어졌다. 때를 기다리기보다 할 일을 해야 한다는 유소작위에 대한 강조는 강대국 외교정책에 대한 지지를 의미한다. 즉, 중국이 강대국이 되었기에 대담하고 지위에 걸맞은 외교정책을 추구해야 한다는 주장이다. 급진 민족주의자들은 중국이 이익을 추구하기 위해 힘을 사용하는 데 주저하지 말아야 하며 또 국제체제로의 통합을 계속해서 추구하기보다 오히려 국제 환경을 형성하기 위해 노력해야 한다고 주장했다.[28] 이처럼 민족주의자들이 도광양회를 공격하고 유소작위를 옹호함에 따라 2010년경부터 중국에서 외교전략의 방향을 둘러싼 논쟁이 전개되었다. 민족주의자들은 조화세계론을 비판하며 강대국 외교의 필요성과 내용, 방식, 전략 등에 관한 논의를 주도했다.[29] 이렇게 촉발된 논쟁은 시진핑 체제가 출범하여 강대국 외교정책을 공식화할 때까지 지속된다.

옌쉐퉁은 국제무대에서 강대국 지위를 추구할 것을 주장했다. 그는 국가의 지위(身份)가 국제무대에서 어떤 행위를 할 수 있는지를 결정하기 때문에 매우 중요하다고 전제하고, 중국이 부상하고 부흥하려면 더 이상 국제사회에의 편입을 추구해서는 안 되고 국제사회를 다시 구성함으로써 중국의 강대국 지위를 수용하고 또 궁극적으로 환영하도록 해야 한다고 주장했다. 이는 중국의 국제적 환경은 이제 더 이상 타국의 행위가 아니라 중국의 행위에 의해 결정된다는 인식을 반영한다.[30] 국제사회를 다시 구성하는 가장 중요한 방법으로는 새로운 국제질서를 수립하는 것이 제시되었다.[31]

군 인사들 또한 강경한 외교정책을 옹호했다. 우선, 양이 전직 소장은 대외전략과 관련한 사고를 혁신할 필요성을 강조했다. 그는 조화세계는 숭고한 이상이지만 실현이 어렵다고 규정하고 대신에 전 세계 모든 문제에 적극적이고 전면적으로 개입해야 한다고 주장했다. 국가이익이 확대되어 전 세계로 확장되는 상황에서 갈등은 피할 수 없기에, 국가의 존엄성 및 이익 수호와 관련하여 입장을 분명하게 표명해야 한다는 주장이었다. 특히 그는 필요할 경우 비판하고 투쟁해야 하며 그렇지 않을 경우 강대국 지위와 존중을 얻기 어렵다고 규정했다. 구체적으로 그는 미국의 재균형과 주변 국가와의 갈등과 같은 중국의 안보이익을 해치는 행위에 대해서 강력하게 대처해야 한다고 주장했다.[32] 다음 해에도 그는 중국의 "전략적 기회의 시기는 끝났다"라고 주장함으로써 정부의 정책과 거리를 유지했다. 그는 향후 3~5년이 마찰, 조정, 적응의 시기가 될 것이라고 전제하고, 이러한 상황에서 적극적인 유소작위 전략이 필요하다고 주장했다. 구체적으로 그는 미국에 맹종해서는 안 되고. 자신의 목소리를 내는 데 주저하지 말아야 하며, 이로 인해 초래되는 관계의 후퇴를 감수할 수 있어야 비로소 전략적 주도권을 쟁취할 수 있다고 지적했다.[33]

뤄옌 전직 장군 또한 도광양회를 비판하고 유소작위를 주장했다. 그는 평화적 부상이라는 원칙이 중국의 핵심이익을 해쳐서는 안 된다고 전제하고, 정의, 자율, 자위적 전쟁을 평화적 부상에 포함시킬 것을 주장함으로써 평화적 부상의 의미를 전쟁까지 포함하는 것으로 다시 규정하려 했다.[34] 그는 중국은 전쟁을 할 의사가 없지만 그렇다고 이것이 핵심이익을 수호하려는 의지가 없음을 의미하는 것은 아니라고 강조했다. 즉, 중국이 취약하다는 인상을 경계하기 위해 중국의 핵심이익을 범할 경우 전쟁을 할 수밖에 없음(人不犯我我不犯人, 人若犯我我必犯人)을 알려야한다는 지적이었다.[35] 이러한 그의 주장은 후일 시진핑 체제에 의해 상당 부분 채용된다.

다른 군 인사들 또한 미국과의 경쟁을 불사할 것을 주장했다. 미국이 중국을 봉쇄하기 위해 C형포위론을 추구하고 있다고 보는 한 군부 인사는 중국도 미국의 뒷마당에 "불을 질러 대응해야" 한다는 강경한 주장을 제기했다.[36] 중국 국방(国防)대학의 주청후 소장은 2010년, 중국과 미국에 대만문제로 군사적 충돌이 발생할 경우 중국에는 다른 선택지가 없고 핵무기를 사용할 수밖에 없다는 극단적 주장까지 제기했다. 그는 이 공격으로 미국 서부의 도시 100개에서 200여 개가 파멸될 것이라고 지적했다.[37] 또 다른 전문가는 G2 구상을 거부하고 미국과의 장기적 경쟁에 대비할 것을 주장했다.[38]

공세적 정책에 대한 옹호는 주변 국가와의 관계와 관련해서도 제기되었다. ≪환추시보≫는 미국과 연대하거나, 미국으로 기울려는 주변 국가의 시도를 제재해야 한다고 주장했다. 이와 관련하여 이 신문은 미국 군함과 정찰기의 필리핀 순환배치에 대응할 필요성을 강조했다. 미국이 중국 주변에서 활발한 전략적 움직임을 보이는데도 중국이 아무 반응도 보이지 않는 것은 잘못된 것이고 그렇다고 모든 조치에 강력하게 대응하는 것 또한 현실적으로 어렵기에 구체적 사건에 대해 집중적으로 징벌하는 것이 필요하다는 주장이었다. 이 신문은 그 대상으로 필리핀을 거론했다. 즉, 필리핀이 미국과의 군사협력을 한 걸음 촉진시키면 중국은 경제적 협력을 한 걸음 퇴보시킴으로써 미국을 끌어들여 중국을 견제하려는 시도에 경고를 표해야 한다는 주장이었다.[39]

민족주의자들의 강경론은 국제적 규칙을 준수할 것인지의 문제에까지 이어졌다. 가령, 2012년 WTO가 중국의 희토류 수출 제한에 대해 재정 결정을 내린 후 ≪환추시보≫는 사설을 통해 WTO 규칙을 준수하는 것과 중국의 핵심이익을 유지하는 것 사이의 균형을 찾아야 한다고 지적했다. 구체적으로 WTO 결정을 소극적으로 집행함으로써 불만을 표시할 것을 주장했다. 나아가 사설은 WTO 가입 시 체결한 불평등 조항을 수정할 대책을 궁리해야 한다는 주장도 제기했다. 그 구체적 사례로 사설은 미국이 하이테크 기술의 수출을 금지하는 것이 문제가 되지 않는 현실을 지적했고, 중국이 WTO 체제의 혼란을 촉발시킬 의사가 없지만 그렇다고 모범생이 될 필요도 없다고 강조했다.[40]

이러한 급진 민족주의자들의 주장은 중국에서 국력의 증대가 강대국 외교정책에 대한 지지를 제고시켰음을 보여준다. 그러나 현실적으로 강대국 외교정책에 대한 추구는 외교정책의 새로운 방향을 제시하기보다 미국에 대한 반감으로 표출되었다. 여기서 국력의 증대에도 불구하고 중국이 계속해서 미국의 위협에 민감하며, 이러한 민감성이 강경한 대응을 촉발시킴을 목격할 수 있다. 이러한 미국에 대한 강력한 의구심은 미국과의 협력을 선호하는 국제주의나 불가피하다고 간주하는 온건 민족주의와 분명하게 대비된다.

한편 일부 국제주의자들 또한 유소작위로의 이행을 지지했지만,[41] 그 처방은 급진 민족주의와 상반된 것이었다. 대표적으로 왕이저우는 중국이 도광양회에서 벗어나 국제적 책임을 부담하고 공공재를 제공함으로써 외부의 압력을 해소하고 국가 이미지를 개선할 것을 주장했다. 그는 중국의 모든 문제가 외부에 의해 촉발된 것은 아니라고 규정함으로써 급진 민족주의를 반박했다. 즉, 외부의 위협을 해소하는 것이 중국이 가야 할 길은 아니라는 지적이었다. 대신에 그는 중국의 지위 제고는 외부적 노력이 아니라 내부적 노력에 의해 주로 결정될 것이라는 입장을 견지했다. 개혁개방을 통해 국력을 증대시킴으로써 중국에 대한 이미지를 개선했던 것처럼 향후에도 개혁을 계속해야 영향력을 확보할 수 있다는 주장이었다. 나아가 그는 미래에 대한 비전이 불분명한 것이 외국의 우려를 촉발시킨다고 주장했다. 결국 중국이 세계와 수렴을 추구해야 하며 특히 미국과의 관계를 잘 처리하는 것이 최고의 과제라는 지적이었다.[42]

베이징외국어(北京外国语)대학의 리융휘(李永辉) 또한 중국이 "역사적 책임을 감당"할 것을 주장했다. 즉, 중국이 세계적 강대국으로 부상하고 있기에 강대국 심리를 가지고 강대국 외교를 추구해야 한다는 주장이었다. 그럼에도 불구하고 동시에 그는 주변 국가에게 더 많은 공공재를 제공할 것을 주장함으로써 그 방향에서 민족주의자들과 차이를 보였다.[43] 왕지스 또한 도광양회 뒤에 따라붙는 유소작위와 관련하여 국제무대에서 당연한 역할을 수행할 필요성을 지적한 것임을 인정하면서도, 서방의 압력에 굴복하지 않고 투쟁해야 함을 의미한다고 해석하는 데 반대했다. 즉, 서방과의 대결을 규정한 것은 아니라는 주장이었다. 오히려 그는 경제발전을 위해 서방국가와 협력하고 대항하지 않는 것, 장애를 극복하고 WTO에 가입한 것, 유엔 평화유지활동에 참여하는 것과 같은 행위 또한 유소작위의 표현이라고 규정했다.[44]

이러한 사실은 국력의 증대와 함께 중국에서 유소작위를 강조하는 주장이 강화되었지만, 그 방향을 둘러싸고 이견이 촉발되었음을 제시한다. 이러한 논쟁에서 민족주의가 우위를 차지하게 되면서, 아래에서 논의하는 것처럼, 중국의 외교정책을 공세적 방향으로 몰고 간다.

4. 전통과 문화

국력 증대와 이에 따른 자신감 제고는 중국의 전통과 문화에 대한 자부심 강화로 이어졌다. 물론 전통문화에 대한 관심은 1990년대 중반의 '국학열'에서부터 이미 나타나기 시작했다. 국학열은 1980년대 유행했던 '전통문화열'에 대한 반발이었다. 개혁개방과 함께 중국에서 전통문화는 낙후성의 근원으로 규정되어 비판의 대상이 된 반면에 서구, 특히 미국은 현대성, 발전, 그리고 미래의 표준이자 지향해야 할 모델로 간주되었다.[45] 그러나 1990년대에 들어 이러한 '계몽주의' 진영에 분화가 발생했다. 천안문 사태가 발발한 1989년, 특히 구소련이 붕괴된 이후 중국에서는 서구모델을 따라 진행되는 변화가 국가의 붕괴로 이어질 것이라는 우려가 제기되었다. 이러한 움직임을 주도한 것은 신좌파와 신유가(新儒家)였다. 이들은 경제발전 지상주의라는 물질적 실용주의가 지배하던 1990년대 중국에서 이념의 복원을 주도했다.[46]

이렇게 시작된 학술적 자각과 부흥의 움직임은 21세기 들어 더욱 강력해졌다. 중국의 부상이 분명해지면서 전통문화를 회복해야 한다는 주장 또한 더욱 강화되었다.[47] 국력의 성장이 중국의 관념적 자신감을 제고시킨 것이다. 2005년경부터, 한 전문가의 지적처럼,[48] 중국의 문화적·이념적 부상이 시작되었다. 흥미롭게도, 제3장에서 지적한 것처럼, 국제주의가 최고조에 달했던 시기에 민족주의적 지식인들은 중국의 성취를 설명하기 위해 전통문화를 끌어들이기 시작했다. 전통문화에 대한 관심은 서구의 모델과는 다른 중국적 시각을 형성하려는 시도였다. 이 시기 발생한 일련의 변화가 이러한 움직임에 힘을 보탰다. 우선, 중국의 지도부가 소프트 파워와 그 근원으로서의 전통문화를 강조했다. 가령, 2002년 당 16차 대회의 보고가 문화의 중요성을 지적한 데 이어, 2004년에 열린 16기 13차 집단학습 또한 소프트 파워를 주제로 다뤘다. 2006년에 들어서도 후진타오 주석은 1월에 열린 중앙외사업무영도소조(中央外事工作领导小组) 회의에서 소프트 파워의 중요성을 강조한 데 이어, 4월에는 예일대학에서 행한 연설에서 중국의 전통문화를 강조했다.[49] 이처럼 중국 지도부가 문화를 강조한 배경에는 2004년 중국의 발전 경험을, 서구의 발전모델인 워싱턴 컨센서스(Washington Consensus)와 대비시켜, 베이징 컨센서스(Beijing Consensus)로 규정하는 등 중국특성에 대한 외부의 관심이 증대된 것이 작용했다.[50]

전통에 대한 옹호는 민족주의와 맥을 같이한다. 민족주의가 전통을 옹호한다는 사실은 세계금융위기 이후 중국에서 유행한 '한나라와 당나라 태평성대'론에서 확인된다.[51] 중국이 한나라와 당나라가 누렸던 태평성대에 다시 접어들었다는 이 주장은 민족적 자부심을 반영하는 것으로서 대중 민족주의의 역사적 근거로 작용한다. 경제적 성취가 중화민족의 위대한 부흥을 실현할 가능성을 제고시켰고, 이에 따라 민족의 부흥은 간절한 갈구가 되었다. 그러나 모든 민족주의자가 전통을 옹호하는 것은 아니다. 대표적 대중 민족주의자 가운데 하나인 왕샤오둥은 유가사상에서 중국의 미래를 찾으려는 시도를 비판한다. 그는 1990년대 이후 유가사상을 통해 중국의 미래를 형성하려는 노력이 제고된 것은 1980년대를 지배했던 역사허무주의와 전반적 서구화에 대한 반성이라는 측면에서는 긍정적이라고 평가하면서도, 유가사상으로 하여금 중국의 진로를 주도하도록 하자는 주장을 비판한다. 한때 선진적이었던 유가사상은 결국 지나친 보수성 때문에 후진적이 되었으며, 특히 평등, 독립, 자유의 가치와 충돌한다는 비판이었다.[52] 이는 민족주의자들이 전통과 문화를 강조했지만 내부에서 이견 또한 존재했음을 보여준다.

국제관계에 관한 시각과 관련해서도, 비록 시간적 차이가 존재하지만, 유사한 흐름이 관찰된다. 1980년대 중국에서 국제관계연구와 관련하여 지배적 경향은 서구와의 통합을 추구하는 것이었다. 물론 이 시기 중국특색의 국제관계 이론에 대한 논의가 진행되기도 했다. 1980년대 초 덩샤오핑이 중국특색의 사회주의 개념을 제시하자 국제관계 학자들 또한 중국적 국제관계 이론의 필요성을 제기하기도 했다. 그러나 많은 학자들은 이를 정치적 전략이나 수단으로 간주했고, 1990년대 말까지 대다수의 학자들은 중국의 학문적 경향이 세계적 흐름과 분리될 가능성을 더 많이 우려했다.[53] 이는 이념과 경제 등 다른 영역에서 중국특색이 강조되었던 것과 분명하게 대비된다.

21세기 들어 상황은 변화하기 시작한다. 새로운 세기를 맞아 전통에서 중국 외교정책 사상의 근원을 찾으려는 시도가 시작되었다.[54] 이후 일부 전문가들은 조화세계론과 같은 공식적 구상이 남겨놓은 모호한 측면을 파고듦으로써 중국의 전통문화를 대안적 질서의 토대로 제기했다. 대표적으로 한 전문가는 전통문화와 철학에 기초한 중국식 외교이념(中国特色的外交理念)이 무정부 상태와 정글법칙을 특징으로 하는 기존 국제질서에 대한 대안이 될 것이라는 주장을 제기했다. 즉, 중국철학의 화합정신이 조화로운 국제질서 건설을 위한 방향을 제시함으로써 국가이익의 극대화라는 현실주의적 국제관계를 초월하고 천하태평의 세계이상주의를 구축하는 데 기여할 수 있다는 주장이었다.[55] 나아가 그는 중국의 부상이 정치, 경제, 문화 영역 등에서 오랫동안 지속되었던 서구의 독점적 발언권을 종식시킬 것이라고 규정했다. 다시 말해 중국의 부상은 중국문화가 세계 주류문화의 중요한 부분으로 등장함을 의미한다는 주장이었다. 그러면서도 그는 중화문명의 부활이 단순히 고대로의 회귀를 의미하지는 않으며 서방의 합리성을 수용할 때 비로소 서방을 초월할 수 있다고 지적했다.[56]

이후 더욱 분명해진 중국의 부상은 국제관계 연구에서 전통문화에 대한 관심을 더욱 제고시켰다. 대표적으로 옌쉐퉁은 일련의 저작을 출간함으로써 중국 외교정책 연구와 관련하여 문화열(文化热)을 주도했고,[57] 전통을 중시하는 목소리가 주류의 시각보다 훨씬 광범위하다는 주장도 제기했다.[58] 이러한 주장을 반영하듯, 2011년 6월 '중국 국제관계 이론의 자각(自覺)과 중국학파'를 주제로 개최된 한 학술회의에서 참석자들은 중국식 국제관계

이론의 필요성을 강조했다. 가령, 상하이 국제문제연구원의 양제멘(杨洁勉)은 서구의 이론을 수입하던 데서 이론의 혁신을 통해 자신의 견해를 표출할 필요성을 강조하면서, 중국특색의 국제관계 이론은 중국-세계관계와 중국의 전략을 연구의 초점으로 삼아야 한다고 주장했다. 그는 이러한 이론적 자각의 필요성을 중국의 국력 성장에서 찾았다. 푸단(复旦)대학의 우신보(吴心伯) 또한 중국의 부상을 문화적 자각의 과정으로 규정하고, 중국을 세계에 설명하기 위해 중국적 국제관계 이론의 수립이 필요하다고 주장했다.[59]

중국의 지식인들이 독자적 세계관과 외교이념을 건립하려 한 데는 여러 가지 이유가 작용했다. 우선, 평화가 중국사상의 본질이라는 사실을 강조함으로써 중국위협론을 반박하려는 의도가 작용했다. 중국이 경제적으로 부상하면서 국제적으로 중국의 위협에 대한 인식도 증강되었는데, 이러한 상황에 대응하기 위해 일부 전문가들이 역사와 문화를 활용하려 들었다.[60] 이들은 평화와 화합이 문화적 DNA라고 규정함으로써 중국이 서구 강대국이 갔던 길을 따라가지 않을 것임을 설파하려 들었다. 동시에 경제적 부상과 함께 중국에서는 진정한 세계적 강대국이 되기 위해서는 경제적 발전뿐 아니라 담론권도 필요하다는 인식이 강화되었다. 이에 따라 일부 학자들은 중국의 전통사상을 빌려 국제관계에 관한 토착적 사고를 도출하려 들었다. 이들은 중화제국의 역사를 이상적으로 해석하고, 이를 기반으로 미래에 대한 중국의 구상을 제시하려 들었다.

전통과 문화에 대한 관심은 중국 내에 서구와는 다른 중국만의 방식에 대한 갈증과 욕구가 강하게 존재함을 보여준다. 실제로 대외개방 이후에도 중국에서는 국제적 표준을 추종하는 데 대한 의구심이 꾸준하게 제기되었다. 심지어 일부 국제주의자마저도 서방이 주도하는 국제규범의 변화에 맞춰 자기를 변화시켜서는 안 되고 자신의 문화적 특성과 정치적 특성을 유지하려 노력해야 한다는 주장을 제기했다. 즉, 국제체제에 적응하면서도 동시에 국제적 규칙의 조정과 수정에 적극적으로 참여하여 국제규범의 변화를 추구해야 한다는 주장이었다.[61]

이처럼 전통이 강조되었음에도 불구하고, 그것이 무엇을 의미하는지에 관해서는 이견이 존재했다. 중국의 전통에 다양성이 존재하기 때문이었다. 일부에서 전통과 관련하여 유가적 평화주의를 강조하지만 중국에는 현실주의 전략의 전통도 존재했다.[62] 따라서 평화적 전통만을 일방적으로 강조하는 것은 중국의 역사를 지나치게 단순화시키는 것이었다. 실제로 중국의 전통이 화합과 조화, 그리고 평화를 핵심으로 한다는 주장에 대한 반론이 제기되었다. 가령, 스인훙(时殷弘)은 '무장한 중국'을 강조함으로써 다른 종류의 전통을 제시했다.[63] 급진 민족주의자인 왕샤오둥 또한, 여러 차례 지적한 것처럼, 상무정신을 강조함으로써 화합을 강조하는 신유가의 주장에 동의하지 않았다.[64] 이러한 상황을 반영하듯, 한 전문가는 서로 다양한 요소가 공존한 것이 문명국가로서 중국의 전통이 지닌 특징이라고 규정하고, 이 가운데 어느 하나를 택하기보다 교체적으로 사용할 것을 주장했다.[65]

5. 특수성 vs. 보편성

중국의 특성과 관련하여 중국 내에 존재하는 다양한 시각들 사이의 차이는 특수론과 보편론으로 집약할 수 있다. 특수론은 중국의 특성을 중국에 독특한 것으로 규정함으로써 독자성을 확보하려는 시도이다. 즉, 중국에게 보다 더 적합한 독자적 길이 있다는 사실을 인정받음으로써 서구에 대해 보편적 모델을 강요하지 말 것을 촉구하려는 시도이다. 따라서 특수론은 중국의 발전모델을 다른 국가에 강요하려 들지 않는다. 이 점에서 특수론은 온건 민족주의의 입장과 유사하다. 이에 반해 보편론은 중국의 특성을 대안적 보편성을 대변하는 것으로 규정함으로써 중국적 질서를 대외적으로 확산시키려 한다. 즉, 중국의 경험이 새로운 보편성을 대변하며, 서구 모델보다 우월하다는 주장이다.

특수론은 중국모델에서 잘 드러난다. 베이징 컨센서스에 의해 촉발된 중국모델에 대한 분명하고 합의된 정의는 존재하지 않지만, 빠른 경제발전을 이룬 중국만의 경험을 집약한 것으로 정의할 수 있다. 대표적 사례로 서구 자유민주주의를 환상으로 규정하고 중국문화에서 미래를 찾으려는 판웨이와 장웨이웨이(张维为)의 시도를 들 수 있다. 판웨이의 중국모델은 중국이 강력한 생명력을 지닌 독자적 제도를 지니고 있음을 설파한다. 그는 2009년 출간한 『중국모델』이라는 편집서에서 서구 자유민주제를 미신으로 규정하여 비판하면서 중국 학자들에게 자신의 문명에 대한 확신을 가질 것을 촉구했다.[66] 장웨이웨이 또한 중국이 5000년 동안 중단되지 않은 문명과 현대적 국가형태가 결합된 유일한 국가라고 규정하고, 이러한 독특성으로 인해 중국은 독자적 발전경로를 걸을 수밖에 없다고 주장한다.[67]

이들이 제기하는 중국모델은 중국이 민주주의, 헌정주의, 자유시장, 인권, 법치와 같은 보편적 가치를 수용해야 한다는 주장에 대한 반박의 성격을 지닌다. 다시 말해 중국모델은 기본적으로 국내정치에 그 초점이 집중된다. 가령, 판웨이의 편저는 당이 지배하는 체제를 옹호하고 지지하는 데 그 취지가 있다.[68] 이 책에 참여한 전문가들은, 한 비판론자가 지적하듯,[69] 개혁개방기의 정치체제뿐 아니라 개혁개방 이전 30년까지도 긍정하고 찬양한 반면에 현대적 민주제도를 배척하고 보편적 가치를 부정한다. 역사학자 쉬지린(许纪霖) 또한 중국모델의 배후에 반계몽적·반보편이성적 역사주의가 존재한다고 규정한다.[70] 즉, 중국모델은 발전모델이 다양하다는 사실을 보여줌으로써 냉전종식 직후 서구에서 유행한 역사 종언론을 반박하려는 시도라는 지적이다.

그러나 중국문화에 대한 관심이 반드시 특수론에 의해 지배되는 것은 아니다. 중국문화를 보편적인 것으로 규정하거나 보편적 중국문명을 제시하려는 노력 또한 등장했다. 그 대표적 사례로 자오팅양(赵汀阳)의 『천하체제(天下体系)』를 들 수 있다. 자오는 중국이 진정한 강대국이 되기 위해서는 경제력뿐 아니라 지식생산에서도 뛰어나야 한다고 전제하고, 이를 위해 서구로부터 사상을 수입하는 것을 넘어 전통적이고 토착적 사상을 활용하여 중국식 세계관을 제시해야 한다고 주장했다. 이를 위해 그는 전통 관념인 천하를 중심으로 이상세계에 대한 구상을 제시했다. 이처럼 천하라는 전통적 개념을 활용하면서도 그는 자신이 제시하는 이상적 천하체계가 고대 제국시대의 실천과는 다르다고 규정했다. 비록 자신의 천하체제가 고대의 자원을 활용하고 있지만 이는 현재의 문제에 대한 생각을 표출하기 위한 수단일 뿐이라는 주장이다. 아울러 그는 자신의 구상이 중국에 독특한 것이기보다 보편적이라고 주장한다. 즉, '천하는 안팎이 없고 공정하다'는 주장이다.[71]

옌쉐퉁 또한 보편성을 강조한다. 그는, 민족주의자로서는 이례적으로, 주류세력이 국제적으로 더 적극적인 역할을 하라는 외부의 요구를 중국의 자원을 소모시키려는 서구의 음모로 간주하는 것을 비판하고 더 많은 책임을 수행할 것을 촉구했다. 이러한 노력은 세계적 강대국이라는 역사적 지위를 회복하기 위해 필요한 것으로 제시되었다. 즉, 강력하고 지속 가능한 세계적 지도력을 확립하기 위해 물리력과 함께 도덕성을 구비해야 한다는 주장이었다. 그는 중국이 추구하는 전통문화에 근거한 세계질서가 자발적 복종을 포함하기에 서구적 질서보다 더 우월하다고 규정했다.[72] 다른 전문가 또한 중국문화의 세계화와 관련하여 특수성, 신비성, 예외성을 강조하는 경향을 비판했다. 그는 중국 문화에 존재하는 과학적이고 보편적 요소

를 부각시킬 때 비로소 중국에 대한 편견이 줄어들 것이라고 주장했다.[73]

6. 공세적 정책

급진 민족주의의 부상은 중국의 외교정책을 공세적으로 전환시켰다. 세계금융위기가 발생한 이후에도 중국은 한동안 온건한 대외정책을 견지했다. 중국 지도자들은 다양한 기회에 책임 있는 강대국으로서의 역할을 강조했다. 가령, 2008년 9월 원자바오 총리는 유엔 개발정상회의에서 행한 연설에서 "중국은 책임 있는 발전도상국으로 결코 부유하지는 않지만 …… 세계의 개도국을 위해 능력이 닫는 한 공헌"해왔음을 강조했다.[74] 후진타오 총서기 또한 다음 해 64차 유엔 총회에서 행한 연설에서 "중국은 책임 있는 발전도상의 강대국으로서 공동발전을 외교정책의 중요한 내용으로 촉진시켜왔으며 다른 개도국을 지원해왔다"라고 강조했다. 이처럼 중국의 정책 결정자들이 기존 체제에의 참여를 강조함에 따라 중국 외교정책에서 규칙과 의제 형성의 비중이 증대될 것이라는 기대가 제기되기도 했다.[75]

그러나 이것이 곧 중국이 국제체제의 수호를 위해 본격적인 노력을 전개했음을 의미하지는 않는다. 현실적으로 중국은 여전히 국제무대에서 적극적인 역할을 수행하는 것을 주저하고 자신의 일을 잘하는 것이 책임을 다하는 것이라는 반응적 입장을 견지했다. 이러한 사실은 중국이 2008년 11월 워싱턴에서 열린 G20 정상회의에서 '우리 자신을 도움으로써 세계를 도울 것'이라는 입장을 취함으로써 보다 적극적으로 책임을 수행하라는 외부의 기대와 거리를 유지한 데서 확인된다. 중국의 한 언론 또한 중국경제가 일부 사람들이 생각하는 만큼 강하지 않다고 전제하고, 중국을 구하는 것이 최대의 기여라고 지적했다.[76] 여기에 더해 원자바오 총리는 보다 적극적 역할을 하라는 취지의 G2 구상을 거부했다. 모두가 반응적 외교정책을 견지함을 보여주는 증거들이었다.

이러한 온건론에 대해, 앞에서 지적한 것처럼, 급진 민족주의자들은 정부가 국가이익을 추구하기 위한 충분한 노력을 기울이지 않고 있다고 비판하면서 보다 적극적인 외교전략을 추구할 것을 주문했고, 중국의 지도자들 또한 점차 이러한 압력에 노출되기 시작했다. 이러한 사실은 다른 누구도 아닌 중국 최고지도자의 언급에서 확인된다. 후진타오 총서기는 2008년 12월 개혁개방을 결의한 중국공산당 11기 3중전회 개최 30주년 기념대회에서 더 높은 수준의 소강(小康)사회와 현대화된 사회주의 사회 건설이라는 목표를 달성하기 위해 "동요하지 말고(不動搖), 나태해지지 말고(不懈怠), 엎치락뒤치락하지 말(不折騰)" 것을 주문하는 소위 '3불론'을 제기했다.[77] 여기서 마지막에 제시된 엎치락뒤치락하지 말라는 것은 진로와 관련하여 고민하지 말 것을 지적한 것으로, 급속하게 부상하는 중국 내에서 향후의 국제적 진로와 관련하여 다양한 의견이 제기됨을 반증한다.

이와 함께 중국의 지도자들은 간헐적으로나마 공세적 입장을 표출하기 시작했다. 가령, 2008년 10월 원자바오 총리는 새로운 국제금융질서를 수립할 필요성을 제기했다. 2009년 3월에는 저우샤오촨(周小川) 중앙은행 총재가 미국 달러 중심의 국제통화체제를 개편할 필요성을 제기했으며 계속해서 IMF와 세계은행의 개혁도 촉구했다. 같은 달 중국은 남중국해의 배타적 경제수역에서 작전 중이던 미 정찰선 임페커블(Impeccable)호에 위협을 가했다. 그보다 한 달 앞선 2월에는 시진핑 국가부주석이 멕시코 방문에서 서방에 대한 강한 불평을 쏟아낸 바 있다. 그는 중국이 13억 인구를 먹여 살림으로써 금융위기를 극복하는 데 기여했음에도 불구하고 일부 배부른 외국인들이 중국에 손가락질한다고 비판했다. 계속해서 그는 "중국은 혁명이나 기아, 가난을 수출하지 않고 어떤 골칫거리도 초래하지 않았다"라고 전제하고 "더 이상 무엇을 원하는가?"라고 반문했다. 그의 발언은 멕시코가 중국에 대해 인권상황 개선을 요구한 데 대한 불만을 표출한 것으로 해석되었지만 동시에 그의 발언에서 자부심과 함께 서구에 대한 불만이 증대되었음을 읽을 수 있다.[78] 아울러 그의 발언은 대외적으로 자신의 입장을 표출하는 데 신중했던 중국이 더 이상 도광양회에 구속되지 않을 가능성도 보여주었다.

2009년 중반에 들어서면서 중국 외교정책에 변화의 징조가 더욱 분명해졌다. 이해 7월에 개최된 11차 재외공관장회의에서 후진타오 주석은, 양호한 국제적 환경의 쟁취라는 오랜 목표를 견지하는 외에, 국제정치에서의 영향력 제고라는 새로운 목표를 강조함으로써 보다 적극적 외교정책의 출현을 예고했다. 후주석은 외교업무와 관련하여 정치적 영향력, 경제적 경쟁력, 친화적 이미지, 도덕적 호소력을 제고시켜야 한다고 지적했는데,[79] 이는 그 이전까지 경제건설에 유리한 국제 환경 조성을 강조했던 것으로부터의 변화를 의미했다.[80] 여기에 더해 2009년 12월 코펜하겐에서 열린 유엔 기후변화회의에서 중국은 미국의 주도권을 인정하지 않으려는 의도를 보여주었다. 동 회의에서 원자바오 총리는 "공동의 그러나 차별적 책임"이라는 원칙을 제기하고 역사적 책임을 무시한 채 개도국에게 의무와 책임을 넘어서는 부담을 요구하는 것은 공정하지 못하다고 주장함으로써 합의를 도출하려던 미국의 시도를 좌절시켰다.[81] 이는 중국 지도부가 세계금융위기 이후 제기된 보다 공세적 외교정책을 요구하는 국내의 목소리에 귀를 기울이기 시작했음을 보여준다.[82]

2010년에 들어서 중국의 공세적 정책이 본격화된다. 이러한 변화는 외부의 자극에 의해 촉발되었다. 2009년 중국 방문에서 협력을 도출하는 데 실패한 오바마 미국 대통령은 2010년에 들어 대만에 대한 무기판매와 달라이 라마 면담 등 중국의 협력을 동원하기 위해 미뤄두었던 현안들을 처리했다. 이에 대해 중국에서는 강경하게 대응해야 한다는 목소리가 제기되었다. 민족주의자들은 대만에 무기를 판매하는 데 참여한 미국 회사를 제재할 것을 주장했다. 가령, 뤄옌은 대만에 대한 미국의 무기판매를 중국의 부상을 제어하려는 시도라고 규정하고,[83] 전략적 콤비네이션 블로(战略组合拳)로 대응해야 한다고 촉구했다. 그는 국력의 증대에 따라 국가이익을 수호할 수 있는 중국의 역량도 증강되었다고 전제하고, 군사적 대응뿐 아니라 정치, 외교, 경제 등을 포함한 종합적 대응을 제기했다. 본질적 대응인 군사력 증강은 물론이고 미국 채권의 처분을 고려하고 무기판매에 참여한 미국 기업을 제재하며 미국과의 협력도 거부해야 한다는 주장이었다.[84] 양이 소장 또한 "원칙의 문제에서 양보해서는 안 된다"라고 전제하고, 대만에 대한 미국의 무기판매 정책에 영향을 끼치기 위해 참여한 회사를 제재하라고 주장했다.[85] 이러한 주장을 반영하듯, 중국 외교부 대변인은 대만에 대한 무기판매에 참여한 보잉사에 제재를 가하겠다고 위협했다.[86]

이후 중국은 공세적 정책을 추구함으로써 국제적으로 갈등이 촉발되는 것을 불사했다. 미국과 대만 문제를 비롯한 일련의 사태를 둘러싸고 갈등을 전개한 데 이어, 중국은 천안함 사건과 남중국해 문제 등에서도 자신의 선호와 이익을 추구하려는 의도를 분명하게 함으로써 주변 국가와의 갈등이 촉발되는 것을 불사했다. 우선, 중국은 천안함 사태와 관련하여 북한의 책임을 인정할 것을 거부함으로써 한국 및 미국과 갈등을 초래했고 미국의 항모 조지 워싱턴(George Washington)호가 군사훈련을 위해 서해에 진입하는 것에 강경하게 대응했다. 아울러 중국은 댜오위도 문제와 남중국해 문제에서도 강경한 입장을 표출함으로써 평화와 협력을 강조했던 이전의 경향과 분명한 차이를 보였다.

중국 지도부는 중국의 국제적 지위에 존재하는 한계를 분명하게 인식하고 있었다. 그럼에도 불구하고 세계 금융위기를 계기로 중국의 상대적 지위가 제고되었다는 인식과 이로 인해 초래된 민족주의의 확산이 중국 지도부로 하여금 강경한 정책을 추진하도록 작용했다. 국내적 어려움을 극복하고 정당성을 강화할 필요성이 중국 지도부로 하여금 민족주의에 호응하도록 작용했다.[87] 세계금융위기로 중국의 상대적 지위가 제고되었음에도 불구하고 중국은 국내적으로 많은 문제에 직면했다. 혁신 지향형 경제로의 전환에 어려움을 겪고 있었을 뿐 아니라 빈부격차로 인한 사회적 불안정도 경험했다. 이러한 사실은 중국의 집단시위의 증가 추세에서 단적으로 확인된다. 2008년에 이미 12만 건에 달한 중국 내의 집단시위는 2년 만인 2010년에 18만 건으로 급증했다.[88] 이러한 상황이 지도부로 하여금 국내적 안정에 초점을 집중하도록 작용했다.

국내적 압력에 직면한 지도부는 민족주의에 호응함으로써 대중들의 비판을 잠재우고 불만을 밖으로 돌리려 들었다. 이러한 사실은 이 시기 중국의 정책 결정자들이 증대되는 대중 민족주의가 외교정책에 가하는 제약을 언급한 데서 확인된다.[89] 이는 급진 민족주의가 증대됨에 따라 민족적 자부심과 외부세계와의 관계가 서로 배타적인 것으로 인식되기 시작했음을 의미한다. 심지어 주변 국가 및 미국과 좋은 관계를 유지하는 것은 중국을 약화시키는 것으로 간주되기 시작했다. 이는 세계 속의 정상국가로서의 정체성이 강조되던 이전의 경향과 분명하게 대비된다. 체제 유지와 관련하여 민족주의의 비중이 증대됨에 따라 지도부는 국제적 협력이나 반응에 주의를 기울이기보다 국가이익을 수호하는 데 외교정책의 초점을 집중시켰다. 심지어 일부 지도자들은 일정 정도의 대외적 위기는 국내적 문제를 해결하는 데 봉사한다고 생각했다.[90]

다음으로 국내외적으로 제고된 기대 또한 외교정책의 전환에 기여했다. 세계금융위기 이후 중국에서는, 앞에서 지적한 것처럼, 자신의 환경을 적극적으로 또 선제적으로 형성할 수 있다는 자신감이 제고되었다.[91] 여기에 더해 2012년 말로 다가온 지도부 교체 또한 민족주의에 힘을 보탰다. 지도부 교체는 야심가들에게 강경한 민족주의적 정책을 통해 권력을 확대하도록 작용했다. 퇴진하는 지도부 또한 정치적 유산을 확립하기 위해 민족주의를 강조하려 들었다. 이에 따라 지도부 내에서 민족주의에 대한 수용이 증대된다. 이러한 사실은 이 시기 이루어진 지도자의 연설과 공식 문서 등에 민족주의적 용어들이 더욱 빈번하게 등장한 데서 확인된다. 이들은 중국의 핵심이익의 범위를 확대하고 보다 공세적 외교정책을 펼치는 것을 옹호했다.[92]

마지막으로 부문이익과 특수이익의 영향력 강화 또한 공세적 외교정책에 기여했다. 개혁기 중국에서 권력분산과 집단지도가 강조되면서, 외교정책과 관련해서도 지도부의 장악력이 약화되고 다양한 관료기구의 목소리가 강화되었다. 심지어 이들은 독자적인 행동을 통해 외교정책에 영향을 끼치기도 했다. 가령, 2007년 중국군은 관련 부서와 사전 협의 없이 위성에 대한 파괴실험을 진행했다. 계속해서 중국 해군은 다른 부문과 조정이 잘 이뤄지지 않은 상태에서 동중국해에서 미국과 일본의 세력범위를 돌파하려는 시도를 전개했다. 다른 부문이나 그 대표 인사들 또한 자기 분야의 특수이익을 중대이익이자 국가이익이라고 주장하고 심지어 국가의 핵심이익과 연계시킴으로써 더 많은 자원을 끌어들이려 시도했다. 구체적으로, 중앙선전부는 서방과의 이데올로기 투쟁을 사회주의 정권의 생사와 관련된 문제라고 규정했고, 해양국, 어업과 해사부문, 일부 매체와 학자들은 남중국해 분쟁이 중국의 핵심이익과 관련된다는 주장을 제기했다.

7. 민족주의에 대한 비판과 온건론의 회귀

세계금융위기가 발발한 이후 중국에서 민족주의의 영향력이 증대되면서 중국의 외교정책이 공세적 성격을 강화했지만, 이러한 전환은 전면적이지 않았고 또 오래 지속되지도 않았다. 우선, 외교정책의 공세적 전환은 전면적이지 않았다. 중국이 자국의 핵심이익이 걸린 문제에서 공세적이 되었음에도 불구하고 다른 이슈에서는 여전히 반응적 입장을 견지했다. 이러한 사실은 국제경제체제의 개혁과 관련하여 잘 드러났다. 2010년경 중국에서 전략적 기회의 시기에 대한 논쟁이 전개되었고 이 과정에서 전략적 기회의 시기를 포착하기 위해서는 국제경제와 재정 영역에서 개혁이 필요하다는 주장이 힘을 얻었다. 신화(新华)통신이 발행하는 주간지인 ≪랴오왕(瞭望)≫의 기사에 따르면 "고위 수준에서 진행된 분석"은 선진국가가 자신의 지위상의 이점을 유지하기 위해 모든 노력을 다할 것이기에 종합국력상의 치열한 경쟁이 벌어질 것이고, 따라서 전략적 기회의 시기를 유지하기 위해서는 국제경제 거버넌스와 경제규칙을 개혁하는 것이 필요하다고 결론지었다.[93] 이러한 사실을 반영하듯, 2010년 10월에 열린 당 17기 5중전회는 "글로벌 경제거버넌스에 적극적으로 참여하고" 또 "국제경제체제의 개혁을 추진"할 필요성을 강조했다. 그러나 동시에 국제적으로 강대국 지위를 추구하거나 기존 질서를 변경시키려 들기보다 국내 문제에 집중함으로써 지나친 부담을 피할 것도 규정함으로써 글로벌 이슈와 관련하여 계속해서 피동성과 반응성을 유지했다.[94]

여기에 더해 2010년에 이뤄진 외교정책의 공세적 전환이 국제적 갈등을 촉발시킴으로써 국제적 환경을 악화시키자 중국 지도부는 다시 온건론으로 회귀하려 들었다. 2010년 12월 외교정책을 담당하는 국무위원 다이빙궈(戴秉国)는 평화와 발전을 기조로 하는 대외정책을 다시 천명했다.[95] 계속해서 다음 해 9월에 출간된『중국의 평화발전(中国的和平发展)』백서 또한 온건한 노선을 다시 강조했다. 이 백서는 인류의 공동이익과 공동가치의 존재를 인정한 후, "종합국력이 증대됨에 따라 중국은 국제적 책임을 더 많이 부담할 것"이라고 선언했다. 동시에 국제체제 변혁과 국제규칙 제정에 적극적 자세로 참여하고, 글로벌 거버넌스에 참여하며, 세계의 평화와 안정을 수호하려는 의지도 표명했다. 물론 국가주권, 안보, 영토, 국가통일, 국가정치제도와 사회의 안정, 경제사회의 지속가능한 발전 등 중국의 핵심이익을 거론하고 또 이를 견지하려는 의지도 분명하게 밝혔지만 이 백서는 중국이 다시 온건한 외교정책을 회복하려 들었음을 보여주었다.[96]

이러한 사실은 이 시기 중국 정부가 강경론을 통제하려 든 데서도 확인된다. 우선, 중국은 러시아와 동맹을 수립해야 한다는 강경론을 제어했다. 옌쉐퉁에 따르면 관방매체가 "중국이 비동맹 정책을 채택하고 있는 상황에서 동맹을 주장하는 글을 실을 수 없다"라는 이유에서 러시아와의 동맹을 촉구하는 자신의 글을 게재하기를 거부했고, 그 결과 그의 글은 네 곳에서 거부당한 후 다섯 번째 잡지에서야 비로소 게재될 수 있었다.[97] 이는 중국 정부가 동맹을 추구해야 한다는 민족주의자들의 주장과 거리를 유지하려 들었음을 제시한다. 아울러 중국 지도부는 중국의 특색을 강조하면서도 중국모델은 인정하지 않았다. 세계금융위기 이후 지도부 또한 중국특색을 강조했다. 가령, 우방궈(吴邦国) 전인대 상무위원장은 2008년 3월 보편적 정치발전의 길은 없다고 지적했다. 이는 당시 제기되었던 보편적 가치에 대한 부정이자 중국의 특성에 대한 강조였다. 또 2010년 9월 말 중국은 공산정권 수립 이후 최초로 공자탄신을 기념하는 행사를 거행함으로써 전통을 강조하려 들었다. 그러면서도 후진타오 주석이나 원자바오 총리 모두가 공식 문서나 연설에서 중국모델을 언급하지 않았다. 심지어 원자바오 총리는 모델의 존재를 부인하기도 했다.[98] 이들은 중국모델에 대한 강조가 외부의 위협의식을 자극할 것을 경계했다. 이러한 사실은 중국에서 민족주의와 유교의 영향력이 증대되었지만, 중국의 특성과 관련한 논의에서 전통의 영향력이 외부에서 생각하는 만큼 강력하지 않았음을 제시한다.[99] 중국의 대외정책에서 수사와 실제 행위 사이에 여전히 간극이 존재함을 발견할 수 있는 대목이다.

중국 지도부는 한편으로 공세적 정책을 추진하면서도 동시에 국제체제와의 관계 또한 유지하려 시도했으며 그 결과 중국의 외교정책에 공세적 측면과 함께 온건한 측면이 병존했다. 중국 지도부는 민족주의적 목표를 실현하지 못할 경우 비판에 직면할 수 있는 현실 때문에 지나치게 높은 기대를 형성하는 것을 회피하려 들었다.[100] 여기에 더해 공세적 외교정책에 대한 국내적 비판 또한 중국 지도부로 하여금 온건한 정책을 회복하도록 작용했다. 국제주의자를 비롯한 온건론자들은 민족주의 정서의 증대와 이에 따른 공세적 정책이 주변 국가와의 갈등과 중국의 부상에 대한 우려를 심화시켰다고 비판했다.

대표적으로 왕지스는 중국의 국력이 증대했음에도 불구하고 외교적 상황은 오히려 악화되었고, 심지어 천안문 사태 이후보다도 어려워졌다고 규정했다. 그는 인도와 베트남 등이 중국과 대립하고 미국과의 관계를 개선하는 등 중국의 공세적 행동이 미국의 영향력을 증대시키는 결과로 이어졌다고 지적했다. 그는 국제적 구조의 변화가 반드시 중국의 국제적 환경을 개선시키는 결과로 이어진 것은 아니라고 규정하고, 이처럼 상황이 악화된 원인을 중국의 공세적 정책에서 찾았다. 즉, 중국의 부상과 함께 힘의 외교를 추구해야 한다는 주장이 고조된 때문이라는 지적이었다. 따라서 그는 온건하고 신중한 정책을 통해 국제적 환경을 개선할 필요성을 강조했다.[101] 아울러 그는 중국이 국제사회에 공공재를 제공하고 공동의 가치를 창출하기 위해 노력할 때 비로소 국가이익이 제고될 것이라고 주장했다.[102]

런민대학의 왕이웨이 또한 중국외교가 어려움에 처했다고 규정했다. 그 구체적 증거로 그는 강대국들뿐 아니라 주변 국가에서도 중국에 대한 의구심이 증대되었다는 사실을 지적하고, 이러한 의구심을 해소하기 위해 중국의 특색을 덜 강조하고 포용, 합의, 수렴 등을 더 많이 추구해야 한다고 주장했다. 즉, 서방과의 사상투쟁과 영합적 게임을 피하고 전방위적 개혁과 인류문명의 성과를 흡수하려는 의지를 계속해서 표명해야 한다는 주장이었다. 아울러 그는 서방을 대체하려는 승리주의가 출현하는 것을 방지해야 한다고 지적함으로써 민족주의가 강화되는 것을 경계했다.[103] 심지어 그는 중국의 급속한 부상과 미국의 급속한 쇠퇴를 방지할 필요성까지 제기했다.

전직 대사인 우젠민 또한 편협한 민족주의의 대두를 경계했다. 그는 편협한 민족주의가 중국을 국제협력의 피해자로 간주한다고 비판했다. 즉, 대외개방 이후 진행한 국제협력에서 이익은 항상 외국인이 챙겼고 중국은 계속해서 서방의 착취를 받았다는 주장이 끊임없이 등장한다는 지적이다. 그는 이러한 경우가 없지는 않았지만, 궁극적으로 중국이 세계 제2대 경제대국이 되었다는 사실은 개혁개방이 중국에게 혜택을 제공했음을 증명한다고 지적했다. 아울러 분쟁을 유예하고 공동으로 개발하자는 덩샤오핑의 주장에 도전을 제기하고 무력동원을 고취하는 '편협한 민족주의'와 관련해서도 중국과 아시아 국가는 협력에서 이익을 얻었으며 이러한 협력을 깨면 모두가 피해를 볼 것이라고 반박했다. 그는 편협한 민족주의를 덩의 개혁개방노선에 반대하는 것으로서 중국과 세계 간의 협력이라는 양호한 국면을 파괴하고 중국을 퇴보, 쇄국, 낙후의 길로 몰고 가는 것이라고 규정하고, 중국이 계속해서 발전하려면 개혁개방을 견지하고 편협한 민족주의를 배척해야 한다고 강조했다.[104]

≪런민일보≫의 논설주임 또한 민족주의에 대한 비판에 가세했다. 그는 팽창적 민족주의가 다른 민족을 폄하하는 종족주의나 쇼비니즘으로 변화

할 가능성을 보임으로써 중국위협론을 확산시키는 결과를 가져왔다고 비판했다.[105] 다른 전문가는 한 걸음 더 나아가 세계화 시대에 애국주의가 변화할 필요성을 제기했다. 그는 민족주의를 강조하는 시대임을 인정하면서도 동시에 세계화를 포용하고 경제일체화에 참여하는 국제주의의 시대이기도 하다고 전제하고, 세계화 시대에 애국자는 국제주의자여야 하고 또 국제법을 준수하고 보편적 가치를 존중하는 세계시민이어야 한다고 주장했다.[106]

동시에 미국에 대한 지나친 의구심을 경계할 필요성도 제기되었다. 왕이저우는 미국의 재균형은 외교상의 선언이라고 규정하고 과도한 반응을 자제할 것을 촉구했다. 그는 재균형이 미국의 초조감을 반영한다고 규정했다. 즉, 아시아 지역에서 미국이 쇠퇴하고 중국의 역량이 지속적으로 증대되는 상황에 대한 초조감을 반영한다는 주장이다. 나아가 그는 중국에 대한 봉쇄가 미국 내 주류세력의 입장은 아니며 향후 미중협력이 더 강화될 수 있다고 지적했다.[107] 이는 중국과 미국 사이에 구조적 갈등이 불가피하다는 옌쉐퉁의 주장에 대한 반박이었다. 베이징대학의 장칭민(张清敏) 또한 미국의 공세가 피동성을 반영하며 일시적인 것이라고 규정함으로써 유사한 입장을 보였다. 즉, 국력이 쇠퇴하는 상황에서 미국이 전술적 공세를 통해 전략적 곤궁을 커버하려 든다는 지적이었다. 아울러 그는 갈등이 증대된 것은 사실이지만 역사적으로 볼 때 중국의 주변 환경은 역사상 최고라고 규정하고, 자신감을 가질 것을 촉구했다. 그러면서도 그는 자신감이 다른 국가의 이익을 무시하는 것으로 이어지는 것을 경고했다. 대신에 그는 책임 있는 강대국이 중국외교의 중요한 목표여야 하고, 중국을 서방국가와 대치시키는 시각을 넘어서야 한다고 주장했다.[108]

8. 증강된 기대, 상반된 처방

온건한 정책으로 회귀하려는 지도부의 노력에도 불구하고, 중국의 외교정책은 방향을 분명하게 정하지 못하고 혼선의 양상을 드러낸다. 이러한 사실은 평화발전을 다시 강조한 다이빙궈 국무위원 자신이 2012년에 겸허하고 신중한 정책이 곧 약소국이 중국을 위협하는 것까지 용인하는 것을 의미하는 것은 아니라고 규정한 데서 그 단서를 찾을 수 있다.[109] 이 시기 중국이 강경책과 온건책 사이에서 대외적 진로를 분명하게 결정하지 못했다는 사실은 중국 내의 많은 전문가들에 의해 지적되었다. 가령, 친야칭은 중국의 급속한 부상에도 불구하고 중국이 국제적 의도를 명확하게 설정하지 못함으로써 중국위협론을 촉발시켰다고 지적했다.[110] 베이징대학의 자칭궈도 외교전략의 불확실성으로 인해 중국의 행동이 혼란스럽다고 규정했다.[111] 또 다른 전문가는 국제질서에 대한 인식과 관련하여 학계에서 합의가 형성되지 않았을 뿐 아니라 체계적이고 심도 있는 연구조차도 부족한 것으로 평가했다.[112]

이처럼 중국이 외교정책과 관련하여 방향을 분명하게 결정하지 못하고 있는 상황에서 적극적 역할에 대한 기대가 계속해서 제기되었다. 이러한 기대는 강대국 외교정책을 옹호하는 것으로서 중국의 국력 증대와 그에 따른 기대의 제고를 반영한 것이었다. 국력의 증대와 함께 중국의 대외적 존재와 이익도 증가했다. 다시 말해 550만 명에 달한 해외근로자, 매년 6000만 명에 이르는 해외여행객, 그리고 자원획득을 위해 세계 위험지역으로 진출할 필요성 등이 중국에게 국제적 문제에 더 적극적으로 개입할 것을 요구했다.[113] 이처럼 적극적인 외교정책에 대한 요구가 증대되었지만, 구체적인 정책을 둘러싸고 국제주의와 민족주의 양쪽으로부터 서로 다른 주장이 제기되었다.

국제주의자들은 대외관계를 안정시키고 국제적 지위를 제고시키는 방향으로 계속해서 나아가야 한다고 주장했다. 이들은 130여 개의 국제기구에 가입하고, G20를 비롯한 거의 모든 국제적 협의체에 참여함에 따라 중국과 세계 간의 관계에 역사적 전환이 발생했다고 전제하고 중국의 역량이 증대되었기에 일부 영역에서 더 큰 국제적 책임을 부담하고 국제사회를 위해 공헌할 것을 주장했다. 대표적으로 왕이저우는 강대국으로서 중국이 힘의 사용이 아니라 혜택의 제공에 초점을 두고 또 선제적 조치를 취할 것을 강조했다.[114] 이러한 그의 주장은 2011년에 출간된 『창조적 개입(创造性介入)』이라는 저서에서 잘 드러난다. 이 책에서 그는 중국이 오랜 시간 유지해온 개입하지 않는다는 온건한 외교전략을 버리고 '창조적으로 개입'할 것을 주장함으로써 중국의 적극적 역할과 관련한 국제주의적 비전을 제시했다. 그는 창조적 개입을 중국외교의 지도성, 능동성, 건설성을 강조하기 위한 시도로 규정했다. 창조적 개입의 필요성과 관련하여 그는 중국의 국가이익의 더 많은 부분이 중국 밖에서 실현된다는 사실을 제시했다. 아울러 그는 창조적 개입을 국제구조의 진화와 인류공동체의 진보와 관련하여 중국의 족적과 공헌을 남기려는 시도로 규정했다. 즉, 세계무대에서 중국의 이미지와 발언권을 강화시키려는 시도라는 것이다. 따라서 그는 중국이 국제체제에 참여하여 개혁조치를 제시하고, 국제협상에서도 더 능동적으로 발의하고 의견을 개진할 것을 주장했다. 그러면서도 그는 이러한 중국의 노력은 혁명이 아닌 개혁이어야 한다고 강조했다.[115] 이는 국제주의자들 또한 중국이 단순히 국제체제에 참여하고 적응하는 데서 한 걸음 더 나아가 적극적 역할을 수행할 것을 주장하기 시작했음을 의미한다.

창조적 개입과 관련하여 왕이저우는 선제적 조치의 중요성을 강조했다. 즉, 중요한 국제적 문제에서 단순히 반응적으로 대응하기보다 선제적으로 행동해야 한다는 주장이었다. 아울러 그는 중국이 다른 국가의 뒤를 따라

가기보다 중국만의 방식을 제기해야 하며 또 이러한 중국의 방식은 외국인들도 이해하고 수용할 수 있는 언술과 논리로 표현되어야 한다고 규정했다.[116] 다른 전문가 또한 중국이 세계 제2대 경제체로 등장하여 전 세계에서 경제활동을 전개하는 상황에서 국제문제에 적극적으로 개입할 수밖에 없다고 지적함으로써 왕이저우의 주장을 옹호했다. 그는 중국의 외교정책은 이익만을 강조할 수는 없고 세계적 관심사도 포함해야 한다고 지적함으로써 국가이익의 추구와 인류의 공동가치를 결합시킬 것을 촉구했다.[117]

이러한 국제주의자들의 주장에 동조하듯 공산당 기관지인 ≪런민일보≫는 중국과 국제체제 사이의 상호 적응의 필요성을 거론했다. 또한 국제적으로 규칙과 제도를 중시하는 사상이 유행한다고 전제하고, 이를 패권적 사고의 쇠퇴와 세계 다극화에 따른 결과로 규정했다. 이러한 상황에서 중국의 국제무대 진출은 상호 적응의 과정으로서 중국은 기존 규칙의 조정에 적극적으로 참여하여 변화하는 현실에 맞도록 개혁해야 한다고 주장했다.[118] 이러한 주장에 호응하듯 팡중잉 또한 기존 국제규칙을 준수하는 것을 넘어 중국이 세계를 관리할 시기가 되었다는 주장을 제기했다.[119] 즉, 국제주의자들 또한 중국이 국제체제에 일방적으로 통합할 것을 강조하기보다 중국과 세계 사이의 상호 적응의 필요성을 제기하기 시작했다. 이러한 변화의 필요성에 대한 옹호에도 불구하고 중국이 국제규칙의 제정과 글로벌 거버넌스에 적극적으로 참여하는 것은 기존 질서를 뒤집기 위한 것이 아니라 공정하고 합리적 방향으로 개선하기 위한 것으로 규정되었다.[120]

이에 반해 민족주의자들은 전혀 다른 대안을 제시했다. 대표적으로 옌쉐퉁은 2013에 출간한 저서 『역사의 관성(历史的惯性)』에서 대안적 국제질서를 건립할 필요성을 제기했다. 그는 중국이 향후 10년 내에 슈퍼 파워가 될 것인가의 여부는 국내적 일을 잘 처리하는지의 여부뿐 아니라 외교정책의 성공 여부에도 달려 있다고 규정했다. 즉, 국제적으로 전략적 신뢰를 확립함으로써 절대 다수의 국가로 하여금 중국의 부상을 수용하도록 하고 정의로운 지도국가로서의 이미지를 수립할 수 있는가에 달려 있다는 지적이다. 이와 관련하여 그는 중국이 세계에 새로운 형태의 국제적 규범을 제시할 필요성을 강조했다. 아울러 그는 정부가 전통문화에 바탕을 둔 독자적 대전략을 제시했다는 사실을 중국이 이미 이러한 방향으로 움직이기 시작했음을 보여주는 "미약한 증거"로 간주했다. 구체적으로 그는 2011년 『중국의 화평발전』 백서가 중국 평화발전 전략의 3요소 가운데 하나로 규정한 중화전통문화를 중국식 국제규범으로 발전시킬 것을 주장했다. 나아가 그는 왕도(王道)를 내용으로 하는 도의적 현실주의를 중국적 대안으로 제시하고, 물질적 역량을 통해 새로운 질서를 건립하고 새로운 국제규범을 통해 질서를 안정화시킬 것을 주장했다.[121]

이에 앞서 2011년에는 '또 다른 세계가 가능하다(另一个世界是可能的)'라는 도발적 주장이 제기된 바 있다. 중국의 부상이 미국이 추진해온 신자유주의 발전모델을 제약할 뿐 아니라 세계에 대안적 발전이념을 제공했다는 이 주장은 중국에 존재하는 독자노선에 대한 강렬한 선호를 단적으로 보여주었다.[122] 아울러 서방이 중국을 존중해야 한다는 주장 또한 계속해서 제기되었다. 한 전문가는 크리스마스 때 국제회의가 진행되지 않는 것처럼 중국의 구정(舊正) 무렵에도 국제회의가 진행되면 안 된다고 지적하고, 이를 중국문화에 대한 존중으로 규정했다.[123] 국력이 증대되었다는 중국 내의 인식이 국제적 지위에 대한 기대를 강화시켰음을 보여주는 증거들이다.

≪환추시보≫ 또한 강경론을 이어갔다. 2012년 초 ≪환추시보≫는 사설을 통해 민족부흥이라는 목표를 달성하는 데 역사상 가장 근접했다고 규정함으로써 자신감이 증대되었다는 사실을 보여주었다. 아울러 중국인들이 초강대국이라는 용어 대신에 민족부흥이라는 용어를 사용한다고 규정함으로써, 중국의 궁극적 목표가 초강대국 지위의 추구에 있음을 드러냈다.[124]

이러한 인식은 다시 미국과의 경쟁을 두려워하지 말고, 미국을 따라 해야 한다는 주장으로 이어졌다. 또 다른 사설에서 ≪환추시보≫는 미국이 아시아와 중동에서 미사일방어체계를 건립하겠다는 주장과 관련하여 중국도 미국을 따라함으로써 대응할 것을 촉구했다. 즉, 미국이 역량을 강화시키면 중국도 미국의 논리를 따라 전략적 반격능력을 가일층 제고시킴으로써 결연하게 대응해야 한다는 주장이었다.[125] 이는 중국이 강대국으로서 미국과의 경쟁을 두려워하지 말 것을 촉구한 것이었다.

이러한 이견과 논쟁은 외교정책이 공식적으로는 다시 온건한 방향으로 회귀했지만 중국 내에서 증대된 힘을 활용하여 국제체제에 영향을 끼쳐야 한다는 목소리와 움직임이 계속해서 제기되고 또 강화됨을 의미한다. 이는 실질적으로 강대국 외교정책을 옹호한 것으로서 중국의 외교정책이 다시 강경해질 가능성을 제시한다. 실제로 중국의 외교전략이 공세적 방향과 온건한 방향 사이에서 혼선을 보이는 가운데 등장한 시진핑 총서기를 중심으로 하는 새로운 지도부는 이러한 두 개의 상반된 대안 가운데 민족주의적 경향을 채택함으로써 중국의 외교정책을 다시 강경한 방향으로 끌고 간다. 다음 장에서는 시진핑을 중심으로 하는 새로운 지도부가 추진한 강대국 외교정책을 살펴보기로 하자.

• 제3부 •

시진핑 체제의 강대국 외교정책과 세계

제5장 '중국식' 강대국 외교정책

중국에서 강대국 외교정책에 대한 요구가 증대되는 상황에서 출범한 시진핑 체제는 보다 적극적인 외교정책을 추진했다.[1] 위로부터 기획(顶层设计)된 일련의 이니셔티브를 통해 시진핑 체제는 국제적 환경을 유리하게 조성하고 또 세계 제2의 경제대국으로서의 지위에 부합하는 영향력을 확보하려 들었다. 이는 중국 외교정책이 국제체제에 적응하던 데서 국제적 환경을 형성하는 방향으로 초점을 전환함을 의미한다.

이러한 노력은 민족주의를 강조하면서 시작되었다. 시진핑은 총서기에 취임한 직후인 2012년 11월 중화민족의 위대한 부흥을 핵심으로 하는 '중국의 꿈'이라는 구상을 제기한 데 이어 다음 해 1월에 열린 정치국 집단학습에서도 정당한 권익을 방기하거나 핵심이익을 희생할 수 없다는 '두 개의 절대불가(两个决不)'를 강조함으로써 급진 민족주의의 목소리를 수용했다. 계속해서 시 주석은 10월 주변외교업무좌담회(周边外交工作座谈会)에서 '애써서 성취한다'는 분발유위(奋发有为)를 강조함으로써 중국이 마침내 국제환경을 형성하는 데 적극적으로 나섰다는 급진 민족주의자들의 환영을 촉발시켰다.[2] 이러한 과정을 거쳐 시 주석은 2014년 11월 중앙외사업무회의(中央外事工作会议)에서 '중국식' 강대국 외교정책(中国特色大国外交)을 공식적으로 제기하기에 이르렀다. 중국식 강대국 외교정책은 국제무대에서 강대국으로 행동할 것을 선언함으로써 국제체제의 주요 행위자로서의 지위를 인정받으려는 의지를 밝히는 동시에 중국의 특색을 반영하려는 민족주의적 의도도 표출했다.

시진핑 체제가 강대국 외교를 추구해야 한다는 주장을 수용함에 따라 중국이 마침내 국제체제에 관한 독자적 선호를 드러내기 시작했다는 평가가 제기되었다. 베이징대학의 자칭궈는 시진핑 체제의 외교이념이 이상적 세계에 관한 부상하는 중국의 생각을 표출했다고 규정했다.[3] 물론 중국은, 제3장에서 살펴본 것처럼, 이전에도 조화세계론을 통해 이상적 세계질서에 관한 자신의 생각을 밝힌 바 있다. 그러나 중국식 강대국 외교정책은 급진민족주의의 주장을 수용함으로써, 국제체제와의 공존을 추구했던 조화세계론과 달리, 국제체제를 다시 구성하려 한다는 평가를 촉발시켰다.[4] 즉, 그동안 국제질서를 배우고 따르던 단계를 넘어 국제질서와 관련하여 독자적 목소리를 내고 또 영향을 끼치려 한다는 평가였다.[5]

그렇다면 시진핑 체제가 추구한 중국식 강대국 외교정책은 기존 체제와 분명하게 다른 중국만의 선호를 보여주었는가? 또 이러한 선호는 중국이 기존 체제로부터 이탈하거나 기존 체제를 다시 구성하려 듦을 제시하는가? 마지막으로 시진핑 체제의 중국식 강대국 외교정책은 외교정책의 방향을 둘러싼 중국 내의 논쟁에서 민족주의가 마침내 그리고 최종적으로 승리하고 국제주의가 패퇴함을 의미하는가? 이 장은 이러한 질문들을 검토한다.

다음에서는 우선 중국식 강대국 외교정책의 출현과정을 살펴본 후, 계속해서 이를 실천에 옮기기 위한 노력을 주요 이슈를 중심으로 검토한다. 구체적으로 남중국해 정책, AIIB, 그리고 일대일로 등을 살펴볼 것이다. 이러한 검토를 통해 시진핑 체제가 제기한 중국식 강대국 외교정책이 초기에 민족주의를 강조하면서 출범했지만 이후 국제주의의적 측면도 회복함을 제시하고자 한다. 국가가 주도하는 일련의 이니셔티브를 통해 국제적으로 의제 설정권을 확대하려는 시도는 중국이 영향력 확대를 외교정책의 목표로 설정함을 의미한다. 그러나 이것이 곧 시진핑 체제가 기존 체제에 직접적으로 도전하려 듦을 의미하는 것은 아니다. 시진핑 체제는 한편으로 대안을 제시하려 들면서도 동시에 기존 체제에도 계속하여 참여하는 이중적 전략을 견지함으로써 기존 체제가 흔들리지 않도록 하는 데도 주의를 기울였다. 여기에 더해 시진핑 체제는 '중국식'을 강조하면서도 그것이 의미하는 바를 분명하게 표출하지 못했다. 위로부터의 기획이 강조되었음에도 불구하고 응집력 있는 대안적 비전이 제시되지 않았고, 외교정책의 방향을 둘러싼 논쟁은 계속되었다.

1. '중국의 꿈'에서 '중국식' 강대국 외교정책으로

1) 민족주의와 '중국의 꿈'

출범 직후 시진핑 체제가 추진한 외교정책의 특성을 가장 잘 보여준 개념으로 중국의 꿈을 들 수 있다. 시진핑은 당 총서기에 취임한 직후인 2012년 11월 말 새롭게 선출된 정치국 상무위원 전원과 함께 국가박물관에서 개최된 '부흥의 길(复兴之路)'이라는 주제의 전시회를 참관한 자리에서 "중화민족의 위대한 부흥을 실현하는 것이 근대 이후 중화민족의 가장 위대한 꿈"이라고 지적함으로써 지금은 매우 유명해진 중국의 꿈이라는 구상을 제기했다. 이 전시회에서 행한 연설에서 시진핑은 민족주의적 주장을 대거 수용했다. 그는 중국인들이 국가를 건설하는 과정에서 애국주의를 핵심으로 하는 위대한 민족정신을 보여주었다고 지적한 후, 중화민족의 위대한 부흥이라는 목표에 역사상 가장 가깝게 다가섰다고 규정했다. 아울러 그는 역사는 "낙후되면 침략당하고 발전해야 비로소 강해질 수 있음"을 보여주었다는 민족주의자들의 주장도 인용했다.[6]

중국의 외교 담당 국무위원 양제츠는 시진핑이 제기한 중국의 꿈이 5세대 지도부가 추진할 중국외교의 중요한 사상이자 이론적 혁신이라고 규정했다.[7] 그러나 시진핑의 중국의 꿈 구상은 완전히 새로운 것이기보다 이전부터 제기되었던 민족주의자들의 주장을 상당 부분 채용한 것으로 볼 수 있다. 증대된 국력을 활용하여 중국의 이익을 수호하고 또 강대국으로서의 영향력을 추구하려는 시도라는 점에서 제4장에서 지적한 류밍푸의 민족주의적 중국의 꿈과 유사하다. 이처럼 시진핑 주석이 급진 민족주의의 주장을 수용함에 따라 중국 외교정책과 관련하여 민족주의의 영향력이 급증했다.[8] 급진 민족주의자들은 중국외교가 도광양회에서 유소작위로 이행했다는 평가를 제기했고,[9] 왕샤오둥은 한 걸음 더 나아가 이러한 적극적 외교정책을 중심으로 국내적 합의를 도출할 필요성을 강조했다.[10]

이에 반해 국제주의자들은 시진핑의 구상이 강경한 외교정책과 내향적 경향으로 이어질 가능성을 경계했다. 대표적으로 우젠민은 세계 2위의 경제대국이 되었기에 도광양회를 폐기할 때가 되었다는 민족주의적 주장을 "졸부(暴发户)의 심리"라고 비판했다. 그는 도광양회를 강조하는 것이 유소작위를 하지 말자는 것은 아니라는 데 동의하면서도 유소작위를 국내의 일을 잘 처리하고 중국의 이익과 세계의 이익을 결합시키는 것으로 규정했다. 그 근거로 그는 중국공산당 18대 보고가 중국의 이익과 세계 이익을 결합시킬 것을 강조한 사실을 거론했다. 아울러 그는 시진핑 주석이 "자부심을 갖되 자만해서는 안 된다"라고 지적한 사실을 들어 강대국 주의를 회피할 것을 주장했다.[11] 이는 18대 보고를 거론하여 최고 지도자의 선언을 재해석함으로써 정책의 전개방향에 자신의 선호를 반영하려는 국제주의자의 시도였다. 나아가 그는 세계로 하여금 중국인의 꿈을 이해하도록 할 때 중국의 부상에 대한 저항을 감소시킬 수 있다는 주장도 제기했다.[12]

현대국제관계연구원의 순루(孙茹) 또한 중국의 미래가 세계와 긴밀하게 연결되어 있으며 따라서 우호세력을 확대하는 것이 중요하다고 지적함으로써 국제주의를 추구할 필요성을 강조했다. 그는 국제주의를 제창하는 것은 국민들로 하여금 지역의 문제와 국제적 문제를 전면적이고 객관적으로 보도록 함으로써 외교정책의 유연성을 확대하고 피동성을 탈피하며 정세를 유리한 방향으로 발전시키는 데 기여할 것이라고 주장했다.[13] 중국국제문제연구소의 취싱(曲星) 소장 또한 시진핑 체제가 강조하는 중국식 외교정책이 국제체제와의 일치를 추구한다고 주장했다. 그는 국가들 사이의 상호연계와 상호의존이 전례 없이 제고된 상황에서 세계와 유리되어서는 진정한 발전과 번영 그리고 지속적 평화와 안정을 실현하기 어렵다고 전제하고, 중국의 국가이익과 국제적 이익을 결합하고 통일시킬 것을 옹호했다.[14]

이러한 국제주의자들의 노력에도 불구하고 민족주의에 대한 시진핑의 선호는 더욱 분명해진다. 2013년 1월 말에 열린 3차 중앙정치국 집단학습에서 행한 연설에서 그는 평화발전의 길을 걷되 동시에 정당한 권익을 포기하거나 국가의 핵심이익을 결코 희생할 수 없다는 '두 개의 절대불가'를 강조했다.[15] 그는 중국이 국가이익의 침해라는 쓴 열매를 삼킬 것으로 기대해서는 안 된다고 지적했는데, 이는 중국이 "시종 평화발전의 길을 걸을 것이고 …… 어떤 외부의 압력에도 굴복하지 않을 것"이라고 지적한 18차 당대회 보고에서 표명된 입장으로부터 강경한 방향으로 한 걸음 더 나아간 것이었다.[16] 아울러 이러한 지적은 덩샤오핑이 1982년 당 12차 대회 개막사에서 행한 "어떤 국가도 …… 중국이 국가이익의 침해라는 쓴 결과를 삼킬 것으로 기대해서는 안 된다"라는 지적을 상기시킨 것으로,[17] 시진핑 주석이 덩샤오핑이 강조했던 온건한 입장 대신에 강경노선을 부각시키려 들었음을 의미한다.

이후 중국에서 강경한 주장이 계속해서 제기된다. 도광양회는 모든 일에서 참는 것을 의미하지 않는다는 해석이 제기되었다. 즉, 중국의 주권이 침해당할 때 권리를 유지하기 위한 행위를 취하는 것은 도광양회를 포기하는 것이 아니라는 주장이었다.[18] 심지어 핵심이익의 수호가 평화발전의 전제이자 기초라는 것이 중국의 일관된 입장이었다는 새로운 해석까지 제기되었다.[19] 이는 평화발전을 우선했던 그동안의 입장을 실질적으로 부정하는 것이었다. 변화된 분위기를 반영하듯 양제츠 외교 담당 국무위원 또한 새로운 지도부가 외교정책을 실천함에 있어서 국제적 갈등과 문제를 회피하지 않을 것임을 지적했다.[20] 반면에 평화발전에 대한 언급은 2013년 4월 시진핑 주석이 보아오포럼에서 다시 강조할 때까지 현저하게 줄어들었다.[21]

이와 함께 독자적 노선에 대한 주장도 강화되었다. 한 전문가는 시진핑의 중국의 꿈 구상을 독자노선에 대한 열망을 표출한 것으로 규정했다. 즉, 중국은 자신만의 방식으로 최대의 성과를 실현했으며 따라서 계속해서 독자적 길을 걸을 것임을 선언했다는 주장이었다.[22] 이와 함께 중국은 그동안 유보했던 외교정책과 관련한 자신만의 특성을 강조하는 등 피동성을 탈피하고 핵심이익과 관련된 문제에 대해 적극적으로 의제를 제기하며 국제적 여론의 초점이 되는 것을 두려워하지 않았다.[23] 그 대표적 사례로 시진핑이 2013년 서니랜즈 회동에서 새로운 형태의 강대국 관계(新型大国关系) 구상을 제기함으로써 미국과의 관계에서 자신의 입장을 분명하게 표명하기 시작했다는 사실을 들 수 있다. 핵심이익에 대한 상호 존중을 통해 충돌을 피하고 협력관계를 구축하자는 동 제안은 미국에 도전하지 않겠다는 의사를 일방적으로 선언하면서도 그 대가를 요구하지 않았던 평화적 부상론에서

한 걸음 더 나아간 것으로서 미국과 보다 동등한 관계를 수립하겠다는 중국의 선호를 분명하게 보여주었다.

이후 중국의 관리들은 미국과의 이견을 표출하는 것을 불사했다. 가령, 추이텐카이(崔天凱) 주미 중국대사는 2014년 초 중국은 아시아판 NATO를 창설하려는 시도에 반대한다고 주장함으로써 동맹을 강화하려는 미국의 노력을 비판했다. 아울러 미국이 북한의 핵 개발을 폐기하도록 압력을 가하라고 중국에 요구하는 것을 "완수 불가능한 임무(mission impossible)"로 규정했다. 이러한 비판은 헤이글(Chuck Hagel) 미 국방장관과 중국군 고위 관리 사이에 진행된 설전에 이어 나온 것으로 미국에 대해 자신의 입장을 분명하게 밝히려는 중국의 의도가 강화되었음을 보여주었다.[24]

2) '중국식' 강대국 외교정책

'중국식' 강대국 외교정책이라는 용어는 2013년 6월 왕이(王毅) 외교부장이 시진핑 체제가 중국적 특색을 지닌 강대국 외교의 길을 적극적으로 탐색하고 있다는 사실을 밝히면서 등장했다.[25] 이후 그는 기회가 있을 때마다 외교정책과 관련하여 중국특성을 강조했다. 가령, 2013년 9월 그는 시진핑 주석의 G20 정상회의 참가 결과를 설명하면서 중국특성을 강조했다. 구체적으로 그는 시진핑 주석이 제기한 많은 주장이 정상회의의 선언문에 삽입됨으로써 중국의 목소리를 내고 중국의 발언권을 구현했다고 평가했다. 아울러 그는 향후에도 국제무대에서 더 많은 중국의 지혜를 제공하고 더 많은 중국의 방안을 제시하며 더 많은 중국의 자신감을 전달할 것이라고 지적함으로써 중국특성에 대한 강조가 계속될 가능성을 예고했다.[26] 이어서 그는 같은 달 말 유엔 총회에서 행한 연설에서 "중국의 목소리를 내고, 중국의 지혜로 공헌하고, 중국의 방안을 제시하며, 중국의 역할을 구현함으로써 국제사회에 더 많은 공공재를 제공하기 위해 노력할 것"을 선언했다.[27] 12월 중국에서 열린 한 토론회에서도 왕이 부장은 중국의 방안을 형성하고 중국의 목소리를 내며 국제적으로 발언권을 쟁취하고 확대할 필요성을 강조함으로써 중국특성에 대한 강조를 이어갔다.[28]

2014년에 들어서 시진핑 주석이 해외 방문이나 회의외교 등을 통해 국제관계에 관한 중국의 방안을 제시하려 시도하면서 중국특성에 대한 강조는 더욱 분명해졌다. 우선, 그는 3월에 이루어진 유럽 방문에서 중국의 문화를 부각시키려는 노력을 전개했다. 시진핑은 네덜란드와 벨기에에서 진행된 국빈만찬에 중국의 전통의상을 착용하고 참석했는데, 이는 중국문화에 대한 자신감을 보여준 것이자 그 이후에 이어질 상황을 예고하는 것이기도 했다.[29] 이후 그는 베를린에서 행한 연설에서 "세계의 평화와 발전이라는 대의에서 출발하여 국제관계와 관련한 중국의 지혜를 제공하고 글로벌 거버넌스를 개선하기 위한 중국의 방안을 제시"하겠다고 강조했다.[30] 계속해서 5월 상하이에서 열린 아시아교류및신뢰구축회의(CICA)에서도 시진핑 주석은 아시아안보관(亚洲安全观)을 제기함으로써 중국의 방안을 제시하려는 시도를 이어갔다.

이러한 일련의 과정을 거쳐 시진핑 주석은 2014년 11월 중앙외사업무회의에서 중국식 강대국 외교정책을 공식적으로 제기했다. 중국공산당이 "대외업무의 지도사상, 기본원칙, 전략목표, 주요임무를 명확하게 함으로써 대외업무의 새로운 국면을 창출하기" 위해 개최한 동 회의에는 일곱 명의 정치국 상무위원 전원을 위시하여 정치국원, 서기처 서기, 전인대 상무위원회 관계자, 국무위원, 최고인민법원장, 최고인민검찰원장, 전국정치협상회의 관련자, 중앙군사위원회 위원 등 중앙의 지도부로부터 성, 자치구, 직할시를 비롯한 지방의 지도자, 그리고 일부 중앙기업과 금융기구의 책임자와 중국의 외교사절 등이 대거 참석했다. 시진핑 주석은 연설을 통해 "중국은 자신의 특성을 지닌 강대국 외교를 형성해야 한다"고 강조하고, 중국의 대외업무가 중국의 특색, 중국의 스타일(風格), 중국의 기풍(气派)을 지니도록 할 필요성을 제기했다.[31]

중국식 강대국 외교정책은 국제체제에 영향을 끼치려는 강대국 외교인 동시에 중국특색을 반영하려는 시도이기도 하다. 다시 말해 중국식 강대국 외교는 중국만의 방식으로 적극적인 행동을 통해 유리한 국제적 환경을 조성하려는 시도이다. 그러나 중국적 특색이 무엇을 지칭하는지는 분명하게 제시되지 않았다. 이와 관련하여 중국 내의 논의들은 크게 두 가지를 강조한다. 하나는 중국이 힘이 커지면 패권을 추구하는 전통적 강대국과 다른 강대국이라는 점이다.[32]

다른 하나는 사회주의와 중국의 전통으로, 시진핑 주석의 일련의 언급과 행동에서 관찰된다. 그는 2013년 8월 '전국선전·사상업무회의(全国宣传思想工作会议)'에서 국내외에 모두 통용되는 새로운 개념과 범주 그리고 서술(表述)을 형성하고 중국의 스토리와 목소리를 전달할 필요성을 강조했다.[33] 11월에도 그는 공자 탄신지인 취푸(曲阜)를 방문하여 중화민족의 위대한 부흥은 중국문화의 발전과 번영을 필요로 하며 중국공산당은 창설 때부터 전통문화를 충실히 구현하고 발양해왔다고 주장했다.[34] 계속해서 12월 30일 '중국의 문화적 소프트 파워 제고'를 주제로 열린 12차 정치국 집단학습에서 그는 마르크스 도덕관의 견지와 함께 중국 전통미덕의 창조적 전환과 혁신적 발전을 구현하기 위해 노력할 것을 강조했다.[35] 이는 시진핑 주석이 그때까지 중국에서 서로 분리된 것으로 인식되었던 사회주의 이념과 전통을 결합시키려 시도했음을 보여준다.

중국식 강대국 외교정책을 통해 중국은 강대국으로서의 정체성을 공식화했다. 강대국처럼 행동하겠다는 의도를 밝힘으로써, 시진핑 체제는 제국주의와 동일시하여 강대국이라는 용어를 사용하는 것조차 회피했던 중국의 전통으로부터 벗어났다.[36] 물론 시진핑 체제가 중국식 강대국 외교정책을 제기한 데는 미국과의 관계에서 경험한 좌절감이 일정 정도 작용했다. 시진핑 체제는, 앞에서 지적한 것처럼, 미국에 대해 핵심이익의 상호 존중을 통해 새로운 형태의 강대국 관계를 구축하자고 제안했다. 그러나 미국이 이에 대해 호응을 보이지 않자 시진핑 체제는 개혁개방 30년이 지났음에도 불구하고 중국에 대한 서구의 경계심이 해소되지 않았다는 판단을 강화하게 되었고,[37] 중국식 강대국 외교정책을 통해 독자적 영향력을 추구하려 들었다. 이러한 현실에도 불구하고 중국식 강대국 외교정책은 능동적으로 외부환경을 조성하고 이를 통해 외부의 도전을 해소하고 대처하려 한다는 점에서 중국의 자신감 증대를 반영한다.[38]

아울러 중국식 강대국 외교정책은 시진핑 주석이 민족주의를 중시함을 보여준다. 여기에는 국내정치적 이유가 중요하게 작용했다. 시진핑 체제는 전임정권과 달리 더 이상 경제적으로 고도성장을 누리기 어려운 상황에서 출범했다. 이에 따라 시 주석은 민족주의적 목표를 강조함으로써 정치적 통제력을 확보하고 또 강화하려 들었다. 그는 국가부주석이던 2009년, 제4장에서 지적한 것처럼, 멕시코 방문에서 행한 서방에 대한 강경한 비판을 통해 국내적 지지를 제고시킨 바 있었다. 이러한 경험이 그로 하여금 강경한 대외정책을 통해 국내적 문제에 대한 관심을 희석시키고 또 정치적 지지를 동원하도록 작용했다.[39] 중국 내에 강대국으로서 국제적으로 더 큰 목소리를 내고 또 중국의 국가이익을 수호해야 한다는 요구가 존재한다는 사실은 이러한 전략에 현실적 토대를 제공했다. 실제로, 주펑에 따르면,[40] 미국과 일본에 대한 강경한 대응은 정권 출범 초기 중국에서 시진핑에 대한 지지를 제고시키는 결과로 이어졌다.

2. 민족주의에 대한 경계

강대국 외교정책의 제기는 중국에서 급진 민족주의의 목소리를 강화시킨다. 이러한 사실을 보여주는 대표적 사례로 2014년 11월 ≪런민일보≫가 운영하는 SNS(微信)에 베이징 APEC을 주변국이 조공을 바치러 중국에 온 것(万邦来朝)에 비유한 글이 실린 것을 들 수 있다. 그 기사는 베이징 APEC이 중국의 주도권을 보여주었다고 규정하고, 향후 국제적 규칙을 제정함에 있어 중국의 목소리가 더 커질 것이라는 기대를 표출했다. 해외 인프라에 대한 대규모 투자를 통해 다른 국가들과의 연계성이 증강되면 "주니어 파트너(小伙伴)"가 많아지고 중국에 대한 태도도 더 좋아질 것이라는 기대였다. 심지어 중국과 갈등을 전개하던 일본의 아베 신조(安倍晋三) 총리마저도 마침내 베이징에 와서 중국의 지도자를 만남으로써 중국에 굴종했다는 주장을 제기했다.[41] 이에 앞서 옌쉐퉁 또한 중국외교가 도광양회에서 유소작위로 이행한 후 중국의 대외관계가 더 좋아졌다고 주장함으로써 강경한 외교정책을 지지한 바 있다.[42]

이처럼 급진 민족주의의 목소리가 제고됨에 따라 이를 경계하는 움직임도 촉발되었다. 흥미롭게도 ≪환추시보≫가 이러한 움직임의 전면에 나섰다. 2014년 1월 사설에서 ≪환추시보≫는 "지식인들의 섣부른 주장이 잘못된 여론을 형성한다"라고 비판한 데 이어,[43] 5월에는 학자들의 연구와 주장에서 파퓰리즘이 범람하는 현상을 경계했다.[44] 계속해서 11월에는 과거 중국은 지배자였지만 지금은 특정 국가가 중심이 되어 주도권을 행사하는 데 반대한다고 지적함으로써 중국문명의 계승과 중국의 부흥이 과거의 제국체제를 회복하는 데 목적이 있지 않다고 주장했다. 아울러 고대 조공체제에 대한 주변 국가의 기억은 "복잡"하며 또 현재 중국이 추구하는 이상과도 배치된다고 규정함으로서 역사를 다시 복원시키려는 경향을 경계했다.[45] 12월에 들어서 동 신문은 경제성장과 함께 "천조대국(天朝大国)"의 심리가 중국인 사이에 팽창하는 것을 경계할 필요성을 제기한 전문가의 글을 게재했다. 이 전문가는 중국인들 사이에 이러한 자만심과 함께 자기비하나 자신감 결핍이 동시에 공존함에 따라 대외전략상의 착오를 범할 가능성이 있다고 경고했다.[46] 이는 민족주의가 급격하게 증대됨으로써 중국의 대외정책에 제약을 가하는 현상을 제어하려는 시도였다.

이에 앞서 중국의 한 미국 전문가는 외교정책의 합리성을 회복할 필요성을 제기했다. 그는 중국이 너무 오만해져 미국을 대신하여 초강대국이 되려는 모험주의가 출현했다고 규정했다. 특히 그는 외교와 관련한 군부의 발언권이 너무 커지고 또 언론들이 복잡한 외교문제를 매우 단순한 것처럼 제시함으로써 무력을 통한 문제해결을 너무 쉽게 제기한다고 비판했다. 그는 이처럼 외교정책이 민족주의 정서에 의해 좌우되는 것은 매우 위험하다고 규정하고, 직업 외교관에 발언권을 줄 것을 주장했다.[47]

2015년에 들어서도 오만한 심리에 대한 경계가 계속해서 이어졌다. ≪환추시보≫는 4월에 발표한 한 사설을 통해 중국인들의 심리 속에 조공체제가 태평성대의 상징으로 각인되었고 그 결과 모든 외부의 자극을 민족감정을 해치는 것으로 간주하는 경향이 있다고 지적했다. 이로 인해 대중들은 통상적인 외교마찰에도 지나치게 민감하게 반응하고 정부에 항상 이길 것을 요구하는데, 동 사설은 이러한 심리가 외교정책의 유연성을 제약한다고 규정하고 역사적 비애감에서 벗어나 강대국 심리를 회복할 것을 촉구했다.[48] 한편 8월에 발표된 사설은 중국이 분열하지 않는다면 경제 규모에서 궁극적으로 세계 제일이 되는 것은 분명하다고 전제하면서도, 이것이 곧 중국경제의 질과 사회적 거버넌스가 세계일류가 되는 것을 의미하는 것은 아니라고 지적했다. 따라서 동 사설은 21세기는 중국의 세기이기보다 중국이 부단히 학습하고 분투하는 세기일 뿐이라고 규정했다.[49] 이는 시진핑 집권 이후 급진 민족주의가 확산됨에 따라 이를 제어할 필요성 또한 제기되었음을 보여준다.

이처럼 민족주의가 외교정책을 왜곡시키는 것에 대한 비판과 함께 중국식 강대국 외교정책의 국제주의적 측면을 부각시키려는 노력도 전개되었다. 자칭궈는 시진핑 지도부의 외교이념이 협력과 윈윈임에도 불구하고 실천 과정에서 영토분쟁의 해결이라는 현실주의적 목표로 치환됨으로써 왜곡되었다고 규정했다. 나아가 그는 최고의 외교목표는 영토분쟁의 해결이 아닌 평화로운 주변 환경을 확보하는 것이며 상호 호혜적 이념을 추구해야 문제를 효과적으로 해결할 수 있다고 주장했다.[50] 친야칭 또한 시진핑 총서기가 2014년 중앙외사업무회의에서 제기한 강대국 외교정책의 핵심적 이념이 협력과 윈윈이라고 주장했다. 아울러 그는 '중국이 이미 초강대국이 되었기에 미국과 세계 주도권을 놓고 경쟁하는 것이 주요 전략목표가 되어야 한다'는 주장에 대해 중국은 여전히 개발도상국이고 또 투키디데스 함정을 피하는 것이 당면과제라고 반박했다.[51]

여기에 더해 자유주의 국제규범과 개방적 국제질서가 중국에 유리하며 따라서 기존 국제질서에 계속해서 참여하고 도전하지 말아야 한다는 주장도 제기되었다. 베이징대학의 송웨이는 자유주의 국제규범이 비교적 포용적이고 평등하기에 중국의 경제발전과 정치적 지위를 제고시키는 데 유리하다고 규정했다. 그는 대외개방 이후 500억 달러가 넘는 자금을 빌려와 500여 개 항목의 건설사업을 추진하는 등 세계은행의 최대 수원국으로 등장한 사실을 들어 중국은 피해국이 아니며 오히려 발언권이 제고되는 등 핵심적 국제금융기구에서 주역의 하나로 등장했다고 주장했다.[52] 왕이저우 또한 중국이 국제질서에서 이익을 얻었다고 규정했다. 그는 과거 출국자 숫자가 1만 명도 안 되던 데서 1억 명으로 증가했고, 1인당 GDP도 400달러 미만에서 8000달러에 달했으며, 주변적 지위에 처했던 중국이 이제 전 세계 2/3 국가의 최대 교역 대상국으로 등장했다는 사실을 들어 중국이 현 국제체제로부터 커다란 이익을 얻었다고 규정했다. 국제체제의 변화를 추구해야 한다는 주장과 관련해서도 그는 국제체제를 파괴할 것이 아니라 참여하고 또 선도해야 한다고 주장했다.[53] 이러한 국제주의자들의 반론은 중국식 강대국 외교정책의 등장에도 불구하고 중국에서 외교정책을 둘러싼 이견이 계속됨을 의미한다.

3. 균형을 위한 노력

국제주의를 중심으로 급진 민족주의에 대한 경계와 반론이 제기됨에 따라 시진핑 체제의 외교정책은 중국특색과 핵심이익을 강조하던 데서 점차 온건한 측면을 회복한다. 다시 말해 중국식 강대국 외교정책은 공세적 측면을 부각시켰던 데서 공세적 측면과 온건한 측면 사이의 균형을 회복하려는 움직임을 보인다. 이러한 변화는 시진핑 체제 또한 외교전략과 관련하여 상반적 측면을 동시에 제시하고 이 가운데 유리한 측면을 선택적으로 활용하는 중국외교의 오랜 실천으로 회귀함을 의미한다. 시진핑 주석 역시 서로 상반된 측면을 병렬시키는 것을 모순으로 인식하기보다 서로 다른 측면 사이의 조화를 추구하는 변증적 세계관을 강조했는데, 그 대표적 사례로 2015년 1월 정치국 집단학습에서 변증유물주의 세계관과 방법론을 견지할 필요성을 지적한 것을 들 수 있다.[54]

취임 초기 외교정책과 관련하여 핵심이익의 옹호와 강대국 지위를 강조하던 시진핑 주석은 2014년에 들어 점차 세계발전의 대추세를 인식하고 시대의 흐름을 따라갈 필요성을 강조하는 동시에 일련의 상호 호혜적 협력조치도 제안했다. 가령, 7월 그는 모든 국가들이 국제법을 준수할 필요성을 제기했다.[55] 중국이 자신의 이익을 구현하는 데 국제법적 수단을 활용하려는 의도는 왕이 외교부장이 같은 해 9월 유엔 총회에서 국제법을 옹호하는 것이 평화발전이라는 중국의 필요에 봉사한다고 지적한 데서도 확인된다.[56] 이어서 10월에 개최된 중국공산당 18기 4중전회는 국제규칙의 제정에 적극적으로 참여하여 중국의 발언권과 영향력을 증강시키고, 법률적 수단을 통해 중국의 주권·안보·발전이익을 수호할 필요성을 지적했다.[57] 물론 회의의 초점은 국제적 규범과 규칙을 중국의 이익에 봉사하도록 변화시키는 데 집중되었고, 따라서 관리들에게 기존 제도와 법을 개혁하고 중국의 이익에 더욱 부합되는 대안적 가치, 원칙 그리고 주장을 적극적으로 옹호할 것을 촉구했다. 아울러 국제법을 준수할 것인지의 여부는 그 법이 중국의 전략적 목적에 부합되는지에 의해 영향을 받는다는 사실도 지적했다. 이러한 한계에도 불구하고 이 결정은 중국이 자신의 권리를 옹호하기 위해 국제적 규범과 규칙을 형성하는 데 더 많은 자원을 투입하려는 의지를 보여주었다.[58] 이는 개혁기 중국에서 국제법과 기구를 활용하고 형성함으로써 국가이익을 옹호할 수 있다는 국제주의적 인식이 강화된 것과 밀접한 관련을 갖는다.

계속해서 11월 중앙외사업무회의에서도 시진핑 주석은 중국외교의 균형을 회복하려는 시도를 이어갔다. 그는 중국의 국제적 힘과 영향력을 증대시킬 필요성과 함께 평화발전노선과 전략적 기회기를 언급했는데,[59] 이는 두 개의 절대불가나 전투할 수 있고 승리할 수 있는 군대를 건설할 필요성을 강조했던 이전의 경향과 대비되는 것으로 외교정책의 균형을 유지하려는 의도를 보여주었다. 다음 달인 12월 'FTA 건립 촉진'이라는 주제로 진행된 19차 정치국 집단학습에서도 시 주석은 중국이 국제체제의 방관자나 추수자(跟随者)가 아닌 참여자, 인도자(引领者)가 될 것을 강조했다.[60] 같은 달 왕양(汪洋) 부총리 또한 시카고에서 행한 연설에서 중국은 미국의 지위

에 도전할 생각도 능력도 없다고 지적함으로써 미국의 우려를 완화시키려 들었다.[61]

2015년에 들어서도 국제체제의 개혁가이자 수호자라는 이중적 정체성을 강조하려는 움직임이 계속되었다. 우선, 왕이 외교부장은 2월 유엔에서 "중국은 국제질서의 참여자이고 수호자이자 개혁가"라고 선언했다.[62] 시진핑 주석 또한 9월 유엔 연설에서 국제체제에 기여하기 위한 일련의 조치를 발표했다. 구체적으로 그는 기후변화 대응에 31억 달러, '남남협력원조기금' 설립에 20억 달러, 유엔 평화발전기금에 10억 달러를 각각 출연하고 또 8000명의 상설 평화유지군을 창설할 것을 공약했다.[63] 중국이 약속한 31억 달러의 기후변화 대응기금은 미국의 30억 달러를 넘어서는 것으로 책임을 다하는 강대국이라는 이미지를 창출하려는 의도를 반영했다. 계속해서 그는 영국 방문을 앞두고 가진 회견에서 중국이 세계의 평화와 발전을 위해 노력할 것이며 세계경찰이 되지 않을 것이라고 천명했다.[64] 여기에 더해 2015년 11월 당 18기 5중전회는 글로벌 거버넌스와 공공재 제공에 적극적으로 참여하여 제도적 발언권(制度性话语权)을 강화할 것을 지적함으로써 중국이 제도를 통해 영향력을 확대하려는 노력을 계속하려 한다는 사실을 보여주었다.[65]

마지막으로 중국은 12월에 채택된 파리기후변화협약과 관련해서도 적극적으로 임한 것으로 평가된다. 이는 2009년 코펜하겐 기후회의에서 취했던 입장으로부터의 분명한 변화였다. 당시 중국은 역사적 책임이 있는 선진국이 먼저 행동해야 한다는 입장을 취함으로써 합의 도출을 무산시켰다. 비록 중국이 2020년까지 개도국에 감축 의무를 면제해준 도쿄의정서를 근거로 제시했지만, 세계 최대의 탄소가스 배출국이라는 사실 때문에 비난을 받았었다. 그러나 6년 후 중국은 가스배출량을 2030년부터 감축하고, 화석연료에 대한 의존을 감축시키며, 최빈국의 대응을 돕겠다고 나섬으로써 합의 도출에 기여했다. 물론 이러한 변화에는 탄소감축을 새로운 사업으로 인식하기 시작한 경제적 고려가 작용했지만 '책임 있는 강대국' 이미지를 확립하려는 중국의 의지도 작용했다.[66] 이러한 일련의 조치는 중국의 자신감을 반영하는 것이자 중국의 강대국 외교정책이 공세적 측면뿐 아니라 온건한 측면을 회복함으로써 보다 복합적으로 변화했음을 보여준다.

4. '중국식' 강대국 외교의 실천

시진핑 체제는 위로부터의 기획을 통해 일련의 외교적 구상들을 제기함으로써 중국의 이익을 확장하고 또 영향력도 제고시키려 들었다. 강대국이라는 전통적 지위를 회복하고 또 자신의 특성을 반영하려 들었다는 점에서 중국식 강대국 외교정책은 기본적으로 민족주의, 특히 급진 민족주의 이념을 반영했다. 그러나 주목할 것은 중국식 강대국 외교정책이 전적으로 급진 민족주의에 의해 주도된 것은 아니라는 사실이다. 실천 과정에서 중국 지도부는 기존 국제체제가 갖고 있는 문제점을 개혁하고 보완한다는 명분을 내걸었고 또 기존 제도의 타파보다는 새로운 기구의 설립에 초점을 집중시켰다. 아울러 위로부터 제기된 구상들은 전체적 윤곽만 제시되었고 구체적 내용은 불분명한 상태로 남겨졌다. 이에 따라 외교구상을 구체화하기 위한 논의가 촉발되었고 이 과정에서 자신의 선호를 반영하려는 민족주의와 국제주의 사이의 경쟁이 전개되었다.

그 결과 중국의 강대국 외교정책은 서로 다른 경향을 동시에 포함했다. 가령, 남중국해에서의 권리를 수호하려는 시도가 국제법을 수용하는 것을 거부하고 민족주의 이념을 상대적으로 강하게 반영한 데 반해 AIIB 설립과 관련해서는 국제주의가 상당한 영향력을 행사했으며 일대일로의 방향을 둘러싸고는 서로 다른 이념 사이에 경쟁이 전개되었다. 이처럼 다양한 경향을 포괄함에 따라 중국식 강대국 외교가 정확하게 무엇을 의미하는지는 불분명하게 남았고, 심지어 남중국해에서의 권리를 수호하려는 시도가 21세기 해상실크로드를 건설하려는 노력과 충돌한 데서 드러나듯 서로 다른 구상들이 상충하는 혼란마저 나타났다.

1) 남중국해의 주권과 권리수호

남중국해에서의 주권과 권리를 수호하려는 시도를 강대국 외교정책과 연결시키기는 쉽지 않다. 통상적으로 강대국이 주권과 권리의 수호를 넘어 영향력 확대를 추구한다는 점에서 주권과 권리를 수호하기 위해 노력하는 국가를 강대국으로 간주하기는 쉽지 않기 때문이다. 이러한 사실에도 불구하고 남중국해에서 주권과 권리를 수호하려는 시도를 중국식 강대국 외교정책의 구성요소로 규정하는 것은 중국이 주장하는 주권의 범위와 국제법에 대한 입장 때문이다. 중국은 남중국해 문제와 관련하여 전형적인 강대국 행태를 보였는데, 이러한 사실은 필리핀이 국제상설중재재판소(PCA)에 제기한 중재에 대한 대응에서 단적으로 드러났다.

중국은 실질적으로 남중국해 전체에 대한 주권을 주장하는데, 이러한 입장은 시진핑 체제가 들어서기 이전에 이미 확립되었다. 중국은 2009년 아홉 개의 점선(九段线)을 이용하여 남중국해의 80% 정도에 대한 영유권을 주장하는 문건을 유엔에 제출한 바 있다. 이후 중국은 남중국해에서 영유권을 확보하는 데 적극적으로 나선다. 그 대표적 사례가 2012년에 발생한 황옌도 사건이었다. 이 사건은 애초 중국이 아닌 필리핀에 의해 촉발되었다. 이해 4월 필리핀은 군함을 동원하여 황옌도 주변에서 조업 중이던 중국어선을 나포하려 시도했다. 중국은 이에 대응하여 해양감시선과 어업행정선을 파견했을 뿐 아니라 미국의 주선으로 도출된 양국 선박의 동시철수라는 합의를 어기고 자국 선박을 계속해서 주둔시킴으로써 황옌도에 대한 실질적 통제권을 확보했다. 이는 외부에 의해 제공된 기회를 활용하여 현상을 재규정한 것으로서 중국에서는 '황옌도 모델'로 불린다.[67]

시진핑 체제는 영토 및 해양권리 문제와 관련하여 황옌도 모델에서 한 걸음 더 나아간다. 시진핑 주석은, 앞에서 지적한 것처럼, 두 개의 절대 불가를 통해 영토문제와 관련하여 강경한 입장을 표명했다. 이는 중국이 남중국해에 대한 정책의 초점을 개방기 들어 강조했던 안정 유지에서 권리 추구로 이동함을 의미하는 것으로서,[68] 이러한 변화는 제고된 국내적 기대에 부응하려는 시도를 반영했다. 즉, 국력의 증대가 국가의 권리와 존중을 증강시키는 결과로 이어질 것이라는 대중들의 기대가 제고되는 상황에 부응하려는 시도였다. 실제로 시진핑 체제의 출범을 전후하여 중국에서 급진 민족주의자들은 해양 분쟁과 관련하여 강경한 주장을 제기했다. 대표적으로 뤄옌은 갈등이 초래되는 것에 개의하지 말고 실질적 통제를 강화함으로써 중국의 소유권을 기정사실화하는 강력한 조치가 필요하다는 주장을 전개했다.[69] 아울러 중국이 강대국이 되었기에 베트남이나 필리핀 등 "작은 국가들"이 중국의 말을 들어야 한다는 기대도 제고되었다.[70] 이러한 상황에서 남중국해 분쟁에 소극적으로 대응하는 것은 대중들의 불만을 촉발시키고 정치적 정당성을 약화시킬 가능성을 지녔다.

남중국해에서의 권리수호와 관련하여 시진핑 체제는 살라미(salami) 전략을 통해 실효적 지배를 강화하려 시도한다. 구체적으로, 남중국해의 암초(礁)에서 매립공사를 시행하여 항구와 활주로를 건설한 후 다시 항공기를 착륙시키고 무기를 배치함으로써 실효적 지배를 강화하려 들었다. 중국이 남중국해 암초들에서 매립과 건설 공사를 하고 있다는 사실은 2014년 상반기 필리핀 정부에 의해 알려지기 시작했다. 이해 5월 필리핀 정부는 존슨 암초[Johnson South Reef, 중국명 츠과(赤瓜) 암초]에서 매립공사가 진행되고 있음을 보여주는 위성사진을 제시한 데 이어,[71] 다음 달인 6월에는 중국이 다른 다섯 개의 암초에서도 매립과 건설공사를 진행하고 있다는 보고서를 출간함으로써 중국이 남중국해에서 광범위한 매립과 건설 공사를 진행하고 있다는 사실을 알렸다.[72] 이후 2015년에 들어 중국의 한 인터넷 언론이 남중국해에서 항만, 활주로, 그리고 저장고 등을 건설하고 있다고 보도하면서,[73] 중국이 모두 일곱 개의 암초에서 확장과 건설공사를 진행하고 있다는 사실이 확인되었다.

중국은 인공섬 건설이, 서구에서 주장하듯, 영토분쟁을 명분으로 세력 확장을 추구하는 것이 아닌 주권을 수호하기 위한 노력이라고 주장했다. 즉, 팽창이나 역사적 수모를 만회하려는 시도가 아니라는 주장이었다. 이러한 주장을 뒷받침하기 위해 중국은 다른 국가들이 이미 유사한 행위들을 오랫동안 진행해왔다는 사실을 강조했다. 실제로, 미국 정부의 자료에 따르면, 남중국해에 건설한 전초기지의 숫자에서 베트남이 48개로 필리핀과 함께 여덟 개를 기록한 중국을 훨씬 앞선다.[74] 이러한 사실을 근거로 중국은 분쟁해역에서의 개발을 중단하고 현상을 동결하자는 미국과 필리핀의 호소를 거부했다. 중국 외교부의 한 관리는 중국이 무엇을 할 것인지는 스스로 결정하며 다른 사람들은 중국의 입장을 바꿀 수 없다는 단호한 입장을 표명했다.[75]

이는 중국이 영토문제와 관련하여 외부의 간섭을 배제하려 듦을 보여주었다. 중국이 영토문제와 관련하여 외부의 간섭을 배제하려 들었다는 사실은 영토문제에 대한 외부세력의 개입을 경고한 데서도 드러난다. 중국은 영토문제에 대한 아세안이나 미국의 개입을 방지하기 위한 국제화 방지 전략을 추구했다. 대신에 중국은 당사국 간의 협상을 통한 해결을 고집했다. 이처럼 외부세력의 개입에 반대하고 실효적 지배를 강화하려 추구했다는 점에서 남중국해 문제에 대한 중국의 접근은 전통적 강대국의 행태와 유사하다.

중국의 강경한 행동은 남중국해에서 갈등을 격화시키고 중국에 대한 의구심을 제고시켰다. 중국이 대규모 매립과 확장공사를 진행하고 또 일부 인공섬에 활주로와 항구를 건설하고 있다는 사실은 중국이 남중국해를 군사화하려 한다는 우려를 촉발시켰다. 활주로와 항구의 건설은 중국이 당장은 아니라 해도 미래의 어느 시점에서 이 도서들을 군사화할 가능성을 제기했기 때문이다. 이에 따라 일부 지역 국가들이 중국의 움직임에 대응했고 또, 제6장에서 논의할 것처럼, 미국도 항행(항해와 비행)의 자유(FON) 작전을 통해 개입함으로써 남중국해 문제를 국제화시켰다.

이러한 상황전개가 중국에서 국제주의자들의 비판을 촉발시켰다. 사실 어느 국가에서든 영토분쟁과 관련된 이슈는 민족주의에 의해 주도되며 국제주의가 영향력을 발휘하기는 쉽지 않다. 이러한 현실에도 불구하고 급진 민족주의가 중국의 외교정책을 '납치'하는 것을 방지하기 위해 국제주의자들이 목소리를 내기 시작했다. 국제주의자들 또한 남중국해 도서들이 중국에 귀속된다는 사실과 베트남, 필리핀, 말레이시아 등 다른 국가들이 이미 남중국해에서 매립을 광범위하게 진행했다는 사실을 인정한다. 그러면서도 국제주의자들은 다양한 근거를 들어 온건한 정책을 옹호했다. 우선, 미국이 회귀하고 일본이 합종연횡하며 지역 국가의 의구심이 존재하는 상황에서 남중국해 문제가 심화되는 것은 중국이 이 지역에서 전략적 우위를 점하는 데 불리하다고 주장했다. 구체적으로 남중국해 분쟁이 미일동맹을 강화시키고 주변 국가에서 중국에 대한 부정적 인식을 증강시킬 것이라고 지적했다.[76] 남중국해에서 분쟁이 확대되는 것은 다음에서 논의할 21세기 해상실크로드 건설에 불리하다는 주장도 제기되었다.[77]

반면에 남중국해 위기를 완화시키는 것은 주변 안정에 기여할 뿐 아니라 일본에 압력을 가하는 효과도 있는 것으로 제시되었다. 즉, 무력이 아닌 소프트 파워의 제고를 통해 문제를 해결해야 한다는 주장이었다.[78] 자칭궈는 중국의 실력이 증대되었기에 남중국해에서 공동개발을 더 적극적으로 실천해야 한다고 주장했다.[79] 나아가 그는 미래의 초강대국으로서 중국은 공해가 넓으면 넓을수록 유리하다는 근거를 들어 9점선 주장을 유지하되 항행의 자유원칙을 적용할 것도 옹호했다.[80] 한편 사회과학원의 쉐리(薛力)는 한 걸음 더 나아가 9점선을 당장 포기할 수는 없겠지만 적절한 시기에 해상국경선이 아님을 선포하고 또 공동개발이라는 원칙으로 회귀함으로써 일대일로를 추진해야 한다고 주장했다.[81] 즉, 남중국해에서 분쟁이 확대되는 것이 다음에서 논의할 일대일로의 추진에 불리하다는 지적이었다.

이와 함께 국제적 규칙을 통해 분쟁을 해결하자는 주장도 제기되었다. 가령, 왕이저우는 탈냉전기 국제정치와 외교의 전반적 추세는 다자기구와 국제제도를 활용하여 국제분쟁을 해결하는 것이라고 강조했다.[82] 아울러 그는 영토분쟁의 전개방식을 국가의 발전과 성숙의 정도를 보여주는 지표로 규정했다.[83] 즉, 국가이익에 너무 매몰되어 행동할 경우 중국의 국제적 평판이 악화됨으로써 더 많은 것을 잃게 될 것이라는 지적이었다. 국제규칙과 기구를 통한 해결을 보다 분명하게 주장한 것은 베이징대학의 한 법학교수였다. 중국이 역사적 사실에 근거하여 남중국해 도서의 영유권을 주장하는 것과 관련하여 그는 역사적으로 주권은 불분명한 경우가 많다고 전제하고, 책임 있는 강대국으로서 국제적 규칙을 통해 문제를 해결할 것을 주장했다. 아울러 그는 영토분쟁과 관련한 정부의 강경한 입장이 대중들에게도 영향을 끼치기에 정부가 자제해야 한다고 지적했다.[84]

이러한 국내적 이견을 반영하듯 중국은 해상분쟁과 관련하여 자신의 영유권을 보다 적극적으로 주장함으로써 기본적으로 민족주의의 요구에 부응하면서도 동시에 긴장이 확산되는 것을 방지하기 위한 노력도 동시에 전개한다. 이러한 사실은 중국이 남중국해 문제와 관련하여 강력한 입장을 표명하면서도 냉정한 대응을 강조함으로써 미국과의 관계가 악화되는 것을 회피하려 한 데서 드러난다. 가령, 2015년 인공섬 건설이 알려지면서 미국과의 갈등이 제고되는 상황에서도 중국은 6월 판찬룽(范长龙) 중국공산당 중앙군사위원회 부주석의 미국 방문을 통해 2016년 림팩(RIMPAC) 참가 등을 포함한 군사관계 강화에 합의했다.[85] 또 중국은 미국과의 제7차 전략·경제대화에서도 남중국해와 사이버 안보와 같은 첨예한 쟁점과 관련한 의구심을 완화시키려 노력함으로써 9월로 예정된 시진핑 주석의 미국 방문을 위한 정지작업에 착수했다.[86]

8월에는 왕이 중국 외교부장이 남중국해에서의 매립공사를 중단했다고 밝힘으로써 시진핑 주석의 미국 방문을 위한 정지작업에 힘을 보탰다.[87] 여기에 더해 미국과 중국은 9월 시진핑 방미를 앞두고 우발적 군사충돌을 방지하기 위한 조치에도 합의했다. 양국은 2013년 6월 오바마-시진핑 회동에서 '중대군사행동의 상호통보기제와 해상 및 공중에서의 조우 시 안전행위에 관한 규약'을 체결하는 데 인식을 같이한 바 있다. 이후 양국 국방부는 2015년 9월 18일 중대군사행동의 상호통보기제에 '군사위기통보' 부속문서를, 또 '해상과 공중에서의 안전행위에 관한 규약'에 '공중조우' 부속문서를 포함시키는 데 합의하고 서명했다. 이러한 합의는 양국 간 신뢰확립을 위한 기제를 마련하려는 노력의 일부로 양국 사이의 전략적 신뢰를 증진시키고 오해와 오판 그리고 해상과 공중에서의 우발적 사건을 회피하는 데 기여할 것으로 평가되었다.[88]

이러한 노력에도 불구하고 중국은 영유권 문제와 관련해서는 타협하지 않았다. 가령, 9월 시진핑 주석은 미국 방문에서 사이버 안보와 관련하여 상업적 스파이 행위, 법 집행, 그리고 정보교환에 협력하기로 합의함으로써 미국의 우려를 수용했지만, 남중국해 문제와 관련해서는 원칙적 입장을 견지했다. 그는 "인공섬에 대한 군사화를 추구할 의도가 없다"고 밝히면서도 영토주권의 옹호를 강조했다. 이러한 강경한 태도는 중국이 협력과 대결을 병행하는 이중적 게임을 하고 있다는 미국 내의 우려를 촉발시켰다.[89]

여기에 더해 필리핀이 제기한 국제적 중재에 대해서도 중국은 강대국으로서의 전형적 행태를 보였다. 2013년 초 필리핀은 중국의 9점선 주장이 유엔 해양법협약에 위배된다고 헤이그 소재 국제상설중재재판소에 제소했다. 이에 대해 중국은 9점선이 주권과 관련된 문제로 상설중재재판소에 관할권이 없다고 주장했다. 이후 재판소가 관할권 있음을 결정하자 중국은 중재에 참여하지도 또 그 결과를 인정하지도 않겠다고 밝혔다.[90] 나아가 중국 외교부는 입장을 밝히는 문건을 발표하고, 또 자국의 해결방식에 대한 국제적 지지도 동원하려 들었다. 중국은 브루나이, 캄보디아, 라오스 등과 남중국해 문제는 중국과 아세안 사이의 문제가 아니라는 데 합의함으로써 아세안을 분열시키는 외에도, 자국과의 교역이나 경제적 지원을 필요로 하는 작은 국가들과 러시아 등 미국과 갈등 중인 국가들의 지지를 확보하는 데도 공을 들였다.[91]

이러한 중국의 행태는, 한 전문가가 주장하듯, 강대국들이 보이는 전형적 행태이다. 현실적으로 유엔 안보리 상임이사국 가운데 어떤 국가도 자신의 주권이나 안보이익을 침해하는 국제재판소의 관할권이나 결정을 수용한 적이 없다.[92] 대신에 강대국들은 당사자 간의 직접적 협상을 통해 자신의 이익을 반영하려 든다. 중국의 행태는 이러한 전형적인 강대국의 행태를 답습하는 것이었다. 이는 전통적 강대국과는 다른 형태의 강대국이 되겠다는 중국의 선언과 배치되는 것이었다.

2) AIIB 창설

AIIB는 2013년 시진핑 주석이 인도네시아에서 그 구상을 밝힘으로써 모습을 드러낸 이후, 2014년 1월부터 실무협의회가 시작되어 10월에 21개 아시아 국가가 합의서에 서명하기에 이르렀다.[93] 중국은 AIIB의 필요성과 관련하여 아시아 국가의 인프라 증강과 국민생활 개선 등을 제시했다. 이는 중국이 아시아 지역에 인프라 건설에 대한 커다란 수요가 존재함에도 불구하고 세계은행과 ADB 등이 부응하지 못한다는 기존 체제의 문제점을 근거로 들어 새로운 기구의 설립을 추진했음을 의미한다.

이러한 중국의 주장에도 불구하고 이 은행의 설립은 지역의 주도권을 추구하려는 중국의 의지를 반영하는 것으로 인식되었다. 중국이 초기 자본금으로 설정되었던 500억 달러 가운데 절반을 출자하기로 공약함에 따라 동 은행에 대한 주도권을 장악할 것이라는 우려가 촉발되었다. 상임 이사회를 두지 않고 집행부를 중심으로 은행을 운영하겠다는 계획 또한 AIIB가 중국의 뜻에 따라 작동되는 것을 견제하기 어렵다는 우려를 가중시켰다.[94] 이러한 우려는 궁극적으로 AIIB의 설립이 아시아에서 미국과 일본이 주도하는 세계은행과 ADB의 영향력을 약화시키고 중국의 영향력을 확대함으로써 글로벌 거버넌스를 파편화시킬 것이라는 우려를 촉발시켰고,[95] 결국 미국과 일본은 AIIB로부터 거리를 유지했다.

중국은 AIIB의 설립은 강대국으로서 공공재를 제공하려는 노력이며 기존의 개발은행을 대체하기보다 보완적 역할을 할 것이라고 주장하고,[96] 이를 입증하기 위해 개방과 포용의 원칙을 강조했다. 시진핑 주석이 원하는 모든 국가의 참여를 환영한다고 밝혔고,[97] 미국에도 참여를 권유한 것으로 알려졌다.[98] 그러나 동시에 중국은 '선 지역 내, 후 지역 외'라는 점진적 개방의 원칙도 강조했다. 이러한 사실은 중국이 AIIB가 기존 기구에 도전을 제기할 가능성을 배제하지 않았음을 의미한다. 실제로 중국의 일부 전문가들은 AIIB가 정치적 영향력을 확대하고 또 독자적 질서를 구축하는 데 기여할 것이라는 기대를 숨기지 않았다. 가령, 한 전문가는 AIIB 설립을 지역의 주도권에 대한 중국의 의지의 표현이자 또 구성국이 이를 승인한 것으로 간주했다.[99] 다른 전문가는 신흥 경제국가가 기존 금융질서를 개방시키지 못할 경우 대안은 새로운 개발금융체계를 형성하는 것이고, 또 이러한 새로운 체제가 국제적 보편성을 확보한다면 새로운 세계금융질서의 표본이 될 수 있다고 지적했다.[100] 또 다른 전문가는 AIIB가 미국과 일본이 지배하는 국면에 변화를 초래할 가능성을 보다 분명하게 지적하고, 이것이 미국과 일본이 AIIB를 반대하는 이유라고 규정했다.[101] 이 점에서 AIIB의 설립과 관련하여 중국의 일각에서 기존 질서에 참여하는 대신 새로운 대안을 추구해야 한다는 주장이 제기되었다고 평가할 수 있다.

여기에 더해 AIIB의 설립과 관련하여 중국에서 독자적 표준에 대한 요구가 제기되기도 했다. 가령, 중앙당교의 한 전문가는 AIIB가 IMF나 세계은행과 시장을 둘러싼 경쟁을 전개할 것이라고 전제하고, AIIB가 '협의를 통한 합의'라는 원칙을 추구함으로써 투표를 통한 결정을 시행하는 기존 기구와 차이를 보여야 한다고 지적했다.[102] 그러나 이것이 곧 중국에서 AIIB 창설을 통해 미국과 본격적으로 경쟁해야 한다는 합의가 형성되었음을 의미하는 것은 아니다. AIIB의 설립과 관련하여 중국에서 강경한 목소리가 제기되었지만 정작 민족주의자들은 AIIB 창설을 경제적 이슈로 간주하여 분명한 입장을 표명하지 않았다.

반면에 국제주의자를 중심으로 한 온건론자들은 AIIB 창설이 기존 국제질서에 대한 도전으로 간주되는 것을 경계했다. 이러한 사실은 2015년에 들어 중국이 AIIB의 창설 회원국 확대를 추진하는 과정에서 분명해졌다. 중국은 AIIB가 주요 경제국이 모두 빠진 상태에서 개도국들만으로 출범하는 상황을 개선하기 위해 더 많은 국가의 참여를 유도하려 들었고, 이러한 노력은 제6장에서 논의하겠지만 유럽 선진국들의 적극적 호응을 촉발시킨다. 이 과정에서 AIIB가 미중경쟁의 맥락에서 이해되는 것을 경계하는 움직임이 제기되었다. 가령, 한 신문은 AIIB가 자금이 필요한 국가에 대한 부가적 투자를 제공할 것이며 책임 있는 강대국이 되라는 미국의 요구에 대한 중국의 응답이라고 규정함으로써 AIIB 설립이 중미경쟁의 상징으로 등장하는 것을 경계했다.[103] 심지어 ≪환추시보≫마저도 사설을 통해 AIIB 설립은 중국의 유소작위의 표현으로서 윈윈을 추구하는 것이지 미국과 충돌하려는 것이 아니라고 규정했다.[104]

AIIB가 미국과의 경쟁으로 해석되는 것에 대한 경계는 중국이 정한 마감시한인 3월 말이 다가오면서 더욱 분명해졌다. ≪환추시보≫의 3월 25일자 사설은 제목에서부터 AIIB를 미중경쟁의 시각에서 보는 것을 경계했다. 동 사설은 중국이 AIIB를 추진함으로써 미국을 패퇴시켰다는 국내외의 시각을 경계하면서 윈윈의 중요성을 강조했다.[105] 마감시한이 지난 4월 초에도 이 신문은 사설을 통해 AIIB 사태를 지정학적으로 해석하려는 시도에 대한 경계를 이어갔다. 사설은 이러한 지정학적 시각을 미국과 워싱턴의 정책결정자들에 의해 제기된 것으로서 미국을 피동적 상태로 몰아넣고 세계인들의 시각도 오도했다고 비판했다. 특히 사설은 AIIB가 미·중 사이의 상대적 국력을 측정하는 지표가 아니라고 규정했다. 즉, AIIB의 출범이 미국 패권의 한계를 분명하게 보여주었지만 세력전이의 상징은 아니라는 주장이었다.[106] 여기에 더해 리커창(李克强) 총리 또한 한 영국 언론과의 인터뷰에서 새로운 세계질서를 형성할 의지가 없으며 다른 국가들과 함께 기존 질서를 수호하겠다는 의도를 강조했다.[107] AIIB 설립에 대한 국제적 지지를 동원할 필요성이 중국 내부의 생각에 영향을 끼친 것이다.

중국의 전문가들은 중국이 사상 최초로 국제적 다자 금융기구에서 지도적 역할을 수행하게 될 것이라고 기대를 표명하면서도 동시에 이에 따른 도전도 강조했다. 가령, 런민대학의 한 전문가는 AIIB의 구성 및 운영과 관련하여 미국을 배울 필요성을 제기했다.[108] ≪환추시보≫ 또한 사설을 통해 AIIB를 창립하고 경영하는 것이 중국의 개방을 더욱 촉진시킬 것이라고 규정했다. 즉, 중국과 세계가 더 높은 수준에서 일치와 융합을 이루게 될 것이라는 지적이었다. 중국이 비록 강대국이지만 AIIB에서 처음으로 지도적 역할을 발휘하는 것이고, 또 유럽의 열강이 있고 중국과 영토분쟁 중에 있는 국가도 참여하기에 중국은 다양한 의견과 선호를 조율해야 하는데, 이것이 중국의 지혜와 유연성을 측정할 것이라는 지적이었다. 이 사설은 AIIB와 세계은행이 서로 협력하는 동시에 경쟁하는 관계라고 규정했다.[109]

물론 이러한 움직임이 타협을 통해 AIIB의 기반을 강화하려는 시도였다는 점을 부인하기는 어렵지만, 동시에 AIIB가 중국이 애초에 상정했던 것과 다른 길을 걷게 되었다는 사실을 주목할 필요가 있다.[110] 우선, 회원국의 변화이다. 애초 중국은 지역 국가들로만 구성하고 역외 국가의 참여는 뒤로 미루려 들었다. 그러나 중국은 유럽 선진국의 참여를 동원하기 위해 정책을 변경시켰다. 둘째, AIIB의 성격변화이다. 초창기 AIIB는 중국의 원조기구나 정책기능을 지닌 상업은행으로 상정되었지만, 궁극적으로 다자적 개발은행으로 귀결되었다. 마지막으로 중국은 거부권에 대한 우려를 완화시켰다. 중국은 영국을 비롯한 서구의 선진국을 끌어들기 위한 타협책으로 거부권을 행사하지 않겠다고 약속했다.[111] 중국이 297억 달러(30.34%의 지분)의 자본을 출자하여 26.6%의 투표권을 확보함으로써 은행장 선출이나 이사회 구성 변경, 그리고 증자 등 중요한 안건에 관한 결정에 적용되는 최대다수결 투표(supermajority vote)에서 거부권을 확보했지만, 그 범위는 축소되었다. 또한 은행 경영진을 중심으로 운영하려던 구상 대신에 이사회에 결정권이 부여되었다. 이러한 사실은 다른 모든 회원국이 지지하는 사항을 중국이 혼자서 반대할 가능성이 크지 않으며, 따라서 거부권 행사에 신중할 수밖에 없게 되었음을 의미한다.

이는 중국의 양보로 AIIB가 다자기구로서의 요건을 구비하게 되었고, 따라서 브레튼 우즈체제를 대체하기보다 보완하게 되었음을 의미한다. 실제로 2016년 1월 16일에 열린 개소식에서 시진핑 주석은 AIIB가 전문적이고 효율적이며 청렴한 21세기 새로운 형태의 다자개발은행이 될 것이며 자금 집행과 관련하여 이익을 중시하되 정의(义)를 더욱 중시함으로써 이익과 정의 사이의의 균형을 추구할 것임을 지적했다.[112] ≪런민일보≫ 또한, AIIB의 공식적 출범이 중국의 방안과 중국의 지혜가 수용됨을 보여준다고 주장하면서도,[113] 운영과 관련하여 다자적 절차와 규칙을 따를 것이라고 선언했다.[114]

중국이 양자적 접근 대신에 선호를 변경시키면서까지 다자적 인프라 은행의 건립을 추진했다는 사실은 기존 질서에 도전하려 한다는 주장에 대한 의문을 제기한다. 실제로 장가오리(张高丽) 부총리는 AIIB가 다자기구의 절차와 규칙을 준수할 필요성과 함께 세계은행 및 ADB 등과 밀접한 협력관계를 형성할 필요성을 지적했다.[115] 이러한 의도를 반영하듯 AIIB가 2016년 6월 최초의 사업으로 승인한 네 개의 프로젝트 가운데 상당수는 세계은행 및 ADB 등 기존 다자기구와 공동으로 추진될 것으로 보도되었다.[116]

3) 일대일로

일대일로는 시진핑 체제가 제기한 다양한 구상 가운데 중국의 특색을 가장 분명하게 반영한다. 시진핑 주석은 2013년 9월 카자흐스탄에서 행한 연설에서 중앙아시아 국가들과 실크로드경제지대(丝绸之路经济带)를 건설하려는 구상을 제기한 데 이어, 다음 달 동남아 국가에 대한 순방 도중 인도네시아 의회에서 행한 연설에서 21세기해상실크로드(21世纪海上丝绸之路)를 건설하겠다는 구상을 밝혔다.[117] 이러한 두 개의 제안이 후일 합쳐져서 일대일로로 명명된다. 이러한 연원으로 인해 중국에서 일대일로는 위로부터의 기획으로 제시된다.[118]

일대일로는 중국의 역사와 경험을 반영한다. 중국은 일대일로가 당나라 시대의 실크로드와 남송시기의 해상실크로드처럼 경제적 번영을 가져올 것이라고 주장한다.[119] 이는 역사를 활용하여 연계를 형성하고 관계를 강화하려는 의도를 반영한다.[120] 아울러 일대일로는 중국의 지리관이 주변(周邊)이라는 전통적 개념으로 다시 회귀함을 의미한다. 다시 말해 주변 전체를 상대로 구상을 형성하고 또 실천하려는 시도라는 점에서 일대일로는 중국의 전통적 시각과 방식을 통해 서방이 그어놓은 지리적 개념을 재구성하려는 시도라고 볼 수 있다.[121]

중국의 지도부는 일대일로가 전 세계 인구의 2/3와 경제총량의 1/3을 점하는 65개 국가를 대상으로 인프라 건설을 추진함으로써 상품, 서비스, 사람의 이동을 촉진시키려는 시도라는 전체적 구상만을 제기하고, 구체적 내용과 방식은 확정하지 않았다. 이에 따라 중국에서는 그 내용을 채우기 위한 경쟁이 전개되었고 이 과정에서 논쟁이 촉발되었다. 가장 커다란 쟁점은 일대일로를 전략으로 볼 것인가의 여부였다. 민족주의가 일대일로를 중국의 대전략이라고 규정한 데 반해, 국제주의는 일대일로를 전략으로 보는 시각을 경계하는 대신에 경제를 발전시키고 지역의 공동번영을 촉발시키기 위한 시도임을 부각시켰다.

민족주의는 지정학적 시각에서 출발하여 일대일로를 세계의 심장지대에 대한 통제권을 확보함으로써 중국의 영향력을 확대하려는 시도라고 규정했다. 대표적으로 왕후이(汪晖)는 일대일로와 관련하여 과잉 단계에 이른 국내 생산능력의 수출과 금융의 확장만을 얘기하는 현실을 비판하고, '변방의 비변방화와 중심의 비중심화'를 강조했다.[122] 다른 전문가 또한 인프라 건설을 통해 유라시아 지역의 국가들을 연결시키려는 시도라는 점에서 일대일로를 전통적 지정학의 복귀와 연결시켰다. 그는 중국에서 경제적 부상과 함께 지정학도 부활했다고 전제하고, 중국의 지정학을 해양방어(海防)와 변경방어(塞防) 사이의 논쟁, 즉 해양 국가와 대륙국가 사이의 논쟁으로 특징지었다. 이러한 시각에서 볼 때 그는 일대일로를 중국이 동쪽 방향에서 장애에 직면한 것과 연결시켜 해석할 수 있다고 규정했다. 즉, 미국의 재균형으로 인해 압력이 증대된 것이 중국으로 하여금 대륙에 중점을 둔 일대일로를 추진하도록 작용했다는 주장이다.[123]

다른 전문가들 또한 일대일로를 미국과의 관계와 연관시켜 해석한다. 즉, 중국이 2013년에 제기한 새로운 형태의 강대국 관계가 미국의 전략적 의도를 변화시키지 못한 상태에서, 미국의 압력에 대응하기 위해 어쩔 수 없이 일대일로를 핵심으로 하는 전략을 제기했다는 주장이다. 미국의 재균형으로 인해 동아시아에서 평화발전 전략이 압력에 직면한 결과 중국은 일대일로를 통해 서북쪽과 서남 방향으로 출로를 찾게 되었는데, 서쪽 방향으로 연계성을 제고시키려는 시도는 중국과 유사하게 미국의 압력을 받는 러시아와의 전략적 협력을 강화함으로써 미국이 가하는 전략적 압력을 해소하는 데 기여할 것이라는 지적이었다.[124]

이에 반해 국제주의자들은 일대일로의 경제적 성격을 강조한다. 대표적으로 자칭궈는 일대일로를 경제발전 전략이자 모든 국가에 참여를 호소하는 국제적 이니셔티브로 평가한다.[125] 특히 그는 일대일로를 또 한 차례의, 완전히 새로운 대외개방을 위한 시도로서 중국경제를 업그레이드하고 공동발전을 이루는 데 그 초점이 있다고 규정한다. 즉, 일대일로가 자본과 기술의 도입에 초점을 두었던 기존의 개방과 달리 자본, 기술, 관리경험의 수출을 통해 주변 국가의 경제를 발전시키고 중국경제를 업그레이드함으로써 중국 중심의 지역경제 일체화를 추진하려는 시도라는 주장이다.[126] 팡중잉은 일대일로를 자신의 강점을 활용하여 국제적으로 공공재를 제공하려는 시도라고 규정한다. 즉, 중국이 경제발전 과정에서 집적한 경험을 활용하여 주변 국가의 경제를 발전시키고 이를 통해 연계를 강화하려 한다는 지적이다.[127] 왕이저우 또한 일대일로의 초점이 "더 많고, 더 정교한 공공재"를 제공하는 데 집중되어야 한다고 주장한다. 이러한 공공재에는 물질적인 것뿐 아니라 관념, 규범, 제도 등 비물질적인 것도 포함해야 하는 것으로 제시된다.[128] 중앙당교의 류젠페이(刘建飞)는 한 걸음 더 나아가 가치관을 통해 소프트 파워를 제고시킬 필요성을 강조한다. 특히 그는 소프트 파워 및 가치관 창출과 관련하여 미국의 경험을 배울 필요성을 강조한다. 즉, 미국이 가치관상의 유대를 창출함으로써 2차 세계대전 이후 70년 동안 동맹체제를 유지했던 것처럼, 중국이 강조하는 운명공동체 또한 공동의 가치를 창출할 때 비로소 생명력을 지닐 수 있다는 주장이다.[129]

여기에 더해 국제주의자들은 일대일로를 미국과 대립하려는 시도로 간주하는 것을 경계한다. 가령, 황이핑(黄益平)은 일대일로가 중국 외교전략의 중요한 변화임에 틀림없지만, 국제경제질서를 보완하려는 시도라고 규정한다. 즉, 국제사회에 더 많은 공공재를 제공하라는 미국의 요구에 부응하려는 시도라는 주장이다. 대신에 그는 일부 전문가들이 일대일로를 미국과의 전략적 대결을 추구하려는 시도로 규정하는 것을 무모하다고 비판한다.[130] 왕이저우 또한 70여 년의 역사는 미국과의 관계가 악화될 때 중국의 외교환경이 악화됨을 보여준다고 지적함으로써 일대일로를 미국과 경쟁하기 위한 것으로 간주하는 것을 경계한다.[131] 이에 앞서 왕지스는 서쪽 방향으로 진출하는 전략이 미국과의 갈등을 줄이는 대신에 새로운 협력의 가능성을 제공할 것이라는 주장을 제기한 바 있다.[132]

이러한 논쟁은 일대일로의 내용에 영향을 끼친다. 2015년에 들어 중국

정부는 일대일로의 협력적 성격과 경제적 측면을 강조하기 시작했다. 3월 왕이 중국 외교부장은 일대일로의 전면적 추진이 2015년 중국외교의 "중점(重点)"이 될 것이라고 강조함으로써,[133] 일대일로 구상이 전면적으로 실천될 것이라는 기대를 촉발시켰다.[134] 그러면서도 그는 일대일로의 협력적 측면을 강조하고 지정학적 성격을 부정하려 들었다. 특히 그는 이미 효력이 지난 냉전적 사고를 통해 일대일로를 인식하는 것을 경계했다.[135] 계속해서 장예수이 외교부 부부장 또한 일대일로는 협력 이니셔티브이지 지정학의 도구가 아니라고 지적했다. 아울러 그는 일대일로가 특정 국가나 조직을 겨냥한 것이 아니며 기존 기구의 유용한 보완재가 될 것이라고 주장했다.[136]

이러한 흐름은 같은 달 28일 외교부가 국가발전개혁위원회 및 상무부와 공동으로 발표한 "실크로드 경제지대와 21세기 해상 실크로드 건설 추진을 위한 비전과 행동"이라는 문건에서도 관찰된다. 일대일로의 개념과 실천 방안을 가장 구체적으로 제시한 것으로 간주되는 이 문건은 인프라 연결 외에 정책조율, 교역과 투자촉진, 재정통합 등을 제시함으로써 경제요소의 자유로운 이동과 자원의 효율적 배치를 통해 경제를 발전시키고 지역협력을 제고하겠다는 경제적 성격을 부각시켰다.[137] ≪런민일보≫ 또한 일대일로가 개방적이고 포용적이며 세계 각 국가의 적극적 참여를 환영한다고 밝혔다. 즉, 일대일로는 AIIB와 함께 기존 지역기구를 대체하려는 노력이 아니며 서로 지지하고 연계하면서 발전하게 될 것이라는 주장이었다.[138]

이러한 주장에도 불구하고 중국이 일대일로를 통해 전통적 영향력을 복원하려 한다는 의구심은 가시지 않는다. 이는 중국이 야심적 건설계획, 고위지도자의 국빈 방문, 그리고 엄청난 규모의 자금투입 등을 통해 자신을 중심으로 하는 통합을 추진하려 한다는 사실 때문이다. 더욱이 중국이 진출하는 지역은 정치적 불안정으로 인해 투자가 경제적 성과로 이어질지 불분명한 지역이다. 여기에 더해 시진핑 주석 또한 간헐적으로 이러한 오해를 불러일으킬 수 있는 언급을 계속했다. 그는 2014년 19차 정치국 집단학습에서 일대일로를 자신의 경제전략을 규정하는 데 활용한 바 있다.[139] 이에 따라 중국에서는 일대일로가 부상하는 중국의 거대 구상이라는 주장이 그치지 않는다. 가령, 런민대학의 한 전문가는 일대일로가 국제체제의 추종자가 아닌 지도자가 되려는 중국의 열망을 반영한다고 규정한다. 그는 일대일로가 서구로부터 배워야 할 필요성을 덜 강조하는 새로운 지도부의 국가발전 전략이자 분발유위를 통해 세계 경제정치질서를 개혁하려는 시도라고 지적한다.[140] 사회과학원의 한 전문가 또한 일대일로의 성공적 시행은 주변 국가의 지지로 이어질 것이고 이는 중국의 영향권을 구축하는 데 기여할 것이라고 주장한다.[141] 이러한 사실은 일대일로 구상이 제기된 이후 상당한 시간이 지났음에도 불구하고 그 구체적 내용을 둘러싸고 전문가뿐 아니라 정부 차원에서도 서로 다른 이해가 존재함을 보여준다.[142]

5. 국제체제의 개혁과 상호 적응

이상의 논의는 시진핑 체제의 중국이 국제체제에 영향력을 끼치려 듦을 보여준다. 중국식 강대국 외교정책은 더 이상 단순히 국제체제에 참여하고 또 통합을 추구하는 데 만족하기보다 체제를 개혁하고 재구성함으로써 자신의 이익을 구현하려는 의도를 보여준다. 안보적 측면에서 시진핑 체제는 국제법을 준수하기보다 힘에 근거하여 자신의 이익을 구현하려는 강대국으로서의 행태를 보였다. 남중국해 문제와 관련하여 중국은 미국이 주장하는 국제법을 통한 문제해결을 추구하기보다 증대된 힘을 근거로 실효적 지배를 강화하려 들었고 이로 인해 갈등이 초래되는 것을 불사했다. 아울러 시진핑 체제는 기존 체제에 존재하는 문제점을 들어 새로운 국제기구를 창설함으로써 자신의 영향력을 제고시키려 들었다. AIIB의 창설은 새로운 틀을 형성함으로써 국제규범과 규칙에 영향을 끼치려는 중국의 의도를 보여주었다. 일대일로의 추진 또한 실크로드라는 역사적 기억을 다시 불러옴으로써 국제적 의제설정에 영향을 끼치려는 중국의 의도를 잘 보여주었다.

이러한 노력에도 불구하고 중국은 강대국 외교정책을 통해 기존 체제와 다른 대안적 비전을 명확하게 제시하지는 못했다. 다시 말해 중국은 다양한 이슈를 관통하는 자신만의 원칙이나 입장을 분명하게 밝히지 못했다. 남중국해 문제에 대한 중국의 행태는 중국이 주장하는 것처럼 전통적 강대국과 다르기보다 전형적 강대국의 행태를 답습했다. AIIB와 관련한 중국의 행태 또한 독자적 방식을 제시하기보다 보편적 원칙으로 귀결되었다. 비록 일대일로가 중국의 시각과 역사적 기억을 상대적으로 강하게 반영했지만, 여기서도 중국만의 독특한 특성은 아직 충분하게 구현되지 않았다. 결국 시진핑 체제의 외교정책은 국제관계와 관련한 기존 강대국의 시각과 접근법에서 크게 벗어나지 않았다. 현실적으로 중국식 강대국 외교정책의 초점은 기존 체제에 문제가 있으며 이에 대해 미국이 효과적으로 대응할 수 없음을 부각시키는 데 집중되었다. 아울러 중국식 강대국 외교정책은 미국이 주도하는 국제질서를 수용하려는 중국의 의지가 감소했음도 분명하게 보여주었다.[143]

이처럼 강대국 외교정책을 통해 국제체제에 영향을 끼치고 미국의 주도권을 인정하지 않으려 듦에 따라 중국이 국제체제에 도전하려 한다는 우려가 촉발되었다. 그러나 이상의 논의는 이러한 우려가 섣부른 것임을 제시한다. 중국식 강대국 외교정책은 기존 체제를 거부하고 대체하려 들기보다 미국과의 충돌을 회피하려는 의도를 보여주었다. 가령, 중국은 AIIB 출범과 관련하여 기존기구를 공격하기보다 새로운 기구를 창출하는 방식을 선택했다. 아울러 일대일로와 관련해서도 중국은 경제적 측면을 부각시킴으로써 미국과의 본격적인 충돌을 회피하고 또 국제적 의구심을 촉발시키는 것을 방지하려 들었다. 심지어 중국은 남중국해 문제와 관련해서도 자신의 선호를 구현하려 드는 동시에 미국과의 충돌을 방지하는 데 주의를 기울였다. 이러한 사실은 중국이 자신의 선호를 반영하려는 시도를 기존 체제에 대한 대체가 아닌 개혁과 보완으로 상정함을 보여준다.

아울러, 비록 이 장에서 자세히 다루지는 않았지만, 중국이 미국의 주도권을 비판했음에도 불구하고 이를 실천하기 위한 구체적 노력을 취하지 않은 경우도 존재한다. 대표적 사례로 앞에서 언급한 아시아안보관을 들 수 있다.[144] 시진핑 주석은 CICA 회의에서 '아시아인에 의한 아시아 안보'라는 구호 아래 아시아안보관을 제기하고 미국이 주도하는 동맹 체제를 비판했지만 이후 후속조치를 취하지 않았다. 오히려 중국은 이란의 SCO 가입에 유보적 입장을 취하는 등 안보적 측면에서 미국과의 대립구도가 형성되는 것을 경계했다.[145] 이러한 사실은 시진핑 체제가 중국식 강대국 정책을 통해 서구와 다른 자신만의 선호를 추구할 것을 선언했음에도 불구하고 여전히 국제체제에 정면으로 도전하는 것은 자제했음을 보여준다. 이는 중국이 내건 구상과 구호를 과대하게 평가하는 것을 경계할 필요성을 제기한다.

동시에 중국식 강대국 외교정책은 급진 민족주의의 영향력 증대를 보여주었지만 국제주의의 완전한 쇠퇴를 의미하지는 않는다.[146] 중국식 강대국 외교정책이 민족주의를 강조하며 출발했지만, 이로 인해 외교적 상황이 악화되자 중국과 국제체제 사이의 긍정적 관계를 강조하는 국제주의의 목소리 또한 다시 부활했다. 다시 말해 국제주의에 대한 지지는 계속되었다. 특히 AIIB의 사례는 이러한 목소리가, 외부요인과 결합될 경우, 정책의 근본적 방향에까지도 영향을 끼침을 보여주었다. 따라서 중국식 강대국 외교정책의 등장에도 불구하고 서로 다른 경향이 병존하고 경쟁하는 상황은 종식되지 않았고 외교정책을 둘러싼 이견과 경쟁 또한 계속되었다. 다시 말해 중국의 외교정책은 계속해서 상반된 측면을 포괄했고, 그 결과 중국에 대한 다양하고 상충적 이미지를 촉발시켰다.

그럼에도 불구하고 한 가지 주목할 것은 중국식 강대국 외교정책의 추진과 함께 중국의 국제주의에 중대한 변화가 발생했다는 사실이다. 이제 중국의 국제주의는 대외개방을 계속하고 국제체제에 참여할 필요성을 강조하면서도, 그 과정은 중국의 일방적 변화가 아닌 중국과 국제체제의 상호적응이어야 한다는 점을 더욱 부각시키기 시작했다. 물론 이러한 변화가, 제4장에서 지적한 것처럼, 시진핑 체제가 출범하기 이전부터 이미 시작되었지만 시진핑 체제 들어서 더욱 분명해졌다. 즉, 국제주의자마저도 이제 더 이상 중국이 일방적으로 국제체제와의 일치를 추구할 필요성을 옹호하기보다 중국과 세계가 서로 적응해야 함을 강조했다. 이는 국제체제와의 관계에 관한 국제주의의 사고에 중대한 변화가 발생함을 의미한다.

이러한 변화는 친야칭의 입장에서 잘 드러난다. 그는 중국이 국제체제에 참여한 것은 일방적 사회화 과정이 아니라, 중국 또한 중국만의 방식을 통해 국제체제에 영향을 끼치는 과정이었다고 규정한다. 즉, 참여하는 과정에서 자신만의 방식으로 능력이 미치는 범위 내에서 국제체제의 개혁을 촉진하고 또 안정과 평형도 추동시킴으로써 국제질서가 더 공정하고 합리적 방향으로 발전하도록 촉진하려 들었다는 주장이다.[147] 왕이저우 또한 국제체제를 개혁하기 위해 중국과 국제체제 사이에 절충(磨合)이 필요하며, 이러한 과정은 상호작용의 과정이 될 것으로 규정한다. 동시에 그는 중국과 패권국 사이의 절충은 장기적이고 비영합적 과정이 될 것이라고 주장한다.[148] 다른 전문가 또한 참여와 개혁을 대립적으로 보지 말아야 할 것을 주장한다.[149]

결국, 이상의 논의는 중국의 민족주의자들뿐 아니라 국제주의자들도 중국적 특색을 강조하기 시작함을 보여준다. 이러한 중국의 시도가 실현되기 위해서는 중국의 노력 못지않게 다른 국가의 호응도 중요하다. 실제로 한 전문가는 중국이 국제체제를 건설적으로 형성하기 위해서는 다른 국가, 특히 강대국과 주변 국가의 적극적 호응이 필요하다고 지적한다.[150] 다른 전문가 또한 중국의 부상이 초래하는 외부효과, 특히 주변 국가의 반응을 안정적으로 처리할 필요성을 강조한다.[151] 그렇다면 중국의 특색을 반영하려는 시진핑 체제의 노력은 국제적으로 어떻게 수용되는가? 다음 장에서는 이 문제를 살펴보자.

제6장 국제적 반응과 '중국식 세계'?

시진핑 체제의 중국은, 제5장에서 지적한 것처럼, 강대국 외교정책을 통해 자신의 특색을 반영함으로써 국제체제를 개혁하려는 의도를 드러냈다. 이 장에서는 이러한 중국의 시도에 대한 국제적 반응을 검토하게 될 것이다.[1] 물론 자신의 특성을 반영하려는 시도가 실현될 것인가의 여부는 궁극적으로 중국의 국력에 의해 영향을 받게 될 것이다. 국력이 계속해서 증대될 경우 국제적 지위가 제고될 것이고 국제체제에 대한 중국의 영향력도 증대될 것으로 기대할 수 있다.

이에 못지않게 국제적 반응 또한 중국의 시도가 성공할 것인가와 관련하여 중요한 변수로 작용할 것이다. 중국의 시도가 성공하기 위해서는 다른 국가들이 중국의 노력을 수용하는 것이 필요하다. 다시 말해 중국은 자신의 기대를 실현시키기 위해 국제사회의 광범위한 수용을 이끌어내야 한다. 중국 또한 국제사회의 이해와 지지를 획득할 필요성을 강조함으로써 이러한 사실을 잘 알고 있음을 보여준다. 중국의 전문가들이, 앞장에서 지적한 것처럼, 국제적 지지를 획득할 필요성을 강조하는 데 더해 왕이 외교부장 또한 세계 각국과 국제사회가 중국을 더 잘 알고, 이해하고 또 지지하기를 희망한다고 밝힌 바 있다.[2] 그렇다면 국력 증대에 힘입어 자신감이 증대된 시진핑 체제가 추진하는 중국식 강대국 외교정책은 과연 의도한 국제적 호응을 도출했는가? 아니면 반대로 중국이 기존 질서를 변경시키려 한다는 의구심을 자극함으로써 대응조치를 촉발시켰는가? 이러한 질문에 대한 검토는 자신의 특성을 반영하려는 중국의 노력이 실현될 가능성을 이해하는 데 기여한다.

중국식 강대국 외교정책이 국제체제의 혁명적 변화보다 개혁을 지향한다는 사실과 공세적 측면에 방점을 두고 출발한 이후 온건한 측면까지를 포괄함으로써 점차 복합적 모습으로 진화했다는 사실은 중국의 노력에 대한 국제적 호응을 기대하도록 작용한다. 특히 AIIB와 같은 새로운 다자 개발기구를 창설하려는 노력이나 인프라 건설을 통해 경제적 연계를 확대하려는 일대일로 등은 기존 체제가 감당하지 못했던 부분을 채울 가능성으로 인해 적극적 호응을 창출할 수 있다. 인프라 건설에 필요한 자금을 획득하기 어려운 현실에서 개도국들은 중국을 중요한 자금 제공국으로 인식할 수 있다. 실제로 개도국뿐 아니라 일부 유럽 국가까지도 중국의 AIIB 창설에 호응하는 등 일부 제안은 중국의 영향력을 제고시킬 가능성을 보여주었다.

그러나 중국식 강대국 외교정책에 대한 국제적 반응은 세계를 중국식으로 변화시키는 것이 매우 어렵다는 사실도 보여준다. 여기에는 기존 체제와 다른 대안을 분명하게 제시하지 못한 중국의 문제도 작용하지만, 가장 커다란 원인은 역시 기존 체제의 주도국인 미국의 반응이다. 미국은 변화를 추구하는 중국의 시도를 현상을 변경시키려는 시도로 간주한다. 아울러 미국은 변화 시도를 수용할 경우 중국으로 하여금 기존 질서가 취약하다고 인식하도록 작용할 가능성도 우려한다.[3] 이러한 판단에 따라 미국은 중국의 시도를 제어하려 든다. 이러한 사실을 반영하듯 미국의 한 전문가는 시진핑 체제의 외교정책이 중국에 대응하려는 미국의 결심을 강화시켰다고 규정한다. 중국이 한편으로 미국과의 양자 간 고위대화를 전개하면서도 다른 한편으로는 지역과 경제적 측면에서 미국의 이익을 잠식하려는 이중게임을 펼침으로써 미국 내에서 중국의 팽창주의를 견제할 필요성을 주장하는 목소리를 강화시켰다는 평가이다.[4] 다른 전문가 또한 증대되는 국력을 활용하여 국제 환경을 형성하려는 중국 지도자들의 노력이 미국과의 마찰을 초래함으로써 미국에서 중국을 전략적 경쟁자로 대해야 한다는 목소리를 제고시켰다고 지적한다.[5] 이러한 평가는 비단 중국 밖의 전문가에만 한정되지 않는다. 베이징대학의 왕지스 또한 미국 지도자들이 중국이 국제질서에 제기하는 도전에 주목한다고 지적한다. 즉, 중국이 현 질서를 버리고 독자적 길을 걸음으로써 미국을 아시아에서 밀어낼 가능성을 우려한다는 지적이다.[6]

실제로 미국은 중국이 추구하는 거의 모든 변화 노력을 제어하려 들었다. 남중국해에서 항행의 자유 작전을 통해 주권을 강화하고 실효적 지배를 강화하려는 중국의 노력에 적극적으로 대응했을 뿐 아니라 AIIB에 대해서도 부정적 태도를 보였다. 이러한 미국의 대응은 국제체제에 자신의 특색을 반영하려는 중국의 노력에 제약을 가했다. 그러나 이는 중국식 강대국 외교정책이 국제적으로 전혀 파급효과를 촉발시키지 못했음을 의미하는 것은 아니다. 중국식 강대국 외교정책은 세계를 중국식으로 변형시키지는 못했지만 기존 체제, 특히 미국의 주도권을 약화시켰다. 그 대표적 사례로 AIIB의 출범을 들 수 있다. 미국의 반대에도 불구하고 많은 동맹국들이 AIIB에 가입했고 미국은 이를 저지하지 못했는데, 이는 냉전기와는 분명하게 다른 현상이다.[7] 아울러 남중국해에서도 중국은 적극적 행동을 통해 상황을 안정시킬 수 있는 미국의 능력에 한계가 있음을 보여주었다.

다음에서는 중국식 강대국 외교정책에 대한 국제적 반응을 이슈별로 검토한다. 구체적으로 중국이 주도한 AIIB와 일대일로에 대한 국제적 반응을 먼저 살펴보고 계속해서 항행의 자유 작전과 TPP의 추진을 통해 중국의 영향력 확장을 제어하려는 미국의 노력을 고찰하고자 한다. 마지막 부분에서는 중국식 세계의 출현 가능성을 간략하게 논의하게 될 것이다.

1. AIIB와 중국식 질서?

AIIB를 설립하려는 중국의 시도와 관련하여 미국은 중국이 대안을 제시함으로써 기존 질서를 약화시키려 한다는 우려를 지녔다. 이에 따라 오바마 행정부는 동맹국들에게 참여하지 말 것을 종용했고, 그 결과 AIIB는 미중 사이 영향력 경쟁의 상징으로 부각되었다.[8] 미국은 AIIB가 국제적 표준을 충족시키지 못할 것이라는 우려를 제기하면서 불참을 통해 중국에 압력을 가할 것을 주장했다.[9] 미국 국무부 대변인은 케리(John Kerry) 국무장관이 'AIIB가 거버넌스 체제와 투명성에서 국제적 표준을 충족시킬 필요성'을 중국과 다른 파트너 국가에 촉구했다고 밝혔다.[10] 미국의 압력은 아시아의 동맹국인 한국과 호주에 집중되었다. 2014년 7월 시진핑 중국 국가주석이 한국 방문에서 AIIB 가입을 요청한 직후 사일러(Sydney Seiler) 미국 국가안전보장회의 보좌관이 이 은행에 대한 의구심을 표명하는 동시에 세계은행과 ADB가 대출능력을 제고시키기 위한 조치를 취하고 있다고 밝힘으로써 한국의 참여를 저지하려 시도했다.[11] 이처럼 미국이 지역의 동맹국들에 대해 불참을 설득함에 따라 한국은, 시진핑 주석의 요청에 대해 고려하겠다고 공식적으로 답했었음에도 불구하고, 입장표명을 유보하고 국제적 기준을 충족시키는 것을 참여의 조건으로 내걸었다.

그러나 이러한 미국의 노력에도 불구하고 국제적으로 가입 여부를 둘러싼 논쟁이 촉발되었다. 초점은 가입을 유보하는 것이 중국으로 하여금 협력적이고 규칙에 기반을 둔 질서를 추구하도록 하는 데 도움을 주는지 아니면 오히려 참여를 통해 더 큰 영향력을 행사할 수 있는지에 집중되었다. AIIB가 제공하는 경제적 기회에 관심을 가진 싱가포르와 같은 지역 국가는 미국에 대해 참여를 통해 거버넌스 구조를 국제적 표준에 맞게 바꾸는 것이 외부에서 아무것도 안 하는 것보다 낫다고 설득했다.[12] 미국 내에서도 중국 전문가를 중심으로 미국과 가치를 공유하는 국가들이 함께 참여함으로써 중국의 지배권을 약화시키고 지배구조를 개선하는 것이 더 나은 선택이라는 주장이 제기되었다.[13]

상황은 2015년 3월 12일 서방 선진국인 영국이 AIIB 창설국으로 참여하겠다는 의사를 밝히면서 급변했다. 영국은 참여를 통해 AIIB의 거버넌스 구조를 논의하는 데 영향력을 행사할 수 있다는 논리를 제시했다. 그러나 참여가 중국과의 경제관계를 제고시키는 데 기여할 것이라는 오스본(George Osborne) 영국 재무장관의 언급은 10월로 예상되던 다른 유럽 국가들에 앞서 행동함으로써 중국과의 관계에서 선점의 우위를 누리려는 의도가 더욱 중요하게 작용했음을 보여준다.[14] 영국은 중국이라는 거대한 시장을 얻고 또 국제금융 허브로서의 런던의 지위도 강화시키려 들었다. 오스본 장관은 이러한 목적을 달성하기 위해 중국과의 관계를 강화하는 모험을 택할 것을 주장했는데, 이는 영국외교의 실용성을 보여주는 것이었다.[15]

영국의 '독자노선'은 동맹국의 AIIB 가입을 저지하기 위한 노력을 전개하던 오바마 행정부에 충격을 가했고,[16] 미국과 영국 사이에 이견이 표출되었다. 오바마 행정부의 고위관리는 영국이 참가와 관련하여 미국과 사전에 상의하지 않았다고 밝히고 중국과 타협하려는 경향에 대해 경고했다. 아울러 미국의 관리는 중국이 거부권을 포기할 것인지의 여부가 불분명한 상황에서 영국이 참가를 결정함으로써 AIIB의 표준설정에 영향을 끼칠 수단이 사라졌다고 비판했다.[17] 이에 대해 영국은 G7 차원에서 협의를 진행했다고 반박하고 또 AIIB에 참여하여 투명하고, 윤리적이며, 환경적으로 건전하고, 좋은 거버넌스 실현을 추구할 것이라고 주장했다.[18] 처음부터 참여해야 한다는 영국의 입장이 참여하지 않음으로써 더 큰 영향력을 행사할 수 있다는 미국의 입장과 부딪힌 것이다. 그러나 참여에 대한 선호는 비단 영국에 한정된 것이 아니었다. 유럽의 다른 주요 국가인 독일 또한, 미국과 일본의 반대에도 불구하고, G7 회의 등에서 공동의 인식을 형성하기 위해 노력했다. 이러한 사실은 유럽 국가들이 AIIB에 참여함으로써 중국과의 관계를 심화시키려는 의도를 지녔음을 보여준다.[19]

영국의 가입은, 중국의 기대처럼,[20] 봇물을 트는 역할을 했다. 영국이 참여를 선언하고 며칠이 지나지 않은 17일에 프랑스, 독일, 이탈리아가 한꺼번에 참여를 선언했다.[21] 이들 3국의 외교 및 재무장관들은 공동성명에서 새로운 기구가 지배구조와 대출정책 등에서 최고의 표준을 따르도록 할 것임을 언명했다.[22] 이후 유럽 국가뿐 아니라 한국과 호주 등 많은 국가들의 가입 선언이 이어졌고, 중국이 설정한 공식적 마감시한인 3월 말까지 5개 유엔 상임이사국 가운데 4개국, 34개 OECD 회원국 가운데 18개국, 그리고 아세안 10개국 모두가 참여를 선언했다.[23] 이후 6월 29일 AIIB는 참여를 선언한 57개 국가 중 국내절차를 마친 50개 국가가 모인 가운데 협정 서명식을 거행했다.

이러한 사태 전개는 미국에 충격을 가했다. 미국은 자신의 지지 없이는 다른 국가들이 참여하기 어려울 것으로 단정했지만, AIIB의 출범은 주요 지역 기구가 미국의 동의 없이도 출범할 수 있다는 사실을 보여주었다. 미국의 동맹국들이, 미국의 반대에도 불구하고, 중국 중심의 재정질서에 가입함에 따라 "댐에 구멍이 났다"라는 인식이 창출되었다.[24] 이와 함께 미국이 중국과의 경쟁에서 패배하고 있다는 내부적 비판도 제기되었다.[25] 즉,

미국이 중국과의 권력경쟁을 촉발시키고 또 패배함으로써 미국의 힘과 영향력이 표류하고 있다는 의도치 않은 신호를 보냈다는 지적이었다.[26] AIIB가 성공적으로 출범함에 따라 70년 동안 이어져온 세계금융체제에 대한 미국의 지배권이 약화될 것이라는 평가가 촉발된 것이다.

AIIB의 출범을 통해 중국은 국제경제기구를 설립할 수 있는 능력뿐 아니라 미국과 강력한 관계를 형성하고 있는 국가들과도 동반자 관계를 형성할 수 있다는 사실을 보여주었다.[27] 반면에 AIIB를 저지하려는 노력의 실패는 지역 질서의 조정자로서의 미국의 지위가 약화되었다는 사실만 보여주었다. 즉, 아시아에서 미국의 힘에 대한 인식이 약화되었다는 사실이 드러났다.[28] 더욱이 IMF와 ADB 수장 모두가 AIIB의 출범을 환영하는 상황에서도 계속해서 견지된 미국의 반대는 합리적이었다고 보기 어려운 측면마저 있었다. 이 점에서 미국의 입장은 21세기 세계경제질서 형성을 둘러싼 경쟁과 관련한 초조감을 반영했다.

AIIB의 성공적 출범은 중국에서 민족주의 성향의 강경론자들을 고무시켰다. 이들은 AIIB 출범을 중국외교의 승리로 규정했다. 대표적으로 ≪환추시보≫는 프랑스, 독일, 이탈리아가 동시에 가입을 선언한 날 사설을 통해 중국의 이니셔티브가 세계의 이익에 부합되며 환영을 받고 있다고 주장했다. 아울러 사설은 AIIB의 성공적 출범이 중국의 부상이라는 현실을 반영하며, 중국이 강대국 외교를 계속해서 추진할 수 있는 가능성을 제시한 것으로 규정했다.[29] 그다음 날 사설에서도 ≪환추시보≫는 유럽 국가의 가입은 중국의 부상을 제어할 수 있는 미국의 역량에 한계가 있음을 보여주었다고 평가했다. 나아가 중국이 AIIB 설립을 둘러싼 경쟁에서 승리했을 뿐 아니라 미래의 일부 중요한 권리도 획득했다고 규정했다. 따라서 중국은 미국의 의견을 따름으로써 일시적인 안정을 추구하기보다 대외정책에서 독자노선을 걸어야 하는 것으로 제시되었다.[30]

≪런민일보≫ 또한 AIIB에 대한 국제적 지지는 중국의 외교이념과 행동이 영향력을 행사하고 또 수용됨을 보여준다고 규정하고 중국외교의 향후 전망이 밝다고 평가했다.[31] ≪환추시보≫의 사설은 한 걸음 더 나아가 AIIB 성립은 "중국의 시대(中国时刻)"가 다가왔음을 보여주었다고 규정했다. 중국이 역사상 최초로 세계 다자은행의 지도국이 되었다는 점에서 AIIB 성립은 중국의 성년식으로 간주될 수 있다는 주장이었다. 즉, 중국이 불공정, 굴욕, 비정함을 경험했던 치욕의 역사에서 벗어나 이제 세계 지도국 지위에 들어섰다는 주장으로서, 민족적 자부심을 고취시키려는 시도였다. 나아가 동 사설은 원하든 원하지 않든 지도책임을 감당해야 한다고 규정했다.[32]

이와 함께 미국의 변화를 촉구하는 목소리도 제기되었다. ≪환추시보≫는 사설을 통해 영국을 비롯한 유럽 국가의 가입을 중국이 주창하는 협력과 윈윈의 국제관계로 나아가는 하나의 이정표로 규정했다. 아울러 이러한 방향으로의 변화가 공고화될 경우 국제관계가 새로운 시대로 나아갈 수 있다고 주장했다. 반면에 사설은 중국을 제어하려는 계획을 계속해서 견지한다면 세계 다수 국가와 대립하게 될 것이라고 지적함으로써 미국에 변화를 촉구했다.[33] 푸단대학의 선딩리도 중국의 부상에 따라 미국의 영향력이 위축되는 것은 정상적인 것이며 미국은 시대의 발전에 순응하여 심리상태를 조정해야 한다고 주장했다.[34] 심지어 친야칭마저 AIIB에 57개 국가가 호응한 것은 세계의 많은 국가들이 국제기구의 개혁을 방해하는 미국에 대한 불만을 표출한 것이라고 규정하고, 서방은 국제기제를 개혁하고 중국의 평화적 발전을 수용해야 한다고 지적했다.[35]

그러나 엄격히 말해 AIIB의 성공은 중국의 일방적 승리이기보다 타협의 결과였다. AIIB가 성공적으로 출범했지만, 제5장에서 지적한 것처럼, 애초 중국의 구상과는 다른 모습으로 귀결되었다. 오히려, 한 전문가가 지적하듯, AIIB의 출범은 중국의 행동이 국제사회의 집단적 노력에 의해 변화될 수 있음을 보여주었다.[36] 회원국 구성에 변화가 발생했고, AIIB의 성격에도 변화가 발생했으며, 중국은 거부권에 대한 우려도 완화시켰다. 이러한 변화에는 국제적 관심과 압력뿐 아니라 국제적 평판과 인정에 대한 중국의 관심도 작용했다. 즉, 유럽의 선진국들이 집단적 가입을 통해 중국의 변화를 유도했고 중국은 영국과 다른 서구 선진국을 끌어들이기 위해 타협책을 택했다. 미국과 일본의 의심과 반대 또한 중국으로 하여금 야심을 억제하고 신중하게 행동하도록 작용했다.[37]

중국은 지배구조 등에서 국제적 기준을 준수하겠다고 약속함으로써 우려를 해소하려 시도했다. 러우지웨이(楼继伟) 재정부장은 기존 개발은행의 경험과 방법을 충분히 참고할 것임을 밝혔다. 또한 그는 AIIB의 설립이 국제적 책임을 수행하고 현 국제경제질서를 보완하려는 시도라고 규정했다. 즉, AIIB가 기존 다자개발기구와 보완적 관계를 형성함으로써 다자개발기구의 전체적 영향력을 제고시킬 것이라는 주장이었다.[38] 계속해서 그는 중국이 더 나은 표준을 추구하며 이것이 '중국의 지혜'를 시험할 것이라고 규정했다. 그는 지배구조, 보장정책 등에서 이미 기존 다자개발은행의 경험과 방법을 충분히 참고하고 있고 또 나아가 더 나은 표준을 추구할 것이라고 지적했다. AIIB 창설의 산파역이자 후일 초대 총재가 된 진리췬(金立群) 또한 유럽의 선진국을 초청한 이유와 관련하여 경제적 기여가 아닌 거버넌스 구조와 기술지원 등에서 경험과 지혜를 공헌할 것으로 기대했기 때문이라고 강조했다.[39] 이러한 사실은 기존 국제체제가 중국의 도전에 대응하고 중국으로 하여금 규칙을 따르도록 할 수 있는 영향력을 지님을 보여준다.[40]

이러한 조정의 결과 애초 출범에 반대했던 미국 또한 점차 타협적 태도로 변화했다. 프랑스, 독일, 이탈리아 등 유럽 국가가 영국에 이어 가입을 표명하자 러셀(Daniel R. Russel) 미 국무부 차관보는 참여 여부는 개별 국가가 결정할 일이라고 표명함으로써 기존의 입장에서 한 발 물러섰다.[41] 루

(Jacob J. Lew) 재무장관 또한 AIIB 창설에 반대하지 않는다고 밝히면서, 지배구조와 대출에서 고도의 표준을 채택할 것을 촉구했다.[42] 나아가 2015년 9월 시진핑 주석의 미국 방문 기간에 미국의 관리들은 거버넌스와 대출 기준 등과 관련하여 중국이 미국의 우려를 해소하겠다고 약속했음을 들어 AIIB에 대한 반대를 중단하겠다고 선언했다. 아울러 오바마 행정부는 위안화를 IMF의 SDR에 포함시키는 것도 지지했고,[43] 이후 IMF는 11월 30일 위안화를 SDR에 포함시키기로 결정했다.[44] 여기에 더해 미국 의회는 12월 마침내 중국의 지분을 확대하는 IMF 개혁안을 승인하기에 이른다.

물론 이것이 AIIB에 대한 국제적 반대가 완전히 사라졌음을 의미하는 것은 아니다. 특히 일본의 아베 정부는 중국과의 경쟁심을 계속해서 유지했다. 일본은 2015년 5월 2016년부터 5년 동안 사이 아시아 인프라 건설에 대한 투자를 30% 늘려 1100억 달러를 투자하겠다고 밝혔는데, 이는 중국이 주도하는 AIIB의 최초 자본금 1000억 달러를 상회하는 액수였다. 아울러 일본은 중국의 영향력이 증대되는 메콩지역에 62억 달러의 새로운 ODA를 제공할 것도 약속했다.[45] 여기에 더해 일본은, 아래에서 논의하는 것처럼, 중국의 AIIB 출범에 대응하기 위해 TPP에 적극적으로 임했다.

AIIB의 사례는 아시아에서의 영향력 경쟁에서 중국이 갖는 최대 무기가 경제력이라는 사실을 보여주었다.[46] 아울러 AIIB의 사례는 중국이 구체적 혜택을 제공할 수 있는 프로젝트를 추진할 경우 미국이 동맹국에게 이를 거부하도록 강요하기 어렵다는 사실도 보여주었다.[47] 그럼에도 불구하고 AIIB의 성공적 출범은 중국식 기준이 아닌 전문성과 개방성을 비롯한 보편적 기준을 채택한 데 힘입은 것이었다.

2. 일대일로에 대한 엇갈린 반응

일대일로가 인프라 건설을 통해 경제적 연계를 강화하고 윈윈을 추구한다는 점은 이 구상에 대한 적극적 호응을 촉발시킬 가능성을 제기한다. 실제로 일대일로가 발표된 직후 국제적 관심이 제고되었다. 특히 인프라 건설을 위한 자금을 필요로 하는 개도국을 중심으로 적극적 반응이 촉발되었고, 이에 힘입어 중국은 1년여 만에 카자흐스탄, 타지키스탄, 카타르, 러시아, 쿠웨이트 등 여러 국가와의 협력에 합의했다.[48] 그러나 이러한 초기의 뜨거운 반응에도 불구하고 일대일로에 대한 관심이나 진전은 시진핑 체제의 기대에 미치지 못했다. 이는 일대일로 구상 자체에 존재하는 불분명성 외에도 주변 국가의 의구심과 강대국의 견제 등이 작용했기 때문이다. 비록 중국이 일대일로가 지정학적 고려를 중시하는 거대전략이 아닌 경제협력 구상이라는 점을 강조하지만, 현실적으로 경제적 혜택을 기대하기 어려운 사업에 엄청난 자원을 투자하려 한다는 사실 자체가 중국이 경제력을 전략적 목적을 달성하는 데 활용하려 한다는 의구심을 촉발시켰다.[49]

일대일로에 대한 반응은 국가별로 차이를 보이는데, 이러한 차이는 몇 개의 범주로 구분하여 살펴볼 수 있다. 우선, 실크로드경제지대(일대)의 대상 국가들은 전반적으로 환영하는 입장을 보였다. 기간 시설이 낙후되고 자금이 부족한 지역 국가들은 중국의 투자로 건설될 새로운 철도, 도로, 공항 등이 접근성을 강화시키고 또 생산성 제고에도 기여할 것이라는 기대를 가졌다. 그 대표적 사례로 파키스탄을 들 수 있다. 2015년 4월 시진핑 주석의 파키스탄 방문 시 양국은 과다르항으로부터 중국 서북부 카시카르까지 이어지는 1800마일의 인프라 및 에너지 프로젝트에 460억 달러를 투자하는 데 합의했다.[50] 이와 관련하여 파키스탄은 중국과 합의한 프로젝트에 대한 국내적 안전을 제공하기로 약속했을 뿐 아니라,[51] 시 주석이 방문하기

3주 전 샤리프(Nawaz Sharif) 총리가 중국으로부터 50억 달러 상당의 잠수함 구매를 승인하는 등 중국과의 군사협력을 강화하려는 의도도 드러냈다.[52] 경제협력이 전반적 관계를 강화시킬 것이라는 중국의 기대에 부응하는 결과였다.

중국의 자금이 대거 투입될 것으로 예상되는 중앙아시아 국가 또한 전반적으로 일대일로를 환영한다.[53] 가령, 카자흐스탄은 일대일로가 제공할 경제적 가능성뿐 아니라 중국의 적극성이 러시아에 치우쳤던 자국의 외교관계를 다원화하는 데 기여할 가능성도 평가한다. 카자흐스탄은 10여 년 전 중국에게 인프라 건설 프로젝트를 제안했고, 이것이 시진핑 주석이 카자흐스탄에서 실크로드경제지대 구상을 제안한 배경으로 작용한 것으로 알려졌다.[54] 카자흐스탄의 한 전문가는 단순히 일대일로의 물류기지가 되는 것을 넘어 중국과의 전면적 경제협력에 대한 기대를 표명했다.[55] 이러한 의도를 반영하듯 카자흐스탄은 자국이 추진하는 '광명의 길(Nurly Zhol)' 신경제정책과 중국의 일대일로를 연계시키는 데 합의했다.[56] 타지키스탄 또한 일대일로에 대한 기대를 표출했다. 여기에는 2014년 가을 중국이 타지키스탄 GDP의 70%에 해당하는 60억 달러의 투자를 약속한 것이 중요하게 작용했다.[57] 타지키스탄의 한 전문가는 중국의 실크로드경제지대 구상이 러시아의 유라시아경제연합(Eurasian Economic Union)보다 더 매력적이라고 평가했다.[58]

그러나 이것이 곧 중앙아시아 국가들이 중국의 일대일로를 무조건적으로 수용함을 의미하는 것은 아니다. 중국에 대한 중앙아시아의 환영은 정부 차원에 한정되며 민간 차원에서는 중국과의 급속한 관계발전에 대한 경계가 존재한다.[59] "중국의 제안을 거부하기는 어렵지만 중국의 힘을 전면적으로 수용하기도 어렵다"라는 한 카자흐스탄 전문가의 지적은 중앙아시아 국가가 직면한 딜레마를 잘 보여준다.[60] 타지키스탄에서도 20억 달러의 국가외채 가운데 절반 가까이를 중국에 의존하게 되면서 과거 러시아에 대한 의존이 중국에 대한 의존으로 대체되고 있다는 우려가 제기되었다.[61]

이러한 사실을 반영하듯 중국에서도 외국에서 일대일로 구상이 환영받지 못할 수 있다는 평가가 제기되었다. 중국은 고대의 실크로드가 관련 국가를 번영시키고 또 중국과 관련 국가 사이의 경제적·문화적 교류를 촉진시켰다고 주장한다.[62] 시진핑 주석 또한 2016년 일대일로를 주제로 진행된 정치국 집단학습에서 일대일로 이니셔티브가 관련 국가에서 고대 실크로드가 교역의 길이자 우의의 길이었다는 역사적 기억을 환기시켰다고 강조했다.[63] 그러나 한 역사학자는 일대일로가 제기된 후 반응이 뜨거웠음에도 불구하고 실질적 움직임이 많지 않았으며 또 일부 국가가 열렬하게 호응하는 반면에 다른 국가들은 의구심을 제기했다고 규정하고, 과거에 번영된 실크로드가 존재했었다고 해서 지금 그것을 다시 부흥시킬 수 있다고 보는 것은 잘못이라고 지적했다.[64] 칭화대학 경제외교연구센터 연구팀의 조사 또한 관련 국가에서 정서적 장애가 존재함을 지적했다. 동 조사는 고대 실크로드에 위치한 국가들에서 중국의 부상과 일대일로에 대한 의구심이 적지 않다고 지적함으로써 역사와 문화가 유산이기도하지만 동시에 부담이기도 하다고 규정했다.[65]

중국의 영향력에 대한 주변 국가들의 우려는 21세기 해상실크로드(일로) 대상 국가들 사이에서 더욱 현저하다. 물론 캄보디아와 같이 중국에 대해 우호적인 국가가 중국의 조치에 대해 환영을 표하는 등 관련 국가들의 반응은 엇갈린다.[66] 그럼에도 불구하고 중국이 한편으로 해상실크로드 건설을 통해 주변 국가와의 관계를 강화하려 시도하면서도 동시에 영해문제와 관련하여 일방적 조치를 강화시키는 양면적 정책을 추구한다는 사실이 인프라 건설과 경제협력을 통해 정치적 영향력을 확보하려는 중국의 시도에 제약을 가한다.[67] 이러한 현상은 남중국해를 둘러싸고 영토분쟁이 진행 중인 동남아에서 특히 분명하다. 중국과 영토를 둘러싸고 분쟁 중인 필리핀, 베트남, 말레이시아뿐 아니라 아세안의 종주국을 자처하는 인도네시아에서도 중국이 해상실크로드를 추진하는 궁극적 의도에 대한 의구심이 존재한다.[68] 이러한 사실을 반영하듯, 2016년 5월 인도네시아의 한 언론인은 리커창 총리에게 중국이 한편으로 해상실크로드 건설을 추구하면서 동시에 대양해군 건설에도 힘을 쏟는 것은 서로 모순적이라고 지적했다.[69]

러시아는 일대일로가 중앙아시아에서 중국의 영향력을 제고시킬 가능성에 대한 우려를 지니면서도 동시에 전략적 이유로 인해 중국과의 협력을 강화해야 하는 딜레마에 직면했다. 중국이 일대일로 구상을 제기하기 이전에도 러시아는 SCO에 경제적 기능을 부가하려는 중국의 시도에 부정적 입장을 보이는 등 중국이 경제력을 기반으로 중앙아시아에서 영향력을 확대하는 것을 경계했고, 중국의 한 전문가는 일대일로에 대한 러시아의 반응을 유도하는 데 오랜 시일이 걸릴 것이라고 경고했다.[70] 실제로 일대일로에 대한 러시아의 반응은 더디었다. 중앙아시아 국가들이 이미 경제적으로 중국에 의존하기 시작한 상황에서 일대일로 구상이 자신이 추구하는 보호주의적 성향의 유라시아경제연합을 위협할 것이라는 우려 때문이었다.[71] 러시아에서는 2013년 시진핑 주석이 카자흐스탄에서 행한 연설은 무시되었고, 2014년에는 중국의 실크로드 경제지대가 중앙아시아에서의 러시아 이익을 위협하는지의 여부를 둘러싸고 열띤 논쟁이 전개되었다.

중국은 중앙아시아에서의 정치적·안보적 우위에 도전하지 않겠다는 신호를 보냄으로써 러시아의 우려를 완화시키려 노력했다.[72] 그 결과 러시아의 반응에도 변화가 발생했다. 2014년 11월 푸틴(Vladimir Putin) 대통령이 시진핑 주석과 신실크로드 경제지대와 유라시아경제연합 사이의 협력에 합의했고,[73] 다음 해 5월에는 일대일로와 유라시아경제연합을 연계시키기 위한 대화기제 창설에도 합의했다. 이는 양국이 유라시아에서 공동의 경제적 공간을 형성하는 데 합의함을 의미한다. 이러한 합의는 양국사이의 공동이익에 힘입었다. 러시아는 중국으로부터 유라시아경제연합에 대한 재정적·도덕적 지원을 기대했고 중국은 유럽으로 이어지는 안정적 중계 기지를 확보하려 들었다. 특히 이 합의는 러시아가 중국의 일대일로 계획에 동참하려 함을 보여줬다. 이러한 러시아의 정책변화는 중앙아시아에서 중국의 경제적 영향력이 정치적 영향력으로 전환됨을 의미한다. 한 전문가는 러시아가 이제 재정적 측면에서 열세를 느끼고 중국에 대한 보조적 역할을 수용하려 든 것으로 규정했다. 즉, 중국에 경제적 주도권을 양보하는 대신에 안전 보장자의 역할을 수행하려 한다는 지적이다. 이에 따라 중앙아시아 국가들이 중국과 러시아를 서로 경쟁시킬 수 있는 공간은 축소되었다.[74]

한편 인도는 자국이 추진하는 '면화의 길(Cotton Route)' 구상을 중국의 일대일로와 연계시키는 데 합의했음에도 불구하고, 일대일로에 대한 의구심을 버리지 않았다.[75] 남아시아 국가에 대한 중국의 접근은 경쟁의식을 지닌 인도로 하여금 지역의 영향력을 유지하기 위해 부탄, 스리랑카, 네팔 등과의 관계를 강화하도록 작용했다. 여기에 더해 중국이 파키스탄과 경제회랑 건설을 추진하는 동안 인도는 이란과 아프가니스탄에 대해 인프라 건설을 위한 자금을 지원했다.[76] 일본의 대응은 좀 더 적극적이다. 이는 일본이 일대일로를 보다 명백한 도전으로 간주함을 보여준다. 일본은 일대일로를, AIIB와 함께, 동아시아에서 새로운 국제체제를 구축하려는 시도로 이 지역에서의 미국과 일본의 경제적 영향력을 약화시킬 것으로 간주했다. 이러한 판단이 일본으로 하여금 다양한 수단을 동원하여 대응하도록 작용했다. 구체적으로 일본은 ODA를 전략적으로 활용했다. 가령, 일본은 2014년 미얀마에 260억 엔의 차관을 그리고 캄보디아에 192억 엔의 차관을 제공했는데, 모두가 인프라 건설을 위한 것이었다.[77]

미국의 반응은 불분명하다. 애초 많은 전문가들은 미국이 가장 커다란 걸림돌이 될 것으로 간주했다. 일대일로가 미국의 이익과 충돌할 수밖에 없을 것이라는 판단 때문이었다.[78] 실제로 미국의 일각에서는 일대일로가 제기할 도전에 대한 우려가 제기되었다. 즉, 일대일로가 아태 재균형에 대한 대응으로 경제벨트의 건설을 통해 자원이 풍부한 페르시아만 국가 및 아프리카 국가들과 연계를 형성하고 21세기 해상실크로드 건설을 통해 영향력을 인도양까지 확장시킴으로써 미국 및 일본과 경쟁하려 한다는 우려였다.[79] 중국의 일대일로 구상이 개념적 차원에서 현실로 전환되면서 대응책을 마련해야 한다는 목소리도 제기되었다.[80] 반면에 온건론자들은 이러한 의구심을 지양할 것을 촉구했다. 한 전문가는 중앙아시아와 중동지역에서의 경제발전이 테러의 근원을 해소시키고 안정을 유지하는 데 기여할 것이기에 미국은 동 구상을 환영해야 한다고 주장했다.[81] 다른 전문가 또한 일대일로가 중국의 세력권 형성을 촉진시키고 중·러협력을 강화시킬 것이라는 우려는 불필요한 것이라고 주장했다. 그는 중앙아시아에 대한 중국의 투자가 SCO를 강화하는 데 기여할 것이라는 사실을 들어 일대일로가 미국의 이익에도 부합된다고 주장했다. 즉, 일대일로가 경제적으로 고립되고 정치적으로 취약한 지역에 안정을 가져다줄 것이라는 평가였다.[82]

이러한 논란에도 불구하고 미국은 공식적으로 국무부 관리들을 통해 중앙아시아에 대한 중국의 관여를 긍정적으로 평가했다. 가령, 비스왈(Nisha Desai Biswal) 차관보는 2015년 1월 한 연설에서 미국은 중국의 건설적 관여를 환영하며, 미국의 신실크로드 구상과 중국의 실크로드경제지대 구상 사이에 상당한 보완성이 있다고 지적했다. 다만 그는 중앙아시아의 지속 가능한 경제성장을 확보하기 위해 중국이 글로벌 스탠다드와 최고의 관행을 따를 것을 촉구한다고 단서를 달았다.[83] 이러한 입장은 이후 그를 보좌하는 호그랜드(Richard E. Hoagland) 국무부 부차관보에 의해서도 반복되었다.[84] 일대일로에 대한 미국의 반응은, 최소한 공식적으로는, 앞에서 언급한

AIIB의 경우나 다음에 나올 남중국해 문제에 비해 상대적으로 긍정적이라고 평가할 수 있다. 그러나 이러한 차이가 미국이 일대일로를 긍정적으로 평가함을 의미하는 것인지 아니면 일대일로의 실현 가능성을 낮게 평가했기 때문에 반응을 자제하는 것인지의 여부는 시간을 두고 판단할 필요가 있다.

3. 항행의 자유 작전과 남중국해 대치

AIIB나 일대일로와 같은 경제적 구상이 비교적 긍정적 호응을 유도한 데 반해 이익을 확장하려는 중국의 강대국 행태는 국제적 대응을 촉발시켰다. 남중국해에서 실효적 지배를 강화함으로써 영유권을 공고화하려는 중국의 시도는 미국과 동아시아 지역 국가의 우려와 대응을 촉발시켰다. 특히 미국이 항행의 자유 작전을 통해 적극적으로 대응했고 그 결과 남중국해에서 갈등과 긴장이 제고되었다. 이는 남중국해 분쟁의 국제화를 방지하려는 중국의 시도가 좌절됨을 의미한다.

남중국해에서의 중국의 움직임에 대한 국제적 대응은 초창기 필리핀에 의해 주도되었다. 2012년 황옌도 분쟁을 계기로 필리핀은 영해분쟁을 국제화시킴으로써 중국에 대응하려 들었다. 필리핀은 분쟁과 관련한 아세안의 지지를 동원하려 시도했고, 미국과도 군사훈련을 정례화한 데 이어 2014년 4월에는 미국과 군사기지에 대한 접근과 이용을 보장하는 방위협력증진협정(The Enhanced Defense Cooperation Agreement)을 체결했다. 그다음 달에도 필리핀은 중국이 존슨 암초에서 매립공사를 진행하는 위성사진을 제시하면서, 중국이 활주로나 군사기지를 건설하려 한다는 주장을 제기함으로써 남중국해 문제를 국제화하려는 시도를 이어갔다.[85] 이에 앞서 필리핀은

2013년 1월 헤이그 소재 국제상설중재재판소에 중국의 9점선 주장이 유엔 해양법협약에 위배된다는 취지의 소송을 제기했는데, 이 또한 분쟁을 국제화하려는 시도의 일환이었다.

그러나 남중국해 문제와 관련하여 본격적 대응을 주도한 것은 미국이었다. 미국은 남중국해에 대한 영유권을 강화하려는 중국의 노력을 현상을 변경하려는 시도로서 미국의 이익을 위협한다고 간주했다. 즉, 중국이 남중국해를 통제하게 될 경우 이 지역에 대한 자유로운 접근권을 제약함으로써 동아시아에서의 해양패권에 도전을 가할 것이라는 우려였다. 아울러 미국은 중국이 남중국해에서 세력권 형성을 추구한다는 의구심도 지녔다.

초창기 미국은, 물론 2010년 7월 하노이에서 열린 ARF에서 클린턴(Hillary R. Clinton) 국무장관이 남중국해 문제의 평화적 해결이 미국의 이익이라고 규정함으로써 개입하기도 했지만, 중국과 분쟁중인 지역 국가를 돕고 또 아세안에 대해 중국에 집단적으로 대응할 것을 촉구하는 등 간접적 방식을 유지했다. 이러한 상황은 2015년에 들어 중국이 남중국해에서의 매립과 건설공사를 통해 군사화와 실효적 지배를 추진하고 있다는 우려가 증대되면서 변화했다. 미국의 군부를 중심으로 중국의 매립과 건설공사가 남중국해에서 항행의 자유를 제약한다는 우려가 제기되었다. 이는 중국이 인공섬을 건설하고 군사화할 경우 남중국해에 대한 미국의 지배력이 약화될 것이라는 군부의 우려를 반영했다. 그동안 중국이 남중국해에서 전개된 미국의 정찰활동을 비판하고 또 저지하려 들었음을 고려할 때 이러한 우려는 현실적인 것이었다.

이러한 인식에 따라 미국은 남중국해에서 항행의 자유를 확보하기 위한 노력을 전개한다. 이는 중국에게 이익을 확장하고 실효적 지배를 강화하는 데 비용이 수반됨을 알려주려는 시도였는데, 미국의 노력은 시간과 함께 점차 구체화되었다. 2015년 2월 26일 미국은 해군 P-8A 포세이돈 대잠초계기가 필리핀 루손 섬 밖 남중국해 상공에서 정찰임무를 수행했다는 사실을 밝혔다. 이는 중국의 매립 및 건설공사에 대한 대응으로 해석되었다. 이에 따라 중국에서도 강경한 대응을 주문하는 목소리가 제기되었다. 대표적으로 뤄옌은 미국의 행위가 새로운 형태의 강대국 관계 수립과 배치된다고 비판하며, 미국에게 규칙을 알려주고 제도를 확립함으로써 국가안보를 수호하고 충돌을 회피해야 한다고 주장했다.[86] 중국의 민족주의자마저도 규칙을 거론했다는 사실은 개방기 중국의 국제관에 발생한 변화를 생생하게 보여준다.

이후 중국이 매립공사를 계속하자 미국은 5월 들어 항공기와 함정을 파견하는 것을 고려하고 있다고 밝힘으로써 대응의 수위를 높였다. 보도에 따르면 카터(Ashton Carter) 미 국방장관은 남중국해 관련도서의 영해 안으로 정찰기와 해군함정을 파견하는 것을 검토할 것을 지시했다.[87] 여기에 더해 5월 20일 미국의 P-8A 대잠초계기가 CNN 뉴스팀을 태우고 중국이 건설공사를 진행 중인 남중국해 도서의 상공을 비행하여 '군사경보지역에 접근하고 있다'는 중국의 경고를 촉발시키고 또 보도하도록 함으로써 남중국해 문제에 대한 국제적 관심을 극적으로 제고시켰다.[88] 6월에는 블링컨(Antony John Blinken) 국무차관이 남중국해에서 영유권을 추구하는 중국을 우크라이나에서의 러시아 행태에 비유하여 비판했다. 그는 두 행위 모두가 현상을 변경시키려는 일방적이고 강압적 시도로서 지역의 평화와 안전에 위협을 제기한다고 지적했다.[89] 미국의 경고에도 불구하고 중국 외교부는 6월에 일부 매립공사가 완료되었고 민간의 필요와 군사적 방어의 필요성을 충족시키기 위한 공사를 개시할 것이라고 밝혔다.[90] 이처럼 남중국해 문제를 둘러싸고 미국과 중국 사이의 갈등이 제고되는 상황에서도 양국은, 제5장에서 지적한 것처럼, 충돌이 발생하는 것을 방지하려는 노력도 동시에 전개했다.

그러나 상황은 시진핑 주석이 미국을 방문한 다음 달인 10월 오바마 행정부가 중국이 건설한 인공섬 근해로의 순항을 강행하면서 급속하게 악화되었다. 10월 27일 미국은 미사일 구축함 라센(USS Lassen)호를 남중국해 관련 도서의 12해리 이내로 진입시켰다. 여기에는 미국 해군의 대잠초계기 P-8A과 P-3도 함께 투입된 것으로 알려졌다.[91] 미국은 중국이 매립공사를 진행 중인 일곱 개의 암초 가운데 미스치프[(중국명 메이지(美济)]와 수비[(중국명 주비(渚碧)]를 선택했다. 두 암초는 모두가 썰물 때만 물 위로 드러나는 간조노출지로서 매립공사 이후 각각 남중국해 최대와 두 번째로 큰 인공섬이 되었다.[92] 아울러 두 인공섬 모두에 활주로가 건설되고 있었다.

계속해서 미국은 2016년 1월 30일 구축함 윌버(USS Curtis Wilbur)호를 시사(西沙)군도의 트리턴 섬[(Triton Island, 중국명 중젠(中建)도] 12해리 내로 항해시켰다. 동 섬은 중국이 1990년대 후반에 영해기선을 선포하는 등 이미 실효적으로 지배해온 섬이자 인공적으로 조성된 섬이 아니라는 점에서 미국이 난사군도에서 시사군도로, 또 중국의 영해 내로 작전의 범위를 확대시킴을 의미했다. 이는 미국이 남중국해 전체에서 항행의 자유를 확보하려는 노력을 전개하려는 의지를 보여주었다.[93] 이러한 미국의 행위는 중국의 비판을 촉발시켰다. ≪환추시보≫는 미국이 강조하는 항행의 자유는 수많은 연안국의 주권과 해양권리를 무시하고 해상패권을 유지하려는 시도로서, 공인된 국제법에 부합되지 않는다고 지적했다.[94] 이러한 중국의 비판에도 불구하고 미국은 2016년 5월에 미사일 구축함 로런스(USS William P. Lawrence)호를 피어리 크로스 암초[Fiery Cross Reef, 중국명 융수(永暑)초] 12해리 이내로 진입시킴으로써 세 번째 항행의 자유 작전을 이어갔다. 이와 관련하여 미국은 남중국해에서 일부 국가의 과도한 해양권리 주장에 도전하기 위해 항행했다고 밝힘으로써 항행의 자유 작전을 계속하겠다는 의지를 분명하게 밝혔다.[95]

중국은 이러한 미국의 행동에 강력하게 반발했다. 미국이 라센호를 투입한 데 대해 왕이 외교부장은 미국을 향해 세 번 생각한 후 행동하고, 경거망동하지 말고, 공연히 말썽거리를 만들지 말라고 경고했다.[96] 나아가 중국군은 남해함대 소속 전투기가 미사일을 장착하고 남중국해 활주로에서 발진하는 사진도 공개했다.[97] 한편 미국이 시사군도로 순항의 범위를 확장시킨 데 대응하여 중국은 융싱(永兴)도에 사거리 200km의 지대공 미사일 훙치-9(HQ-9)를 배치했는데,[98] 이는 미국으로 하여금 분쟁지역에 항공기를 보내기 전에 숙고하도록 하려는 시도로 평가되었다.[99] 비록 이러한 미사일 배치가 지역의 군사력 균형을 근본적으로 변화시키지 못하겠지만, 중국 지도부가 남중국해의 군사화를 추구하려는 의지를 보여준 것으로서 전략적 함의를 지닌다는 평가이다.[100]

이러한 갈등에도 불구하고 미국과 중국 모두가 상황을 관리하려는 노력을 전개했다. 라센호가 순항한 다음 날 중국의 ≪환추시보≫는 사설을 통해 이성적으로 대응할 필요성을 강조했다. 이 사설은 미국의 행동은 시위적 성격이 강하며 중국에 대해 매립공사를 중단하라는 "극단적 요구"를 제기하지 않았다고 지적했다. 아울러 이 행위가 중국만을 겨냥한 것은 아니라는 점도 강조했다.[101] ≪환추시보≫는 다음 날에도 논설위원 명의의 논평을 통해 미국이 중국의 매립공사를 활용하여 주변 국가의 두려움을 조장함으로써 반중동맹을 형성하려 한다고 비판하면서도, 대응은 외교관을 비롯한 전문가에게 맡겨야 한다고 지적함으로써 중국 내에서 강경론이 제기되는 것을 차단하려 들었다.[102] 여기에 더해 중국은 미국에 요청하여 해군 사령관 우성리(吴胜利)와 리처드슨(John M. Richardson) 미 해군 작전부장 사이의 화상회의를 개최하여 군사교류를 예정대로 진행하기로 합의했다.[103] 동 회의는 위기통제 메커니즘을 작동시키려는 양측의 의도를 보여주었다.

실제로 양국 사이의 긴장이 제고되는 상황에서도 양국 군 사이의 상호

방문과 인적교류는 예정대로 진행되었다. 쿠알라룸푸르에서 양국 국방장관 회담(창완취안-카터 회담)이 열리던 날, 미태평양 사령관 해리스(Harry Harris)는 군사대표단을 이끌고 베이징을 방문하여 중국 군사위 부주석 판찬룽 및 총참모장 팡펑후이(房峰辉)와 각각 회담했다.[104] 중국 언론은 해리스 태평양 사령관이 항행의 자유를 언급하면서도 군사적 충돌을 피할 수 있다고 지적했음을 부각시켰다. 이와 관련하여 ≪환추시보≫는 사설에서 미국이 남중국해에서 과거와 같은 순항을 지속할 수 있도록 할 것을 요구하면서도 중국의 도서 확장 자체를 공개적으로 비판하지 않은 사실을 들어, 미국이 중국의 암초 확장을 제지할 수 없다는 현실을 받아들인 것이라고 규정했다.[105] 아울러 양국 해군은 11월 7일 미국 플로리다 부근 대서양에서 연합훈련도 거행했다.[106]

여기에 더해 미국은 11월 초 전략폭격기 B-52 두 대를 인공섬 부근으로 비행시키면서도 12해리 이내로는 진입시키지 않았다.[107] 한편 미국은 12월에 B-52 폭격기가 다시 인공섬 주변을 비행한 것과 관련하여 의도치 않았던 우발적 사건이었음을 강조했다.[108] 2016년 7월 국제중재재판소가 남중국해 중재신청에 대한 판결을 내리고 이로 인해 긴장이 제고되는 상황에서도 리차드슨 미 해군작전부장이 중국을 방문함으로써 고위급에서 군사교류를 계속하고 또 해상에서 위기발생을 억제하려는 양국의 의도가 계속됨을 보여주었다. 중국 또한 리처드슨 작전부장에게 항공모함인 랴오닝호에 대한 방문을 제공했다.[109]

한편 남중국해 문제와 관련한 주변 국가들의 반응은 다양하다. 미국의 조치에 가장 강력하게 호응한 것은 일본이었다. 일본은, 방위연구소의 한 보고서가 지적하듯, 중국의 군사력이 증대됨에 따라 남중국해에서 드러난 공세적 행태가 동중국해에서도 반복될 가능성을 우려한다.[110] 이러한 우려를 반영하듯 일본의 기시다 후미오(岸田文雄) 외상은 2015년 8월 중국 외교부장과의 회담에서 동중국해 개발 문제를 제기하는 동시에 남중국해 매립 문제도 비판했다.[111] 이후에도 일본은 인공섬 활주로에서 진행된 중국의 시험비행과 관련하여 현상을 일방적으로 변경시키려는 시도라는 항의를 제기하는 등 경계를 이어갔다. 이와 함께 기시다 후미오 외상은 항행의 자유를 수호하기 위해 관련 국가들과 협력을 계속하겠다는 의사도 표명했다.[112] 2016년에 들어서도 일본은 윌버호의 순항과 관련하여 난사군도에서 시사군도로 범위를 확대한 데 대한 지지를 공개적으로 표명했다. 일본의 관방장관은 남중국해에서의 중국의 행동을 현상을 변경시키려는 시도로 규정하고 중국의 일방적 행동이 국제사회의 공동의 우려를 촉발시켰다고 규정했다.[113]

한편 아세안은 필리핀과 베트남 등 영토분쟁에 직접적으로 관련된 국가들과 나머지 국가들 사이의 차이로 인해 남중국해 분쟁과 관련하여 일치된 입장을 도출하는 데 어려움을 겪었다. 이러한 사실은 2012년 아세안 외교장관 회담과 정상회의에서 역사상 최초로 공동성명을 발표하지 못한 데서 이미 드러났다. 필리핀의 요청에도 불구하고 의장국인 캄보디아가 중국을 의식하여 남중국해 문제를 공동성명에 포함시키는 것을 반대했다. 아세안의 일부 국가들이 중국과의 갈등 가능성을 회피하려 듦에 따라 공동성명 발표가 어려움을 겪는 현상은 2015년에 다시 출현했다. 8월 4일에 종료된 아세안 외교장관회의는 2일이 지난 뒤에야 공동성명을 공개했다. 8월 6일에 공개된 8월 4일 자 성명은 남중국해에서의 중국의 매립공사에 대해 우려를 표명했지만 매립공사의 중단은 요구하지 않았다.[114] 11월 초에 열린 아세안확대국방장관회담 또한, 미국과 일본의 노력에도 불구하고, 남중국해 문제를 이슈화시키지 못했다. 중국이 공동성명에 남중국해 분쟁을 언급하는 것을 반대함에 따라 결국 성명은 발표되지 못했다.[115] 미국은 남중국해 문제를 언급하지 않은 선언은 발표하지 않는 게 낫다는 입장을 보였고

반대로 중국은 토론되지 않은 입장을 포함한 선언은 없는 게 낫다고 반박했다.[116]

2016년 1월에도 미국의 케리 국무장관이 미국-아세안정상회의를 앞두고 아세안의 일치된 행동을 촉구하기 위해 캄보디아와 라오스를 방문했지만,[117] 캄보디아 외교장관은 남중국해 문제는 아세안의 개입 없이 관련 국가들끼리 개별적으로 해결해야 한다는 입장을 표명했다. 이는 아세안의 개입을 원하지 않는 중국의 입장과 유사한 것이었다.[118] 이어서 2월 서니랜즈에서 개최된 미국-아세안정상회의 선언문에서도 해양 분쟁의 평화적 해결과 항행의 자유만을 강조했을 뿐 중국은 물론이고 남중국해조차도 언급되지 않았다.[119] 이러한 결과는 2010년 뉴욕에서 열린 미국-아세안정상회의에서 일부 아세안 국가의 반대로 중국과 남중국해 문제를 언급하지 못했던 것과 유사하다.[120] 이는 미국 및 중국 모두와의 관계를 유지하려는 아세안의 의도가 변화하지 않았음을 보여준다.

이처럼 아세안이 남중국해 문제와 관련하여 합의를 도출하지 못하는 데는 여러 가지 요인이 작용한다. 우선, 중국의 노력이다. 중국은 당사국이 아닌 국가가 남중국해 문제에 개입하는 것을 원하지 않으며, 따라서 아세안을 비롯한 다자기구의 역할을 제어하려 한다. 여기에 더해 중국은 상황을 관리하려는 노력도 전개한다. 가령, 왕이 중국 외교부장은 2015년 8월 5일 쿠알라룸푸르에서 열린 중국-아세안외교장관회의에서 남중국해 행동규약(CoC)에 관한 협의와 해상위기를 관리하기 위한 예방조치에 관한 논의를 서두를 것 촉구함으로써 주변 국가와의 긴장을 완화시키기 위한 노력을 전개했다.[121] 9월에 들어서도 중국은 말라카 해협에서 말레이시아, 미국, 호주와 구조, 수색, 납치에 대비한 연합훈련을 거행했다.[122] 11월에는 시진핑 주석이 베트남과 싱가포르 등 지역 국가에 대한 방문을 통해 우려를 해소하려는 노력을 이어갔다.[123] 여기에 더해 중국은 10억 달러의 아세안 인프라 펀드 외에 5억 6000만 달러를 저발전 아세안 국가에게 제공하겠다는 의사도 표시했다.[124] 이러한 중국의 노력에 일부 아세안 국가들이 호응하면서 아세안이 분열되었다. 가령, 말레이시아는 2015년 10월에 중국과 최초로 연합해군훈련을 거행했을 뿐 아니라 다음 달에는 중국 해군이 코타키나발루 항에 기항하는 데도 동의했다.[125]

아울러 아세안은 미국의 의도와 의지를 확신하지 못한다. 가령, 남중국해에 대한 미국의 정책과 관련하여 아세안의 한 전문가는 미국의 의도가 분명하지 않다고 지적한다. 그는 미국이 항행의 자유가 다른 국가의 배타적 경제수역에서의 군사적 조사를 진행할 권리와 해당 국가에 사전 통보 없이 군함이 영해를 통과할 수 있는 권리를 포함한다고 주장하지만 지역 국가들은 이러한 항행의 자유에 관심이 적다고 지적한다. 즉, 다른 국가의 영해로 선박을 파견하는 것, 특히 통항권을 구현하기 위해 진입시키는 것은 무해통항(innocent passage)의 원칙을 위반하는 것으로서 중국에 대해 남중국해의 군사화를 추구하고 있다고 비판하는 미국이 실질적으로는 더 높은 정도의 군사화를 추구함을 보여준다는 주장이다.[126] 실제로 인도네시아는 라센호가 인공섬 부근을 항해한 다음 날 힘을 투사하려는 미국의 시도를 승인하는 것을 거부했다.[127] 말레이시아의 라작(Najib Razak) 총리 또한 이와 관련하여 아세안 정상회의에서 모든 당사국에게 긴장을 제고시키는 행위를 자제할 것을 촉구했다.[128] 이는 아세안 국가들이 이 지역에서 미중 경쟁이 지역의 군사화로 이어질 가능성을 경계함을 보여준다.

4. TPP와 경제 질서 주도권

TPP는 중국이 추진한 의제는 아니다. 그럼에도 불구하고 중국식 강대국 외교정책에 대한 국제적 반응을 이해하는 데 이를 포함시킨 이유는 미국의 대응을 검토할 필요성 때문이다. 오바마 행정부는 TPP를 추진함으로써 중국의 영향력 확대를 제어하려 들었다. 즉, 아태지역에서 높은 수준의 무역자유화와 경제통합을 주도함으로써 지역의 동맹국들이 중국에 경제적으로 의존하고 그 결과 동맹체제에 위험이 초래되는 상황을 제어하려 시도했다.[129] 나아가 규칙 제정권을 장악함으로써 중국과의 경제적 경쟁에서 우위도 차지하려 들었다.[130] 이 때문에 중국은 회원국이 아님에도 불구하고 TPP를 얘기할 때 거의 상수처럼 언급된다. 대표적으로 오바마 대통령은 TPP의 필요성을 거론하면서 중국으로 하여금 지역의 경제 규칙을 쓰도록 내버려둘 수 없다는 점을 거듭해서 강조했다. 아베 신조 일본 총리 또한 중국에 대한 경계심에서 TPP 협상에 적극적으로 임했다. 즉, 아베 정부는 미국이 주도하는 TPP가 경제적 혜택을 제공할 뿐 아니라 지정학적으로도 미국의 관여를 유지하는 데 기여할 것으로 판단하고 적극적으로 임했다.[131] 중국이 AIIB의 회원국 확대에 적극적으로 나선 2015년 초 일본에서는 동아시아의 경제적 균형이 중국 쪽으로 기울어져 있는 상태에서 TPP가 성사되지 않는다면 아시아의 경제 질서가 중국 중심으로 재편되는 현상이 더욱 심화될 것이라는 우려가 제기되었다.[132] 이러한 우려에 따라 아베 정부는 소고기 수입이나 금융 및 서비스업의 일본시장 진출 문제 등에서 양보조치를 취함으로써 TPP의 조기 타결을 추진했다.

이는 AIIB의 성공적 출범을 비롯한 중국의 강대국 외교정책이 오바마 행정부의 미국과 아베 정부의 일본으로 하여금 TPP의 필요성을 더욱 시급한 것으로 인식하도록 작용했음을 의미한다. 특히 미국의 반대에도 불구하고 서구 유럽 국가를 포함한 57개 국가가 AIIB에 참여했다는 사실이 미국과 일본으로 하여금 TPP의 출범을 더욱 가속화시키도록 작용했다.[133] 오바마 행정부의 미국은 TPP를 통해 아태지역에서의 경제 질서의 주도권을 회복함으로써 AIIB와 일대일로를 중심으로 질서를 구축하려는 중국의 시도를 제어하려 들었다. 이 점에서 TPP는, 비록 중국을 포함하고 있지는 않지만 또는 중국을 배제함으로써, 중국의 강대국 외교에 대응하려는 시도로 간주될 수 있다.

피터슨 국제경제연구소(Peterson Institute for International Economics)의 한 국제통상 전문가는 TPP가 중국의 대외교역액을 해마다 1000억 달러씩 감소시킬 것으로 제시한다. 중국인민은행의 수석 경제학자 마쥔(马骏)은 TPP가 중국의 GDP를 2.2% 감소시키는 효과를 촉발시킬 것으로 평가했는데, 이는 0.14~0.5%를 감축시킬 것이라는 일반적인 평가보다 높은 것이었다.[134] 여기에 더해 TPP 합의에 포함된 29개 장 가운데 다섯 개를 제외한 나머지 모두가 지적재산권, 노동, 환경, 국유기업 등 교역과 직접적으로 관련되지 않은 이슈를 다루고 있다는 사실 또한 TPP가 실질적으로 중국을 겨냥한 것임을 제시한다. 가령, TPP에 참여하기 위해서 인터넷과 방송 등을 해외투자자에 개방해야 한다는 규정은 중국공산당이 수용하기에는 정치적으로 너무 민감한 것이다.[135] 아울러 국유기업과 민간기업 간의 공정한 경쟁을 규정하는 조항 또한 중국이 수용하기 어려운 것이다. 이러한 사실 때문에 중국의 TPP 참여는 쉽지 않고, TPP가 설정한 높은 수준은 이 지역에서 미국과 동맹국들의 경제적 영향력을 증진시키는 결과로 이어질 가능성이 크다.

그러나 다른 견해도 존재한다. 아시아개발은행의 한 전문가는 TPP 합의를 도출하는 과정에서 미국과 일본의 이해뿐 아니라 베트남과 말레이시아 페루, 멕시코 등 중견 국가의 이익을 반영하기 위한 타협이 이루어졌고, 그 결과 이행기가 예상보다 길어졌으며 따라서 TPP의 효과가 예상보다 낮을 것으로 평가한다. 아울러 그는 장기적으로 TPP의 성공 여부는 중국과 같은 국가를 끌어들일 수 있는가에 의해 영향을 받을 것으로 본다.[136] 심지어

TPP가 중국을 제약하기보다 오히려 중국이 규칙을 쓰는 것을 도울 수 있다는 평가마저 제기된다. 즉, 중국이 주변 국가를 끌어들임으로써 미국의 지배권을 약화시킬 수 있다는 지적이다. 대표적으로 중국은 TPP로 가장 커다란 혜택을 볼 것으로 예상되는 베트남에 대한 투자를 강화했고,[137] 따라서 베트남의 대미수출 증대로부터 혜택을 볼 것으로 예상된다. 이러한 경제적 혜택은 다시 지역에서의 중국의 경제적 영향력을 제고시키고 군사력을 증강시키는 데 활용될 것이다.[138]

그렇다면 중국은 TPP를 어떻게 보고 또 어떻게 대응하려 하는가? 과연 TPP는 중국의 강대국 외교정책을 제어하거나 완화시킬 것인가? 초창기 중국에서는 TPP에 대한 의구심이 지배했지만, 시간이 가면서 TPP가 제공할 혜택도 인식되기 시작했다. TPP 협상이 타결될 가능성이 제고된 2015년 중반까지도 중국에서는 미국의 의도에 대한 의구심이 지배했다. 가령, 7월 31일 회담이 예상과 달리 최종타결에 실패하고 종료되었을 때도 중국의 한 전문가는 연말까지는 타결될 것으로 전망했다. 그는 미국이 개도국에 양보를 취할 가능성을 거론하면서, 이것이 미국의 의도가 경제적 고려보다 정치적이고 전략 측면에 집중됨을 보여주는 증거라고 주장했다. 즉, 아태지역의 통합을 주도함으로써 주도권을 장악하려 하는데, 이는 결국 중국을 견제하려는 시도라는 지적이다. 이러한 사실은 미국이 일본과 베트남 등 중국과 대결중인 국가를 포함시킨 데서도 확인되는 것으로 제시되었다. 이 점에서 그는 TPP를 경제판 NATO로 규정했다.[139]

TPP에 대한 잠정적 합의가 도출된 이후에도 중국의 한 미국 전문가는 미국이 TPP를 통해 중국을 제어하려 한다는 주장을 제기했다. 구체적으로 미국은 TPP를 통해 ① 수출확대를 통한 경제부흥, ② 국제경제체제에 대한 주도권 제고, ③ 국제무역의 새로운 표준과 규범 제정을 통한 중국 제어 등의 목표를 추구하는 것으로 제시되었다. 이 전문가는 중국이 아태지역에서 규칙을 제정하겠다는 것이 아니라 단지 모든 국가에게 규칙 제정에 참여할 평등한 권한을 허용할 것을 요구했을 뿐인데도 미국이 과도하게 반응한다고 주장했다.[140] 동시에 국유기업, 환경보호, 노동 및 지재권과 관련된 TPP의 높은 표준과 새로운 규칙이 본격적으로 작동하기 시작하면 중국에 압력이 가해지고 아태지역의 교역에도 상당한 파급효과가 초래될 것이라는 평가도 제기되었다.[141]

그러나 이러한 비관론에 대한 경계도 상당히 강건한데, 민족주의와 국제주의 사이에 차이가 존재한다. 민족주의는 TPP의 영향을 과장하는 것을 경계했다. TPP 협상이 타결된 다음날 ≪환추시보≫는 사설을 통해 TPP가 중국경제를 붕괴시킬 것이라는 주장을 과장된 것으로 규정했다. 동 사설은 일부 사람들이 중국이 배제된 것을 우려하는 데 대해 TPP가 진정 중국을 겨냥한 것인가라는 의문을 제기했다. 또한 TPP에 "끌려들어간" 국가들이 중국을 제약하려는 의사가 있음은 사실이라고 인정하면서도 이러한 의도의 실현 가능성에 대해서는 의문을 제기했다. 물론 TPP가 단기적으로 일정 정도 중국에 영향 끼치겠지만, 12개 회원국의 발전수준이 불균등하고 또 미국과 일본을 제외하면 작은 국가들로서 무역 창출효과 또한 크지 않으며 따라서 TPP가 세계 제2대 경제국인 중국을 끌어들이지 않으면 한계가 있을 수밖에 없을 것이기에 실용적 노선을 걸을 것이라는 주장이었다. 아울러 동 사설은 TPP가 지역의 표준에 불과하다고 폄하하고 글로벌 표준이 되기 위해서는 WTO와 같은 다자적 틀을 통과해야 한다고 주장했다.[142] 다음날에도 ≪환추시보≫는 평론원의 글을 통해 비관론에 대한 경계를 이어갔다. TPP가 중국의 부상이라는 역사적 과정의 종식을 알린 것이라는 주장과 관련하여 그는 TPP가 NATO와 달리 미국이 일방적으로 지배할 수 있는 것이 아니라고 규정했다. 아울러 그는 호주와 뉴질랜드 등 TPP 회원국가 가운데 일부가 이미 중국과 FTA를 체결했다는 사실도 강조했다. 결국 TPP는 중국에 하나의 채찍에 불과하며 중국이 규칙의 제정자가 될 수는 없다고 하더라도 어떤 규칙도 중국을 배제할 수는 없다는 주장이었다.[143]

반면에 국제주의자들은 TPP로부터 교훈을 얻고 또 참여할 필요성을 주장했다. 이러한 주장은 2013년 중반 중국에서 전개된 TPP 가입을 둘러싼 논쟁의 과정에서 제기되었다. 중국의 통상업무를 관장하는 상무부 산하 연구소의 한 전문가는 TPP가 미국경제의 회복을 도우려는 시도임을 인정하면서도 동시에 TPP를 거부하는 것은 중국에 불리하다고 규정했다. 그는 WTO 가입이 개혁을 촉진시켰던 경험과 18차 당대회 보고서가 적극적 대외개방 전략을 규정한 사실을 들어 TPP에 적극적으로 임해야 한다고 주장했다. TPP 가입은 새로운 개혁을 위한 추동력을 제공할 뿐 아니라 국제적 규칙 형성과 관련하여 중국이 배제되는 것을 방지하는 데도 기여할 것이라는 지적이었다.[144]

중국 내의 개혁파들 또한 TPP를 활용하여 개혁을 추진할 기회를 포착하려는 노력을 전개했다. WTO 가입 협상의 책임자였던 룽융투(龙永图)와 중국개혁발전연구원의 츠푸린(迟福林)은 TPP 가입이 시장 지향적 개혁을 추진하고 경제성장 방식을 전환하는 기회를 제공할 것이라는 기대에서 중국 지도자들이 TPP 가입에 관심을 가지고 있다고 주장했다.[145] 한 전임 상무부 부부장 또한 TPP에 적극적으로 임할 것을 주장했다. 그는 TPP를 단순히 미국의 꿈으로 간주하는 것을 경계하고 중국의 꿈이기도 하기에 미국과 연합하고 또 이를 통해 TPP와 RCEP를 연결시킴으로써 아태FTA를 실현할 것을 강조했다.[146] TPP에 관한 합의가 도출된 후에도 그는, TPP의 일부 규칙이 현실과 거리가 있고 구성 국가가 확대됨에 따라 원형을 유지하기 어렵다는 근거를 들어 향후 진로를 낙관하기 어렵다고 규정하면서도, TPP가 주는 최대의 교훈은 개혁개방을 가속화시키라는 것이라고 지적했다.[147] 중국사회과학원의 한 전문가 또한 중국이 TPP에 열린 자세를 지녀야 한다고 강조했다. WTO 규칙에 부합하고 아태지역의 통합을 제고시키는 어떤 기제도 환영해야 하고 또 조건이 맞을 경우 참여하는 것은 물론 미국과의 협력도 강화해야 한다는 주장이었다.[148] 이러한 주장에도 불구하고 중국이 TPP에 가입하려는 움직임은 구체적으로 드러나지 않았다. 이는 중국이 TPP에 가입하기 위한 조건인 31개 조항 모두를 수용하기 어렵고, 반대로 협상을 통해 가입조건을 조정하기도 어려운 딜레마를 반영한다.

아태지역에서 중국의 경제적 영향력을 제어하려는 미국의 의도는 중국이 주도하는 지역통합 노력을 제지한 데서도 확인된다. 중국은 2014년 11월 베이징에서 개최된 APEC회의에서 아태자유무역지대(FTAAP)를 적극적으로 추진하려 들었다. 미국은 중국에 앞서 유사한 구성을 추진한 바 있었지만,[149] TPP에 집중하기 위해 중국의 제안에 반대했다. 지역의 교역 틀을 형성하려는 노력을 강화하는 시기에 이루어진 중국의 FTAAP 추진은 TPP에 대응하려는 시도로 인식되었고, 이에 따라 미국은 베이징 APEC 회의에서 FTAAP를 저지하고 TPP를 추진하려 들었다. 여기에 더해 일부 지역 국가들 또한 기존 안건이 우선되어야 한다며 새로운 협상을 개시하는 데 의지를 보이지 않았다.[150] 그 결과 APEC 성명은 FTAAP에 대한 가능성 검토나 협상개시를 촉구하는 표현을 담지 않고, 부속문서에만 언급함으로써 중국의 의도를 좌절시켰다. 아울러 중국이 제안한 타당성 연구(feasibility study) 또한 미국의 거부로 인해 로드맵 제시로 강등되었다. 이와 동시에 미국도 베이징에서 TPP 협상을 진행하려던 애초의 계획을 수정하는 타협책을 택했다.[151]

이러한 좌절에도 불구하고 중국은 2015년에 들어서도 FTAAP에 관한 연구결과를 보고함으로써 경제통합을 추진하려는 의도를 이어갔다. 구체적으로 중국은 2016년까지 공동의 전략연구를 마치고 작동 가능한 제안을 제시함으로써 FTAAP를 위한 로드맵을 채택하는 것을 목표로 한다.[152] 이는 아태지역에서 다양한 FTA의 출현으로 인해 초래된 파편화 현상을 극복하고 지역 차원의 경제통합을 추구하려는 시도로 제시된다. 아울러 FTAAP는 중국의 강대국 역할과 감당(担当)을 보여주는 조치로 규정된다.[153] 이러한 움직임은 중국이 강대국으로서 국제적 반응에 상관없이 자신의 길을 가려는 의지를 보여준다.

5. '중국식 세계'의 가능성?

이상에서 살펴본 국제적 반응이 국제체제에 영향을 끼치려는 중국의 시도와 관련하는 갖는 의미는 무엇인가? 과연 시진핑 체제에 들어서 본격화된 중국식 강대국 외교정책은 세계를 중국식으로 다시 구성할 가능성을 보여주었는가?

중국이 부상함에 따라 일각에서는 중국이 '세계를 지배'하게 될 것이고 서구적 질서가 종식될 것이라는 주장을 제기했다.[154] 그러나 이상의 논의는 중국식 강대국 외교가 촉발시킨 반응이 이처럼 분명하기보다 이중적임을 제시한다. 중국은 AIIB와 일대일로 등을 통해 윈윈과 협력이라는 비전을 제시함으로써 중국위협론을 완화시키고 중국의 부상을 보다 긍정적 맥락 속에 위치시켰다. AIIB는 앞에서 검토한 여러 이슈 가운데 가장 긍정적이고 구체적인 반응을 유도했다. 영국을 비롯한 유럽 국가들이 호응하면서 AIIB는 선진국과 개도국, 아시아 국가와 유럽 국가를 포함한 다양한 국가들을 창설 회원국으로 확보함으로써 성공적으로 출범했다. AIIB의 성공적 출범은 국제적 영향력 경쟁에서 중국이 갖는 최대 무기가 경제력이라는 사실을 보여주었다. 아울러 AIIB의 성공적 출범은 세계금융체제에 대한 미국의 지배권을 약화시켰다. 이 점에서 AIIB의 사례는 중국이 강대국 외교정책을 통해 세계에 영향을 끼칠 가능성을 보여주었다.

그럼에도 불구하고 이것이 곧 중국이 기존 체제를 자신의 특성을 반영하여 다시 구성하게 될 것임을 의미하는 것은 아니다. 오히려 중국이 성공을 거둘 수 있었던 요인은 자신의 선호를 자제하고 국제적 표준을 수용한 데서 찾을 수 있다. AIIB와 관련하여 중국은 애초 상정했던 것처럼 지분의 50%를 확보함으로써 강력한 주도권을 장악하는 대신에 유럽 국가를 포함시킴으로써 지분을 축소하고 또 은행의 운영과 관련해서도 국제적 표준을 수용할 의사를 밝힘으로써 광범위한 지지를 형성할 수 있었다. 이는 중국이 기존 규범을 따를 때 비로소 국제적 호응을 촉발시킬 수 있으며 따라서 기존 국제체제가 중국으로 하여금 규칙을 따르도록 유도할 수 있는 영향력을 지님을 보여준다.

일대일로 또한 경제발전을 위해 자본을 필요로 하는 개도국들로부터 긍정적 반응을 유도했다. 심지어 미국조차도 일대일로에 대해, AIIB의 경우보다, 온건하게 반응했다. 이러한 긍정적 반응은 자신의 주장을 천명함으로써 국제사회에 영향을 끼치려는 중국의 의도가 구현될 가능성을 제시한다. 다시 말해 일대일로의 전개는, AIIB의 성공적 출범과 함께, 국력 증대에 힘입어 국제무대에서 중국의 의제 설정능력이 증강됨을 보여주었다. 과거 미국이 국제적 의제를 설정할 수 있는 권한을 사실상 독점했던 데 반해 이제 중국 또한 의제를 제기할 수 있는 능력을 구비하기 시작했다. 그러나 한계 또한 분명하다. 중국이 엄청난 경제적 혜택을 제공할 것처럼 분위기를 조성하지만, 일대일로에 대한 국제적 반응은 중국의 기대에 미치지 못한다. 이는 중국의 구상과 방안이 국제적으로 잘 이해되지 않고 있을 가능성을 제시한다. 심지어 일대일로와 관련한 중국의 구상에 존재하는 불분명성은 중국의 의도에 대한 의구심마저 촉발시켰다. 즉, 돌아올 경제적 이익이 불확실함에도 불구하고 중국이 일대일로에 엄청난 자원을 투자하려 한다는 사실이 유라시아의 주도권을 장악함으로써 제국적 질서를 다시 부화시키려 하는 것이 아닌가라는 전략적 의구심을 촉발시켰다.

이에 반해 남중국해 문제는 중국의 영향력에 존재하는 한계를 잘 보여주었다. 인공도서의 건설을 통해 실효적 지배를 강화하려는 중국의 시도는 현상을 변경시키려는 노력으로 인식됨으로써 국제적 반발을 촉발시켰다. 그 중심에 미국이 있었다. 미국은 중국이 아태지역에서의 주도권과 해양패권에 도전하려 한다는 우려에서 대응조치를 점차 강화시켜왔고, 그 결과 촉발된 미국과 중국의 갈등은 다시 동남아에서 중국에 대한 우려를 촉발시키고 확산시켰다. 따라서 중국이 남중국해에서 미국을 구축하고 자신의 영향력을 확대하려 시도했다면 이러한 의도는, 최소한 지금까지는, 효과를 거두지 못했다.[155]

여기에 더해 남중국해에서의 강대국적 행동은 중국이 애써 쌓아온 국가이미지에도 커다란 타격을 가했다. 2013년 필리핀이 9점선과 관련한 적법성 문제를 국제상설중재재판소에 제소했을 때 중국은 유엔 해양법에 조인할 때 중재를 거부할 수 있는 권한을 선언했다는 논리를 들어 참여를 거부했다. 이러한 중국의 거부에도 불구하고 상설중재재판소가 관할권이 있다고 선언하자 중국은 다시 동 소송이 주권과 관련된 것으로 유엔 해양법의 관할범위를 벗어난다는 명분을 들어 중재의 결과를 수용하지 않을 것임은 물론 소송에도 참여하지 않겠다고 선언했다. 이러한 중국의 행태는 전형적인 강대국으로서의 행태를 상기시켰을 뿐 아니라 중국에 대한 심대한 불이익을 초래했다. 중국은 중재에 참여함으로써 재판관 선임에 영향을 끼치고 이를 통해 판결에도 영향을 끼칠 수 있는 기회를 상실했을 뿐 아니라 국제법과 규범을 준수하지 않는 국가라는 이미지를 촉발시킴으로써 국가의 평판에도 타격을 입었다.[156] 2016년 7월에 이뤄진 '중국의 9점선 주장이 유엔해양법에 위배된다'라는 취지의 중재결정은 중국의 이미지와 소프트 파워에 해를 가했을 뿐 아니라 역사적 권리에 근거하여 남중국해에 대한 실효적 지배를 강화하려는 시도에도 타격을 가했다.

여기에 더해 오바마 행정부하의 미국은 TPP 타결을 주도함으로써 아태 지역에서 중국의 영향력에 제약을 가하려 들었다. 이는 중국의 강대국 외교정책이 위기감을 증대시킴으로써 미국으로 하여금 중국이 수용하기 어려운 높은 수준의 규칙을 제정함으로써 중국의 영향력을 제어하도록 작용했음을 의미한다.[157] 결국 자신의 특성을 반영하려는 중국의 노력은 부분적으로 국제적 호응을 도출했지만 동시에 미국의 견제를 촉발시키고 미중 사이의 경쟁을 심화시켰다. 미국이 대응에 나섬에 따라 국제체제에 영향을 끼치려는 중국의 시도는 커다란 현실적 제약에 직면해 있다.

그러나 이는 자신의 특성을 반영하려는 중국의 노력이 어떤 변화도 촉발시키지 못했음을 의미하는 것은 아니다. 비록 대안적 질서를 제시하지는 못했지만, 중국의 강대국 외교정책은 미국이 주도하는 기존 체제의 정합성을 약화시켰다. 미국의 반대에도 불구하고 AIIB가 성공적으로 출범했다는 사실이 그 하나의 증거이고 미국이 남중국해에서 항행의 자유 작전을 전개했음에도 불구하고 중국의 강력한 반발로 인해 상황의 안정이 이뤄지지 않고 있다는 사실이 또 다른 증거이다. 결국 중국식 외교정책의 영향은 새로운 대안의 제공보다 기존 질서의 약화에서 더욱 분명하게 드러났다.

결론

이상의 논의는 대외개방 정책을 시행한 이후 중국에서 세계와의 관계 설정이 외교정책의 중요한 이슈로 등장했고, 이와 관련하여 다양한 모색과 시도가 전개되었음을 보여준다. 이 과정에서 국제체제와의 관계에 대한 서로 다른 이념이 출현하고 경쟁함으로써 정책에 영향을 끼쳤다. 대외개방 초기 국제체제에의 편입과 통합을 강조하는 국제주의의 영향력이 제고되었지만, 국력의 증대와 함께 중국특색이 다시 강조되기 시작했고 시진핑 체제가 추진한 강대국 외교정책에서 구현되기 시작했다.

아울러 이상의 논의는 서로 다른 이념이 경쟁한 결과 중국의 외교정책에 변화가 발생했고 때로 혼선마저 초래되었음을 보여준다. 대외개방 이후 국제체제와의 관계라는 오랜 문제를 마침내 해결했다는 일각의 주장에도 불구하고, '세계와의 관계를 어떻게 설정할 것인가?'라는 문제와 관련하여 중국은 여전히 확실하고 분명한 답을 찾지 못했다. 이러한 사실은 시진핑 체제가 출범한 후 민족주의 이념이 영향력을 강화했음에도 불구하고 국제체제와의 관계를 둘러싼 중국 내의 이견과 논쟁이 그치지 않고 있다는 점에서 단적으로 확인된다. 이러한 중국 내의 논의가 어떻게 전개되고 또 귀결될 것인가는 중국 외교정책의 방향뿐 아니라 국제체제의 모습과 운명에도 영향을 끼칠 것이다. 결론에서는 지금까지 진행된 논의를 정리하고 또 향후 중국의 진로도 간략하게 검토하고자 한다.

1. 외교이념의 분화

대외개방은 중국에서 외교이념의 분화를 가져왔다. 비록 지도부가 이념의 작용을 억제하고 실용적 외교정책을 강조했지만, 대외개방은 중국에서 국제주의 외교이념을 배양하고 강화시켰다. 대외개방을 추진할 필요성은 국제체제에 진입하고 또 국제체제의 수용을 획득해야 하는 과제를 제기했다. 이후 대외개방이 경제발전에 기여한다는 사실이 분명해지면서 국제체제와의 일치를 추구하려는 움직임은 더욱 강화되었다. 국제주의는 이러한 배경에서 출현하고 성장했다. 중국의 국가이익과 인류의 보편적 이익이 공존할 수 있다는 전제 아래 국제체제에의 참여와 통합을 통해 국익을 실현하려는 국제주의는 중국 외교정책에 있어서 새로운 이념이었다.

중국에서 국제주의는 개방정책의 성공적 추진에 힘입어 그 영향력을 강화했다. 다시 말해 국제체제에의 참여가 중국의 경제발전에 기여함에 따라 참여와 일치를 추구할 필요성 또한 정당성을 강화했다. 이처럼 개방정책에 힘입어 영향력을 강화한 국제주의는 다시 중국의 외교정책에 영향을 끼치게 된다. 상호의존, 국제기구와 다자주의, 협력과 윈윈, 국제적 책임 등 자유주의적 개념에 대한 인식이 제고되면서 중국의 외교정책 또한 국제체제와의 협력과 통합을 강화하는 방향으로 전개되었다. 중국은 국제기구에의 참여를 확대했을 뿐 아니라 국제기구의 설립을 추진하기도 했다. 여기에 더해 중국은 평화적 부상론과 조화세계론 등을 통해 국제체제와의 협력과 공존을 강조했다. 국제주의가 외교정책에 영향을 끼침에 따라 중국과 세계 사이의 거리가 좁아진 반면에 충돌의 가능성은 줄어들었다.

민족주의는 대외개방 이후 한동안 외교정책에 실질적인 영향력을 행사하지 못했다. 서구가 천안문 사태를 계기로 중국에 대해 제재를 가했지만, 중국 지도부는 경제발전이라는 과제를 달성하기 위해 국제체제에 참여할 필요성을 계속해서 강조한 반면에 민족주의가 외교정책에 영향을 끼치는 것을 제어했다. 다만 이 시기 간헐적으로 발생한 외부로부터의 위협이 중국에서 민족주의를 유지시켰다. 이처럼 초창기 외교정책에 영향력을 행사하지 못했던 민족주의를 다시 활성화시킨 것은 중국의 국력 증대였다. 국력 증대가 본격화되면서 중국에서 전통과 문화를 다시 평가하려는 움직임이 촉발되었고 대외정책과 관련해서도 국력을 활용하여 국가이익을 수호하고 또 영향력 확장을 추구할 것을 주문하는 목소리가 증대되었다. 이러한 목소리는 2008년 세계금융위기 이후 더욱 제고되어, 강대국 외교정책을 통해 국제체제를 다시 구성해야 한다는 주장으로 이어졌다.

민족주의가 항상 국제주의와 상반된 외교정책을 선호한 것은 아니었다. 가령, 온건 민족주의는 국제체제에의 참여를 옹호한다는 점에서 국제주의와의 접점이 존재했다. 그럼에도 불구하고 민족주의는 외교정책을 둘러싸고 국제주의와 차이를 보였다. 국제주의가 국제체제와의 통합을 강조한 반면에 온건 민족주의는 중국의 자주성을 중시했다. 한편 급진 민족주의는 외부세계에 대해 배타성을 보였고 중국의 부상이 본격화된 후에는 국제체제를 다시 구성할 필요성을 강조함으로써 국제주의와 분명한 차이를 보였다. 급진 민족주의는 국제체제를 다시 구성하는 기준으로 중국의 전통과 문화를 제시했다. 다시 말해 급진 민족주의는 전통에서 중국의 미래를 찾음으로써 서구에서 중국의 미래를 찾는 국제주의와 분명한 차이를 보였다.

이처럼 서로 다른 이념은 서로 다른 외교정책을 옹호함으로써 중국의 외교정책에 변화와 혼선을 촉발시켰다.

서로 다른 이념을 옹호하는 세력들은 자신의 선호를 밝힘으로써 중국의 외교정책을 원하는 방향으로 끌고 가려 시도했다. 그러나 외교정책의 결정권이 최고 지도부에 집중된 중국에서 이념이 정책에 끼치는 영향은 항상 분명하고 직접적인 형태를 띠지는 않았다. 정책 결정권을 지닌 지도자에 의해 채택될 때 비로소 정책에 영향을 끼칠 수 있는 현실로 인해 전문가들은 정책을 둘러싼 논의에 적극적으로 참가함으로써 지도자에게 선택지를 제공하려 들었다. 더 많은 경우 전문가들은 선언된 공식적 정책을 자신의 선호에 부합하는 방향으로 해석하는 방식을 통해 정책의 내용에 영향을 끼치려 들었다. 중국의 공식적 정책이 통상 서로 다른, 그리고 심지어 상반된 측면을 포괄했다는 사실이 이러한 행위가 작동할 수 있는 환경을 제공했다. 그 결과 중국에서 이념이 정책에 끼치는 영향은 구성주의나 자유주의가 제시하는 것만큼 분명하지는 않았다.

국제주의와 민족주의 사이의 분화와 이견은 쉽게 해소되지 않았다. 비록 일부 국제주의자들이 온건 민족주의를 인정함으로써 조화의 가능성을 제시하기도 했지만, 이는 민족주의가 중시되는 상황에서 국제주의의 존립기반을 확보하기 위한 방편으로서의 성격이 강했다. 반면에 국제주의와 급진 민족주의 사이에는 접점조차 존재하지 않았다. 여기에 더해 현실적 요인 또한 서로 다른 이념에 활력을 제공했다. 한편으로 자원과 시장의 확보와 같은 경제적 필요성이 국제체제에의 참여와 편입을 강조하는 국제주의에 동력을 제공한 반면에 중국이 처한 국내적 문제들은 계속해서 민족주의를 동원할 필요성을 제기했다. 비록 중국 지도부가 상반된 이념을 조화시키려 들었지만 서로 다른 선호와 해석이 계속해서 제기됨으로써 외교정책을 둘러싼 변화와 혼선이 초래되었다.

2. 통합에서 중국특색으로

개방기 국제체제와의 관계에 대한 중국의 정책은 통합을 강조하던 데서 중국의 특색을 강조하는 방향으로 이동했다. 이는, 대외개방에 힘입어 중국에서 외부세계에 대해 학습하려는 의지가 증대되었음에도 불구하고, 중국의 특성을 추구하려는 선호가 유지되고 또 궁극적으로 강화됨을 의미한다. 아울러 이는 중국이 관념을 전환하는 데 어려움을 경험함을 보여준다.

개방 초기 중국은 국제체제에의 편입과 통합을 강조했다. 앞에서 지적한 것처럼, 개혁개방을 통해 경제를 발전시킬 필요성이 중국 지도부로 하여금 국제체제에의 편입과 통합을 강조하도록 작용했다. 국제체제와의 통합을 추구할 필요성은 대외개방이 중국의 경제발전에 기여한다는 사실이 확인되면서 더욱 제고되었다. 중국 지도부는 전문가들로 하여금 서구의 사상과 이론을 학습하도록 장려했고 또 이들의 의견에 귀를 기울였다. 그 결과 국제주의는 지도부에 새로운 생각과 선택지를 제공하는 방식을 통해 외교정책에 영향을 끼칠 기회를 누렸다.

이러한 현상은 1992년 14차 당대회 이후 분명해졌다. 14차 당대회가 전면적 개방이라는 방침을 확립한 후 중국외교에는 많은 변화가 발생했는데, 이러한 변화는 전반적으로 국제주의 이념을 따라 진행되었다. 중국은 국제기구에의 가입을 더욱 확대했고 책임 있는 강대국이라는 개념도 수용하기 시작했다. 국제체제와의 통합을 추구하려는 중국의 의지는 WTO 가입에서 가장 분명하게 드러났다. 심지어 중국 지도부는 WTO 가입이라는 외적요인을 빌려 중국 내의 변화를 추진하기도 했다. 이후 중국 지도부는 국제주의자들이 제기한 평화적 부상이라는 구상도 수용했다. 비록 평화적 발전이라는 구상에 의해 대체되었지만 평화적 부상은 국제체제에 도전하지 않고 협력과 윈윈이라는 평화적 방식을 통해 강대국이 되겠다는 중국의 의지를 보여주었다. 이 점에서 평화적 부상론은 중국 외교정책과 관련하여 국제주의의 영향력이 증대되었음을 보여준 가장 분명한 사례였다. 이어서 제기된 조화세계론 또한, 중국의 특색을 반영하려는 의도를 드러냈음에도 불구하고, 국제체제와의 통합을 강조했다. 즉, 중국은 기존 체제에 도전하는 대신에 조화를 강조했다. 이러한 추세에 힘입어 일부 국제주의자들은 세계와 함께 중국의 꿈을 실현하다는 취지의 '국제주의적 중국의 꿈' 구상을 제기하기도 했다.

이 시기 중국이 제기한 일련의 구상은 국제체제와 통합하려는 의도를 잘 보여주었다. 물론 기존 체제와의 통합을 추구한다는 것이 곧 전면적인 일치를 추구함을 의미하지는 않았지만, 최소한 중국이 국제적으로 사회화를 지향함을 보여주었다. 중국은 국제적 규칙과 규범을 수용함으로써 국제체제의 보편적이고 정상적인 국가가 되려 했다. 이는 국제체제에의 참여과정이 곧 중국 자신의 행위를 제어하고 규범화시키는 과정이었음을 의미한다. 그 결과 중국의 정체성과 정책에 변화가 발생했다. 이러한 변화는 국제체제에 참여하기 위한 국내적 동력을 강화시켰을 뿐 아니라 국제사회로 하여금 중국을 포용하도록 하는 데도 힘을 보탰다.

개방기 중국에서 국제체제에의 참여와 통합이 강조되었지만, 이것이 곧 중국이 국제체제에 전면적으로 참여하고 또 보편적 행위자로 등장했음을 의미하는 것은 아니다. 불행했던 역사적 경험에 대한 기억이 중국 지도부로 하여금 계속해서 국가주권에 집착하도록 작용했고 그 결과 국제체제와의 통합에도 한계가 존재했다. 이는 중국이 기존 질서 속에서 성장했지만, 독자적 목소리를 유지하려는 의지 또한 견지했음을 의미한다. 여기에 더해 간헐적으로 발생한 대외적 위기는 중국에서 대중 민족주의를 활성화시켰다. 흥미로운 것은 초창기 중국에서 민족주의가 강화되었음에도 불구하고 외교정책은 특별히 비협조적이거나 비합리적이지 않았다는 사실이다. 이는 중국의 지도자들이 민족주의에 대한 실용적 입장을 견지한 데 힘입은 것이었다.

이처럼 온건한 외교정책이 유지되던 상황에서도 일부 지식인들을 중심으로 국제체제가 가하는 제약을 부각시키려는 움직임이 촉발되었다. 이러한 움직임에 힘을 불어넣은 것은 중국의 부상이었다. 중국의 부상과 함께 국가이익을 옹호하고 확장할 것을 주장하는 목소리도 제고되었다. 급진 민족주의자들은, 중국의 국력증강과 함께, 국제체제와의 통합을 추구하는 정책을 비판하고 대신에 강대국 외교정책을 추진할 것을 주장했다. 중국이 힘을 갖게 되었으니, 서구 국가가 그랬던 것처럼, 힘을 통해 자신의 이익을 확장하고 또 실현해야 한다는 주장이었다. 이들에게 있어서 중국 정부가 추진하는 온건한 외교정책은 너무나 유약한 것이었다.

동시에 중국의 전통과 문화에 대한 자부심이 증대되면서 중국적 대안을 제시함으로써 세계에 영향을 끼쳐야 한다는 목소리도 제기되었다. 다시 말해 이념적으로 서구와 다른 중국적 특성을 발굴하고 확산시켜야 한다는 주장이었다. 2000년대 들어 분명해진 중국의 급속한 성장은 중국의 전통문화와 중국모델로 대표되는 독자노선에 대한 열망을 다시 불러일으켰다. 과거 현대화와 진보의 기준이 중국 밖에 있었다면, 중국의 성공은 많은 중국인들로 하여금 전통을 되돌아보도록 작용했다. 즉, 그동안 열세에 있었던 중국이 어떻게 서방이 주도하는 세계에 참여하고 적응할 것인가를 논의했다면 급속한 부상과 함께 독자적인 길을 걸어야 한다는 목소리가 힘을 얻게 된 것이다.

이러한 변화는 한 전문가의 입장에 발생한 전환에서 잘 드러난다. 푸단대학의 수창허는 2000년대 초 국제사회에의 참여와 관련하여 중국에게 주어진 최대의 과제는 '중국의 중국'이 아닌 '세계의 중국'이 되는 것이라고 규정했다. 따라서 그는 중국의 요소가 국제관계에서 어떤 지위를 차지하는가나 중국의 편입이 국제체제에 끼칠 영향에 관심을 가지기보다 '중국의 중국'에서 '세계의 중국'으로 전환하는 과정이 중국의 국내정치경제와 전통적 외교행위에 끼치는 영향에 관심을 기울일 것을 주장했다.[1] 그러나 10여 년 후 그의 입장은 크게 바뀐다. 그는 과거 국제사회에의 참여에만 주의를 기울임으로써 창의성이 제약되었다고 비판한다. 아울러 그는 서방이 부당하게 '국제', '세계', '지구'등의 용어를 독점하고 마치 정당성을 지닌 것처럼 행동한다고 비판하면서 국제라는 이름이 붙으면 무조건 수렴하려 들어서는 안 된다고 규정한다.[2] 세계를 보는 그의 시각에 발생한 변화는 중국의 세계관에 발생한 변화를 웅변한다.

3. '중국식' 강대국 외교정책

중국특색에 대한 강조는 시진핑 체제에 들어 추진된 중국식 강대국 외교정책에서 구현되었다. 시진핑 총서기는 취임 이후 민족주의적 성향의 '중국의 꿈'이라는 구상을 제기한 데 이어 '중국식' 강대국 외교정책을 제기했다. 중국식 강대국 외교정책은 더 이상 국제체제에 일방적으로 참여하고 통합하기보다 자신의 특성을 반영하여 체제를 개혁하고 재구성하려는 중국의 의도를 보여준다. 이 점에서 중국식 강대국 외교정책의 제기는 도광양회라는 중국이 오랫동안 유지해온 온건한 외교 방침에 변화가 발생함을 의미한다. 아울러 중국식 강대국 외교정책은 증대된 힘을 통해 중국의 이익을 확보하고 선호를 반영하려 시도한다는 점에서 민족주의 이념의 영향력이 증대됨을 보여준다. 국력의 증대가 급진 민족주의의 주장에 정당성을 부여했고, 중국이 직면한 국내적 도전 또한 지도부로 하여금 대중들의 목소리에 귀를 기울이도록 작용했다.

시진핑 체제의 중국식 강대국 외교정책은 중국의 지혜와 중국의 방안을 강조한다. 이러한 중국의 지혜와 방안은 역사적 경험을 도입한 일대일로에서 가장 분명하게 드러났다. 즉, 고대 실크로드가 경제적 번영과 문화적 교류를 촉진시켰다는 중국의 기억이 일대일로에 반영되었다. 그러나 일대일로를 제외하고 다른 시도들에서는 중국적 특성이 분명하게 드러나지 않는다. 심지어 남중국해에 대한 정책은 중국이 줄곧 비판해온 전형적 강대국의 행태를 답습하고 있다. 결국 시진핑 체제가 제기한 일련의 대외적 제안들을 관통하는 중국적 특성을 찾기는 쉽지 않다. 이는 중국에서 독자적 대안을 강조하는 목소리가 증대되었음에도 불구하고 아직 응집력 있는 비전이 형성되지 못했음을 의미한다.

현실적으로 중국식 강대국 외교정책은 기존 국제체제의 주도국인 미국의 지도력을 무조건 추종하지 않으려한다는 점에서 그 특징이 더욱 분명하게 드러났다. 외교정책에 대한 민족주의의 영향력이 강화됨에 따라 미국의 주도권을 용인하지 않으려는 의도가 증대된 것이다. 이러한 사실은, 제5장에서 논의한 사례 외에, 이 책의 원고가 출판사에 넘겨질 무렵에 발생한 한국의 사드(THAAD) 배치 결정에 대한 중국의 강경한 대응에서도 확인되었다. 중국은 사드가 자국의 전략적 위협능력을 크게 약화시킬 것이라는 점을 부각시킨 반면에 북한의 핵과 미사일 위협에 대응하기 위해 사드를 배치할 수밖에 없다는 한국과 미국의 설명을 수용하지 않았다. 이러한 반응은 중국이 미국을 지역안정의 유지자로 보기보다 자국의 안정에 대한 위협으로 간주하며 따라서 미국의 주도권을 인정하지 않으려 듦을 보여준다. 여기에 더해 중국이 사드 배치와 관련하여 한국을 비판하면서도 그 원인으로 제기된 북한 핵위협을 해소하기 위한 조치에 적극적으로 나서지 않았다는 사실은 중국의 대응이 국가들 사이의 이익의 조화나 공존을 강조하는 국제주의보다 자국의 이익을 강조하는 민족주의에 의해 더 크게 영향을 받음을 보여주었다.

그러나 시진핑 체제가 급진 민족주의 주장을 상당 부분 채택했다는 사실이 곧 중국 외교정책의 방향을 둘러싼 논쟁에서 민족주의가 최종적으로 승리함을 의미하는 것은 아니다. 급진 민족주의 이념을 채택하며 출범했던 시진핑 체제 또한 시간이 지나면서 국제주의적 요소를 포용하기 시작했다. 그 결과 중국식 강대국 외교정책은 서로 다른 경향들을 포함했다. 대표적으로 시진핑 체제는 증대된 힘을 활용하여 남중국해에서 영유권을 강화하려 시도하면서 동시에 AIIB와 일대일로를 통해 개도국을 비롯한 다양한 국가들과의 경제적 연계를 강화하고 나아가 윈윈을 실현하려는 노력도 전개했다. 이는 중국에서 외교정책에 관한 서로 다른 이념이 병존하고 경쟁하는 현상이 계속됨을 의미한다.

중국 내에서는 중국식 대안과 그 유용성을 둘러싸고 이견이 지속된다. 민족주의자들이 중국식 강대국 외교정책을 옹호하는 데 반해, 국제주의자들은 세계화된 상황에서 중국이 독자적 노선을 추구하는 것은 혜택보다 제약을 초래할 것이라는 반론을 제기한다. 다시 말해 이들은 계속해서 국제체제와의 통합을 추구할 것을 강조한다. 다만 국제주의자들 또한 국제체제에의 일방적 통합을 주장하던 데서 중국과 국제체제 사이의 상호 적응을 강조하는 방향으로 변화했다. 그러나 중국과 세계가 무엇을 어떻게 서로 적응할 것인가에 관한 구체적 논의는 여전히 찾기 어렵다.

여기에 더해 중국특색을 강조하는 중국식 강대국 외교정책에 대한 국제적 반응 또한 중국의 기대에 미치지 못한다. 한편으로 AIIB와 일대일로 등 호혜와 윈윈을 강조하는 조치들이 비교적 긍정적 호응을 유도했다. 미국과 일본의 반대에도 불구하고 AIIB가 성공적으로 출범했고, 또 일대일로에 대한 국제적 호응도 이어지고 있다. 그러나 호응의 정도와 수준은 중국의 기대에 미치지 못한다. 아울러 AIIB가 성공을 거둘 수 있었던 것은 중국적 특색에 힘입었기 때문이라기보다 중국적 특색을 완화시켰기 때문이었다. 다시 말해 중국의 독점권을 완화시키고 국제적 표준을 채택함으로써 비로소 국제적으로 본격적인 호응을 촉발시킬 수 있었다. 반면에 국제적 표준을 충족시키지 못한 일대일로는 여전히 의구심을 떨쳐버리지 못하고 있다.

한편 남중국해에 대한 영유권을 강화하려는 시도는 국제적 반작용을 촉발시켰다. 지역 국가들이 중국에 대한 경계를 제고시킨 데 더해 미국은 중국이 회피하려는 남중국해 문제의 국제화와 항행의 자유 작전 등을 통해 중국을 제어하려 들었다. 여기에 더해 시진핑 주석이 야심차게 제기한 아시아 안보관은 미국을 축출하려 한다는 의구심만 촉발시킨 상태에서 후속 조치가 이뤄지지 않음으로써 실질적으로 중도에 폐기되었다고 할 수 있다. 아시아의 현실은 강대국 외교정책이 중국의 영향력을 제고시키기보다 중국이 처한 국제적 환경을 더욱 악화시켰음을 제시한다. 영토문제에 대한 중국의 공세적 정책은 일본을 비롯한 지역 국가로 하여금 중국의 부상에 대응하기 위해 미국과의 관계를 더욱 강화하도록 작용했다. 심지어 한때 중국과의 관계에 상대적으로 적극적인 것으로 인식되었던 한국 정부마저도, 앞에서 지적한 것처럼, 중국의 강력한 반대에도 불구하고 사드를 배치하기로 결정했다. 중국이 너무 일찍 너무 많은 것을 너무 과감하게 선언했다는 평가를 촉발시키는 대목들이다.

이러한 사실은 국제체제에 자신의 특색을 반영하려는 중국의 노력에 여전히 불분명한 측면이 존재하고 또 표명된 노력마저도 현실적 제약에 직면함을 제시한다. 중국에서 외교적 적극성에 대한 요구와 기대가 증대되었지만, 중국은 서로 다른 방향과 진로 사이에서 일관되고 분명한 답을 찾지 못했다. 비록 국력의 증대와 함께 민족주의 이념이 영향력을 강화하고 이에 따라 강경한 외교정책이 채택되기도 했지만 결국 균형을 유지하려는 노력이 다시 복원되었고 이에 따라 중국 외교정책에 존재하는 불확실성과 유동성은 해소되지 않았다. 대외개방 이후 30여 년에 걸친 노력에도 불구하고, 중국은 여전히 국제체제와 어떤 관계를 형성할 것인지에 대한 분명한 답을 찾지 못한 것이다. 비록 국력의 제고와 함께 자신의 특성을 반영하는 방향으로 국제체제를 개혁하겠다는 의지를 강화했지만, 중국은 여전히 자신의 의도를 더 분명하게 제시하고 또 이에 대한 지지를 획득해야 하는 지난한 과제에 직면해 있다.

4. 중국과 국제체제

중국의 정책과 그 변화가 국제체제에 대해 갖는 함의는 무엇인가? 중국의 외교정책은 국제체제의 정당성을 제고시켰는가, 아니면 국제체제에 도전을 제기했는가?

국제체제에 대한 중국의 참여와 통합은 중국의 부상과 국제체제의 강화에 기여했다. 개혁개방을 통해 국제체제에 참여하고 또 통합을 추구하려는 정책은 국제체제의 주도국인 미국으로 하여금 중국을 수용하도록 작용했다. 미국은 국내적 변화를 촉발시킬 것이라는 기대에서 중국의 참여를 수용했고, 이는 중국의 경제발전에 기여했다. 이러한 선순환이 중국으로 하여금 국제체제에 도전하기보다 기존 체제를 수용하도록 작용했다.

이처럼 국제체제에의 참여를 통해 이루어진 경제적 성장은 중국의 국제적 영향력을 제고시키는 데 기여했다. 이러한 사실은 '전 세계가 중국의 선언과 행동에 관심을 기울인다'는 중국의 자부심에서 단적으로 확인된다. 즉, 과거에는 미국이 말하고 중국은 일방적으로 듣기만 했었지만, 경제발전과 함께 중국 또한 점차 국제적 의제를 형성하는 데 영향을 끼치기 시작했다는 자부심이다. 이러한 자부심은 시진핑 시기에 들어 더욱 증대되었다. 이는 중국에서 국제체제가 긍정적으로 평가됨을 의미한다. 다시 말해 중국은 이제 더 이상 국제체제를 타도해야 할 대상으로 간주하지 않는다. 심지어 중국특성에 대한 인식과 강조가 증대된 후에도 중국은, 최소한 경제적 측면에서는, 계속해서 국제교류와 상호의존을 강조한다.

중국의 참여와 통합은 국제체제의 정당성을 강화하는 데 기여했다. 중국이 국제체제에 참여하고 국제적 규칙을 수용함에 따라 국제체제의 대표성과 포용성이 강화되었다. 가령, 중국의 WTO 가입은 기존 자유무역체제를 강화시키는 데 기여했다. 아울러 중국의 경제적 성장은 2008년에 발생한 세계금융위기를 극복하는 데도 기여했다. 이러한 경제적 기여에 더해 중국이 비확산조약, CTBT, 생화학무기조약 등에 서명한 것 또한 기존 체제를 강화시켰다. 다시 말해 중국이 국제체제에 참여를 심화함에 따라 부상하는 신흥 강대국으로서 국제체제에 직접적 도전을 제기할 가능성은 약화되었다. 물론 SCO와 AIIB 등과 같은 중국이 창설을 주도한 국제기구가 미국의 주도권을 약화시킬 가능성을 제기한 것은 부인하기 어렵지만, 미국의 주도권 약화가 곧바로 국제체제 자체의 약화를 의미하는 것은 아니다. 더욱이 미국의 주도권 약화가 반드시 중국의 부상이나 적극성 때문만도 아니다.

이처럼 중국의 부상이 국제체제와 밀접한 상호작용을 형성하면서 전개되었지만, 그렇다고 중국이 국제체제를 전면적으로 수용한 것은 아니라는 점에서 복합성이 존재한다. 중국은 줄곧 주권을 강조했고, 특히 국력이 제고된 후에는 국제체제를 개혁하려는 의도를 노정시켰다. 다시 말해 국제체제와의 통합을 강조하던 중국은 국력의 제고와 함께 기존 체제에 대한 불만을 표출하기 시작하고 국제체제의 규범과 규칙을 무조건적으로 수용하지 않으려는 의도를 강화했다. 국제체제에 영향을 끼칠 수 있는 능력을 보유하게 되었고 또 이러한 능력이 계속해서 제고될 것이라는 판단이 중국에서 국제체제의 개혁을 추구해야 한다는 목소리를 촉발시켰다.

이와 동시에 협력하지 않는 것이 이익이 된다고 판단될 경우 협력하지 않으려는 중국의 의도 또한 강화되었다. 즉, 중국은 자신의 이익과 부합되는 규범과 규칙은 옹호하면서도 동시에 부합되지 않는 것은 변화시키려는 선별적 접근을 취하기 시작했다. 이러한 선별적 접근은 미국과의 관계, 특히 미국의 주도권에 대한 입장에서 분명하게 드러난다. 이는 국제체제의 주도국인 미국이 중국의 영향력 증대를 인정하는 것과 같은 상응하는 대가를 지불하지 않는 한 미국을 지지하지 않겠다는 의도를 보여준다. 여기서 중국의 부상과 중국적 특색에 대한 강조가 미국의 주도권을 약화시키는 결과로 이어질 가능성을 목격할 수 있다. 다시 말해 국제체제에 대한 중국의 참여와 이를 통한 국제적 부상은, 국제체제를 강화시키는 동시에, 변화의 가능성 또한 제기했다.

그렇다고 이것이 곧 중국이 기존 체제를 전복시키려 듦을 의미하는 것은 아니다. 중국은, 최소한 지금까지는, 기존 체제에 정면으로 도전하려는 의도를 드러내지 않았다. 오히려 중국은 세계금융위기 극복에 적극적으로 나선 바 있고, 시진핑 체제가 들어선 후에도 2차 세계대전 이후 수립된 국제질서를 수호할 필요성을 강조함으로써 일본 아베 정부의 수정주의적 대외정책에 대응했으며, '책임 있는 강대국'의 역할을 수행할 것임을 계속해서 강조해왔다. 여기에 더해 중국은 자신을 혁명가보다 개혁가로 규정한다. 이는 중국이 미국이 주도하는 국제체제를 있는 그대로 수용하는 것을 주저하면서도, 여전히 국제체제에 도전하려 들지는 않음을 의미한다. 다시 말해 중국은, 한 전문가의 주장처럼,[3] 패권국에 직접적으로 도전하지 않으면서도 국제체제를 형성하려는 개혁적 수정주의(reformist revisionist) 노선을 추구한다.

여기에 더해 중국은 이러한 온건한 변화마저도 실현시키는 데 어려움을 겪는다. 대표적으로 중국의 투표권을 제고시키는 IMF 개혁안은 미국 의회에서 오랫동안 묶여 있었고, 중국이 추구하던 FTAAP 구상 또한 미국에 의해 좌절되었다. 여기에 더해 시진핑 체제가 야심차게 추진한 일대일로 구상 또한 중국의 기대보다 더디게 진행되고 있다. 결국 서구와는 다른 대안을 제시하는 데 어려움을 겪을 뿐 아니라 외부적 요인이 영향력을 제약함에 따라 중국은 국제체제를 개혁하는 데 어려움을 경험하고 있다.

5. '중국식 세계'인가 상호 적응인가?

그렇다면 국제체제에 대한 중국의 정책은 앞으로 어떤 방향으로 전개될 것인가? 중국은 독자적 세계질서에 관한 선호를 더욱 구체화함으로써 기존 체제와의 경쟁을 본격화시킬 것인가? 아니면 중국특색에 대한 증대되는 내부의 기대와 강조에도 불구하고 현실적 제약으로 인해 타협을 추구할 것인가? 또 타협을 추구한다면, 그 형태는 무엇일까?

중국이 국제체제에 영향을 끼치려는 노력을 계속할 가능성은 상당히 크다. 우선, 중국 내에 국가이익을 실현하기 위한 강경한 대외정책을 옹호하는 민족주의적 목소리가 강건하다. 이러한 사실은 불리한 상황전개에도 불구하고 남중국해 문제와 관련하여 강경한 목소리가 계속해서 제기된다는 사실에서 단적으로 확인된다. 남중국해 문제와 관련하여 중국에 불리한 판결이 나온 후에도 ≪환추시보≫는 사설을 통해 인공섬 건설로 얻은 것이 더 많다고 주장했다. 나아가 강대국이 되어야 비로소 안정을 유지할 수 있다는 주장도 제기했다.[4] 비록 시진핑 체제가 외교정책에 대한 통제력을 강화하려 노력해왔지만 이러한 강경한 외교정책에 대한 국내적 요구를 무시하기는 쉽지 않을 것이다. 심지어 중국의 경제성장률이 하락하는 상황에서 중국 지도부가 민족주의적 압력을 더욱 크게 느낄 가능성마저 배제하기 어렵다.

여기에 더해 중국식 강대국 외교정책이 시진핑 체제의 상징적 대외정책이라는 사실 또한 중국이 대외적으로 영향력 추구를 계속할 가능성에 힘을 보탠다. 시진핑 체제는 외교정책에서 성과를 거둠으로써 국내적 정당성을 확보하려는 전략을 추구해왔다. 이러한 상황을 고려하면 2016년 후반부터 19차 당대회를 위한 준비에 들어간 중국에서 대외정책과 관련하여 강경론이 계속될 가능성이 크다. 이변이 없는 한, 2017년 말 중국공산당 최고 지도부인 정치국 상무위원 일곱 명 가운데 다섯 명이 퇴진하고 새롭게 충원될 것이다. 지금까지의 사례는 권력 교체의 시기에 지도부가 애국심을 고취시킴으로써 권력을 강화하려 시도하고 그 결과 중국의 대외정책이 강경해짐을 제시한다. 여기서 시진핑 주석이 권력에 대한 통제를 강화하기 위해 강경한 외교정책을 계속해서 추구할 가능성을 목격할 수 있다.

영향력을 확장하려는 시도는 지역적으로 동아시아를 비롯한 중국의 주변 지역에서 가장 분명하게 나타날 가능성이 크다. 대표적 사례로 남중국해 분쟁과 같은 영토문제를 들 수 있다. 실제로 남중국해에서의 군사적 정찰, 댜오위도와 관련한 일본의 입장 지지에 이어 AIIB에 대한 반대와 남중국해에서의 항행의 자유 작전 등 미국이 취한 일련의 행동은 중국 내에서 미국을 의심하는 보수파의 입장을 강화시켰다. 이에 따라 기존 질서 유지에 기여하라는 미국의 촉구는 중국에서 미국의 이익과 미국의 규칙을 유지하려는 시도이자 중국의 역할 증대를 제어하려 듦을 보여주는 증거로 간주된다.[5] 이러한 상황을 고려할 때 중국이 미국의 압력으로 인해 온건한 방향으로 정책을 조정하기보다 미국의 군사행동을 활용하여 군사력 증강을 추구하고 또 남중국해의 군사화를 추구함으로써 강력하게 대응할 가능성을 목격할 수 있다. 실제로 류전민(刘振民) 외교부 부부장은 "도서와 암초는 중국에서 멀리 떨어져 있어서 군사시설을 건설하고 유지하는 것이 필요하다"

라고 지적함으로써 남중국해 인공섬에서 건설작업을 계속하고 또 군사화를 추구할 가능성을 시사한 바 있다.[6]

이처럼 중국에서 이익 확장을 옹호하는 목소리가 강건하게 남을 가능성에도 불구하고, 중국식 국제질서를 본격적으로 추구할 것인지의 여부는 분명치 않다. 여러 가지 제약이 존재하기 때문이다. 우선, 중국은 독자적 특성이 무엇을 의미하는지에 대한 확실한 대답을 찾지 못했다. 앞에서 논의한 것처럼, 시진핑 체제에서 제기된 다양한 제안과 구상들에서 중국만의 특성을 분명하게 찾기는 쉽지 않다. 중국이 이러한 문제를 해결할 수 있을 것인가는 지켜볼 문제다. 아울러 중국의 부상에도 불구하고 국력상의 제약 또한 여전하다. 대외적 자신감이 증대되었지만, 이것이 곧 중국이 자신의 선호를 실현할 수 있는 능력을 구비했음을 의미하는 것은 아니다. 심지어 옌쉐퉁과 같은 강경론자조차도 중국이 경제력을 제외한 정치, 군사, 문화 등의 측면에서 세계적 수준에 도달하지 못했고, 따라서 21세기 내내 단극 구조와 절대적 주도권을 성취하기 어려울 것으로 규정한다.[7] 여기에 더해 중국은 미국의 재균형에 직면해 있다. 중국 내의 많은 전문가들이 한때 미국의 재균형을 평가절하했다는 ≪런민일보≫ 한 선임기자의 토로는 재균형이 중국에 가하는 부담을 단적으로 보여준다.[8] 모두가 중국이 국력상의 한계를 절감함을 보여주는 대목들이다.

이러한 현실은 중국이 자신의 표준을 제시하고 또 실천하는 데 어려움을 경험할 가능성을 제시한다. 실제로 지난 수년간 중국은 국력의 증대에도 불구하고 대외적 환경이 악화되는 역설적인 상황을 경험했다. 대신에 지금까지의 경험은 중국이 독자적 표준이 아닌 보편적 표준을 따를 때 비로소 의도하는 바를 달성할 가능성이 크다는 사실을 제시한다. 이에 따라 중국에서는 AIIB와 기존 국제금융기구 사이의 경쟁을 추진하는 것을 경계하고 또 일대일로의 추진과 관련해서도 기존 국제금융기구와 협력함으로써 정치적 리스크를 줄여야 한다는 주장이 계속된다.[9] 즉, 중국식 세계를 추진함으로써 경쟁을 촉발시키기보다 세계와 통합하고 또 계속해서 배워야 한다는 주장이다.

중국의 미래가 개방적 국제체제를 필요로 한다는 사실 또한 선택을 제약한다. 수백만의 중국인이 해외에 거주하고, 3만 개 이상의 중국기업이 세계 도처에 진출해 있으며, 해외자산이 수조 달러에 달하는 현실은 중국에게 국제체제의 안정을 유지하기 위해 노력할 것을 요구한다. 안정적이고 개방적인 국제체제는 중국이 경제를 발전시키는 데 필요한 자원, 에너지, 시장을 확보하는 데 기여한다. 여기서 중국이 국제체제의 안정을 유지하기 위해 노력할 가능성을 목격할 수 있다. 다시 말해 현실적 요인으로 인해 중국이 국제주의를 계속해서 유지하고, 이에 따라 독자적 질서를 추구하려는 노력이 제약될 가능성이다.

중국에서 국제주의가 계속해서 유지될 가능성은 남중국해에 대한 불리한 판결을 전후하여 나타난 반응에서도 확인된다. 국제상설중재재판소의 판결에도 불구하고 중국은 남중국해에 대한 정책을 조정하는 대신에 강경한 대응을 유지하고 있다. 그러나 이것이 곧 중국에서 민족주의가 승리했음을 의미하지는 않는다. 한 전문가는 중국 또한 다른 강대국처럼 중재결과를 수용하지 않을 수 있음을 인정하면서도 규칙화가 날로 진전되는 국제사회에서는 강대국조차도 국제법을 완전히 무시하기 어렵다는 현실을 지적한다. 그는 부상하는 강대국으로서 국제법과 국제규칙을 준수하지 않는다는 오명을 쓰는 것은 중국에 대한 의구심을 촉발시킬 것이라고 지적하고, 중국 정부가 국제법을 연구하고 활용할 것을 주장한다.[10] 이에 앞서 다른 전문가 또한 국제적으로 영향력을 발휘하기 위해서는 국제법 강국이 되어야 한다고 지적한 바 있다.[11]

이러한 주장이 특정 분야나 인물에 한정된 현상이 아니라는 점은 중국

국민들의 인식에 발생하고 있는 변화에서도 확인된다. BBC가 2015년 12월부터 2016년 4월까지 진행한 조사에 따르면, 중국인 응답자의 71%가 자신을 중국의 국민이기보다 세계시민으로 인식했다. 물론 조사대상이 도시인에 한정된 것이기는 하지만, 이 수치는 전년 대비 14% 포인트가 증가한 것이었다.[12] 이러한 변화와 관련하여 중국의 한 전문가는 출국자 숫자가 매년 1억 명을 넘어서고 해외투자 또한 13년 연속해서 증가하는 등 중국 사회의 개방성이 증가한 것을 그 배경으로 제시한다. 즉, 개방성이 증대됨에 따라 국제적으로 인정받는 세계시민이고 싶어 하는 중국인의 열망 또한 증대되었다는 지적이다.[13] 이러한 사실은 중국에서 국제체제에의 참여를 주장하는 목소리가 지속될 가능성을 제시한다.[14]

그럼에도 불구하고 분명한 것은 국제체제에 참여해야 한다는 주장이 이제 더 이상 중국이 국제체제에 일방적으로 통합됨을 의미하지 않는다는 사실이다. 이상의 논의가 보여주듯, 중국의 국제주의자들 또한 중국의 일방적 적응과 통합이 아닌 중국과 국제체제의 상호 적응을 강조한다. 이는 국제체제가 일방적으로 중국에 영향을 끼치던 시기는 지나갔고 이제 중국과 국제체제 사이의 영향을 끼치기 위한 시도와 경쟁이 그 자리를 대체할 것임을 의미한다. 이러한 경쟁이 현실화될 경우, 특정의 단일 모델이 국제체제를 주도할 가능성은 약화되고 대신에 경쟁에 수반될 수밖에 없는 불확실성과 불안정성이 증대될 것이다.

주

서론

1 秦亚青,「国际关系理论中国学派生成的可能和必然」, ≪世界经济与政治≫, 2006년 3기 참조.

2 칭화(清华)대학의 왕후이(汪晖)는 중국이 현대 국제체제에 참여하고 경쟁할 필요성을 인정하면서도 동시에 현대성의 특정 부분과 서구의 제국주의에 대해 저항했다고 지적하면서, 이를 중국 현대사에 존재하는 '근본적 모순'으로 규정한다. Viren Murthy, "Modernity Against Modernity: Wang Hui's Critical History of Chinese Thought," *Modern Intellectual History*, 3: 1(2006), pp.158~159 참조.

3 공산정권 수립 이후 중국은 서방이 주도하는 국제기구뿐 아니라 제3세계가 주도하는 77그룹이나 심지어 바르샤바조약기구와 같은 사회주의 진영의 국제조직에도 참여하지 않는 등 1971년 유엔 가입 때까지 국제체제와 유리되어 있었다. 焦世新,「中国融入国际机制的历史进程与内外动力」, ≪国际关系研究≫, 2013년 1기, ≪中国外交≫, 2013년 7기, pp.10~11.

4 David M. Lampton, *Following the Leader: Ruling China, from Deng Xiaoping to Xi Jinping*(Berkeley: University of California Press, 2014), p.228.

5 程亚文·王义桅, "中国已处于新一轮思想突破点", 2015.12.10, http://opinion.huanqiu.com/culture/2015-12/8147897.html/

6 세계금융위기 직후 한 전문가는 중국이 직면한 문제를 2차 세계대전 이후 독일이 직면했던 문제에 비유했다. 즉, 당시 독일이 '유럽의 독일인가 독일의 유럽인가?'라는 문제에 직면했던 것처럼 중국 또한 '세계 속의 중국이 될 것인가 아니면 중국식 세계를 추구할 것인가?'라는 문제를 진지하게 고려해야 한다는 지적이었다. 江西元,「从天下主义到和谐世界: 中国外交哲学选择及其实践意义」, ≪外交评论≫, 2008년 4기, pp.46~53.

7 중국의 부상이 국제체제에 초래할 파급효과에 관한 연구는 매우 많고 다양한데, 여기서 검토는 학술적인 것들로 한정한다.

8 John Mearsheimer, *The Tragedy of Great Power Politics*(New York: W. W. Norton & Company, 2001).

9 Jack S. Levy, "Power Transition Theory and the Rise of China," in Robert Ross and Zhu Feng(eds.), *China's Ascent: Power, Security, and the Future of International Politics* (Ithaca: Cornell University Press, 2008).

10 Yan Xuetong, "China's Rise and International Order," 2011.11.7, http://carnegieendowment.org/2011/11/07/china-s-rise-and-international-order/6mtw/; 阎学通, 『历史的惯性: 未来十年的中国与世界』(北京: 中信出版社, 2013).

11 Alastair Iain Johnston, "Is China a Status Quo Power?," *International Security*, 27: 4(2003).

12 David Shambaugh, "China Engages Asia: Reshaping the Regional Order," *International Security*. 29: 3(May 2004).

13 G. John Ikenberry, "The Rise of China and the Future of the West: Can the Liberal System Survive?," *Foreign Affairs*, January/February 2008; Idem, "Liberal Internationalism 3.0: American and the Dilemmas of Liberal World Order," *Perspective on Politics*, 7: 1(March 2009).

14 Scott Kennedy, "China's Porous Protectionism: The Changing Political Economy of Trade Policy," *Political Science Quarterly*, 120: 3(March 2005); Margaret Pearson, "China in Geneva: Lessons from China's Early Years in the World Trade Organization" in Alastair Iain Johnston and Robert Ross(eds.), *New Directions in the Study of China's Foreign Policy*(Stanford: Stanford University Press, 2006).

15 중국이 서방질서 이후의 질서를 생각하기 시작했다는 주장에 관해서는 William A. Callahan, "Introduction: Tradition, Modernity, and Foreign Policy in China," in William A. Callahan and Elena Barabantseva(eds.), *China Orders The World: Normative Soft Power and Foreign Policy*(Washington, D.C.: Woodrow Wilson Center Press, 2011) 참조.

16 "Less biding and hiding," *The Economist*, 2010.12.2.

17 Niu Xinchun, "Eight Myths about Sino-U.S. Relations," *Contemporary International Relations*, 21: 4(July/August 2011), p.10.

18 Jeffrey W. Legro, "What China Will Want: The Future Intentions of a Rising Power," *Perspectives on Politics*, 5: 3(September 2007), p.515.

19 金灿荣·金君达, 「中国与国际秩序转型」, ≪现代国际关系≫, 2014년 7기, p.38.

20 Jeff Frieden, "Sectoral and foreign economic policy, 1914~1940," *International Organization*, 42: 1(Winter 1988).

21 Fareed Zakaria, *From Wealth to Power: The Unusual Origins of America's World Role* (Princeton: Princeton University Press, 1999).

22 宋伟, 「中国外交政策研究:西方理论与方法的局限性」, ≪外交评论≫, 2010년 4기, p.82.

23 李巍·唐健, 「国际舞台上的中国角色与中国学者的理论契机」, ≪国际政治研究≫, 2014년 4기,

≪中国外交≫, 2015년 1기, p.14에서 인용.

24 金灿荣·金君达, 「中国与国际秩序转型」, p.38.

25 Robert Ross, "The Domestic Sources of China's 'Assertive Diplomacy,' 2009~2010: Nationalism and Chinese Foreign Policy," in Rosemary Foot(ed.), *China across the Divide: The Domestic and Global in Politics and Society*(New York: Oxford University Press, 2013), pp.72~73.

26 Rosemary Foot, "Introduction: China across the Divide," in Idem(ed.), *China across the Divide: The Domestic and Global in Politics and Society*, p.9.

27 張志洲, 「创建中国的外交哲学刍议」, ≪国际观察≫, 2007년 1기, p.34.

28 朱锋, 「中国特色的国际关系与外交理论创新研究: 新议程, 新框架, 新挑战」, ≪国际政治研究≫, 2009년 2기, ≪中国外交≫, 2009년 11기에서 인용.

29 江西元, 「从天下主义到和谐世界: 中国外交哲学选择及其实践意义」, pp.46~53.

30 여기서 말하는 외교이념이란 외교노선을 지칭한다. 그러나 중국에서 노선이라는 용어가 관방의 색채를 띠기에 이 책에서는 관방의 생각뿐 아니라 민간의 생각까지를 포괄하기 위해 외교이념이라는 용어를 사용하기로 한다. 외교이념과 외교노선이 사실상 동일하다는 주장에 관해서는 이삼성, 「미국외교사에 있어서 외교이념 분류: 국제주의와 고립주의 성격분석을 중심으로」, ≪국제정치논총≫, 32: 2(1992) 참조.

31 章百家, 「中国外交成长历程中的观念变迁: 从革命的, 民族的视角到发展的, 全球的视野」, ≪外交评论≫, 2009년 3기, p.1.

32 朱立群·赵广成, 「中国国际观念的变化与巩固: 动力与趋势」, ≪外交评论≫, 2008년 1기, p.18.

33 물론 모든 연구가 중국 외교정책의 통일성이나 일관성에만 주의를 기울였던 것은 아니다. 중국 외교정책에 나타난 분권화와 다원화 경향에 관해서는 David M. Lampton(ed.), *The Making of Chinese Foreign and Security Policy in the Era of Reform*(Stanford, CA: Stanford University Press, 2001); Linda Jakobson and Dean Knox, "New Foreign Policy Actors in China," *SIPRI Policy Paper*, No.26(2010) 참조.

34 김재철, 「중국의 다극화 세계전략」, ≪중소연구≫. 25: 3(2001), 13~36쪽 참조.

35 Callahan, "Introduction: Tradition, Modernity, and Foreign Policy in China," p.4.

36 "世界需要什么样的国际秩序", ≪人民日報≫, 2012.3.13 참조.

37 牛新春, 「中国外交需要战略转型」, ≪现代国际关系≫, 2013년 1기, ≪中国外交≫, 2013년 6기, p.18에서 인용.

38 "中国的国际环境质变了吗: 吴建民, 罗援交锋当下中国如何与世界打交道", 2014.8.1, http://www.infzm.com/content/102801/

39 "War of words erupts between Chinese ex-ambassador and editor of nationalist tabloid," *South China Morning Post*, 2016.4.7.

40 "Dove vs. Hawk: Standoff between Chinese Diplomat and Global Times' Chief Editor," *People's Daily Online*, 2016.4.8.

41 "社评: 中国改革和崛起同时走入深水区", ≪环球时报≫, 2012.3.23.

42 Jakobson and Knox, "New Foreign Policy Actors in China"; 齐建华, 『影响中国外交决策的五大因素』(北京: 中央编译出版社, 2010); Zhang Qingmin, "Continuities and Changes in China's Negotiating Behavior," in Pauline Kerr, Stuart Harris and Qin Yaqing(eds.), *China's "New" Diplomacy: Tactical or Fundamental Change?*(New York: Palgrave MacMillan, 2008), p.156.

43 王逸舟, 「中国外交影响因子探析」, ≪世界經濟與政治≫, 2000년 3기, pp.28~38.

44 William A. Callahan, *China Dreams: 20 Visions of the Future*(Oxford: Oxford University Press, 2013), p.13.

45 David Shambaugh, "International relations studies in China: history, trends, and prospects," *International Relations of the Asia-Pacific*, Vol.11(2011), p.254. 1978년부터 1990년까지 중국의 주요 국제관계 저널에 실린 연구들 가운데 32%가 마르크스주의적 시각을 채택했으나 1990년대 이후 그 비중이 4~5% 정도로 급감했다. 이후 자유주의가 지배적 지위를 차지했지만 현실주의 또한 비슷한 비중을 보였다. 한편 2000년대 들어서는 구성주의의 비중이 증가한다. Qin Yaqing, "Development of International Relations Theory in China: Progress and Problems," in Wang Yizhou(ed.), *Transformation of Foreign Affairs and International Relations in China, 1978-2008*(Leiden: Brill, 2011) 참조.

46 齐建华, 『影响中国外交决策的五大因素』, pp.241~244. 물론 ≪환추시보≫ 같은 민족주의 성향의 언론 또한 온건한 성향의 독자를 확보하기 위해 간혹 전문가들 사이의 논쟁을 게재하기도 한다. Susan L. Shirk, "Changing Media, Changing Foreign Policy," in Idem(ed.), *Changing Media, Changing China*(New York: Oxford University Press, 2011), p.220.

47 齐建华, 『影响中国外交决策的五大因素』, pp.243~248.

48 중국의 다양성으로 인해 외부 세계에서 중국을 이해하는 데 어려움과 오해가 초래되었다는 주장에 관해서는 刘江永, "'网络民族主义'和'对日新思维'不太可取", 2005.2.22, http://opinion.people.com.cn/GB/40604/3194741.html/ 참조

49 Alastair Ian Johnston, "Chinese Middle Class Attitudes towards International Affairs: Nascent Liberalization?," *The China Quarterly*, No.179(September 2004).

50 胡锡进, 『胡锡进论复杂中国』(北京: 人民日报出版社, 2013).

51 何兵, "中国下一步怎么走?", ≪环球时报≫, 2012.3.21.

52 자세한 사항은 David Shambaugh, "Coping with a Conflicted China," *The Washington Quarterly*, 34: 1(2011); Zhu Liqun, "China's foreign policy debates," *Chaillot Papers*, No.121(September 2010), Institute for Security Studies; Feng Zhang, "Chinese

Exceptionalism in the Intellectual World of China's Foreign Policy," in Rosemary Foot(ed.), *China across the Divide: The Domestic and Global in Politics and Society* (New York: Oxford University Press, 2013) 등을 참조.

53 대표적 국제주의자인 우젠민 전 대사가 교통사고로 사망한 직후 중국의 한 언론은 그를 진정한 국제주의자이자 보편주의자라고 규정했다. Zhang Haizhou, "Wu Jianmin remembered as a true globalist," *China Daily*, 2016.6.18.

54 여기서 사용되는 국제주의는 국제주의의 다른 분파인 세계 혁명을 추구하는 레닌의 프롤레타리아 국제주의와는 다른 개념이다. Kjell Goldmann, *The Logic of Internationalism: Coercion and accommodation*(London: Routledge, 1994), pp.2~3.

55 Ikenberry, "Liberal Internationalism 3.0: American and the Dilemmas of Liberal World Order," p.72; Joshua W. Busby and Jonathan Monten, "Without Heirs? Assessing the Decline of Establishment Internationalism in U.S. Foreign Policy," *Perspective on Politics*, 6: 3(September 2008), p.454.

56 프롤레타리아 국제주의란 전 세계 프롤레타리아가 단결하여 세계혁명을 통해 제국주의의 지배를 종식시키는 시도를 지칭한다. 秦亚青·朱立群, 「新国际主义与中国外交」, ≪外交评论≫, 2005년 5기(84기), pp.21~27.

57 仇朝兵, "中国外交要求'新国际主义'", ≪环球时报≫, 2006.4.25.

58 秦亚青·朱立群, 「新国际主义与中国外交」, pp.21~27.

59 郭树勇, 「新国际主义与中国软实力外交」, ≪国际观察≫, 2007년 2기, p.46.

60 秦亚青·朱立群, 「新国际主义与中国外交」, pp.21~27; 郭学堂, 「国际主义与中国外交的价值回归」, ≪国际观察≫, 2005년 1기, p.36.

61 仇朝兵, "中国外交要求'新国际主义'".

62 郭学堂, 「国际主义与中国外交的价值回归」, p.38.

63 郭树勇, 「新国际主义与中国软实力外交」, pp.45~47.

64 阎学通, "国家最崇高的目标不是致富!", ≪环球时报≫, 2009.3.13.

65 Suisheng Zhao, "China's Pragmatic Nationalism: Is It Manageable?," *The Washington Quarterly*, Winter 2005-06, pp.136~138.

66 Lei Guang, "Realpolitik Nationalism: International Sources of Chinese Nationalism," *Modern China*, 31: 4(October 2005), p.496.

67 章百家, 「改变自己 影响世界: 20世纪中国外交基本线索刍议」, ≪中国社会科学≫, 2002년 1기.

68 Yu Bin, "The China Syndrome: Rising Nationalism and Conflict with the West," *Asia Pacific Issues*, No.27(May 1996), East-West Center, p.5.

69 "以结盟战略应对美国战略东移?", ≪环球时报≫, 2012.3.9.

70 张锋, 「"中国例外论"刍议」, ≪世界经济与政治≫, 2012년 3기, pp.100~101.

71 Feng Zhang, "Chinese Exceptionalism in the Intellectual World of China's Foreign Policy," p.61.

72 时殷弘,「中国历史之中的连续和变革与中国现当代民族主义」, ≪外交评论≫, 2010년 1기, p.22.

73 项兵, "未来30年, 全球或将'被中国化'", 2014.9.1, http://business.sohu.com/20140901/n403944253.shtml/

74 중국 대학생들 사이에서 애국주의 정체성과 국제주의 정체성이 서로 충돌하지 않고 공존한다는 주장에 관해서는 吕芳,「我国大学生国家认同与国际主义支持的实证研究: 基于对北京高校大学生国家认同观的调查」, ≪马克思主义研究≫, 2011년 8기, pp.129~135 참조.

75 반면에 급진 민족주의와 국제주의 사이의 간극은 조화시키기 쉽지 않다.

76 그 대표적 사례로 수창허(苏长和)와 왕이웨이(王义桅)의 사례를 들 수 있다. 이 책의 논의가 제시하듯, 이들의 입장은 국제주의에서 점차 민족주의의 방향으로 변화한다.

77 Ronald L. Jepperson, Alexander Wendt, and Peter J. Katzenstein, "Norms, Identity, and Culture in National Security," in Peter J. Katzenstein(ed.), *The Culture of National Security: Norms and Identity in World Politics*(New York: Columbia University Press, 1996), pp.33~61.

78 Judith Goldstein and Robert O. Keohane, *Ideas and Foreign Policy: Beliefs, Institutions, and Political Change*(Ithaca: Cornell University Press, 1993).

79 Gideon Rose, "Neoclassical Realism and Theories of Foreign Policy," *World Politics*, 51: 1(1998), pp.146~152.

80 Quansheng Zhao, "Epistemic Community, Intellectuals, and Chinese Foreign Policy," *Policy and Society*, 25: 1(2006), pp.40~51.

81 杨洁勉,「中国外交哲学的探索, 建设和实践」, ≪国际观察≫, 2015년 6기, ≪中国外交≫, 2016년 2기, p.8에서 인용.

82 凌志军·马立诚,『呼喊: 当今中国的五种声音』(北京: 人民出版社, 2011).

83 Chin-Hao Huang, "Assessing the Role of Foreign Policy Elites in China: Impact on Chinese Foreign Policy Formulation," 2011.9.12, http://china.usc.edu/ShowArticle.aspx?articleID=2569&AspxAutoDetectCookieSupport=1/

84 중국 외교정책 결정에서 여론의 영향력이 증대되었다는 지적에 관해서는 Zhang Qingmin, "Continuities and Changes in China's Negotiating Behavior"; "外交部官员: 公众意见是中国外交决策的重要参考", 2010.9.4, http://news.cn.yahoo.com/ypen/20100904/16011.html/; "社评: 应构建有中国特色的大国外交", ≪环球时报≫, 2013.3.19 등을 참조.

85 齐建华,『影响中国外交决策的五大因素』, p.236.

86 물론 이는 ≪환추시보≫가 절대적 자율성을 누린다는 것을 의미하지는 않는다. 2016년 중국의 인터넷 관리기구는 ≪환추시보≫가 자극적 여론조사를 진행하고 민감한 이슈를 보도

한 것을 비판하기 위해 ≪환추시보≫ 경영진을 소환함으로써 논조에 영향을 끼치려 들었다. "Chinese newspaper Global Times blasted over editorial on Donald Trump and poll on unifying Taiwan by force," *South China Morning Post*, 2016.5.12.

87 李东燕,「从国际责任的认定与特征看中国的国际责任」, ≪现代国际关系≫, 2011년 8기, ≪中国外交≫, 2011년 11기, p.25에서 인용.

88 Bonnie S. Glaser and Evan S. Medeiros, "The Changing Ecology of Foreign Policy-Making in China: The Ascension and Demise of the Theory of 'Peaceful Rise'," *China Quarterly*, No.190(June 2007), p.307.

89 중국외교가 서로 다른 속성을 동시에 포함함으로써 중용(中庸)의 특성을 띤다는 주장에 대해서는 朱立群,「中国外交的'中庸'特色」, ≪外交评论≫, 2009년 3기 참조.

90 蔡拓,「国际秩序的转型与塑造」, ≪外交评论≫, 2009년 4기, p.7.

91 朱立群·赵广成,「中国国际观念的变化与巩固」, p.19.

92 余克光, "外交辞令不妨多与时俱进", ≪环球时报≫, 2012.3.14.

93 Wang Jianwei, *Limited Adversaries: Post-Cold War Sino-American Images*(Hong Kong: Oxford University Press, 2000) 참조.

94 Yong Deng, "Conception of National Interests: Realpolitik, Liberal Dilemma, and the Possibility of Change," in Yong Deng and Fei-Ling Wang(eds.), *In the Eyes of the Dragon*(Lanham: Rowman & Littlefield Publishers, Inc., 1999) 참조.

95 Mark Leonard, *What Does China Think?*(Philadelphia: Public Affairs, 2008), pp.7, 17.

96 汪晖, "究竟是什么让中国没在重大危机中崩溃", 2012.3.2, http://opinion.huanqiu.com/roll/2012-03/2487491.html/

97 Feng Zhang, "Chinese Exceptionalism in the Intellectual World of China's Foreign Policy," p.46; Callahan, *China Dreams: 20 Visions of the Future*, pp.45~46.

제1부 외교이념

제1장 대외개방과 국제주의의 성장

1 천하주의를 중국식 국제주의로 간주하는 시각에 관해서는 任晓,「论中国的世界主义: 对外关系思想和制度研究之二」, ≪世界经济与政治≫, 2004년 8기 참조.

2 중국에서 국제주의란 용어는 1956년 중국공산당 8차 대회 보고에서 처음 사용되었고 대외개방 이후인 1987년 13차 당대회부터 더 이상 언급되지 않았다. 吴兵,「从"天下责任"到"负责任大国": 身份视角下的中国国际责任观历史嬗变研究」, ≪当代亚太≫, 2015년 4기, pp.125~126.

3 许纪霖, 「普世文明, 还是中国价值? 近十年中国历史主义思潮之批判」, ≪开放时代≫, 2010년 5기.

4 국제주의를 도구적 국제주의와 가치적 국제주의로 구분하고, 전자를 자신의 민족이익을 구현하기 위해 국가이익을 제한적으로 양도하는 사상과 정책으로 그리고 후자를 자신의 이익과 세계의 이익을 완전하게 일치시키는 관념과 정책으로 규정한 논의로는 郭树勇, "新国际主义与中国软实力外交" 참조.

5 邱丹阳, 「邓小平的对外开放理论: 中国对外关系历史经验的结晶」, ≪外交学院报≫, 1995년 3기, p.25.

6 李丹, 「从'面向世界'到'构建和谐世界': 对外开放30年来中国与世界关系的历史性变化」, ≪福建论坛≫(人文社会科学版), 2008년 7기, p.47; 邱丹阳, 「邓小平的对外开放理论: 中国对外关系历史经验的结晶」, p.26.

7 Lampton, *Following the Leader: Ruling China, from Deng Xiaoping to Xi Jinping*, p.9; Gong Li, "The Difficult Path to Diplomatic Relations: China's U.S. Policy, 1972-1978," in William C. Kirby et al.(eds.), *Normalization of U.S.-China Relations: An International History*(Cambridge: Harvard University Press, 2005), p.140.

8 Odd Arne Westad, *Restless Empire: China and the World since 1750*(New York: Basic Books, 2012), p.374.

9 门洪华, 「国际机制与中国的战略选择」, ≪中国社会科学≫, 2011년 2기, p.183.

10 张光, 「80年代中国外交政策的重大调整」, ≪外交学院报≫, 1992년 1기, p.15.

11 李丹, 「从'面向世界'到'构建和谐世界': 对外开放30年来中国与世界关系的历史性变化」, p.47.

12 邓小平, 『邓小平文选』, 第三卷(北京: 人民出版社, 1993), p.104.

13 高振营, 「我国的对外开放政策及其影响」, ≪外交学院报≫, 1991년 3기, pp.67~68.

14 邱丹阳, 「邓小平的对外开放理论: 中国对外关系历史经验的结晶」, p.29.

15 李丹, 「从'面向世界'到'构建和谐世界': 对外开放30年来中国与世界关系的历史性变化」, p.22.

16 郭树勇, 「新国际主义与中国软实力外交」 참조.

17 Justin S. Hempson-Jones, "The Evolution of China's Engagement with International Governmental Organizations: Toward a Liberal Foreign Policy?," *Asian Survey*, 45: 5(September/October 2005), p.704.

18 Christopher Hughes, "Globalization and Nationalism: Squaring the Circle in Chinese International Relations Theory," *Millenium: Journal of International Studies*, 26: 1(1997), p.107.

19 徐正源, 「中国负责任大国角色认知的形成机制分析」, ≪教学与研究≫, 2010년 1기, ≪中国外交≫, 2010년 7기, p.14에서 인용.

20 Hempson-Jones, "The Evolution of China's Engagement with International Governmental Organizations: Toward a Liberal Foreign Policy?," pp.709~710.

21 Ann Kent, "China's participation in international organizations," in Yongjin Zhang and Greg Austin(eds.), *Power and Responsibility in Chinese Foreign Policy*(Canberra: Asia Pacific Press, 2001), pp.133~152; 苏长和,「中国与国际制度: 一项研究议程」, ≪世界经济与政治≫, 2002년 10기, pp.5~10.

22 王逸舟,『全球政治和中国外交』(北京: 世界知识出版社, 2003), pp.7~51.

23 焦世新,「中国融入国际机制的历史进程与内外动力」, p.14.

24 苏长和, 「国内-国际相互转型的政治经济学: 兼论中国国内变迁与国际体系的关系(1978~2007)」, ≪世界经济与政治≫, 2007년 11기, pp.8~10.

25 刘建飞, "经济体制选择对中国外交的影响",『外交评论』, 2009년 6기, pp.46~54.

26 苏长和,「国内-国际相互转型的政治经济学」, pp.8~11.

27 高振营, "我国的对外开放政策及其影响", p.68; 张光, "80年代中国外交政策的重大调整", p.15.

28 Peter Ford, "How WTO membership made China the workshop of the world," *The Christian Science Monitor*, 2011.12.14.

29 Zhu Liqun, "The Domestic Sources of China's Foreign Policy," in Pauline Kerr, Stuart Harris and Qin Yaqing(eds.), *China's 'New' Diplomacy: Tactical or Fundamental Change?*(New York: Palgrave MacMillan, 2008), p.118.

30 朱立群 外,『中国与国际体系: 进程与实践』(北京: 世界知识出版社, 2012), p.23; 李丹,「从'面向世界'到'构建和谐世界': 对外开放30年来中国与世界关系的历史性变化」, p.46.

31 徐正源,「中国负责任大国角色认知的形成机制分析」, p.13.

32 郭树勇,「新国际主义与中国软实力外交」, p.50.

33 "从民主党之辩看日本的中国威胁论", http://www.ycnews.cn_www.crntt.com/crn-webapp/cbspub/secDetail.jsp?bookid=30002&secid=30097/

34 Samuel P. Huntington, "The Clash of Civilizations?," *Foreign Affairs*, 72: 3(Summer 1993), pp.22~49.

35 Richard Bernstein and Ross H. Munro, *The Coming Conflict with China*(New York: Alfred A. Knopf, 1997).

36 "Military Power of the People's Republic of China 2002," http://archive.defense.gov/news/Jul2002/d20020712china.pdf/

37 郭树勇,「新国际主义与中国软实力外交」, p.51.

38 郭学堂,「国际主义与中国外交的价值回归」, p.38.

39 William H. Perry, "U.S. Strategy: Engage China, Not Contain," *Defense Issues*, 10: 109(2000), http://www.defenselink.mil/speeches/1995/s19951030-kaminski.html/

40 徐正源,「中国负责任大国角色认知的形成机制分析」, p.10.

41 韦宗友,「中国新外交: 国内变迁, 外部环境与国际秩序」, ≪国际观察≫, 2006년 4기, ≪中国外交≫,

2006년 12기, p.20.

42 "中美在東南亞的暗鬪", ≪廣角鏡≫, 2006년 7월, pp.18~19.

43 Joshua Kurlantzick, "China's Charm Offensive in Southeast Asia," *Current History*, September 2006, p.271.

44 苏长和, 「国内-国际相互转型的政治经济学」, p.13.

45 郭学堂, 「国际主义与中国外交的价值回归」, p.35.

46 郭树勇, 「新国际主义与中国软实力外交」, p.51.

47 徐正源, 「中国负责任大国角色认知的形成机制分析」, p.14.

48 王逸舟, 「论中国外交转型」, ≪学习与探索≫, 2008년 5기, p.66. http://www.21ccom.net/articles/qqsw/zlwj/article_20100120127.html/ 물론 세계화의 부정적 효과에 대한 우려도 제기되었는데, 이러한 우려는 주로 민족주의자들에 의해 제기되었다. 이에 관해서는 제2장을 참조하라.

49 Andrew J. Nathan and Andrew Scobell, *China's Search for Security*(New York: Columbia University Press, 2012), p.12.

50 肖枫, 「世界经济的'全球化'与中国应采取的战略」, ≪国际问题研究≫, 2000년 2기, pp.5~8.

51 李慎之, 「全球化与中国文化」, ≪太平洋学报≫, 1994년 2기.

52 王逸舟, 『当代国际政治析论』(上海: 上海人民出版社, 1995), pp.81~82.

53 郭学堂, 「国际主义与中国外交的价值回归」, pp.35~36.

54 王逸舟, "论中国外交转型".

55 Deng, "Conception of National Interests," p.52.

56 Zhu Liqun, "China's Foreign Policy Debates." 그의 주장은 현실주의가 지배적일 것이라는 많은 직관적 판단이나 실제로 그렇다는 샘보의 주장과 차이를 보인다. Shambaugh, "Coping with a Conflicted China" 참조.

57 李慎之, 「弘扬北大的自由主义传统」, 刘军宁 编, 『北大传统与近代中国』(北京: 中国人事出版社, 1998), pp.4~5.

58 李慎之, 「全球化与中国文化」.

59 王逸舟, 『当代国际政治析论』 참조.

60 郭学堂, "中国外交需要新国际主义, 新外交格局已形成", ≪外滩画报≫, 2004.2.3.

61 Qin Yaqing, "Struggle for Identity: A Political Psychology of China's Rise," in Brantly Womack(ed.), *China's Rise in Historiacl Perspective*(Lanham: Rowma & Littlefield Publishers, Inc., 2010), pp.259~264.

62 朱锋, 「中国外交向"新国际主义"转型: 中国国际影响力的探索」, ≪中国与世界观察≫, 2007년 6기.

63 苏长和, 「国内-国际相互转型的政治经济学」, p.9.

64 도시 지역 거주자들이 보다 국제적 시각을 지녔다는 조사 결과에 대해서는 Pew Research C

enter, Golbal Attitue Project, "Growing Concerns in China about Inequality, Corruption," 2012.10.16, http://www.pewglobal.org/2012/10/16/growing-concerns-in-china-about-inequality-corruption/; Jennifer Pan and Yiqing Xu, "China's Ideological Spectrum," 2015.4.12, http://www.jenpan.com/jen_pan/manuscript_ideology.pdf/ 등을 참조.

65 苏长和,「国内-国际相互转型的政治经济学」, p.12.

66 朱立群·赵广成,「中国国际观念的变化与巩固」, p.23; Deng, "Conception of National Interests," p.68.

67 Zhu Liqun, "The Domestic Sources of China's Foreign Policy and Diplomacy," p.118.

68 王逸舟,『全球政治和中国外交』, pp.256~257.

69 徐正源,「中国负责任大国角色认知的形成机制分析」, p.10.

70 「1998-1999年度国际形势报告」, ≪战略与管理≫, 1999년 2기, p.22; 叶自成·蒋立群,「新中国国际秩序观的变迁」, ≪党的文献≫, 2011년 6기, ≪中国外交≫, 2012년 3기, p.9에서 인용.

71 王逸舟,『全球政治和中国外交』, pp.256~257.

72 蔡拓,「全球主义视角下的国际秩序」, ≪现代国际关系≫, 2014년 7기 참조.

73 郭树勇,「新国际主义与中国软实力外交」, p.43.

74 秦亚青·朱立群,「新国际主义与中国外」, PP.21~27; 蔡拓,「全球主义视角下的国际秩序」, P.16.

75 秦亚青,「和谐世界: 中国外交新理念」,『前线』, 2006년 12기, P.30.

76 秦亚青·朱立群,「新国际主义与中国外交」, PP.21~27; 邓淑华·尹占文,「当代中国外交的国际主义」, ≪社会科学研究≫, 2006년 5기, ≪中国外交≫, 2007년 1기, P.30에서 인용.

77 「1998-1999年度国际形势报告」, PP.24~25; Xia Liping, "China: A responsbile great power," *Journal of Contemporary China*, 10: 26(2001), p.22.

78 唐天日,「安全合作的新模式」, ≪瞭望≫, 1997년 31기, p.44.

79 Qin Yaqing, "National Identity, Strategic Culture and Security Interests: Three Hypotheses on the Interaction between China and International Society," in Yu Xintian(ed.), *Cultural Factors in International Relations*(Washington, D.C.: The Council for Research in Values and Philosophy, 2004).

80 郭学堂, "中国外交需要新国际主义, 新外交格局已形成".

81 郭学堂,「国际主义与中国外交的价值回归」, p.36.

82 秦亚青·朱立群,「新国际主义与中国外交」, pp.21~27; 郭学堂,「国际主义与中国外交的价值回归」, p.30.

83 邓淑华·尹占文, "当代中国外交的国际主义", p.30.

84 「1998-1999年度国际形势报告」, p.23.

85 徐正源,「中国负责任大国角色认知的形成机制分析」, p.10.

86 秦亚青,「和谐世界: 中国外交新理念」, p.2.

87 秦亚青,「关于当今时代的几点思考」, ≪外交评论≫, 2007년 6기, p.15.

88 邓淑华·尹占文,「当代中国外交的国际主义」, p.30.

89 刘德喜,「中国的发展与外交政策的走向」, ≪国际政治研究≫, 2004년 1기, ≪中国外交≫, 2004년 5기, p.12에서 인용.

90 张小明,「中国的崛起与国际规范的变迁」, ≪外交评论≫, 2011년 1기, p.36.

91 吴建民 外,「和谐世界与中国外交」, ≪外交评论≫, 2006년 1기, p.17.

92 庞中英,「"世界大国"与"正常国家": 论"正常国家"范式与国家的世界观重塑」, ≪世界经济与政治≫, 2002년 11기, pp.14~16.

93 郭树勇,「新国际主义与中国软实力外交」, pp.49~51.

94 Yong Deng, "Escaping the Periphery: China's National Identity in World Politics," in Weixing Hu et al.(eds.), *China's International Relations in the 21st Century*(Maryland: University Press of America, 2000), pp.56~57.

95 Susan L. Shirk, *China: Fragile Superpower*(New York: Oxford University Press, 2007), p.107에서 재인용.

96 王逸舟, "三大需求: 发展, 主权与责任", ≪世界知识≫, 2000년 5기, http://www.people.com.cn/GB/channel7/35/20000226/8499.html/

97 徐正源,「中国负责任大国角色认知的形成机制分析」, pp.10~11.

98 朱立群,「中国与国际体系: 双向社会化的实践逻辑」, ≪外交评论≫, 2012년 1기, p.21.

99 徐正源,「中国负责任大国角色认知的形成机制分析」, pp.10~13.

100 吴建民 外,「和谐世界与中国外交」, p.17.

101 徐正源,「中国负责任大国角色认知的形成机制分析」, p.11.

102 蔡拓,「国际秩序的转型与塑造」, pp.12~13.

103 刘德喜,「中国的发展与外交政策的走向」, p.12.

104 魏令,「东亚进程与中国外交: 新格局, 新均衡, 新作为: 从东亚峰会说开去」, ≪外交评论≫, 2011년 6기, p.59.

105 王逸舟, "三大需求: 发展, 主权与责任".

106 王逸舟,『全球政治和中国外交』, pp.268~272.

107 苏长和,「发现中国新外交」, ≪世界经济与政治≫, 2005년 4기, p.15.

108 江瑞平,「构建中的东亚共同体: 经济基础与政治障碍」, ≪世界经济与政治≫, 2004년 9기; 王明进,「中国对多边外交的认识及参与」, ≪教学与研究≫, 2004년 5기, ≪中国外交≫, 2004년 9기, p.17에서 인용.

109 朱立群,「中国与国际体系: 双向社会化的实践逻辑」, p.29; 王明进,「中国对多边外交的认识及参与」, p.17.

110 秦亚青, "和谐世界: 中国外交新理念", p.32.

111 王明进,「中国对多边外交的认识及参与」, p.19.

112 王逸舟,『全球政治和中国外交』, pp.275~279.

113 苏长和,「发现中国新外交」, p.15.

114 王逸舟, "三大需求: 发展, 主权与责任".

115 郭学堂, "中国外交需要新国际主义, 新外交格局已形成".

116 秦亚青·朱立群,「新国际主义与中国外交」, pp.21~27.

117 王嵎生, "国际接轨: 接什么怎样接", ≪世界知识≫, 2007년 6기.

118 朱立群,「中国外交的'中庸'特色」, p.18.

119 朱立群·赵广成,「中国国际观念的变化与巩固」 참조.

120 徐坚 外, "多边主义与中国外交", ≪教学与研究≫, 2005년 8기, ≪中国外交≫, 2005년 12기, p.14에서 인용.

121 Deng, "Conception of National Interests," p.54.

122 李丹,「从'面向世界'到'构建和谐世界': 对外开放30年来中国与世界关系的历史性变化」, p.48.

123 朱立群·赵广成,「中国国际观念的变化与巩固」, pp.20~21.

124 Deng, "Conception of National Interests," p.63.

125 朱立群·赵广成,「中国国际观念的变化与巩固」 참조.

126 冯昭奎, "浅谈中国外交: 爱国主义要与国际主义互补", ≪环球时报≫, 2006.3.22; 仇朝兵, "中国外交要求'新国际主义'".

127 郭学堂,「国际主义与中国外交的价值回归」, p.38.

128 徐正源,「中国负责任大国角色认知的形成机制分析」, p.15.

129 秦亚青,「关于当今时代的几点思考」, p.15.

130 唐志君,「新国际主义理念与中国对外政策的选择」, ≪学术论坛≫, 2006년 11기, p.50.

131 韦宗友,「中国新外交」, p.49; 唐志君,「新国际主义理念与中国对外政策的选择」, p.49.

132 秦亚青·朱立群,「新国际主义与中国外交」, pp.21~27.

133 郭树勇,「新国际主义与中国软实力外交」, p.46.

134 「1998-1999年度国际形势报告」, p.24.

135 馮昭奎, "浅谈中国外交: 爱国主义要与国际主义互补".

136 "合肥一中学3000初中生早读奥巴马演讲稿引争议". 2013.9.5, http://news.qq.com/a/20130905/010391.htm/

제2장 민족주의의 부활과 분화

1 중국의 한 전문가는 1980년대에도 애국주의가 있었지만 그 배후에 일종의 세계주의가 있었다고 지적한다. 동시에 그는 이 시기 애국자의 우려는 중국적 특성의 상실이 아니라 세계 구

성원으로서의 자격을 상실하는 데 집중되었다고 규정한다. 许纪霖,「普世文明, 还是中国价值? 近十年中国历史主义思潮之批判」.

2 Chris Buckley and Adam Wu, "China's President Praises Hu Yaobang, a Fallen Party Reformer," *The New York Times*, 2015.11.20.

3 Michel Oksenberg, "China's Confident Nationalism," *Foreign Affairs*, 65: 3(January 1986), p.503.

4 张明澍,『中国人想要什么样民主』(北京: 社会科学文献出版社, 2013), p.60.

5 戴旭, "中国没有狭隘民族主义," ≪环球时报≫, 2012.5.3.

6 중국의 민족주의 진영 내에 차이가 존재한다는 주장에 관해서는 "社评: 爱国主义向多元内涵敞开大门", ≪环球时报≫, 2012.12.14; Suisheng Zhao, "Chinese Nationalism and Its Internatioanl Orientations," *Political Science Quarterly*, Spring 2000, pp.1~33 등을 참조. 반면에 민족주의의 다양한 측면이 서로 대체적이기보다 '중층화(layering)'되었다는 주장에 관해서는 이문기, 「중국 민족주의의 세 가지 특성과 국가 정체성: 역사적 제도주의 시각에서」, ≪국제정치논총≫, 54: 3(2014), 177~209쪽 참조.

7 중국에서는 공산정권이 들어선 후 공식적으로 민족주의 대신에 애국주의라는 용어가 사용된다. 한 전문가는 2차 세계대전 이후 민족주의가 점차 부정적 의미를 체득한 반면에 애국주의는 긍정적 의미를 획득했다고 지적한다. 潘维, "别把爱国与民族主义混为一谈", ≪环球时报≫, 2015.4.14. 이에 반해 급진 민족주의자들은 애국주의보다 민족주의라는 용어를 선호한다.

8 Bernstein and Munro, *The Coming Conflict with China* 참조.

9 Zhao, "China's Pragmatic Nationalism," pp.131~144.

10 같은 글, 132쪽; 吴潜涛·杨丽坤,「改革开放以来爱国主义教育的回顾与思考」, ≪教学与研究≫, 2009년 5기, 94쪽.

11 Chen Zhimin, "Nationalism, Internationalism and Chinese Foreign Policy," *Journal of Contemporary China*, 14: 42(February 2005), p.49.

12 애국주의 교육운동의 전개에 관한 이 단락과 다음 단락의 논의는 吴潜涛·杨丽坤,「改革开放以来爱国主义教育的回顾与思考」에서 끌어왔음.

13 吴潜涛·杨峻岭,「全面理解爱国主义的科学内涵」, ≪高校理论战线≫, 2011년 10기.

14 Suisheng Zhao, "Foreign Policy Implications of Chinese Nationalism Revisited: the strident turn," *Journal of Contemporary China*, 22: 82(2013), p.537.

15 Ross, "The Domestic Sources of China's 'Assertive Diplomacy,' 2009-10," p.77.

16 宋强 外,『中国可以说不: 冷战后时代的政治与情感抉择』(北京: 中华工商联合出版社, 1996).

17 Hughes, "Globalization and Nationalism: Squaring the Circle in Chinese International Relations Theory," p.119; Chen Zhimin, "Nationalism, Internationalism and Chinese

Foreign Policy," p.50.

18 张小明,「中国的崛起与国际规范的变迁」, p.43.

19 "社评: 西方反华力量千方百计要坑中国", ≪环球时报≫, 2014.6.4.

20 王军,「试析当代中国的网络民族主义」, ≪世界经济与政治≫, 2006년 2기, pp.23~29.

21 "普遍主义, 特殊主义和民族主义: 在当代世界的当代中国涵义", 2012.10.12, http://unirule.org.cn/index.php?c=article&id=2461&q=1/

22 袁鹏,「中国外交须谨防大战略失误」, ≪现代国际关系≫, 2010년 11기, p.13.

23 康晓光,「文化民族主义论纲」, ≪战略与管理≫, 2003년 2기, p.9.

24 Merle Goldman et al., "China's Intellectuals in the Deng Era: Loss of Identity with the State," in Lowell Dittmer and Samuel Kim(eds.), *China's Quest for National Identity* (Ithaca: Cornell University Press, 1993), p.149에서 재인용.

25 한편 왕샤오둥은 중국 민족주의의 탄생은 자기비하적 인종주의에 대한 중국 지식계의 회의에서 출현했으며, 정부의 장려가 주된 원인이 아니라고 주장한다. 따라서 그는 중국의 민족주의가, 관방의 애국주의와 대비되는, 민간의 애국주의라고 규정한다. 王小东,『天命所归是大国』(南京: 江苏人民出版社, 2009), pp.222~287.

26 Deng, "Escaping the Periphery: China's National Identity in World Politics," p.57; Chen Zhimin, "Nationalism, Internationalism and Chinese Foreign Policy," p.50.

27 康晓光,「文化民族主义论纲」, p.17.

28 Zhao, "Chinese Nationalism and Its International Orientations," p.11.

29 Robert Kuhn, "How China's Next Leader Will Guide," *The New York Times*, 2012.3.23.

30 Feng Zhang, "Chinese Exceptionalism in the Intellectual World of China's Foreign Policy," p.44.

31 楚树龙, "中国正日益'内向化' 美国对中国的重要性下降", ≪环球时报≫, 2005.7.25.

32 "传统文化输血中国新外交", ≪国际先驱导报≫, 2004.12.27.

33 Yan Xuetong, "The Sources of Chinese Conduct," 2011.3.28, http://www.project-syndicate.org/commentary/xyan1/English/; 阎学通, "中国行为的根源", ≪青年参考≫, 2011.4.6.

34 王军,「试析当代中国的网络民族主义」, p.25; Chen Zhimin, "Nationalism, Internationalism and Chinese Foreign Policy," pp.35~53.

35 李乐,「近二十年国内爱国主义理论研究综述」, ≪西南民族大学学报(人文社科版)≫, 2010년 5기, p.260.

36 Zhao, "China's Pragmatic Nationalism," p.135.

37 陈先奎, "爱国和爱党在中国是一致的", ≪环球时报≫, 2014.9.10.

38 Zhao, "Chinese Nationalism and its International Orientations," p.17.

39 时殷弘,「中国历史之中的连续和变革与中国现当代民族主义」, p.20.

40 Oksenberg, "China's Confident Nationalism," p.505.

41 중국의 국력이 증대된 이후 전통에 대한 온건 민족주의의 비판은 완화된다.

42 Chen Zhimin, "Nationalism, Internationalism and Chinese Foreign Policy," p.46.

43 Zhao, "China's Pragmatic Nationalism," pp.131~144.

44 Lei Guang, "Realpolitik Nationalism: International Sources of Chinese Nationalism," pp.489~501.

45 肖枫, 「世界经济的'全球化'与中国应采取的战略」, pp.7~8.

46 Zhao, "Chinese Nationalism and Its Internatioanl Orientations," pp.1~33.

47 潘维, "别把爱国与民族主义混为一谈".

48 袁伟时, 「现代化与历史教科书」, ≪冰点≫, 2006.1.11(574기).

49 胡键, 「"中国责任"与和平发展道路」, ≪现代国际关系≫, 2007년 7기, pp.43~47.

50 宋强 外, 『中国可以说不: 冷战后时代的政治与情感抉择』.

51 房宁·王小东·宋强, 『全球化阴影下的中国之路』(北京: 中国社会科学出版社, 1999).

52 王小东, 「民族主义和民主主义」, ≪战略与管理≫, 1999년 3기.

53 韩西雅·马宾, "奇文共欣赏 疑义相与析-- 私人竟敢宣布: 中国共产党在21世纪的走向", http://www.maoflag.net/(검색일: 2006.8.5). 정비젠의 주장에 관해서는 郑必坚, "中国共产党在二十一世纪的走向", ≪人民日报≫(해외판), 2005.11.22와 이 책의 제3장을 참조.

54 宋晓军·王小东·黄纪苏·宋强·刘仰, 『中国不高兴』(南京: 江苏人民出版社, 2009), pp.39~44.

55 江涌, "'大国责任'的挑战", ≪瞭望≫, 41(2007년 10월), pp.29~31.

56 "Less biding and hiding" 참조.

57 Yong Deng and Sherry Gray, "Introduction: growing pains: China debates its international future," *Journal of Contemporary China*, 10: 26(2001), p.14.

58 Zhao, "Chinese Nationalism and Its Internatioanl Orientations"; Shambaugh, "Coping with a Conflicted China."

59 宋晓军·王小东·黄纪苏·宋强·刘仰, 『中国不高兴』 참조.

60 王小东, 『天命所归是大国』 참조.

61 刘明福, 『中国梦: 后美国时代的大国思维与战略定位』(北京: 中国友谊出版公司, 2010).

62 阎学通, "国家最崇高的目标不是致富!"; 阎学通, 「当前国际形势与中国外交的调整」, ≪战略决策研究≫, 2010년 2기, pp.4~5.

63 李际均, "中国的和平崛起与全球化时代的中国国家安全", http:news.sina.com.cn./w/2004-03-27/11032154765s.shtml/

64 刘明福, 『中国梦: 后美国时代的大国思维与战略定位』, pp.254~255.

65 阎学通, "国家最崇高的目标不是致富!".

66 王小东, 『天命所归是大国』, pp.169~177.

67 Christopher Hughes, "Reclassifying Chinese Nationalism: the geopolitik turn," *Journal of Contemporary China*, 20: 71(September 2011), pp.601~611.

68 같은 글, 605쪽.

69 戴旭, "中国没有狭隘民族主义".

70 "社评: 周边民族主义比中国的厉害多了", ≪环球时报≫, 2012.5.12.

71 Ross, "The Domestic Sources of China's 'Assertive Diplomacy,' 2009-10," pp.79~84.

72 王军, 「试析当代中国的网络民族主义」, pp.24~25.

73 王小东, 『天命所归是大国』, p.282. 1988년에 발표된 6부작 다큐멘터리인 〈허상〉은 1980년대 초반부터 중국에서 시작된 전통문화에 대한 비판의 결정판으로, 현대 중국의 모든 문제를 전통에 귀결시키고 보편적 이성을 추구할 것을 주장했다. Goldman et al., "China's Intellectuals in the Deng Era: Loss of Identity with the State," pp.143~145 참조.

74 그러나 엄밀하게 말해 그의 주장에는 민족주의와 현실주의가 복잡하게 얽혀 있었고, 이후 전통적 색채까지 추가된다.

75 Michael D. Swaine, "The PLA and Chinese National Security Policy: Leaderships, Structures, Processes," *The China Quarterly*, No.146(June 1996), pp.390~391.

76 楊毅, "中國海軍少將: 需讓美核心利益也受損失", 2010.2.1, http://www.zhgpl.com/doc/1012/1/6/0/101216036.html?coluid=93&kindid=2782&docid=101216036/

77 Chen Zhimin, "Nationalism, Internationalism and Chinese Foreign Policy," p.50.

78 Zhang Qingmin, "Continuities and Changes in China's Negotiating Behavior," p.158.

79 이 개념은 중국 밖에서는 1990년대 중반부터 사용되었고, 중국에서는 2003년에 처음으로 언론에 등장했다. "网络民族主义掀开中国民族主义新篇章", ≪国际先驱导报≫, 2003.9.23.

80 王军, 「试析当代中国的网络民族主义」, pp.22~29.

81 물론 이것은 모든 1980년대생과 1990년대생이 민족주의를 지지함을 의미하지 않는다. 한 전문가는 이들 사이에 "국가를 사랑하지만 이것이 곧 당을 사랑하는 것과 같은 것은 아니"라는 주장이 유행하고 있다고 지적한다. 陈先奎, "爱国和爱党在中国是一致的".

82 阎学通, "中国崛起面临的国际体系压力", ≪三联生活周刊≫, 2012.12.7.

83 姜健健, "80后向往西方, 但不媚外", ≪环球时报≫, 2014.8.8.

84 姜健健, "90后有着独特爱国主义", ≪环球时报≫, 2014.8.4. 반면에 1990년대생이 중국의 인터넷 1세대로서 서방을 맹목적으로 숭배하지 않는다는 점에 동의하면서도 1980년대생보다 관념상 더 유연하다는 반론에 관해서는 张颐武, "90后, 为何西方看走了眼", ≪环球时报≫, 2016.8.9 참조.

85 "网络民族主义发轫 百万签名递交日本驻华大使馆", ≪国际先驱导报≫, 2003.9.19.

86 Zhao, "Foreign Policy Implications of Chinese Nationalism Revisited," p.540.

87 Deng, "Conception of National Interests," p.52.

88 时殷弘,「中国历史之中的连续和变革与中国现当代民族主义」, p.23.

89 宋晓军 外,『中国不高兴』, p.63.

90 萧功秦,「民族主义与世纪之交的思想分化」, ≪战略与管理≫, 1999년 4기, pp.105~106.

91 Deng, "Conception of National Interests," p.52.

92 Zhao, "Foreign Policy Implications of Chinese Nationalism Revisited," pp.538~539.

93 Deng, "Conception of National Interests," p.53.

94 Shirk, *China: Fragile Superpower*, p.77.

95 肖佳灵,『国家主权论』(北京: 时事出版社, 2003), p.236.

96 王柯, "日本为什么总是中国民族主义发酵的温床?", 2014.9.3, http://history.sina.com.cn/his/zl/2014-09-03/104699319.shtml/

97 Peter Hays Gries, Qingming Zhang, H. Michael Crowson and Huajian Cai, "Patriotism, Nationalism and China's US Policy: Structures and Consequences of Chinese National Identity," *The China Quarterly*, No.205(March 2011), pp.15~17.

98 时殷弘,「中国历史之中的连续和变革与中国现当代民族主义」, p.22; "普遍主义, 特殊主义和民族主义: 在当代世界的当代中国涵义".

99 宋强 外,『中国可以说不: 冷战后时代的政治与情感抉择』.

100 马凯硕, "国鸽派不输鹰派", ≪环球时报≫, 2014.8.14.

101 Zhao, "Foreign Policy Implications of Chinese Nationalism Revisited," p.553.

102 Foot, "Introduction: China across the Divide," p.10.

103 Yufan Hao and Ying Hou, "Chinese Foreign Policy Making: A Comparative Perspective," *Public Administration Review*, December 2009, p.140.

104 王军,「网络民族主义, 市民社会与中国外交」, ≪世界经济与政治≫, 2010년 10기, pp.145~152.

105 齐建华,『影响中国外交决策的五大因素』, p.247.

106 Chen Zhimin, "Nationalism, Internationalism and Chinese Foreign Policy," p.52.

107 王军,「网络民族主义, 市民社会与中国外交」, pp.150~151.

108 王军,「试析当代中国的网络民族主义」, p.29.

109 "Party steps up efforts to keep generals in line," *South China Morning Post*, 2012.3.22.

110 Lampton, *Following the Leader: Ruling China, from Deng Xiaoping to Xi Jinping*, pp.118~119.

111 "Less biding and hiding."

112 Shirk, *China: Fragile Superpower*, p.78.

제3장 국제주의와 중국외교의 진화

1 许纪霖, 「普世文明, 还是中国价值? 近十年中国历史主义思潮之批判」.

2 李志永, 「融入与自主性的平衡: 中国外交的核心问题」, ≪世界经济与政治≫, 2010년 2기, p.69.

3 Song Xinning, "Building International Relations Theory with Chinese Characteristics," *Journal Of Contemporary China*, 10: 26(2001), p.62.

4 王逸舟, 『探寻全球主义国际关系』(北京大学出版社, 2005).

5 苏长和, 「中国与国际制度: 一项研究议程」, p.9.

6 같은 글, 5~10쪽.

7 谢益显 外 编, 『中国当代外交史(1949-2001)』(北京: 中国青年出版社, 2009), p.357.

8 王缉思, 「中国该怎样"韬光养晦, 有所作为"?」, ≪国际问题研究≫, 2011년 2기 참조.

9 杨成绪, "韬光养晦 有所作为: 邓小平外交思想浅议", ≪光明日报≫, 2004.8.9.

10 张玉良, 「指导中国外交的战略方针」, ≪外交学院报≫, 1997년 2기, p.36.

11 반면에 덩샤오핑이 도광양회라는 용어를 직접 언급했다는 주장도 존재한다. 1992년 중국의 발전문제를 얘기할 때 '도광양회하고 열심히 일할 때만 비로소 강대국이 될 수 있다'라고 지적했다는 주장에 관해서는 冷溶·汪作玲 编, 『邓小平年谱(1975-1997)』(北京: 中央文献出版社, 2004), p.1346 참조.

12 楚树龙, 「和平发展与外交战略: 非传统模式」, ≪国际政治研究≫, 2006년 1기 참조.

13 王缉思, 「中国该怎样"韬光养晦, 有所作为"?」. 한편 장쩌민이 1991년에 처음으로 언급했다는 주장에 관해서는 朱威烈, "韬光养晦: 世界主流文明的共有观念", ≪文汇报≫, 2010.8.14 참조.

14 李海龙, 「"韬光养晦, 有所作为"的新挑战与新发展」, ≪领导科学≫, 2014년 10월(下).

15 ≪新华成语词典≫ 참조.

16 叶自成, 「在新形势下对邓小平外交思想的继承, 发展和思考」, ≪世界经济与政治≫, 2004년 11기.

17 王缉思, 「中国该怎样"韬光养晦, 有所作为"?」.

18 杨成绪, "韬光养晦 有所作为: 邓小平外交思想浅议".

19 张玉良, 「指导中国外交的战略方针」, p.37.

20 杨成绪, 「韬光养晦 有所作为: 邓小平外交思想浅议」.

21 萧功秦, 「民族主义与世纪之交的思想分化」, p.105.

22 章百家, 「改变自己 影响世界: 20世纪中国外交基本线索刍议」.

23 牛新春, 「中国外交需要战略转型」, p.21.

24 曾华国, "中美日印军力比较", ≪瞭望东方周刊≫, 2004.1.15, p.66.

25 "中国的军控, 裁军与防扩散努力(四): 致力与国家和区域裁军", 2005년 9월, http://www.china.

com.cn/chinese/zhuanti/book/956904.htm/

26 张睿壮,「重估中国外交所处之国际环境: 和平与发展并非当代世界主题」, ≪战略与管理≫, 2001년 1기, pp.20~30.

27 Deng and Gray, "Introduction: growing pains," p.12.

28 Zhu Liqun, "The Domestic Sources of China's Foreign Policy and Diplomacy," p.117.

29 Zhao, "Foreign Policy Implications of Chinese Nationalism Revisited," p.541.

30 Hughes, "Globalization and Nationalism: Squaring the Circle in Chinese International Relations Theory," p.123.

31 Zhao, "Foreign Policy Implications of Chinese Nationalism Revisited," p.542.

32 같은 글, 540쪽.

33 Xia Liping, "China: A responsbile great power," p.23.

34 陆钢, "'韬光养晦'与中国外交战略环境变化", ≪联合早报≫, 2001.6.1.

35 江泽民, "全面建设小康社会, 开创中国特色社会主义事业新局面: 在中国共产党第十六次全国代表大会上的报告", 2002.11.8.

36 Zhao, "Foreign Policy Implications of Chinese Nationalism Revisited," pp.541~542; Yun Sun, "Chinese Public Opinion: Shaping China's Foreign Policy, or Shaped by It?," December 2011, http://www.brookings.edu/research/opinions/2011/12/13-china-public-opinion-sun/

37 Zhao, "China's Pragmatic Nationalism," pp.139~143.

38 王义桅, 「探询中国的新身份: 关于民族主义的神话」, ≪世界经济与政治≫, 2006년 2기, pp.15~30.

39 徐正源, 『中国负责任大国角色的建构: 角色理论视角下的实证分析』(北京: 中国人民大学出版社, 2015), p.95.

40 Andrew Walter, "Addressing Global Imbalances: Domestic and Global Dynamics," in Rosemary Foot(ed.), *China across The Divide: The Domestic and Global in Politics and Society*(New York: Oxford University Press, 2013) p.153.

41 谢益显 外 编, 『中国当代外交史(1949-2001)』, pp.351~355.

42 庞森, 「改革开放与中国的多边外交政策」, ≪世界经济与政治≫, 2008년 11기, p.47.

43 Rosemary Foot, "Chinese power and the idea of a responsible state," in Yongjin Zhang and Greg Austin(eds.), *Power and Responsibility in Chinese Foreign Policy*(Canberra: Asia Pacific Press, 2001), pp.35~36.

44 苏长和, 「中国与国际制度: 一项研究议程」, p.10.

45 물론 국제주의자만이 다자 활동을 지지한 것은 아니다. 옌쉐퉁과 같은 일부 민족주의자들 또한 다자외교가 중국의 부상에 기여할 것이라고 주장한다. "多边主义与中国外交", p.11.

46 时永明,「亚太安全中的矛盾与合作」, ≪国际问题研究≫, 1997년 3기, pp.41~47.

47 成启祯,「东亚国家对美国亚洲政策的回应」, ≪国际问题研究≫, 1995년 3기, pp.27~32.

48 门洪华,「国际机制与中国的战略选择」, pp.178~187; 庞中英,「中国的亚洲战略: 灵活的多边主义」, ≪世界经济与政治≫, 2001년 10기, pp.30~35.

49 焦世新,「中国融入国际机制的历史进程与内外动力」, p.12.

50 赵青海, 2006.8.23, "从和平共处五项原则到'和谐世界'新理念: 中国外交思想在继承中发展, 创新", http://news.xinhuanet.com/world/2006-08/23/ content_4993067_4.htm/

51 朱立群,「中国外交的'中庸'特色」, p.19.

52 苏长和,「中国与国际制度: 一项研究议程」, pp.9~10.

53 刘建飞,「经济体制选择对中国外交的影响」, pp.46~54.

54 苏长和,「发现中国新外交」, pp.11~13.

55 焦世新,「中国融入国际机制的历史进程与内外动力」, p.11.

56 唐世平·張蘊岭,「中国的地區战略」, ≪世界经济与政治≫, 2004년 6기, p.9.

57 任远喆, "经济外交: 最基础和重要的方面", 2009.9.10, http://www.china.com.cn/international/txt/2009-09/10/content_18501056.htm/

58 李丹,「从'面向世界'到'构建和谐世界': 对外开放30年来中国与世界关系的历史性变化」, p.48.

59 挚心,「加入WTO后的接轨与转轨」, ≪新疆社科论坛≫, 2001년 4기, p.1.

60 "入世'变法'中国要与世界经济接轨", 2002.1.13, http://news.xinhuanet.com/newscenter/2002-01/13/content_236183.htm/

61 王菲菲,「论'与国际接轨'的必要性及其规范要求」, ≪河南师范大学学报≫, 2002년 6기, p.34.

62 "入世4年中国交卷: 完成大部分承诺 进入后过渡期", ≪解放日报≫, 2005.12.11.

63 "TPP can benefit China," *China Daily*, 2013.7.24.

64 Zhu Liqun, "The Domestic Sources of China's Foreign Policy and Diplomacy," p.117.

65 Perry, "U.S. Strategy: Engage China, Not Contain."

66 Xia Liping, "China: a responsible great power," p.17.

67 外交部政策研究室,『中国外交(1999)』(北京: 世界知识出版社出, 1999), p.4.

68 이 시기 중국에 대한 다양한 인식에 관해서는 David Lampton, "China," *Foreign Policy*, 110(Spring 1998) 참조.

69 Yongjin Zhang and Greg Austin, "China and the responsibility of power," in Idem(eds.), *Power and Responsibility in Chinese Foreign Policy*(Canberra: Asia Pacific Press, 2001), pp.5~6.

70 Zhu Liqun, "The Domestic Sources of China's Foreign Policy and Diplomacy," p.112.

71 Deng and Gray, "Introduction: growing pains," pp.6~7.

72 王逸舟,『全球政治和中国外交』, p.273. 물론 이는 중국 내에서 강대국 지위에 대한 합의가 형

성되었다는 의미는 아니다. 한편에서 중국의 능력이 증강됨에 따라 더 많은 책임을 수행함으로써 책임 있는 강대국 이미지를 수립해야 한다는 주장이 제기된 반면에 다른 편에서는 국제적 책임과 관련하여 다른 시각을 제기했다. 이러한 이견에는 국내적 일을 잘하는 데 집중하고 과도한 국제적 책임을 부담해서는 안 된다는 주장뿐 아니라 국제적 책임은 서방세계가 설치한 함정이라는 음모론도 포함되었다. 江涌, "'大国责任'的挑战", pp.29~31.

73 徐正源,『中国负责任大国角色的建构: 角色理论视角下的实证分析』, p.92.

74 Chen Zhimin, "International Responsibility, Multilateralism, and China's Foreign Policy," in Mario Telo(ed.), *State, Globalization and Multilateralism: The Challenges of Institutionalizing Regionalism*(Heidelberg: Springer, 2012), pp.79~88.

75 王逸舟,『全球政治和中国外交』, pp.307~323.

76 "温家宝总理会见中外记者并答问", 2006.3.14, http://www.china.com.cn/zhibo/2006-03/14/content_8784882.htm?show=t/

77 秦亚青,「国际关系理论中国学派生成的可能和必然」 참조.

78 Michael D. Swaine and Alastair Iain Johnston, "China and Arms Control Institutions," in Elizabeth Economy and Michel Oksenberg(eds.), *China Joins the World: Progress and Prospects*(New York: Council on Foreign Relations Press, 1999).

79 王逸舟,『全球政治和中国外交』, p.46.

80 "专访秦亚青: 十七大后中国外交将更重视多边舞台", 2007.10.12, http://cpc.people.com.cn/GB/64093/64099/6369987.html/

81 张文木,『世界地缘政治中的国家安全利益分析』(济南: 山东人民出版社, 2004), p.391.

82 郑必坚, "'中国和平崛起'论的由来", ≪国际先驱导报≫, 2004.4.7.

83 韦宗友,「中国新外交: 国内变迁, 外部环境与国际秩序」, pp.22~23.

84 Robert L. Suettinger, "The Rise and Descent of 'Peaceful Rise'," *China Leadership Monitor*, 12(2004), http://media.hoover.org/sites/default/files/documents/clm12_rs.pdf/, p.3; Glaser and Medeiros, "The Changing Ecology of Foreign Policy-Making in China," p.294.

85 Zheng Bijian, "A New Path for China's Peaceful Rise and the Future of Asia," 2003.11.3, http://history.boaoforum.org/English/E2003nh/dhwj/t20031103_184101.btk/

86 王缉思,「"和平崛起"提出的意义」, ≪教学与研究≫, 2004년 4기, p.7.

87 "Turn Your Eyes to China," *People's Daily Online*, 2003.12.12, http://en.people.cn/200312/12/eng20031212_130267.shtml/

88 후진타오 주석이 평화적 부상을 강조한 정치국집단학습에서는 대표적 국제주의자인 친야칭이 '세계구조와 중국의 안보환경(世界格局和中国的安全环境)'을 주제로 강연했다.

89 Glaser and Medeiros, "The Changing Ecology of Foreign Policy-Making in China,"

pp.298~299.

90 郑必坚, "中国共产党在21世纪的走向", ≪人民日报≫(해외판), 2005.11.22.

91 王缉思, 「"和平崛起"提出的意义」, p.7.

92 Glaser and Medeiros, "The Changing Ecology of Foreign Policy-Making in China," pp.302~306.

93 Suettinger, "The Rise and Descent of 'Peaceful Rise'."

94 Glaser and Medeiros, "The Changing Ecology of Foreign Policy-Making in China: The Ascension and Demise of the Theory of 'Peaceful Rise'," pp.299~301.

95 俞新天, 『在和平'发展'合作的旗帜下』(北京: 中共中央党校出版社, 2005), p.39.

96 胡锦涛, "努力建设持久和平, 共同繁荣的和谐世界", ≪人民日报≫, 2005.9.16.

97 李丹, 「从'面向世界'到'构建和谐世界': 对外开放30年来中国与世界关系的历史性变化」, p.49.

98 韩敏, 「第二届'中国梦与和谐世界研讨会'综述」, ≪外交评论≫, 2007년 2기, p.106.

99 "中国梦的国际表达: 和谐世界需要健康中国", 2006.4.12, http://news.sina.com.cn/c/2006-04-12/18019601572.shtml/

100 "建设和谐世界: 中国外交思想的新发展", 2006.8.23, http://news.xinhuanet.com/world/2006-08/23/content_4993067.htm/

101 胡锦涛, "努力建设持久和平, 共同繁荣的和谐世界".

102 이러한 사실을 근거로 조화세계론이 실천적 국제전략이기보다 정책선언과 정당화의 기능을 수행한다는 주장에 관해서는 Feng Zhang, "Rethinking China's grand strategy: Beijing's evolving national interests and strategic ideas in the reform era," *International Politics*, 49: 3, p.334 참조.

103 Callahan, *China Dreams: 20 Visions of the Future*, p.44.

104 "和谐世界: 中国外交新理念", ≪新京报≫, 2006.12.22.

105 吴建民, 「多边外交是构建和谐世界的平台: 重新认识多边外交」, ≪外交评论≫, 2006년 4기, pp.10~14.

106 俞可平, 「和谐世界理念下的中国外交」, ≪瞭望≫, 2007년 17기, pp.31~32.

107 朱立群·赵广成, 「中国国际观念的变化与巩固」, pp.20~21.

108 秦亚青, "和谐世界:中国外交新理念", p.30.

109 Yu Keping, "We Must Work to Create a Harmonious World," *China Daily*, 2007.5.10.

110 "和谐世界: 中国外交新理念".

111 江西元, 「从天下主义到和谐世界: 中国外交哲学选择及其实践意义」, p.51.

112 蔡拓, 「和谐世界与中国对外战略的转型」, ≪吉林大学社会科学学报≫, 2006년 5기, ≪中国外交≫, 2007년 1기, p.9에서 인용.

113 蔡拓, 「国际秩序的转型与塑造」, p.13.

114 “专访秦亚青: 十七大后中国外交将更重视多边舞台”.

115 蔡拓,「和谐世界与中国对外战略的转型」, pp.7~11.

116 吴建民 外,「和谐世界与中国外交」, p.18.

117 같은 글, 16쪽.

118 Shambaugh, “International relations studies in China,” p.254.

119 张睿壮,「中国外交哲学的理想主义倾向」, ≪二十一世纪双月刊≫, 2007년 2월(제99기).

120 时殷弘,「当代中国的对外战略思想: 意识形态, 根本战略, 当今挑战和中国特性」, ≪世界经济与政治≫, 2009년 9기.

121 王逸舟,「今后五年的中国外交需要智慧与勇气」, ≪外交评论≫, 2007년 6기, p.13.

122 朱立群·赵广成,「中国国际观念的变化与巩固」, p.20.

123 王逸舟,『全球政治和中国外交』, p.259.

124 唐志君,「新国际主义理念与中国对外政策的选择」, p.50; 郭学堂,「国际主义与中国外交的价值回归」, p.38. 이는 모든 국제주의자들이 도광양회를 변경할 것을 주장했음을 의미하지 않는다. 대표적으로 친야칭은 중국의 국력을 과대평가하는 국제적 여론에 휘둘리지 말고 오랫동안 도광양회와 유소작위를 병행해야 한다고 주장했다. “专访秦亚青: 十七大后中国外交将更重视多边舞台”.

125 『外交评论』, 2006년 2기 참조.

126 吴建民,「‘中国梦’不仅属于中国 更属于世界」, ≪外交评论≫, 2006년 2기, pp.7~9.

127 郑必坚,「‘中国梦’与世界大事」, ≪外交评论≫, 2006년 2기, pp.13~14.

128 韩敏,「“第二届‘中国梦与和谐世界研讨会’综述」, pp.105~107.

129 “和平友好走向世界(奔向全面小康)”, ≪人民日报≫, 2007.10.14.

130 杨洁篪,「2007年国际形势和中国外交工作」, ≪求是≫, 2008년 1기, p.45.

131 张睿壮,「中国外交哲学的理想主义倾向」 참조.

132 吴建民 外,「和谐世界与中国外交」, pp.18~19.

133 秦亚青 外, “中国大战略: 问题与思路”, ≪学术界≫, 2006년 2기, p.14.

134 王嵎生, “国际接轨: 接什么怎样接”.

135 刘鸣,「中国国际责任论评析」, ≪毛泽东邓小平理论研究≫, 2008년 1기, ≪中国外交≫, 2008년 4기, pp.17~19에서 인용.

136 胡锦涛, “高举中国特色社会主义伟大旗帜 为夺取全面建设小康社会新胜利而奋斗: 在中国共产党第十七次全国代表大会上的报告”, 2007.10.15.

137 이 대회에 앞선 2006년 8월 당중앙외사업무회의에서도 주권, 안보, 발전이익이 강조되었다. Feng Zhang, “Rethinking China's grand strategy: Beijing's evolving national interests and strategic ideas in the reform era,” p.329.

138 한 전문가는 “오늘의 중국은 예전의 미국은 아니지만 발전단계라는 측면에서는 19세기 말과

20세기 초의 미국과 유사하다. 중국의 목소리(中国的声音)를 적극적으로 내야" 한다고 지적했다. 袁鹏, "中国崛起后如何在世界上给自己定位", 2006.4.4, http://news.xinhuanet.com/comments/2006-04/04/content_4382553.htm/

제4장 민족주의와 외교정책의 공세적 전환

1 Wang Zaibang, "Aggressive diplomacy will leave country in isolation," *Global Times*, 2011.10.24. 승리주의에 관해서는 Shi Yinhong, "The United States, East Asia, and the Chinese 'Triumphalism'," 2012.12.3, 고려대학교 아세아문제연구소 학술회의 발표문 참조.

2 刘火, "汉唐盛世情结该放下了", ≪环球时报≫, 2011.6.10.

3 金灿荣, "韬光养晦等外交方针应该坚定不移地坚持", 2012.9.17, http://politics.people.com.cn/cn/n/2012/0917/c30178-19025710.html/

4 William A. Callhan, "China's Harmonious World and Post-Western Orders: Official and Citizen Intellectual Perspectives," in Foot(ed.), *China across The Divide: The Domestic and Global in Politics and Society*, p.21.

5 张明澍, 『中国人想要什么样民主』, p.58.

6 宋伟, 「国际金融危机与美国的单极地位: 当前美国的国家实力, 国内制度和国际战略调整」, ≪世界经济与政治≫, 2010년 5기, pp.25~48.

7 宋晓军 外, 『中国不高兴』, p.43.

8 "中国人如何看世界? 2008初显大国心态", ≪环球时报≫, 2009.1.2.

9 宋晓军 外, 『中国不高兴』 참조.

10 Wenfang Tang and Benjamin Darr, "Chinese Nationalism and its Political and Social Origins," *Journal of Contemporary China*, 21: 77(September 2012), pp.811~826 참조.

11 朱锋, 「在"韬光养晦"与"有所作为"之间求平衡」, ≪现代国际关系≫, 2008년 9기, pp.27~28.

12 Ross, "The Domestic Sources of China's 'Assertive Diplomacy,' 2009-10," pp.79~80.

13 庞中英, 「奥运会: 增强国家软力量, 超越民族主义和弘扬人类精神」, ≪外交评论≫, 2006년 5기, pp.9~10.

14 叶海林, "北京奥运冲击西方价值自信", ≪国际先驱导报≫, 2008.8.29.

15 "'中国人看世界'舆论调查: 国人国家自豪感回归正常", ≪环球时报≫, 2011.1.2.

16 徐步, 「关于国际秩序调整构建问题的思考」, ≪外交评论≫, 2009년 4기, p.6.

17 冯昭奎, "社会矛盾多发期, 小心西方挑拨内战", ≪环球时报≫, 2012.1.16.

18 王小东, 『天命所归是大国』.

19 宋晓军 外, 『中国不高兴』 참조.

20 刘明福, 『中国梦: 后美国时代的大国思维与战略定位』 참조.

21 叶自成,「在新形势下对邓小平外交思想的继承, 发展和思考」 참조.

22 邢悦,「韬光养晦战略再思考: 兼论如何树立中国的国际形象」, ≪国际观察≫, 2006년 6기. 이는 2002년 미 국방부의 중국군사력 보고가 중국의 안보 및 발전 업무를 담당하는 엘리트에게 행한 덩샤오핑의 중요한 지시(도광양회)를 자신의 의도를 감추려는 시도라고 규정한 것을 지칭한다. Department of Defense, "Military Power of the People's Republic of China, 2002 참조.

23 高飞,「从韬光养晦到和平崛起: 评中国外交的策略调整」, ≪太平洋学报≫, 2006년 1기, p.8.

24 宋晓军 外,『中国不高兴』, pp.81~174.

25 阎学通,「当前国际形势与中国外交的调整」, pp.5~12.

26 阎学通, "中国崛起面临的国际体系压力" 참조.

27 杨毅, "韬光养晦已不可能, 中国受伤要坚决还击", 2011.12.26, http://military.people.com.cn/GB/42967/16710228.html/

28 金灿荣, "韬光养晦等外交方针应该坚定不移地坚持" 참조. 한편 중국이 자신을 강대국으로 규정한다는 것은 자신의 지위에 만족하며 따라서 현상유지 국가임을 의미한다는 주장에 관해서는 楚树龙,「和平发展与外交战略: 非传统模式」, p.11 참조.

29 金灿荣,「成熟的大国是理性的: 斗智斗勇不斗气」, ≪人民论坛≫, 2012년 18기, pp.22~25; 周方银,「大国外交需要'软硬兼施'」, ≪人民论坛≫, 2012년 1기 참조.

30 그러나 그는 이러한 외교원칙을 겸허하고 신중한 것으로 규정함으로써 혼란을 초래한다. 阎学通,「当前国际形势与中国外交的调整」, pp.7~15.

31 Yan Xuetong, "From Keeping a Low Profile to Striving for Achievement," *The Chinese Journal of International Politics*, 7: 2(2014), pp.163~166.

32 杨毅, "韬光养晦已不可能, 中国受伤要坚决还击".

33 杨毅, "世界很乱, 中国更要敢于作为提高影响力", ≪环球时报≫, 2012.2.8.

34 "专家激辩'韬光养晦': 和平崛起不排除武力反击侵犯", 2011.12.17, http://china.huanqiu.com/roll/2011-12/2273974.html/

35 罗援, "'韬光养晦'有所作为'才成中国战略", 2011.12.18, http://military.people.com.cn/GB/172467/16637948.html/

36 戴旭,『C形包围: 内忧外患下的中国突围』(北京: 文汇出版社, 2009).

37 "强硬! 朱成虎少将'核武攻美'讲话全过程," 2010.7.13, http://blog.sina.com.cn/s/blog_489f647f0100kfvu.html/

38 怀畅, "中美将世界带入'G1+1'时代", ≪环球时报≫, 2012.3.1.

39 "社评: 把菲律宾当'出头鸟'惩罚", ≪环球时报≫, 2012.1.29.

40 "社评: '软顶'世贸裁决 中国不必做乖孩子", ≪环球时报≫, 2012.2.1.

41 다른 국제주의자들은 중국이 여전히 취약하고 부상은 긴 과정이 될 것이기에 도광양회 전략

을 지속시켜야 한다고 주장했다. "专访秦亚青: 十七大后中国外交将更重视多边舞台"; "吴建民述中国外交60年变化: 韬光养晦仍要管100年", 2009.6.1, http://www.chinanews.com/gn/news/2009/06-01/1713676.shtml/ 참조.

42 "中国特色的外交转型: 访中国社会科学院世界经济与政治研究所副所长王逸舟", ≪中国党政干部论坛≫, 2008.11.25, http://theory.people.com.cn/GB/100787/8408314.html/

43 李永辉, 「中国大外交: 当代问题与传统智慧」, ≪现代国际关系≫, 2010년 11기.

44 王缉思, 「中国该怎样"韬光养晦, 有所作为"?」.

45 Callahan, *China Dreams: 20 Visions of the Future*, p.98.

46 추이즈위안(崔之元), 왕샤오광(王绍光), 류샤오펑(刘小枫) 등 신좌파 지식인들은 개혁으로 인해 초래된 경제적 불평등에 대한 불만을 제기했고, 신유가는 유교 윤리와 정치제도의 복원을 옹호했다. 이들은 모두가 반서구적이라는 특성을 공유했다.

47 江西元, 「从天下主义到和谐世界: 中国外交哲学选择及其实践意义」, p.46. 그러나 이 책의 저자는 천하주의가 중국외교의 현실적 필요에 부합하지 않으며 민족주의는 중국인의 최고 이상이 아니라고 주장한다.

48 Feng Zhang, "Chinese Exceptionalism in the Intellectual World of China's Foreign Policy," p.44.

49 Li Mingjiang, "Soft Power in Chinese Discourse: Popularity and Prospect," Rajaratnam School of International Studies(RSIS), Working Paper 165(2008), https://www.rsis.edu.sg/wp-content/uploads/rsis-pubs/WP165.pdf/

50 Joshua Cooper Ramo, "The Beijing Consensus," The Foreign Policy Centre, March 2004.

51 付开镜, 「当代国人"汉唐盛世情结"论」, ≪广西师范学院学报:哲学社会科学版≫, 2014년 2기.

52 王小东, "儒家思想不能主导中国改革", ≪环球时报 ≫, 2014.8.13.

53 Song Xinning, "Building International Relations Theory with Chinese Characteristics," pp.66~70.

54 叶自成, 「春秋战国时期的中国外交思想流派及与西方的比较」, ≪世界经济与政治≫, 2001년 12기; 叶自成, 『春秋战国时期的中国外交思想』(香港: 香港社会科学出版社, 2003) 등을 참조.

55 张志洲, "构建中国自己的外交哲学", ≪环球时报≫, 2005.9.9.

56 张志洲, 「在崛起背景下构建中国自己的外交哲学」, ≪国际论坛≫, 2007년 1기, pp.28~30.

57 阎学通·徐进 编, 『中国先秦国家间政治思想选读』(上海: 复旦大学出版社, 2008); 阎学通 外, 『王霸天下思想及启迪』(北京: 世界知识出版社, 2009); Yan Xuetong, et al., *Ancient Chinese Thought, Modern Chinese Power*(Princeton: Princeton University Press, 2011).

58 Yan Xuetong, "How Assertive Should a Great Power Be?," *International Herald Tribune*, 2011.3.31; Yan Xuetong, "The Sources of Chinese Conduct."

59 胡传荣, 「"中国国际关系理论自觉与中国学派"学术研讨会综述」, ≪国际观察≫, 2011년 5기, pp.

75~78.

60 张锋, 「"中国例外论"刍议」, p.94.

61 张小明, 「中国的崛起与国际规范的变迁」, pp.46~47.

62 송나라와 명나라 시기 중국의 외교적 선택에 영향을 끼쳤던 것은 유교가 아니라 객관적 역량이었다는 주장에 관해서는 Yuan-Kang Wang, *Harmony and War: Confucian Culture and Chinese Power Politics*(New York: Columbia University Press, 2011) 참조.

63 时殷弘, 「武装的中国: 千年战略传统及其外交意蕴」, ≪世界经济与政治≫, 2011년 4기, p.33.

64 王小东, 『天命所归是大国』; 王小东, "中国互联网上的民族主义走向成熟", 2002.8.26, http://blog.voc.com.cn/blog_showone_type_blog_id_51717_p_1.html/

65 王屏, "中国外交的哲学思考", 2011.6.28, http://opinion.china.com.cn/opinion_29_18429.html/

66 潘维, 『中国模式: 解读人民共和国的60年』(北京: 中央编译出版社, 2009).

67 张维为, 「一个奇迹的剖析: 中国模式及其意义」, ≪红旗文稿≫, 2011년 6기, http://www.qstheory.cn/hqwg/2011/201106/201103/t20110325_74156.htm/

68 Callahan, *China Dreams: 20 Visions of the Future* , p.149.

69 杨继绳, 「我看'中国模式'」, ≪炎黄春秋≫, 2011년 1기, http://www.chinareform.org.cn/open/Theory/201101/t20110114_58526.htm/

70 许纪霖, 「普世文明, 还是中国价值? 近十年中国历史主义思潮之批判」.

71 赵汀阳, 『天下体系: 世界制度哲学导论』(南京: 江苏教育出版社, 2005); 赵汀阳, 「天下体系的一个简要表述」, ≪世界经济与政治≫, 2008년 10기, pp.58~64.

72 Yan Xuetong, "How Assertive Should a Great Power Be?"; Yan Xuetong, "The Sources of Chinese Conduct."

73 常绍舜, "中国传播普适性文化才能消除外部偏见", ≪环球时报≫, 2012.3.16.

74 "Full Text of Chinese Premier Wen Jiabao's Speech at U.N. High-Level Meeting on MDGs," *Xinhua*, 2008.9.26.

75 Evans S. Medeiros, "Is Beijing Ready for Global Leadership?," *Current History*, September 2009, p.255.

76 *China Daily*, 2009.4.1.

77 "胡锦涛在纪念党的十一届三中全会召开30周年大会上的讲话", ≪人民日報≫, 2008.12.19.

78 Malcolm Moore, "Xi Jinping: China's 'next leader' in hardline rant," *The Telegraph*, 2009.2.16.

79 "第十一次驻外使节会议召开 胡锦涛, 温家宝讲话", 2009.7.20, http://www.gov.cn/ldhd/2009-07/20/content_1370171.htm/

80 1993년 8차 재외공관장회의에서 장쩌민 주석이 중국에 유리한 평화로운 국제 환경, 특히 평

화로운 주변 환경을 공고화하고 발전시키는 것을 중국 외교업무의 근본임무로 제시한 이후 2004년 10차 재외공관장회의에 이르기까지 항상 평화롭고 안정적 국제 환경을 쟁취하는 것이 중국 외교업무의 근본 목표로 강조되었다. 牛新春, 「中国外交需要战略转型」, p.21.

81 "Premier expresses China's sincerity at UN climate conference," 2009.12.18, http://china.org.cn/environment/Copenhagen/2009-12/18/content_19094086.htm/

82 Zhao, "Foreign Policy Implications of Chinese Nationalism Revisited," p.536.

83 "罗援：美对台军售意在遏制中国崛起(图)", 2010.2.1, http://news.sohu.com/20100201/n269967453.shtml/

84 "以战略组合拳反制美对台军售", ≪瞭望≫, 2010.2.9, http://news.qq.com/a/20100209/001300.htm/

85 "Warning issued over arms sales to Taiwan," *China Daily*, 2010.1.8.

86 "Chinese threats to sanction Boeing are more sound than fury," *China Economic Review*, 2010.2.3.

87 Jian Zhang, "The domestic sources of China's more assertive foreign policy," *International Politics*, 51: 3(2014), pp.390~395.

88 Ross, "The Domestic Sources of China's 'Assertive Diplomacy,' 2009-10," p.77.

89 Zhao, "Foreign Policy Implications of Chinese Nationalism Revisited," p.544.

90 Zhang, "The domestic sources of China's more assertive foreign policy," p.395.

91 Ross, "The Domestic Sources of China's 'Assertive Diplomacy,' 2009-10," p.84.

92 Zhao, "Foreign Policy Implications of Chinese Nationalism Revisited," p.546.

93 赵长茂, 「在新起点上实现新发展」, ≪瞭望≫, 2010년 45기.

94 "中国共产党第十七届中央委员会第五次全体会议公报", ≪人民日报≫, 2010.10.19.

95 戴秉国, "坚持走和平发展道路", 2010.12.6, http://www.gov.cn/ldhd/2010-12/06/content_1760381.htm/

96 "≪中国的和平发展≫白皮书", http://news.xinhuanet.com/politics/2011-09/06/c_121982103.htm/

97 阎学通, "反对中俄结盟是硬道理吗?", 2012.6.8, http://www.21ccom.net/articles/qqsw/zlwj/article_2012060861511.html/

98 "China's development 'not a model': Wen," *Xinhua*, 2011.3.14.

99 Callhan, "China's Harmonious World and Post-Western Orders," p.20.

100 Zhao Suisheng, "Chinese Foreign Policy Under Hu Jintao: The Struggle between Low-Profile Policy and Diplomatic Activism," *The Hague Journal of Diplomacy*, 5(2010), p.363.

101 동시에 그는 이슈별로 차별화할 필요성도 지적했다. 즉, 대미관계에서는 도광양회를 유지하

되 인도와의 관계나 금융위기, 기후변화와 같은 이슈에서는 도광양회를 견지하는 것이 부적절하다는 지적이다. 王缉思, 「中国的国际定位问题与“韬光养晦, 有所作为”的战略思想」, ≪国际问题研究≫, 2011년 2기, pp.7~8.

102 Wang Jisi, “China's Search for a Grand Strategy: A Rising Great Power Finds Its Way,” *Foreign Affairs*, 90: 2(March/April 2011), pp.68~79.

103 王义桅, “中国要超越左与右, 防过快崛起”, ≪环球时报≫, 2011.6.2.

104 吴建民, “警惕狭隘的民族主义”, ≪环球时报≫, 2012.5.3.

105 马立诚, 「中国民族主义是炒出来的, 损国家利益」, ≪金融家≫, 2012.3.7.

106 鄢烈山, “全球化时代, 爱国者必是国际主义者”, 2012.9.17, http://star.news.sohu.com/20120917/n353325221.shtml/

107 王逸舟, “应对挑战, 中国要下好‘先手棋’”, ≪21世纪经济报道≫, 2012.3.21.

108 张清敏, “中国外交应抛弃‘受害者心理’”, ≪环球时报≫, 2012.2.25.

109 “国务委员戴秉国: 谦虚谨慎不等于容忍他国欺负”, 2012.5.15, http://politics.people.com.cn/GB/1026/17896461.html/

110 凌胜利·聂文娟, 「‘中国加入世界贸易组织十周年: 中国与国际体系’国际学术研讨会综述」, ≪外交评论≫, 2011년 5기, p.156.

111 “Getting into the game,” *South China Morning Post*, 2012.3.7.

112 周方银, 「中国的世界秩序理念与国际责任」, ≪国际经济评论≫, 2011년 3기, ≪中国外交≫, 2011년 10기, p.7에서 인용.

113 “China must accept role on global stage,” *South China Morning Post*, 2012.2.25.

114 王逸舟, “应对挑战, 中国要下好‘先手棋’”.

115 王逸舟, 『创造性介入: 中国外交新取向』(北京: 北京大学出版社, 2011) 참조. 이후 그는 같은 출판사에서 『创造性介入: 中国之全球角色的生成』(2013)과 『创造性介入: 中国外交的转型』(2015) 등을 잇따라 출판했다.

116 王逸舟, “国际大选年的中国应对: 谈‘创造性介入’的中国外交战略”, ≪人民论坛≫, 2012.3.30, http://theory.people.com.cn/GB/82288/112848/112851/17538809.html/

117 刘康, “‘利益至上’不能成为中国的外交原则”, ≪环球时报≫, 2012.2.15.

118 “世界上没有一成不变的游戏规则”, ≪人民日报≫, 2012.2.1.

119 庞中英, “全球治理的转型: 从世界治理中国到中国治理世界?”, ≪华夏时报≫, 2012.9.2.

120 赵龙跃, 「中国参与国际规则制定的问题与对策」, ≪学术前沿≫, 2012년 12기, ≪中国外交≫, 2013년 4기, pp.13~14에서 인용.

121 阎学通, 『历史的惯性: 未来十年的中国与世界』, pp.24~181.

122 黄琪轩, 「另一个世界是可能的: 后危机时代的中国与世界发展」, ≪世界经济与政治≫, 2011년 1기, pp.25~45.

123 尹继武, "在'尊重中国'的时代让西方迎合中国", ≪环球时报≫, 2012.1.30.

124 "社评: 民族复兴, 今天的中国离它最近", ≪环球时报≫, 2012.3.7.

125 "社评: 用升级战略反击力量应对反导", ≪环球时报≫, 2012.3.29.

제3부 시진핑 체제의 강대국 외교정책과 세계

제5장 '중국식' 강대국 외교정책

1 이 장의 내용은 필자의 글 「시진핑 체제의 외교정책: 기조, 주요정책, 그리고 평가」, 『2013 중국정세보고』(서울: 국립외교원 외교안보연구소 중국연구센터, 2014)와 「'중국식' 외교정책의 등장? 2014년 중국외교의 기조」, 『2014 중국정세보고』(서울: 국립외교원 외교안보연구소 중국연구센터, 2015)에서 끌어왔음.

2 阎学通, 「中国外交全面改革的开始」, ≪世界知识≫, 2013년 24기, pp.15.

3 贾庆国, 「国际事务中的 '中国方案' 与 '中国智慧'」, ≪世界知识≫, 2014년 18기 참조.

4 William A. Callahan, "China Dream," *The Asan Forum*, 2014.12.8. 참조.

5 沈丁立, "中国特色大国外交贵在三个坚持", ≪环球时报≫, 2015.3.17.

6 "习近平: 承前启后继往开来 朝着中华民族伟大复兴目标奋勇前进", ≪人民日报≫, 2012.11.30. 제4장에서 지적한 것처럼, 시진핑 주석에 앞서 ≪환추시보≫가 2012년 초 한 사설에서 중국이 역사상 민족부흥이라는 목표를 달성하는 데 가장 근접했다고 언급한 바 있다. "社评: 民族复兴, 今天的中国离它最近", 2012.3.7.

7 杨洁篪, 「新形势下中国外交理论和实践创新」, ≪求是≫, 2013년 16기.

8 杨洁勉, 「中国外交哲学的探索, 建设和实践」, p.4.

9 阎学通, 「中国外交全面改革的开始」, p.15.

10 "未来十年的中国外交转型", ≪环球时报≫, 2013.1.4.

11 吴建民, "已经天下第二, 还要韬吗?", ≪人民日报≫(해외판), 2012.12.11.

12 "同心共筑中国梦", ≪人民日报≫, 2012.12.27.

13 孙茹, "推进'王道'外交正当其时", ≪环球时报≫, 2013.1.14.

14 曲星 外, 「新世纪中国特色外交理论体系建设成就」, ≪当代世界≫, 2013년 5기, ≪中国外交≫, 2013년 7기, pp.18~19에서 인용.

15 习近平, "更好统筹国内国际两个大局 夯实走和平发展道路的基础", 2013.1.29, http://news.xinhuanet.com/politics/2013-01/29/c_114538253.htm/

16 胡锦涛, "坚定不移沿着中国特色社会主义道路前进, 为全面建成小康社会而奋斗: 在中国共产党第十八次全国代表大会上的报告", ≪人民日报≫, 2012.11.9.

17 “邓小平在中国共产党第十二次全国代表大会上的开幕词”, 1982.9.1, http://www.gov.cn/test/2008-06/25/content_1027253.htm/

18 “习总书记‘两个绝不’释放出的信号”, 2013.1.31, http://cpc.people.com.cn/n/2013/0131/c241220-20393735.html?ol4f/

19 “专家解读习近平在中共中央政治局第三次集体学习上的讲话”, 2013.2.1, http://news.xinhuanet.com/politics/2013-02/01/c_114588653.htm/

20 杨洁篪, 「新形势下中国外交理论和实践创新」.

21 Shi Yinhong, “Mixed Signals: China's Unpredictable Foreign Policy,” http://www.themarknews.com/2014/07/21/mixed-signals-chinas-unpredictable-foreign-policy/

22 “同心共筑中国梦”, ≪人民日报≫, 2012.12.27.

23 韩方明, “习近平领导下的中国外交2014年回顾”, ≪联合早报≫, 2015.1.5.

24 “China ‘frustrated’ by what it sees as US efforts to contain it in Asia,” *South China Morning Post*, 2014.4.15.

25 Wang Yi, “Exploring the Path of Major Country Diplomacy With Chinese Characteristics,” 2013.6.27, http://www.fmprc.gov.cn/mfa_eng/wjb_663304/wjbz_663308/2461_663310/t1053908.shtml/

26 “王毅谈习近平出席圣彼得堡二十国集团领导人第八次峰会”, 2013.9.7, http://news.xinhuanet.com/world/2013-09/07/c_117266982.htm/

27 “王毅外长在联大一般性辩论上‘站在新起点上的中国’的讲话全文”, http://www.guancha.cn/strategy/2013_09_28_175393_s.shtml/; http://www.guancha.cn/strategy/2013_09_28_175393_s.shtml/

28 “王毅: 形成中国方案, 发出中国声音, 积极开展经济外交”, 2013.12.3, http://www.fmprc.gov.cn/mfa_chn/zyxw_602251/t1105278.shtml/

29 “拉近中国与世界的距离: 专家解读习近平主席访欧公共外交活动”, 2014.4.1, http://news.xinhuanet.com/world/2014-04/01/c_1110054206.htm/

30 “专家谈习近平提出‘中国方案’: 对中国外交提出新要求”, 2014.7.15, http://politics.people.com.cn/n/2014/0715/c99014-25284820.html/

31 “中央外事工作会议在京举行”, ≪人民日报≫, 2014.11.30.

32 钟声, “国强不图霸 合作促共赢”, ≪人民日报≫, 2015.5.19.

33 “习近平在全国宣传思想工作会议上发表重要讲话”, 2013.8.20, http://news.xinhuanet.com/photo/2013-08/20/c_125211184.htm/

34 ≪大公報≫, 2014.2.12.

35 “习近平: 建设社会主义文化强国 着力提高国家文化软实力”, 2014.1.1, http://politics.people.com.cn/n/2014/0101/c1001-23994334.html/

36 李志永·袁正清, 「大国外交的中国特色之论」, ≪太平洋学报≫, 2015년 2기, ≪中国外交≫, 2015

년 7기, pp.4~6에서 인용.

37 중국 외교부 부부장을 지낸 후 전국인민대표대회 외사위원회(外事委员会) 주임으로 있는 푸잉(傅莹)은 미국이 주도하는 국제체제가 중국을 완전하게 수용한 적이 없다고 규정한다. 30여 년에 걸친 중국의 개혁개방에도 불구하고 체제의 차이로 인해 여전히 정치적으로 중국을 배척할 뿐 아니라 미국이 주도하는 군사동맹체제 또한 중국의 안보이익에 관심을 기울이지 않는다는 주장이다. 傅莹, "美国主导的世界秩序从未完全接纳中国", 2016.7.8, http://www.chinaelections.com/article/1944/242919.html/

38 陈志敏, 「中国的外交创新是否需要外交革命」, ≪世界经济与政治≫, 2014년 12기, pp.39~40.

39 Jian Zhang, "The domestic sources of China's more assertive foreign policy," pp.394~395.

40 Zhu Feng, "Geopolitics and China's Response: Be a Co-operator and a Competitor," *Global Asia*, 9: 3(Fall 2014), p.27.

41 "APEC设宴水立方, 让人有'万邦来朝'感觉", ≪人民日报≫(SNS판), 2014.11.12.

42 Yan Xuetong, "From Keeping a Low Profile to Striving for Achievement."

43 "社评: '清朝GDP世界第一'为何忽悠了我们", ≪环球时报≫, 2014.1.9.

44 "社评: 中国的'亨廷顿, 你们在哪", ≪环球时报≫, 2014.5.21.

45 "社评: '万邦来朝'的滑稽比喻是黑中国", ≪环球时报≫, 2014.11.12.

46 冯玉军, "'救俄'争论暴国人意识的潜问题", ≪环球时报≫, 2014.12.29.

47 资中筠, 「中国外交不要走向冒险主义」, ≪炎黄世界≫, 2014년 2기.

48 "社评: 构建大国心态是中国的一场硬仗",≪环球时报≫, 2015.4.1.

49 "社评: 崩溃论与威胁论, 中国更烦哪个", ≪环球时报≫, 2015.8.29.

50 贾庆国, "国际事务中的'中国方案'与'中国智慧'".

51 秦亚青, 「对中国特色大国外交理念的几点思考」, ≪中国社会科学报≫, 2015년 5월, ≪中国外交≫, 2015년 9기, pp.3~4에서 인용.

52 宋伟, 「自由主义的国际规范对中国是否有利?」, ≪国际政治研究≫, 2014년 1기, pp.86~100.

53 王逸舟, "未来国际秩序应走向'共享安全'", ≪环球时报≫, 2015.7.22.

54 "习近平在中共中央政治局第二十次集体学习时强调", 2015.1.24, http://politics.people.com.cn/n/2015/0124/c1024-26443993.html/

55 Timothy Heath, "Fourth Plenum: Implications for China's Approach to International Law and Politics," *China Brief*, 14: 22(2014).

56 王毅, "共谋和平发展 共守法治正义: 在第69届联合国大会一般性辩论上的发言", 2014.9.28, http://www.fmprc.gov.cn/mfa_chn/ziliao_611306/zyjh_611308/t1195781.shtml/

57 "中共中央关于全面推进依法治国若干重大问题的决定", 2014.10.23, http://news.xinhuanet.com/2014-10/28/c_1113015330.htm/

58 Heath, "Fourth Plenum: Implications for China's Approach to International Law and

Politics."

59 "专家: 习近平重塑'韬光养晦有所作为'", 2015.8.15, http://politics.people.com.cn/n/2015/0815/c1001-27466723.html/

60 "习近平主持中共中央政治局第十九次集体学习并发表重要讲话", ≪人民日报≫, 2014.12.7.

61 "中美经济伙伴之路越走越宽广: 汪洋副总理在中美商业关系论坛上的主旨演讲", 2014.12.17, http://www.mofcom.gov.cn/article/ae/ai/201412/20141200840915.shtml/

62 "王毅: 中国是当代国际秩序的参与者, 维护者和改革者", 2015.2.24, http://news.xinhuanet.com/world/2015-02/24/c_1114421694.htm/

63 "China's US$3 billion pledge to help countries tackle climate change is a sign of growing confidence as a leading player in world affairs," *South China Morning Post*, 2015.9.26.

64 "习近平: 中国不会成为'世界警察'", 2015.10.19, http://news.xinhuanet.com/world/2015-10/19/c_128335446.htm/

65 "中国共产党第十八届中央委员会第五次全体会议公报", 2015.10.29, http://news.xinhuanet.com/politics/2015-10/29/c_1116983078.htm/

66 "A climate for change: how China went from zero to hero in fight against global warming in just 6 years," *South China Morning Post*, 2015.11.27.

67 김재철, 『중국, 미국 그리고 동아시아: 신흥 강대국의 부상과 지역질서』(파주: 한울엠플러스, 2015), 제6장 참조.

68 王生·罗肖, 「国际体系转型与中国周边外交之变: 从维稳到维权」, ≪现代国际关系≫, 2013년 1기 참조.

69 罗援, "解决南海问题要有'6个存在' 实现'主权归我'", 2014.12.10, http://news.youth.cn/jsxw/201412/t20141210_6221566.htm/

70 王缉思, "中国已经长大了", 2014.6.23, http://opinion.huanqiu.com/opinion_world/2014-06/5031609.html/

71 Oliver Teves, "What is China building on this tiny island? Philippines government releases image of reclamation in the South China Sea," 2014.5.15, http://www.independent.co.uk/news/world/asia/what-is-china-building-on-this-tiny-island-philippines-government-releases-image-of-reclamation-in-9376289.html/

72 DJ Sta. Ana, "China reclaiming land in 5 reefs?," *The Philippine Star*, 2014.6.13.

73 "China Doing 'Large Scale' Reclamation in Disputed Islands: Media," *Reuters*, 2015.2.26.

74 Greg Austin, "Who Is the Biggest Aggressor in the South China Sea?," *The Diplomat*, 2015.6.18.

75 "Beijing rejects US, Philippines suggestion it freezes South China Sea projects," *South China Morning Post*, 2014.8.5.

76 朱锋, 「岛礁建设会改变南海局势现状吗?」, ≪国际问题研究≫, 2015년 3기, p.17.

77 谷源洋, 「大国汇聚亚洲与中国"经略周边": 对"一带一路"建设的思考」, ≪亚非纵横≫, 2014년 5기.

78 杨彦春, "'南海问题'与中国的'软实力'外交", 2013.8.6, http://opinion.huanqiu.com/opinion_world/2013-08/4222583.html/

79 贾庆国, "'一带一路'亟待弄清和论证的几大问题", 2015.3.30, http://theory.people.com.cn/n/2015/0330/c112851-26771579.html/

80 贾庆国, "建设'一带一路'之我见", ≪群言≫, 2014년 10기, p.18.

81 薛力, "中国应在缓和南海争端上有所作为", 2014.8.11, http://www.ftchinese.com/story/001057663/; 薛力, "中国应加快调整南海政策", 2015.4.28, http://www.ftchinese.com/story/001061744/

82 王逸舟, 『创造性介入: 中国外交新取向』, p.164.

83 王逸舟, "中国应'创造性介入'海洋争端", ≪环球时报≫, 2012.10.13.

84 张千帆, "中国需将领土诉求融入国际法秩序", 2012.7.16, http://www.aisixiang.com/data/55415.html/

85 "China, US sign agreement to boost army cooperation," *China Daily*, 2015.6.15.

86 "社评: 中美战略对话应达到四个目标", ≪环球时报≫, 2015.6.23.

87 "China 'has halted reclamation works in disputed South China Sea'," *South China Morning Post*, 2015.8.6.

88 '군사위기통보' 부속문서는 국방부 직통전화를 통해 군사위기 관련 정보를 상호 통보하도록 규정하고 있고, '공중조우' 부속문서는 양국 해공군 조우 시 안전행위를 담보하기 위한 규약의 한 부분으로 쌍방 조종사로 하여금 안전행위 규칙을 준수하고, 소통을 위한 기본원칙, 돌발 상황 발생 시 현장에서 조정을 하기 위한 규칙 등을 규정하고 있다. "中美确定军机相遇保持安全飞行规则", ≪京华时报≫, 2015.9.25.

89 "Chinese President Xi Jinping crowns US state visit with deal on cyber espionage," *South China Morning Post*, 2015.9.27.

90 "Hague court deals a blow to China on South China Sea claims," *South China Morning Post*, 2015.10.31.

91 Ministry of Foreign Affairs of the People's Republic of China, "Wang Yi Talks about China's Four-Point Consensus on South China Sea Issue with Brunei, Cambodia and Laos," 2016.4.23, http://www.fmprc.gov.cn/mfa_eng/zxxx_662805/t1358478.shtml/; Michael Forsythe, "Beijing Tries to Whip Up Support for Its South China Sea Claims," *The New York Times*, 2016.5.13.

92 Graham Allison, "Of Course China, Like All Great Powers, Will Ignore an International Legal Verdict," *The Diplomat*, 2016.7.11.

93 “Accord reached on key bank,” *China Daily*, 2014.10.25; “Members named for Asia infrastructure bank,” *China Daily*, 2014.10.24.

94 김형주, “글로벌 다자개발은행 체제에 주도권 경쟁 시작됐다”, 2014.8.21, http://www.digieco.co.kr/KTFront/infocenter/infocenter_briefing_view.action?board_id=briefing&board_seq=9439&sort_order=new&list_page=#/

95 S.R., “Why China is creating a new 'World Bank' for Asia,” The Economist, 2014.11.11; “Beijing's challenge to the world of Bretton Woods,” 2014.10.30, http://www.ft.com/cms/s/0/db2dcaf8-6042-11e4-88d1-00144feabdc0.html#axzz4AqxkO6f9/

96 “21国签约筹建亚投行, 法定资本1000亿美元”, ≪环球时报≫, 2014.10.25.

97 “China leads countries in signing up for US$50b Asian infrastructure bank,” South China Morning Post, 2014.10.25.

98 Daniel Wagner and Robert Martin, “Can China's New Development Bank Succeed?,” *The World Post*, 2014.8.26.

99 “21国签约筹建亚投行, 法定资本1000亿美元”, ≪环球时报≫, 2014.10.25.

100 章玉贵, “新开发银行: 全球金融新秩序标杆”, 2015.7.24, http://opinion.huanqiu.com/opinion_world/2015-07/7092814.html/

101 吴正龙, “亚投行: 中国提供的又一公共产品”, ≪解放日报≫, 2014.10.25.

102 赵磊, “避免亚投行被外界政治化”, ≪环球时报≫, 2015.4.21.

103 “AIIB banks on real growth, not rivalry,” *China Daily*, 2015.3.18.

104 “社评: 亚投行, 中国的'和'赢了美国的'斗'”, ≪环球时报≫, 2015.3.18.

105 “社评: 亚投行之赢不是中美间的胜负”, ≪环球时报≫, 2015.3.25.

106 “社评: 切莫跟着外界炒亚投行'政治胜利'”, ≪环球时报≫, 2015.4.7.

107 Lionel Barber et al., “Interview: Li Keqiang on China's challenges,” *Financial Times*, 2015.4.15.

108 “亚投行谈判六月完成 中国首次领导国际多边金融”, ≪环球时报≫, 2015.4.1.

109 “社评: 亚投行将倒逼中国更高水平开放”, ≪环球时报≫, 2015.3.20.

110 Matthew Goodman and Ely Ratner, “China Scores,” *Foreign Affairs*, 2014.11.23, https://www.foreignaffairs.com/articles/china/2014-11-23/china-scores/

111 Yelin Hong, “The AIIB Is Seen Very Differently in the US, Europe, and China,” *The Diplomat*, 2015.5.8.

112 “人民网评: 亚投行为'金融丛林'注入中国'和'文化洪乐风”, 2016.1.16, http://opinion.people.com.cn/n1/2016/0116/c1003-28060323.html/

113 钟声, “为改善全球经济治理增添新力量”, ≪人民日报≫, 2016.1.17.

114 “携手助力亚洲互联互通”, ≪人民日报≫, 2016.1.18.

115 "China Says AIIB Should Work Closely With World Bank, Others," *The New York Times*, 2016.6.24.

116 "亚投行首批四项目亮相 获中国5000万美元赠款", 2016.6.25, http://news.xinhuanet.com/fortune/2016-06/25/c_1119111632.htm/

117 "外交部长王毅谈习近平主席出访：开创周边外交新局，推进亚太区域合作"，≪人民日报≫，2013.10.9.

118 "十八大以来习近平外交'路线图'：大格局彰显大智慧", 2014.11.15, http://politics.people.com.cn/n/2014/1115/c1001-26026910.html/

119 "习近平在联合国教科文组织总部的演讲", ≪人民日报≫, 2014.3.28.

120 "十八大以来习近平外交'路线图'：大格局彰显大智慧".

121 储殷·高远, 「中国"一带一路"战略定位的三个问题」, ≪国际经济评论≫, 2015년 2기, p.94; 张蕴岭, 「中国的周边区域观回归与新秩序构建」, ≪世界经济与政治≫, 2015년 1기, pp.13~19.

122 汪晖, "'一带一路'走出历史终结论阴影", ≪环球时报≫, 2015.4.8.

123 王江雨, "推进'一带一路', 实现体系内崛起", 2016.5.6, http://www.aisixiang.com/data/99357.html/

124 李晓·李俊久, 「"一带一路"与中国地缘政治经济战略的重构」, ≪世界经济与政治≫, 2015년 10기, pp.18~19.

125 贾庆国, "一带一路不仅是倡议也是战略", 2016.5.31, http://mil.eastday.com/a/160531120919095.html?qid=wwweastday/

126 贾庆国, "建设'一带一路'之我见", pp.17~18.

127 庞中英, "战后国际秩序已面目全".

128 "王逸舟：建设'一带一路'需提供更精细公共产品"，2015.7.5，http://world.people.com.cn/n/2015/0705/c397302-27256047.html/

129 "刘建飞：提升软实力是实现民心相通的根本途径"，2015.7.5，http://world.people.com.cn/n/2015/0705/c397302-27256247.html/

130 黄益平, "'一带一路'勿陷日本海外投资困境", 2015.2.9, http://opinion.caixin.com/2015-02-09/100782544.html/

131 "王逸舟: 建设'一带一路'需提供更精细公共产品".

132 王缉思, "'西进', 中国地缘战略的再平衡", ≪环球时报≫, 2012.10.17.

133 王毅, "2015中国外交关键词是'一个重点，两条主线'", 2015.3.8, /http://news.xinhuanet.com/politics/2015lh/2015-03/08/c_134047710.htm/

134 沈丁立, "中国特色大国外交贵在三个坚持".

135 "'一带一路'不是'地缘政治'", 2015.3.8, http://language.chinadaily.com.cn/2015-03/08/content_19750368.htm/

136 "张业遂: '一带一路'不是地缘战略的工具", 2015.3.21, http://news.xinhuanet.com/world/2015-03/21/c_1114716882.htm/

137 "推动共建丝绸之路经济带和21世纪海上丝绸之路的愿景与行动", ≪人民日报≫, 2015.3.29.

138 钟声, "国强不图霸 合作促共赢".

139 "习近平: 加快实施自由贸易区战略, 加快构建开放型经济新体制", 2014.12.6, http://news.xinhuanet.com/politics/2014-12/06/c_1113546075.htm/

140 Ou Shujun, "Belt and Road: An Impetus from a Magnificently Reviving China," ≪동북아리뷰≫, 7: 2(2015년 8월).

141 薛力, 「中国'一带一路'战略面对的外交风险」, ≪国际经济评论≫, 2015년 2기, http://www.aisixiang.com/data/94541.html/

142 贾庆国, "'一带一路'亟待弄清和论证的几大问题".

143 중국의 외교관료 가운데 비교적 개방적인 것으로 평가되어온 푸잉 전인대 외사위원장마저도 2016년 2월 뮌헨 안보회의에서 열린 "중국과 국제질서"라는 주제의 세미나에서 "중국이 자신의 책임을 다하겠지만 미국의 책임을 대신해줄 수 없다"라고 지적했다. "慕尼黑安全会议热议中国国际作用", 2016.2.14, http://world.people.com.cn/n1/2016/0214/c1002-28121200.html/; "傅莹在慕尼黑安全会议谈秩序问题", 2016.2.14, http://world.people.com.cn/n1/2016/0214/c1002-28121188.html/ 왕이 외교부장 또한 미국이 오랫동안 세계 제일의 강대국으로 남을 것임을 인정하면서도 세계문제가 한 국가에 의해 지배되어서는 안 된다고 강조했다. "United States to remain world's Number 1 power 'for a fairly long time': Beijing," *South China Morning Post*, 2016.5.21.

144 이에 관해서는 김재철, 「'중국식' 외교정책의 등장? 2014년 중국외교의 기조」 참조.

145 "China-Led Bloc Keeps Iran at Arm's Length Despite Russian Backing," *The New York Times*, 2016.6.23.

146 중국의 한 학자는 필자와의 인터뷰에서 중국의 국제주의가 사멸했다고 주장했다(2013년 8월 3일 베이징).

147 "秦亚青: 为国际秩序变革贡献'中国方案'", 2014.12.17, http://www.cssn.cn/zf/zf_dh/201412/t20141217_1446569.shtml/

148 王逸舟, "未来国际秩序应走向'共享安全'".

149 陶坚, 「"融入"和"塑造"国际体系是一个长期进程」, ≪外交评论≫, 2015년 6기, pp.41~43.

150 같은 글.

151 戴维来, 「中国的"结伴外交"战略: 特征, 缘由及路径」, ≪现代国际关系≫, 2015년 10기, p.34.

제6장 국제적 반응과 '중국식 세계'?

1 이 장은 김재철, 「세계 속의 '중국식' 강대국 외교: 시진핑 체제의 외교정책에 대한 평가」, 『2015 중국정세보고』(서울: 국립외교원 외교보안연구소 중국연구센터, 2016)에서 끌어왔음.

2 王毅, "中国是国际和地区秩序的维护者, 建设者和贡献者: 在第四届世界和平论坛午餐会上的演讲", 2015.6.27, http://news.xinhuanet.com/world/2015-06/27/c_127958149.htm/

3 Lampton, *Following the Leader: Ruling China, from Deng Xiaoping to Xi Jinping*, p.232.

4 Robert Sutter, "Xi Jinping's foreign policy: image versus reality: some adjustment required," *PacNet*, #38, 2015.7.7; Idem., "Introduction to the Special Forum," *The Asan Forum*, 2015.10.15 참조.

5 Melanie Hart, "Assessing American Foreign Policy Toward China," Testimony Before the Senate Foreign Relations Committee Subcommittee on Near East, South Asia, Central Asia, and Counterterrorism, 2015.9.29, https://www.americanprogress.org/issues/security/report/2015/09/29/122283/assessing-american-foreign-policy-toward-china/

6 Wang Jisi, "The 'Two Orders' and the Future of China-U.S. Relations," 2015.7.9, http://www.chinafile.com/reporting-opinion/two-way-street/two-orders-and-future-china-us-relations/ 이에 반해 중국의 다른 전문가는 미국인들이 과거에 중국의 무임승차를 비난하고 더 큰 역할을 할 것을 촉구했지만, 정작 중국이 역할을 수행하기 시작하자 중국의 의도를 의심한다고 비판한다. 阮宗泽, "中国从响应到倡议, 美国该高兴", ≪环球时报≫, 2015.8.19.

7 중국과 미국 사이에서 국제금융기구의 형성과 통제를 둘러싸고 제도경쟁이 전개되고 있다는 주장에 관해서는 李巍, 「中美金融外交中的国际制度竞争」, ≪世界经济与政治≫, 2016년 4기 참조.

8 Shannon Tiezzi, "America's AIIB Disaster: Are There Lessons to be Learned?," *The Diplomat*, 2015.3.18.

9 "UK to Join China-Backed Asian Development Bank," *The New York Times*, 2015.3.12.

10 吴祖荣, "美国暗中搅局亚投行该脸红", 2014.10.30, http://opinion.huanqiu.com/opinion_world/2014-10/5185333.html/ 이러한 미국의 반대와 관련하여 중국에서는 미국이 AIIB가 동아시아에서의 중국의 영향력을 더욱 강화시키고 미국의 영향력을 약화시킬 가능성을 우려한다는 관측이 제기되었다. "英'擅入'亚投行令美国大哥不爽 日韩澳或随其后", ≪环球时报≫, 2015.3.14; 王勇, "亚投行考验美国心胸和能力", ≪环球时报≫, 2015.3.18.

11 Jane Perlez, "U.S. Opposing China's Answer to World Bank," *The New York Times*, 2014.10.9; Bree Fengoct, "Deal Set on China-Led Infrastructure Bank," *International New York Times*, 2014.10.24.

12 "American poodle to Chinese lapdog?," *The Economist*, 2015.3.13.

13 여기에 더해 참여가 미국 기업에 기회를 제공할 것이라는 경제적 논리도 동원되었다. Elizabeth C. Economy, "The AIIB Debacle: What Washington Should Do Now," 2015.3.16, http://blogs.cfr.org/asia/2015/03/16/the-aiib-debacle-what-washington-should-do-now/

14 "UK to Join China-Backed Asian Development Bank," *The New York Times*, 2015.3.12.

15 Raquel Vaz-Pinto, "China's Pivot to Europe, with British Characteristics," *The American Interest*, 2015.10.29.

16 Jamil Anderlini et al., "UK move to join AIIB meets mixed response in China," *Financial Times*, 2015.3.13.

17 Geoff Dyer and George Parker, "UK and US in sharp row on how to deal with rising China," *Financial Times*, 2015.3.12.

18 Anderlini et al. "UK move to join AIIB meets mixed response in China."

19 "'One Belt, One Road': China's Great Leap Outward," in François Godement and Agatha Kratz(eds.), *'One Belt, One Road': China's Great Leap Outward*, European Council on Foreign Relations, June 2015, p.15.

20 "英'擅入'亚投行令美国大哥不爽 日韩澳或随其后", ≪环球时报≫, 2015.3.14.

21 "France, Germany and Italy 'to join China-led development bank'," *South China Morning Post*, 2015.3.17.

22 Matthias Sobolewski and Jason Lange, "U.S. urges allies to think twice before joining China-led bank," *Reuters*, 2015.3.17.

23 "China-led Asian bank challenges US dominance of global economy," *South China Morning Post*, 2015.4.11.

24 Daniel Runde, "Britain Launches European Rush to Join AIIB. Now What?," *Foreign Policy*, 2015.3.17.

25 Tiezzi, "America's AIIB Disaster: Are There Lessons to be Learned?"

26 Gideon Rachman, "China's money magnet pulls in US allies," *Financial Times*, 2015.3.16.

27 Geoff Dyer, "Superpowers circle each other in contest to control Asia's future," *Financial Times*, 2015.3.13.

28 Malcolm Jorgensen, "China and the AIIB: Towards a new rules-based order?," *The Interpreter*, 2015.3.17.

29 "社评: 多国示好亚投行 '一带一路'大进展", ≪环球时报≫, 2015.3.17.

30 "社评: 亚投行, 中国的'和'赢了美国的'斗'", ≪环球时报≫, 2015.3.18.

31 "亚投行'朋友圈'在壮大 折射中国国际影响力和接受度", ≪人民日报≫, 2015.3.19.

32 "社评: 领导亚投行, 中国需学会挨骂和妥协", ≪环球时报≫, 2015.6.30.

33 "社评: 美国反对亚投行难免致自我孤立", ≪环球时报≫, 2015.3.23.

34 沈丁立, "美国的心态确实需要调整了", ≪人民日报≫(해외판), 2015.4.4.

35 秦亚青, 「对中国特色大国外交理念的几点思考」, pp.3~4.

36 Yun Sun, "How the International Community Changed China's Asian Infrastructure Investment Bank," *The Diplomat*, 2015.7.31.

37 Yelin Hong, "The AIIB Is Seen Very Differently in the US, Europe, and China."

38 "财政部长楼继伟回应亚投行七大热点问题", 2015.3.20, http://news.sohu.com/20150320/n410082404.shtml/

39 "亚投行章程年中商签 '更好标准'考验创始国智慧", 2015.4.16, http://world.people.com.cn/n/2015/0416/c1002-26851621.html/

40 Yun Sun, "How the International Community Changed China's Asian Infrastructure Investment Bank."

41 "France, Germany and Italy 'to join China-led development bank'," *South China Morning Post*, 2015.3.17.

42 Shawn Donnan and Geoff Dyer, "US warns of loss of influence over China bank," *Financial Times*, 2015.3.17.

43 Shawn Donnan, "White House declares truce with China over AIIB," *Financial Times*, 2015.9.27.

44 "International Monetary Fund approves reserve currency status for China's yuan," *South China Morning Post*, 2015.12.1.

45 Terada Takashi, "Japan and Geo-Economic Regionalism in Asia: The Rise of TPP and AIIB," 2016.2.3, http://www.eai.or.kr/type_k/panelView.asp?bytag=p&catcode=+&code=kor_report&idx=14500&page=1/

46 Rachman, "China's money magnet pulls in US allies."

47 Tiezzi, "America's AIIB Disaster: Are There Lessons to be Learned?"

48 "'一带一路'奏响合作共赢最强音", ≪人民日报≫, 2015.4.13. 시진핑 주석은 2016년 8월 17일에 개최된 일대일로건설업무추진좌담회(推进"一带一路"建设工作座谈会)에서 30여 개 관련 국가와 협력하기로 합의했다고 밝혔다. "习近平在推进'一带一路'建设工作座谈会上强调 总结经验坚定信心扎实推进 让'一带一路'建设造福沿线各国人民", ≪人民日报≫, 2016.8.18.

49 중국 또한 이러한 의구심을 의식하고 신뢰를 증진시키려는 노력을 전개할 필요성을 지적한다. "Chinese military on charm offensive as it announces joint drills with Malaysia, US and Australia," *South China Morning Post*, 2015.8.27.

50 Tom Phillips, "Xi Jinping announces £30bn 'China-Pakistan corridor'," *The Telegraph*, 2015.4.20; "构建周边命运共同体, 倡导新型国际关系的成功实践: 外交部长王毅谈习近平主席访

问巴基斯坦并出席亚非领导人会议和万隆会议60周年纪念活动", ≪人民日报≫(해외판), 2015.4.25.

51 Ariella Viehe, Aarthi Gunasekaran and Hanna Downing, "Understanding China's Belt and Road Initiative," 2015.9.22, https://www.americanprogress.org/issues/security/report/2015/09/22/121628/understanding-chinas-belt-and-road-initiative/

52 "Beijing eyes bigger arms exports after Pakistan deal, experts say," *South China Morning Post*, 2015.4.26.

53 가령, 중국국제신탁투자공사(CITIC)가 일대일로에 투자하기 위해 조성한 1100억 달러의 기금 가운데 상당 부분이 카자흐스탄을 비롯한 중앙아시아에 투자될 것으로 알려졌다. "China's assiduous courting of former Soviet Central Asian nations is stirring apprehension among Russia's leaders," *South China Morning Post*, 2015.12.28.

54 Greg Shtraks, "China's One Belt, One Road Initiative and the Sino-Russian Entente: An Interview with Alexander Gabuev," 2016.8.9, http://nbr.org/research/activity.aspx?id=707/

55 카자흐스탄 전략연구소(Kazakhstan Institute of Strategic Studies) 쿠시쿰바예프(Kushkumbayev) 부소장과의 간담회(2016년 7월 8일, 아스타나).

56 Pan Zhiping, "Silk Road Economic Belt: A Dynamic New Concept for Geopolitics in Central Asia," 2014.9.18, http://www.ciis.org.cn/english/2014-09/18/content_7243440.htm/

57 "China takes on role in Central Asia once held by Russia," *South China Morning Post*, 2015.7.6.

58 Chris Rickleton, "Can China's Silk Road Vision Coexist with a Eurasian Union?," 2014.11.20, http://www.globalissues.org/news/2014/11/20/20323/

59 Pan Zhiping, "Silk Road Economic Belt."

60 "The road from China's past to future," *South China Morning Post*, 2014.12.8.

61 "China takes on role in Central Asia once held by Russia," *South China Morning Post*, 2015.7.6.

62 叶小文, "中国新一轮对外开放的大战略", ≪人民论坛≫, 2016년 1월(下).

63 "习近平在中共中央政治局第三十一次集体学习时强调 借鉴历史经验创新合作理念 让"'带一路'建设推动各国共同发展", ≪人民日报≫, 2016.5.1.

64 葛剑雄, "一带一路的历史被误读", 2015.3.10, http://www.ftchinese.com/story/001060949?full=y/

65 何茂春, "'一带一路'障碍多但必须推", ≪环球时报≫, 2014.12.23.

66 Kung Phoak, "Why ASEAN should embrace Chinese initiatives," 2015.10.2, http://www.eastasiaforum.org/2015/10/02/why-asean-should-embrace-chinese-initiatives/

67 William Yale, "China's Maritime Silk Road Gamble," *The Diplomat*, 2015.4.22.

68 薛力, 「中国"一带一路"战略面对的外交风险」, ≪国际经济评论≫, 2015년 2기, http://www.aisi

xiang.com/data/94541.html/; Yang Razali Kassim, "China and rebalancing the world order: a view from Southeast Asia," *PacNet*, #79, 2015.11.20.

69 "李克强消弭'亚洲'疑虑", 2016.6.3, http://news.xinhuanet.com/politics/2016-06/03/c_129039136.htm/

70 Pan Zhiping, "Silk Road Economic Belt."

71 Rickleton, "Can China's Silk Road Vision Coexist with a Eurasian Union?"

72 "China's assiduous courting of former Soviet Central Asian nations is stirring apprehension among Russia's leaders," *South China Morning Post*, 2015.12.28.

73 Alexander Gabuev, "China's Silk Road Challenge," 2015.11.12, ttp://carnegieendowment.org/commentary/2015/11/12/china-s-silk-road-challenge/im66

74 Uma Purushothaman, "China and Russia step up cooperation in Central Asia," 2015.6.9, http://www.eastasiaforum.org/2015/06/09/china-and-russia-step-up-cooperation-in-central-asia/

75 马建英,「美国对中国"一带一路"倡议的认知与反应」, ≪世界经济与政治≫, 2015년 10기, p.105. 인도가 자신의 뒷마당으로 간주하는 스리랑카에 대한 중국의 투자를 우려한다는 지적에 관해서는 Scott Kennedy and David A. Parker, "Building China's 'One Belt, One Road'," 2015.4.3, http://csis.org/publication/building-chinas-one-belt-one-road/ 참조.

76 "李克强消弭'亚洲'疑虑", 2016.6.3, http://news.xinhuanet.com/politics/2016-06/03/c_129039136.htm/

77 黄凤志·刘瑞,「日本对"一带一路"的认知与应对」, ≪现代国际关系≫, 2015년 11기, pp.37~42.

78 "郑永年: '一带一路'战略起步不易", 2015.3.23, http://www.ftchinese.com/story/001061172?full=y/; Pan Zhiping, "Silk Road Economic Belt."

79 Zhiqun Zhu, "China hits the road," 2015.10.8, http://www.eastasiaforum.org/2015/10/08/china-hits-the-road/

80 Tiezzi, "America's AIIB Disaster: Are There Lessons to be Learned?"

81 Wendell Minnick, "China's 'One Belt, One Road' Strategy," 2015.4.12, http://www.defensenews.com/story/defense/2015/04/11/taiwan-china-one-belt-one-road-strategy/25353561/

82 Jeffrey Payne, "China Goes West(And America Shouldn't Be Worried)," *The National Interest*, 2015.8.28.

83 Nisha Desai Biswal, "The New Silk Road Post-2014: Challenges and Opportunities," 2015.1.22, http://www.state.gov/p/sca/rls/rmks/2015/236214.htm/

84 Catherine Putz, "The US Prefers China to Russia in Central Asia," *The Diplomat*, 2015.6.3.

85 Teves, "What is China building on this tiny island?"

86 "罗援评P8A进南海: 美从偷鸡摸狗到明目张胆当强盗", ≪环球时报≫, 2015.2.28.

87 Adam Entous, "U.S. Military Proposes Challenge to China Sea Claims," *Wall Street Journal*, 2015.5.12.

88 "Exclusive: China warns U.S. surveillance plane," http://edition.cnn.com/2015/05/20/politics/south-china-sea-navy-flight/

89 "U.S. Compares China's South China Sea Moves to Russia's in Ukraine," *The New York Times*, 2015.6.26.

90 "China 'has halted reclamation works in disputed South China Sea'," *South China Morning Post*, 2015.8.6.

91 "美함정 남중국해 中인공섬 12해리내 첫 항해", ≪연합뉴스≫, 2015.10.27; "Warships sent, US ambassador called in as China bolsters Navy presence in disputed Spratly islands, after US sail-by rattles Beijing's sovereignty claims," *South China Morning Post*, 2015.10.28.

92 "Why did the US choose the Subi and Mischief reefs for its South China Sea patrol?," *South China Morning Post*, 2015.10.30.

93 "PLA garrison 'warns off' US Navy destroyer sailing close to island in disputed area of South China Sea," *South China Morning Post*, 2016.1.31.

94 "美国在南海问题不断挑衅 日本公开支持美国'航行自由'", ≪环球时报≫, 2016.2.2.

95 "US Navy carries out patrol in disputed part of South China Sea after PLA wraps up combat drills in the area," *South China Morning Post*, 2016.5.11.

96 Lolita C. Baldor, "US, China officials discuss ship's passage by China islets," *AP*, 2015.10.29.

97 "Armed Chinese fighter jets train over disputed waters in South China Sea in fresh response to United States sail-by," *South China Morning Post*, 2015.11.2.

98 "中国回应永兴岛部署导弹, 相关岛礁部署早就存在", ≪环球时报≫, 2016.2.18.

99 Michael Forsythe, "China Deployed Missiles on Disputed Island, U.S. Says," *The New York Times*, 2016.2.16.

100 Michael Green, Bonnie Glaser and Zack Cooper, "Seeing the Forest through the SAMs on Woody Island," 2016.2.18, http://amti.csis.org/seeing-the-forest-through-the-sams-on-woody-island/

101 "社评: 要把咋咋呼呼的美军舰看成'纸老虎'", ≪环球时报≫, 2015.10.28.

102 单仁平, "嫌政府'软弱', 南海各方舆论的通病", ≪环球时报≫, 2015.10.29.

103 Baldor, "US, China officials discuss ship's passage by China islets."

104 "China, US keep in contact despite rising tension in the South China Sea," *South China Morning Post*, 2015.11.4.

105 "社评: 美在南海的色厉内荏逐渐清晰", ≪环球时报≫, 2015.11.4.

106 미국에 대한 우호방문을 마친 중국의 미사일 구축함 지난(济南)호와 미사일 호위함 이양(益阳)호, 그리고 종합보급선 첸다오후(千岛湖)호 등이 미국의 미사일 구축함 메이슨(USS Mason)호 및 유도미사일구축함 몬테레이(USS Monterey)호 등과 함께 통신훈련, 편대훈련, 그리고 해상경계와 수색구조훈련 등을 진행했다. "中美海军首次在大西洋举行联合演练", 2015.11.8, http://news.xinhuanet.com/world/2015-11/08/c_1117075183.htm/

107 "Air power: US flew B-52 bombers near disputed South China Sea islands, Pentagon says," *South China Morning Post*, 2015.11.13.

108 Helen Cooper and Michael Forsythe, "U.S. Bomber Mistakenly Flew Near Disputed Island in South China Sea," *The New York Times*, 2015.12.18.

109 "'仲裁'后美海军高官首访中国 安静外交解决南海争端", ≪环球时报≫, 2016.7.18; "吴胜利会见美国海军作战部长 就南海问题深入交换意见", 2016.7.18, http://news.xinhuanet.com/mil/2016-07/18/c_1119238489.htm/

110 "Fears in Japan over East China Sea," *South China Morning Post*, 2012.2.11.

111 "王毅会见日本外相, 要求日本不要处处与中国'较劲'", 2015.8.7, http://world.people.com.cn/n/2015/0807/c1002-27425764.html/

112 "'Grave concern': Japan expresses anger over China's test landing on Spratlys airstrip," *South China Morning Post*, 2016.1.4.

113 "美国在南海问题不断挑衅 日本公开支持美国'航行自由'," ≪环球时报≫, 2016.2.2.

114 "Beijing's South China Sea island building has polarised Asean nations," *South China Morning Post*, 2015.8.9.

115 "Don't mention the South China Sea: Asean defence chiefs cancel joint statement over territorial dispute," *South China Morning Post*, 2015.11.4.

116 "社评: 没联合宣言, 比有乱谈南海的宣言好", ≪环球时报≫, 2015.11.5.

117 "China rejects US call for tougher sanctions against North Korea over nuclear bomb test," *South China Morning Post*, 2016.1.27.

118 "John Kerry fails to sway Cambodian leaders to take robust stance on South China Sea," *South China Morning Post*, 2016.1.26.

119 "Obama and Asean leaders say South China Sea disputes must be resolved under UN rules," *South China Morning Post*, 2016.2.17.

120 Cheng-Chwee Kuik et al. "The China Factor in the U.S. 'Reengagement' With Southeast Asia: Drivers and Limits of Converged Hedging," *Asian Politics & Policy*, 4: 3(2012) 참조.

121 "'Faster talks needed' on conduct," *China Daily*, 2015.8.6.

122 "Chinese military on charm offensive as it announces joint drills with Malaysia, US and

Australia," *South China Morning Post*, 2015.8.27.

123 "China will always ensure freedom of navigation in South China Sea, Xi says," *South China Morning Post*, 2015.11.7.

124 "South China Sea fears linger despite Beijing's loan and aid pledges at East Asia Summit," *South China Morning Post*, 2015.11.23.

125 "As China and the US jostle for influence, Southeast Asian nations must find a new equilibrium," *South China Morning Post*, 2015.10.2; "PLA Navy gains use of port in Malaysia close to Spratly islands," *South China Morning Post*, 2015.11.21.

126 Sam Bateman, "What is the US protesting in the South China Sea?," 2015.10.20, http://www.eastasiaforum.org/2015/10/20/what-is-the-us-protesting-in-the-south-china-sea/

127 "Indonesia calls for US-China to 'restrain themselves', lashes US 'power projection' after Spratly sail-by," *South China Morning Post*, 2015.10.28.

128 "Asean leaders raise concerns about South China Sea island-building as China tries to keep it off the table," *South China Morning Post*, 2015.11.22.

129 Dean Cheng, "America Needs a Comprehensive Strategy for Countering China's Expanding Perimeter of National Interests," The Heritage Foundation Issue Brief, #4397, 2015.4.28.

130 陈绍锋, "中美博弈可能会打破东亚和平", 2016.2.14, http://w.huanqiu.com/r/MV8wXzg1MzM1MjhfMzA5XzE0NTU0MTE1NDA=/

131 Takashi, "Japan and Geo-Economic Regionalism in Asia."

132 Yasuhiko Ota, "TPP crucial in shaping Asia's economic order," 2015.2.5, http://asia.nikkei.com/magazine/20150205-Changes-in-the-air/Politics-Economy/TPP-crucial-in-shaping-Asia-s-economic-order/

133 Rachman, "China's money magnet pulls in US allies."

134 "It's the geopolitics, stupid: US-led TPP trade pact less about boosting economies than about containing China's rise," *South China Morning Post*, 2015.11.6; "Beijing and Hong Kong lose to Washington-led free-trade deal," *China Daily*, 2015.10.10.

135 "It's the geopolitics, stupid: US-led TPP trade pact less about boosting economies than about containing China's rise."

136 Jayant Menon, "The TPP isn't a done deal yet," 2015.10.29, http://www.eastasiaforum.org/2015/10/29/the-tpp-isnt-a-done-deal-yet/

137 세계은행은 베트남의 수출이 30.1% 증가함으로써 TPP의 가장 커다란 혜택을 입을 것으로 평가한다. Takashi, "Japan and Geo-Economic Regionalism in Asia."

138 Curtis Ellis and Peter Navarro, "'ObamaTrade' will let China 'write the rules'," *The Hill*, 2015.12.9.

139 尹承德, "TPP或于奥巴马离任前正式问世", 2015.8.6, http://opinion.huanqiu.com/opinion_world/2015-08/7210118.html/

140 陶文钊, "他有TPP, 我有过墙梯", ≪环球时报≫, 2015.10.20.

141 Xu Man, "US-led trade pact is not an impossible challenge," *China Daily*, 2015.11.17.

142 "社评: TPP压垮中国经济? 太有想象力了", ≪环球时报≫, 2015.10.6.

143 单仁平, "为TPP'排斥中国'叫好的国人该有多极端", ≪环球时报≫, 2015.10.8.

144 "TPP can benefit China," *China Daily*, 2013.6.24.

145 "China, US 'ready to engage' on TPP talks," *China Daily*, 2013.11.1.

146 魏建国, "主动加入TPP对中国更有利", ≪环球时报≫, 2013.7.26.

147 魏建国, "TPP的挑战, 正是我们努力的方向", ≪环球时报≫, 2015.10.9.

148 Xu Man, "US-led trade pact is not an impossible challenge."

149 2004년 캐나다가 FTAAP를 처음 제안했고 미국 또한 2006년에 유사한 제안을 제기했다.

150 "China faces hurdles on path to Asia-Pacific free-trade deal," *South China Morning Post*, 2014.10.27; "China pulls back in bid for free-trade pact after tough talks with US," *South China Morning Post*, 2014.11.8.

151 같은 글; "Xi Jinping unveils China's plan for Asia-Pacific free-trade pact," *South China Morning Post*, 2014.11.11; "APEC agrees to work on FTAAP," *China Daily*, 2014.11.12.

152 "China keen to promote its idea for Asia-Pacific trade pact at Apec in Manila," *South China Morning Post*, 2015.11.11.

153 "亚太自贸区进程承载共同繁荣的使命," ≪人民日报≫, 2015.11.21.

154 이에 관해서는 Martin Jacques, *When China Rules the World: The End of the Western World and the Birth of a New Global Order*(New York: Penguin Press, 2009)를 참조.

155 Jane Perlez, "China Pushes Back Against U.S. Influence in the Seas of East Asia," *The New York Times*, 2015.10.28.

156 이러한 결정이 아직도 중국이 국제법과 법체계에 대한 이해가 부족함을 보여준다는 주장에 관해서는 Zheng Wang, "What China Can Learn From the South China Sea Case," *The Diplomat*, 2016.7.14. 참조.

157 이 책이 출판 작업에 들어간 후 트럼프(Donald Trump)후보가 미국 대통령에 당선됨에 따라 미국이 TPP에서 탈퇴할 가능성이 제기되었다. 그러나 그가 탈퇴를 공약한 이유는 미국의 경제적 이익에 대한 판단 때문이며, 그의 결정이 중국을 제어하려는 시도가 종식될 것임을 의미하는지는 지켜볼 문제이다.

결론

1 苏长和,「中国与国际制度: 一项研究议程」, p.5.

2 苏长和, "谁能代表'国际社会'", ≪环球时报≫, 2016.5.10.

3 Barry Buzan, "China in International Society: Is 'Peaceful Rise' Possible?," *Chinese Journal of International Politics*, 3: 1(2010), p.4.

4 "社评: 当美日地缘政治出击让人目不暇接时", ≪环球时报≫, 2016.8.31.

5 于洪君, "亚太安全秩序岂可由'美国规则'主导", ≪环球时报≫, 2016.7.21.

6 "South China Sea fears linger despite Beijing's loan and aid pledges at East Asia Summit," *South China Morning Post*, 2015.11.23.

7 阎学通, "现在谈'中国世纪'太早了", ≪环球时报≫, 2015.3.20.

8 丁刚, "与时俱进, 应对美国'重返亚洲'", ≪环球时报≫, 2016.3.8.

9 马建英,「美国对中国"一带一路"倡议的认知与反应」, p.132.

10 左希迎, "南海仲裁案与南海秩序的未来", 2016.7.17, http://www.21ccom.net/html/2016/zlwj_0717/5799.html/

11 刘志勤, "中国要努力成为国际法强国", 2016.7.7, http://opinion.huanqiu.com/opinion_world/2016-07/9135530.html/

12 Doug Miller, "Global citizenship a growing sentiment among citizens of emerging economies shows global poll for BBC World Service," 2016.4.28, http://www.bbc.co.uk/mediacentre/latestnews/2016/world-service-globescan-poll/

13 程亚文, "中国更加外向, 西方日益内向", ≪环球时报≫, 2016.5.4. 한편 ≪환추시보≫가 2015년에 시행한 조사에 따르면 응답자의 78.2%가 서방이 중국을 제어하려는 의도가 있거나 그렇게 하고 있다고 답했다. 이는 조사방식에 따라 결과가 달라지거나 또는 중국인의 인식에 다양성이 존재할 가능성을 제시한다. "环球舆情调查中心'中国人看世界'调查显露大国公民视野", ≪环球时报≫, 2015.12.30.

14 미국 대통령 선거 과정에서 고립주의 경향을 강하게 드러낸 트럼프 후보의 당선으로 현 국제질서의 지속 가능성에 대한 의문이 제기된 후 중국에서는 국제질서를 유지할 필요성을 강조하는 목소리가 증대되었다. 이러한 사실은 현 국제질서에 대한 중국의 이중적 태도를 보여준다.

참고문헌

국내문헌

김재철. 2001.「중국의 다극화 세계전략」. ≪중소연구≫, 25: 3.

______. 2014.「시진핑 체제의 외교정책: 기조, 주요정책, 그리고 평가」.『2013 중국정세보고』. 서울: 국립외교원 외교안보연구소 중국연구센터.

______. 2015a.「'중국식' 외교정책의 등장? 2014년 중국외교의 기조」.『2014 중국정세보고』. 서울: 국립외교원 외교안보연구소 중국연구센터.

______. 2015b.『중국, 미국 그리고 동아시아: 신흥 강대국의 부상과 지역질서』. 파주: 한울엠플러스.

______. 2016.「세계 속의 '중국식' 강대국 외교: 시진핑 체제의 외교정책에 대한 평가」.『2015 중국정세보고』.

김형주. 2014.8.21. "글로벌 다자개발은행 체제에 주도권 경쟁 시작됐다". http://www.digieco.co.kr/KTFront/infocenter/infocenter_briefing_view.action?board_id=briefing&board_seq=9439&sort_order=new&list_page=#/

이문기. 2014.「중국 민족주의의 세 가지 특성과 국가 정체성: 역사적 제도주의 시각에서」. ≪국제정치논총≫, 54: 3.

이삼성. 1992.「미국외교사에 있어서 외교이념 분류: 국제주의와 고립주의 성격분석을 중심으로」. ≪국제정치논총≫, 32: 2.

"美함정 남중국해 中인공섬 12해리내 첫 항해". ≪연합뉴스≫. 2015.10.27.

중국문헌

蔡拓. 2006.「和谐世界与中国对外战略的转型」. ≪吉林大学社会科学学报≫, 5기. ≪中国外交≫, 2007

년 1기.
______. 2009. 「国际秩序的转型与塑造」. ≪外交评论≫, 4기.
______. 2014. 「全球主义视角下的国际秩序」. ≪现代国际关系≫, 7기.
常绍舜. 2012.3.16. "中国传播普适性文化才能消除外部偏见". ≪环球时报≫.
陈绍锋. 2016.2.14. "中美博弈可能会打破东亚和平". http://w.huanqiu.com/r/MV8wXzg1MzM1MjhfMzA5XzE0NTU0MTE1NDA=/
陈先奎. 2014.9.10. "爱国和爱党在中国是一致的". ≪环球时报≫.
陈志敏. 2014. 「中国的外交创新是否需要外交革命」. ≪世界经济与政治≫, 12기.
成启祯. 1995. 「东亚国家对美国亚洲政策的回应」. ≪国际问题研究≫, 3기.
程亚文. 2016.5.4. "中国更加外向, 西方日益内向". ≪环球时报≫.
程亚文·王义桅. 2015.12.10. "中国已处于新一轮思想突破点". http://opinion.huanqiu.com/culture/2015-12/8147897.html/
仇朝兵. 2006.4.25. "中国外交要求'新国际主义'". ≪环球时报≫.
楚树龙. 2005.7.25. "中国正日益'内向化' 美国对中国的重要性下降". ≪环球时报≫.
______. 2006. 「和平发展与外交战略: 非传统模式」. ≪国际政治研究≫, 1기.
储殷·高远. 2015. 「中国"一带一路"战略定位的三个问题」. ≪国际经济评论≫, 2기.
戴秉国. 2010.12.6. "坚持走和平发展道路". http://www.gov.cn/ldhd/2010-12/06/content_1760381.htm/
戴维来. 2015. 「中国的"结伴外交"战略: 特征. 缘由及路径」. ≪现代国际关系≫, 10기.
戴旭. 2009. 『C形包围: 内忧外患下的中国突围』. 北京: 文汇出版社.
______. 2012.5.3. "中国没有狭隘民族主义". ≪环球时报≫.
单仁平. 2015.10.8. "为TPP'排斥中国'叫好的国人该有多极端". ≪环球时报≫.
______. 2015.10.29. "嫌政府'软弱', 南海各方舆论的通病". ≪环球时报≫.
邓淑华·尹占文. 2006. "当代中国外交的国际主义". ≪社会科学研究≫, 5기. ≪中国外交≫, 2007년 1기.
邓小平. 1993. 『邓小平文选』, 第三卷. 北京: 人民出版社.
丁刚. 2016.3.8. "与时俱进, 应对美国'重返亚洲'". ≪环球时报≫.
房宁·王小东·宋强. 1999. 『全球化阴影下的中国之路』. 北京: 中国社会科学出版社.
冯玉军. 2014.12.29. "'救俄'争论暴国人意识的潜问题". ≪环球时报≫.
冯昭奎. 2006.3.22. "浅谈中国外交: 爱国主义要与国际主义互补". ≪环球时报≫.
______. 2012.1.16. "社会矛盾多发期. 小心西方挑拨内战". ≪环球时报≫.
付开镜. 2014. 「当代国人"汉唐盛世情结"论」. ≪广西师范学院学报:哲学社会科学版≫, 2기.
傅莹. 2016.7.8. "美国主导的世界秩序从未完全接纳中国". http://www.chinaelections.com/article/1944/242919.html/
高飞. 2006. 「从韬光养晦到和平崛起: 评中国外交的策略调整」. ≪太平洋学报≫, 1기.
高振营. 1991. 「我国的对外开放政策及其影响」. ≪外交学院报≫, 3기.

葛剑雄. 2015.3.10. "一带一路的历史被误读". http://www.ftchinese.com/story/001060949?full=y/
谷源洋. 2014. 「大国汇聚亚洲与中国"经略周边": 对"一带一路"建设的思考」. ≪亚非纵横≫, 5기.
郭树勇. 2007. 「新国际主义与中国软实力外交」. ≪国际观察≫, 2기.
郭学堂. 2004.2.3. "中国外交需要新国际主义, 新外交格局已形成". ≪外滩画报≫.
______. 2005. 「国际主义与中国外交的价值回归」. ≪国际观察≫, 1기.
韩方明. 2015.1.5. "习近平领导下的中国外交2014年回顾". ≪联合早报≫.
韩敏. 2007. 「第二届'中国梦与和谐世界研讨会'综述」. ≪外交评论≫, 2기.
韩西雅·马宾. "奇文共欣赏 疑义相与析--私人竟敢宣布: 中国共产党在21世纪的走向". www.maoflag.net/(검색일: 2006.8.5)
何兵. 2012.3.21. "中国下一步怎么走?". ≪环球时报≫.
何茂春. 2014.12.23. "'一带一路'障碍多但必须推". ≪环球时报≫.
胡传荣. 2011. 「"中国国际关系理论自觉与中国学派"学术研讨会综述」. ≪国际观察≫, 5기.
胡键. 2007. 「"中国责任"与和平发展道路」. ≪现代国际关系≫, 7기.
胡锦涛. 2005.9.16. "努力建设持久和平, 共同繁荣的和谐世界". ≪人民日报≫.
______. 2007.10.15. "高举中国特色社会主义伟大旗帜 为夺取全面建设小康社会新胜利而奋斗: 在中国共产党第十七次全国代表大会上的报告".
______. 2012.11.9. 「坚定不移沿着中国特色社会主义道路前进. 为全面建成小康社会而奋斗: 在中国共产党第十八次全国代表大会上的报告」. ≪人民日报≫.
胡锡进. 2013. 『胡锡进论复杂中国』. 北京: 人民日报出版社.
怀畅. 2012.3.1. "中美将世界带入'G1+1'时代". ≪环球时报≫.
黄凤志·刘瑞. 2015. 「日本对"一带一路"的认知与应对」. ≪现代国际关系≫, 11기.
黄琪轩. 2011. 「另一个世界是可能的: 后危机时代的中国与世界发展」. ≪世界经济与政治≫, 1기.
黄益平. 2015.2.9. "'一带一路'勿陷日本海外投资困境". http://opinion.caixin.com/2015-02-09/100782544.html/
贾庆国. 2014. "国际事务中的'中国方案'与'中国智慧'". ≪世界知识≫, 18기.
______. 2014. "建设'一带一路'之我见". ≪群言≫, 10기.
______. 2015.3.30. "'一带一路'亟待弄清和论证的几大问题". http://theory.people.com.cn/n/2015/0330/c112851-26771579.html/
______. 2016.5.31. "一带一路不仅是倡议也是战略". http://mil.eastday.com/a/160531120919095.html?qid=wwweastday/
姜健健. 2014.8.4. "90后有着独特爱国主义". ≪环球时报≫.
______. 2014.8.8. "80后向往西方, 但不媚外". ≪环球时报≫.
江瑞平. 2004. "构建中的东亚共同体: 经济基础与政治障碍". ≪世界经济与政治≫, 9기.
江西元. 2008. 「从天下主义到和谐世界: 中国外交哲学选择及其实践意义」. ≪外交评论≫, 4기.

江涌. 2007.10. "'大国责任'的挑战". ≪瞭望≫, 41기.
焦世新. 2013. 「中国融入国际机制的历史进程与内外动力」. ≪国际关系研究≫, 1기. ≪中国外交≫, 2013년 7기.
金灿荣. 2012.9.17. "韬光养晦等外交方针应该坚定不移地坚持". http://politics.people.com.cn/cn/n/2012/0917/c30178-19025710.html/
______. 2012. "成熟的大国是理性的: 斗智斗勇不斗气". ≪人民论坛≫, 18기.
金灿荣·金君达. 2014. 「中国与国际秩序转型」. ≪现代国际关系≫, 7기.
康晓光. 2003. 「文化民族主义论纲」. ≪战略与管理≫, 2기.
李丹. 2008. 「从'面向世界'到'构建和谐世界': 对外开放30年来中国与世界关系的历史性变化」. ≪福建论坛≫(人文社会科学版), 7기.
李东燕. 2011. 「从国际责任的认定与特征看中国的国际责任」. ≪现代国际关系≫, 8기. ≪中国外交≫, 2011년 11기.
李海龙. 2014.10(下). 「"韬光养晦. 有所作为"的新挑战与新发展」. ≪领导科学≫.
李际均. 2004. "中国的和平崛起与全球化时代的中国国家安全". http:news.sina.com.cn/w/2004-03-27/11032154765s.shtml/
李乐. 2010. 「近二十年国内爱国主义理论研究综述」. ≪西南民族大学学报(人文社科版)≫, 5기.
李慎之. 1994. 「全球化与中国文化」. ≪太平洋学报≫, 2기.
______. 1998. 「弘扬北大的自由主义传统」, 刘军宁 编. 『北大传统与近代中国』. 北京: 中国人事出版社.
李晓·李俊久. 2015. 「"一带一路"与中国地缘政治经济战略的重构」. ≪世界经济与政治≫, 10기.
李巍. 2016. 「中美金融外交中的国际制度竞争」. ≪世界经济与政治≫, 4기.
李巍·唐健. 2014. 「国际舞台上的中国角色与中国学者的理论契机」. ≪国际政治研究≫, 4기. ≪中国外交≫, 2015년 1기.
李永辉. 2010. 「中国大外交: 当代问题与传统智慧」. ≪现代国际关系≫, 11기.
李志永. 2010. 「融入与自主性的平衡: 中国外交的核心问题」. ≪世界经济与政治≫, 2기.
李志永·袁正清. 2015. 「大国外交的中国特色之论」. ≪太平洋学报≫, 2기. ≪中国外交≫, 2015년 7기.
凌胜利·聂文娟. 2011. 「'中国加入世界贸易组织十周年:中国与国际体系'国际学术研讨会综述」. ≪外交评论≫, 5기.
罗援. 2011.12.18. "'韬光养晦''有所作为'才成中国战略". http://military.people.com.cn/GB/172467/16637948.html/
______. 2014.12.10. "解决南海问题要有'6个存在' 实现'主权归我'". http://news.youth.cn/jsxw/201412/t20141210_6221566.htm/
刘德喜. 2004. 「中国的发展与外交政策的走向」. ≪国际政治研究≫, 1기. ≪中国外交≫, 2004년 5기.
刘康. 2012.2.15. "'利益至上'不能成为中国的外交原则". ≪环球时报≫.
刘鸣. 2008. 「中国国际责任论评析」. ≪毛泽东邓小平理论研究≫, 1기. ≪中国外交≫, 2008년 4기.

刘明福. 2010.『中国梦: 后美国时代的大国思维与战略定位』. 北京:: 中国友谊出版公司.
刘志勤. 2016.7.7. "中国要努力成为国际法强国". http://opinion.huanqiu.com/opinion_world/2016-07/9135530.html/
吕芳. 2011.「我国大学生国家认同与国际主义支持的实证研究: 基于对北京高校大学生国家认同观的调查」. ≪马克思主义研究≫, 8기.
马凯硕. 2014.8.14. "国鸽派不输鹰派". ≪环球时报≫.
马建英. 2015.「美国对中国"一带一路"倡议的认知与反应」. ≪世界经济与政治≫, 10기.
马立诚. 2012.3.7.「中国民族主义是炒出来的, 损国家利益」. ≪金融家≫.
牛新春. 2013.「中国外交需要战略转型」. ≪现代国际关系≫, 1기. ≪中国外交≫, 2013년 6기.
冷溶·汪作玲 编. 2004.『邓小平年谱(1975-1997)』. 北京: 中央文献出版社.
凌志军·马立诚. 2011.『呼喊: 当今中国的五种声音』. 北京: 人民出版社.
刘火. 2011.6.10. "汉唐盛世情结该放下了". ≪环球时报≫.
刘建飞. 2009. "经济体制选择对中国外交的影响".『外交评论』, 6기.
刘江永. 2005.2.22. "'网络民族主义'和'对日新思维'不太可取". http://opinion.people.com.cn/GB/40604/3194741.html/
陆钢. 2001.6.1."'韬光养晦'与中国外交战略环境变化". ≪联合早报≫.
门洪华. 2001.「国际机制与中国的战略选择」. ≪中国社会科学≫, 2기.
潘维. 2009.『中国模式: 解读人民共和国的60年』. 北京: 中央编译出版社.
______. 2015.4.14. "别把爱国与民族主义混为一谈". ≪环球时报≫.
庞森. 2008.「改革开放与中国的多边外交政策」. ≪世界经济与政治≫, 11기.
庞中英. 2001.「中国的亚洲战略: 灵活的多边主义」. ≪世界经济与政治≫, 10기.
______. 2002.「"世界大国"与"正常国家": 论"正常国家"范式与国家的世界观重塑」. ≪世界经济与政治≫, 11기.
______. 2006.「奥运会: 增强国家软力量, 超越民族主义和弘扬人类精神」. ≪外交评论≫, 5기.
______. 2012.9.2. "全球治理的转型: 从世界治理中国到中国治理世界?". ≪华夏时报≫.
齐建华. 2010.『影响中国外交决策的五大因素』. 北京: 中央编译出版社.
秦亚青. 2006a.「国际关系理论中国学派生成的可能和必然」. ≪世界经济与政治≫, 3기.
______. 2006b. "和谐世界：中国外交新理念". ≪前线≫, 12기. ≪中国外交≫, 2007년 2기.
______. 2007.「关于当今时代的几点思考」. ≪外交评论≫, 6기.
______. 2015.「对中国特色大国外交理念的几点思考」. ≪中国社会科学报≫, 2015년 5월. ≪中国外交≫, 2015년 9기.
秦亚青 外. 2006. "中国大战略: 问题与思路". ≪学术界≫, 2기.
秦亚青·朱立群. 2005.「新国际主义与中国外交」. ≪外交评论≫, 5기(84기).
邱丹阳. 1995.「邓小平的对外开放理论: 中国对外关系历史经验的结晶」. ≪外交学院报≫, 3기.

曲星 外. 2013.「新世纪中国特色外交理论体系建设成就」. ≪当代世界≫, 5기. ≪中国外交≫, 2013년 7기.

任晓. 2014.「论中国的世界主义: 对外关系思想和制度研究之二」. ≪世界经济与政治≫, 8기.

任远喆. 2009.9.10. "经济外交: 最基础和重要的方面". http://www.china.com.cn/international/txt/2009-09/10/content_18501056.htm/

阮宗泽. 2015.8.19. "中国从响应到倡议, 美国该高兴". ≪环球时报≫.

沈丁立. 2015.3.17. "中国特色大国外交贵在三个坚持". ≪环球时报≫.

______. 2015.4.4. "美国的心态确实需要调整了". ≪人民日报≫(해외판).

时殷弘. 2009.「当代中国的对外战略思想: 意识形态, 根本战略, 当今挑战和中国特性」. ≪世界经济与政治≫, 9기.

______. 2010.「中国历史之中的连续和变革与中国现当代民族主义」. ≪外交评论≫, 1기.

______. 2011.「武装的中国: 千年战略传统及其外交意蕴」. ≪世界经济与政治≫, 4기.

时永明. 1997.「亚太安全中的矛盾与合作」. ≪国际问题研究≫, 3기.

宋强 外. 1996.『中国可以说不: 冷战后时代的政治与情感抉择』. 北京: 中华工商联合出版社.

宋伟. 2010a.「中国外交政策研究: 西方理论与方法的局限性」. ≪外交评论≫, 4기.

______. 2010b.「国际金融危机与美国的单极地位: 当前美国的国家实力, 国内制度和国际战略调整」. ≪世界经济与政治≫, 5기.

______. 2014.「自由主义的国际规范对中国是否有利?」. ≪国际政治研究≫, 1기.

宋晓军·王小东·黄纪苏·宋强·刘仰. 2009.『中国不高兴』. 南京: 江苏人民出版社.

苏长和. 2002.「中国与国际制度: 一项研究议程」. ≪世界经济与政治≫, 10기.

______. 2005. "发现中国新外交". ≪世界经济与政治≫, 4기.

______. 2007.「国内-国际相互转型的政治经济学: 兼论中国国内变迁与国际体系的关系(1978~2007)」. ≪世界经济与政治≫, 11기.

______. 2016.5.10. "谁能代表'国际社会'". ≪环球时报≫.

孙茹. 2013.1.14. "推进"王道"外交正当其时". ≪环球时报≫.

唐世平·張蘊岭. 2014.「中国的地區战略」. ≪世界经济与政治≫, 6기.

唐志君. 2006.「新国际主义理念与中国对外政策的选择」. ≪学术论坛≫, 11기.

唐天日. 1997.「安全合作的新模式」. ≪瞭望≫, 31기.

陶坚. 2015.「"融入"和"塑造"国际体系是一个长期进程」. ≪外交评论≫, 6기.

陶文钊. 2015.10.20. "他有TPP, 我有过墙梯". ≪环球时报≫.

外交部政策研究室. 1999.『中国外交(1999)』. 北京: 世界知识出版社.

王菲菲. 2002.「论'与国际接轨'的必要性及其规范要求」. ≪河南师范大学学报≫, 6기.

汪晖. 2012.3.2. "究竟是什么让中国没在重大危机中崩溃". http://opinion.huanqiu.com/roll/2012-03/2487491.html/

______. 2015.4.8. "'一带一路'走出历史终结论阴影". ≪环球时报≫.
王缉思. 2004. 「"和平崛起"提出的意义」. ≪教学与研究≫, 4기.
______. 2011a. 「中国该怎样"韬光养晦. 有所作为"?」. ≪国际问题研究≫, 2기.
______. 2011b. 「中国的国际定位问题与"韬光养晦, 有所作为"的战略思想」. ≪国际问题研究≫, 2기.
______. 2012.10.17. "'西进', 中国地缘战略的再平衡". ≪环球时报≫.
______. 2014.6.23, "中国已经长大了". http://opinion.huanqiu.com/opinion_world/2014-06/5031609.html/
王江雨. 2016.5.6. "推进'一带一路', 实现体系内崛起". http://www.aisixiang.com/data/99357.html/
王军. 2006. 「试析当代中国的网络民族主义」. ≪世界经济与政治≫, 2기.
______. 2010. 「网络民族主义. 市民社会与中国外交」. ≪世界经济与政治≫, 10기.
王柯. 2014.9.3. "日本为什么总是中国民族主义发酵的温床?". http://history.sina.com.cn/his/zl/2014-09-03/104699319.shtml/
王明进. 2004. 「中国对多边外交的认识及参与」. ≪教学与研究≫, 5기. ≪中国外交≫, 2004년 9기.
王屏. 2011.6.28. "中国外交的哲学思考". http://opinion.china.com.cn/opinion_29_18429.html/
王小东. 1999. 「民族主义和民主主义」. ≪战略与管理≫, 3기.
______. 2002.8.26. "中国互联网上的民族主义走向成熟". http://blog.voc.com.cn/blog_showone_type_blog_id_51717_p_1.html/
______. 2009. 『天命所归是大国』. 南京: 江苏人民出版社.
______. 2014.8.13. "儒家思想不能主导中国改革". ≪环球时报≫.
王毅. 2014.9.28. "共谋和平发展 共守法治正义: 在第69届联合国大会一般性辩论上的发言". http://www.fmprc.gov.cn/mfa_chn/ziliao_611306/zyjh_611308/t1195781.shtml/
______. 2015.3.8. "2015中国外交关键词是'一个重点, 两条主线'". http://news.xinhuanet.com/politics/2015lh/2015-03/08/c_134047710.htm/
______. 2015.6.27. "中国是国际和地区秩序的维护者, 建设者和贡献者: 在第四届世界和平论坛午餐会上的演讲". http://news.xinhuanet.com/world/2015-06/27/c_127958149.htm/
王义桅. 2006. 「探询中国的新身份: 关于民族主义的神话」. ≪世界经济与政治≫, 2기.
______. 2011.6.2. "中国要超越左与右, 防过快崛起". ≪环球时报≫.
王逸舟. 1995. 『当代国际政治析论』. 上海: 上海人民出版社.
______. 2000a. 「中国外交影响因子探析」. ≪世界经济与政治≫, 3기.
______. 2000b. "三大需求: 发展, 主权与责任". ≪世界知识≫, 5기. http://www.people.com.cn/GB/channel7/35/20000226/8499.html/
______. 2003. 『全球政治和中国外交』. 北京: 世界知识出版社出版.
______. 2005. 『探寻全球主义国际关系』. 北京: 北京大学出版社.
______. 2007. 「今后五年的中国外交需要智慧与勇气」. ≪外交评论≫, 6기.

______. 2008.「论中国外交转型」.《学习与探索》, 5기.

______. 2011.『创造性介入: 中国外交新取向』. 北京: 北京大学出版社.

______. 2012.3.30. "国际大选年的中国应对: 谈'创造性介入'的中国外交战略". 《人民论坛》. http://theory.people.com.cn/GB/82288/112848/112851/17538809.html/

______. 2012.10.13. "中国应'创造性介入'海洋争端".《环球时报》.

______. 2015.7.22. "未来国际秩序应走向'共享安全'".《环球时报》.

王勇. 2015.3.18. "亚投行考验美国心胸和能力".《环球时报》.

王嵎生. 2007. "国际接轨: 接什么怎样接."《世界知识》, 6기.

魏建国. 2013.7.26. "主动加入TPP对中国更有利".《环球时报》.

______. 2015.10.9. "TPP的挑战, 正是我们努力的方向".《环球时报》.

魏令. 2011.「东亚进程与中国外交: 新格局, 新均衡, 新作为: 从东亚峰会说开去」.《外交评论》, 6기.

韦宗友. 2006.「中国新外交: 国内变迁, 外部环境与国际秩序」.《国际观察》, 4기.《中国外交》, 2006년 12기.

吴兵. 2015.「从"天下责任"到"负责任大国": 身份视角下的中国国际责任观历史嬗变研究」.《当代亚太》, 4기.

吴建民. 2006a.「'中国梦'不仅属于中国 更属于世界」.《外交评论》, 2기.

______. 2006b.「多边外交是构建和谐世界的平台: 重新认识多边外交」.《外交评论》, 4기.

______. 2012.5.3. "警惕狭隘的民族主义".《环球时报》.

______. 2012.12.11. "已经天下第二, 还要韬吗?".《人民日报》(해외판).

吴建民 外. 2006.「和谐世界与中国外交」.《外交评论》, 1기.

吴潜涛·杨峻岭. 2011.「全面理解爱国主义的科学内涵」.《高校理论战线》, 10기.

吴潜涛·杨丽坤. 2009.「改革开放以来爱国主义教育的回顾与思考」.《教学与研究》, 5기.

吴正龙. 2014.10.25. "亚投行: 中国提供的又一公共产品".《解放日报》.

吴祖荣. 2014.10.30. "美国暗中搅局亚投行该脸红". http://opinion.huanqiu.com/opinion_world/2014-10/5185333.html/

习近平. 2013.1.29. "更好统筹国内国际两个大局 夯实走和平发展道路的基础". http://news.xinhuanet.com/politics/2013-01/29/c_114538253.htm/

项兵. 2014.9.1. "未来30年, 全球或将'被中国化'". http://business.sohu.com/20140901/n403944253.shtml/

肖枫. 2000.「世界经济的'全球化'与中国应采取的战略」.《国际问题研究》, 2기.

萧功秦. 1999.「民族主义与世纪之交的思想分化」.《战略与管理》, 4기.

肖佳灵. 2003.『国家主权论』. 北京: 时事出版社.

谢益显 外 编. 2009.『中国当代外交史(1949-2001)』. 北京: 中国青年出版社.

邢悦. 2006.「韬光养晦战略再思考: 兼论如何树立中国的国际形象」.《国际观察》, 6기.

徐步. 2009.「关于国际秩序调整构建问题的思考」. ≪外交评论≫, 4기.
许纪霖. 2010.「普世文明, 还是中国价值? 近十年中国历史主义思潮之批判」. ≪开放时代≫, 5기.
徐坚 外. 2005. “多边主义与中国外交”. ≪教学与研究≫, 8기. ≪中国外交≫, 2005년 12기.
徐正源. 2010.「中国负责任大国角色认知的形成机制分析」. ≪教学与研究≫, 1기. ≪中国外交≫, 2010년 7기.
______. 2015.『中国负责任大国角色的建构: 角色理论视角下的实证分析』. 北京: 中国人民大学出版社.
薛力. 2014.8.11. “中国应在缓和南海争端上有所作为”. http://www.ftchinese.com/story/001057663/
______. 2015.4.28. “中国应加快调整南海政策”. http://www.ftchinese.com/story/001061744/
______. 2015.「中国‘一带一路’战略面对的外交风险」. ≪国际经济评论≫, 2기. http://www.aisixiang.com/data/94541.html/
鄢烈山. 2012.9.17. “全球化时代, 爱国者必是国际主义者”. http://star.news.sohu.com/20120917/n353325221.shtml/
阎学通. 2009.3.13. “国家最崇高的目标不是致富!”. ≪环球时报≫.
______. 2010.「当前国际形势与中国外交的调整」. ≪战略决策研究≫, 2기.
______. 2011.4.6. “中国行为的根源”. ≪青年参考≫.
______. 2012.6.8. “反对中俄结盟是硬道理吗?”. http://www.21ccom.net/articles/qqsw/zlwj/article_2012060861511.html/
______. 2012.12.7. “中国崛起面临的国际体系压力”. ≪三联生活周刊≫.
______. 2013a.『历史的惯性: 未来十年的中国与世界』. 北京: 中信出版社.
______. 2013b.「中国外交全面改革的开始」. ≪世界知识≫, 24기.
阎学通 外. 2009.『王霸天下思想及启迪』. 北京: 世界知识出版社.
阎学通·徐进 编. 2008.『中国先秦国家间政治思想选读』. 上海: 复旦大学出版社.
杨成绪. 2014.8.9. “韬光养晦 有所作为: 邓小平外交思想浅议”. ≪光明日报≫
杨继绳. 2011.「我看‘中国模式’」. ≪炎黄春秋≫, 1기. http://www.chinareform.org.cn/open/Theory/201101/t20110114_58526.htm/
杨洁篪. 2008.「2007年国际形势和中国外交工作」. ≪求是≫, 1기.
______. 2013.「新形势下中国外交理论和实践创新」. ≪求是≫, 16기.
杨洁勉. 2015.「中国外交哲学的探索. 建设和实践」. ≪国际观察≫, 6기. ≪中国外交≫, 2016년 2기.
杨彦春. 2013.8.6. “‘南海问题’与中国的‘软实力’外交”. http://opinion.huanqiu.com/opinion_world/2013-08/4222583.html/
楊毅. 2010.2.1. “中國海軍少將: 需讓美核心利益也受損失”. http://www.zhgpl.com/doc/1012/1/6/0/101216036.html?coluid=93&kindid=2782&docid=101216036/
______. 2011.12.26. “韬光养晦已不可能, 中国受伤要坚决还击”. http://military.people.com.cn/GB/42967/16710228.html/

______. 2012.2.8. “世界很乱, 中国更要敢于作为提高影响力”. ≪环球时报≫.

叶海林. 2008.8.29. “北京奥运冲击西方价值自信”. ≪国际先驱导报≫.

______. 2009. 「中国特色的国际关系与外交理论创新研究: 新议程. 新框架. 新挑战」. ≪国际政治研究≫, 2기.

叶小文. 2016. “中国新一轮对外开放的大战略.” ≪人民论坛≫, 2016년 1월(下).

叶自成. 2001. 「春秋战国时期的中国外交思想流派及与西方的比较」. ≪世界经济与政治≫, 12기.

______. 2003. 『春秋战国时期的中国外交思想』. 香港: 香港社会科学出版社.

______. 2014. 「在新形势下对邓小平外交思想的继承, 发展和思考」. ≪世界经济与政治≫, 11기.

叶自成·蒋立群. 2011. 「新中国国际秩序观的变迁」. ≪党的文献≫, 6기. ≪中国外交≫, 2012년 3기.

尹承德. “TPP或于奥巴马离任前正式问世”. 2015.8.6. http://opinion.huanqiu.com/opinion_world/2015-08/7210118.html/

尹继武. 2012.1.30. “在‘尊重中国’的时代让西方迎合中国”. ≪环球时报≫.

于洪君. 2016. 7.21. “亚太安全秩序岂可由‘美国规则’主导”. ≪环球时报≫.

余克光. 2012.3.14. “外交辞令不妨多与时俱进”. ≪环球时报≫.

俞可平. 2007. 「和谐世界理念下的中国外交」. ≪瞭望≫, 17기.

俞新天. 2005. 『在和平, 发展, 合作的旗帜下』. 北京: 中共中央党校出版社.

袁鹏. 2006.4.4. “中国崛起后如何在世界上给自己定位”. http://news.xinhuanet.com/comments/2006-04/04/content_4382553.htm/

______. 2010. 「中国外交须谨防大战略失误」. ≪现代国际关系≫, 11기.

袁伟时. 2016.1.11. 「现代化与历史教科书」. ≪冰点≫, 574기.

曾华国. 2014.1.15. “中美日印军力比较”. ≪瞭望东方周刊≫.

章百家. 2002. 「改变自己 影响世界: 20世纪中国外交基本线索刍议」. ≪中国社会科学≫, 1기.

______. 2009. 「中国外交成长历程中的观念变迁: 从革命的. 民族的视角到发展的. 全球的视野」. ≪外交评论≫, 3기.

张锋. 2012. 「“中国例外论”刍议」. ≪世界经济与政治≫, 3기.

张光. 1992. 「80年代中国外交政策的重大调整」. ≪外交学院报≫, 1기.

张明澍. 2013. 『中国人想要什么样民主』. 北京: 社会科学文献出版社.

张千帆. 2012.7.16. “中国需将领土诉求融入国际法秩序”. http://www.aisixiang.com/data/55415.html/

张清敏. 2012.2.25. “中国外交应抛弃‘受害者心理’”. ≪环球时报≫.

张睿壮. 2001. 「重估中国外交所处之国际环境: 和平与发展并非当代世界主题」. ≪战略与管理≫, 1기.

______. 2007.2. 「中国外交哲学的理想主义倾向」. ≪二十一世纪双月刊≫, 99기.

张维为. 2011. 「一个奇迹的剖析: 中国模式及其意义」. ≪红旗文稿≫, 6기. http://www.qstheory.cn/hqwg/2011/201106/201103/t20110325_74156.htm/

张文木. 2004. 『世界地缘政治中的国家安全利益分析』. 济南: 山东人民出版社.

张小明. 2011.「中国的崛起与国际规范的变迁」. ≪外交评论≫, 1기.

张颐武. 2016.8.9. "90后, 为何西方看走了眼". ≪环球时报≫.

章玉贵. 2015.7.24. "新开发银行: 全球金融新秩序标杆". http://opinion.huanqiu.com/opinion_world/2015-07/7092814.html/

张玉良. 1997.「指导中国外交的战略方针」. ≪外交学院报≫, 2기.

张蕴岭. 2015.「中国的周边区域观回归与新秩序构建」. ≪世界经济与政治≫, 1기.

张志洲. 2005.9.9. "构建中国自己的外交哲学". ≪环球时报≫.

______. 2007a.「在崛起背景下构建中国自己的外交哲学」. ≪国际论坛≫, 1월.

______. 2007b.「创建中国的外交哲学刍议」. ≪国际观察≫, 1기.

赵长茂. 2010.「在新起点上实现新发展」. ≪瞭望≫, 45기.

赵磊. 2015.4.21. "避免亚投行被外界政治化". ≪环球时报≫.

赵龙跃. 2012.「中国参与国际规则制定的问题与对策」. ≪学术前沿≫, 12기. ≪中国外交≫, 2013년 4기.

赵青海. 2006.8.23. "从和平共处五项原则到'和谐世界'新理念: 中国外交思想在继承中发展, 创新". http://news.xinhuanet.com/world/2006-08/23/content_4993067_4.htm/

赵汀阳. 2005.『天下体系: 世界制度哲学导论』. 南京: 江苏教育出版社.

______. 2008.「天下体系的一个简要表述」. ≪世界经济与政治≫, 10기.

郑必坚. 2004.4.7. "'中国和平崛起'论的由来". ≪国际先驱导报≫.

______. 2005.11.22. "中国共产党在二十一世纪的走向". ≪人民日报≫(해외판).

______. 2006.「'中国梦'与世界大事」. ≪外交评论≫, 2기.

挚心. 2001.「加入WTO后的接轨与转轨」. ≪新疆社科论坛≫, 4기.

钟声. 2015.5.19. "国强不图霸 合作促共赢". ≪人民日报≫.

______. 2016.1.17. "为改善全球经济治理增添新力量". ≪人民日报≫.

周方银. 2011.「中国的世界秩序理念与国际责任」. ≪国际经济评论≫, 3기. ≪中国外交≫, 2011년 10기.

______. 2012.「大国外交需要'软硬兼施'」. ≪人民论坛≫, 1기.

朱锋. 2007.「中国外交向"新国际主义"转型: 中国国际影响力的探索」. ≪中国与世界观察≫, 6기.

______. 2008.「在"韬光养晦"与"有所作为"之间求平衡」. ≪现代国际关系≫, 9기.

______. 2015.「岛礁建设会改变南海局势现状吗?」. ≪国际问题研究≫, 3기.

朱立群. 2009.「中国外交的'中庸'特色」. ≪外交评论≫, 3기.

______. 2012.「中国与国际体系: 双向社会化的实践逻辑」. ≪外交评论≫, 1기.

朱立群 外. 2012.『中国与国际体系: 进程与实践』. 北京: 世界知识出版社.

朱立群·赵广成. 2008.「中国国际观念的变化与巩固: 动力与趋势」. ≪外交评论≫, 1기.

朱威烈. 2010.8.14. "韬光养晦: 世界主流文明的共有观念".『文汇报』.

资中筠. 2014.「中国外交不要走向冒险主义」. ≪炎黄世界≫, 2기.

左希迎. 2016.7.17. "南海仲裁案与南海秩序的未来". http://www.21ccom.net/html/2016/zlwj_0717/

5799.html/

"APEC设宴水立方, 让人有'万邦来朝'感觉". ≪人民日报≫(SNS판). 2014.11.12.

"财政部长楼继伟回应亚投行七大热点问题". 2015.3.20. http://news.sohu.com/20150320/n410082404.shtml/

"传统文化输血中国新外交". ≪国际先驱导报≫. 2004.12.27.

"从民主党之辩看日本的中国威胁论". 2005.12.20. http://hk.crntt.com/crn-webapp/cbspub/secDetail.jsp?bookid=30002&secid=30097/

"邓小平在中国共产党第十二次全国代表大会上的开幕词". 1982.9. http://www.gov.cn/test/2008-06/25/content_1027253.htm/

"第十一次驻外使节会议召开 胡锦涛, 温家宝讲话". 2009.7.20. http://www.gov.cn/ldhd/2009-07/20/content_1370171.htm/

"21国签约筹建亚投行, 法定资本1000亿美元". ≪环球时报≫. 2014.10.25.

"傅莹在慕尼黑安全会议谈秩序问题". 2016.2.14. http://world.people.com.cn/n1/2016/0214/c1002-28121188.html/

"构建周边命运共同体, 倡导新型国际关系的成功实践: 外交部长王毅谈习近平主席访问巴基斯坦并出席亚非领导人会议和万隆会议60周年纪念活动". ≪人民日报≫(해외판). 2015.4.25.

"国务委员戴秉国: 谦虚谨慎不等于容忍他国欺负". 2012.5.15. http://politics.people.com.cn/GB/1026/17896461.html/

"合肥一中学3000初中生早读奥巴马演讲稿引争议," 2013.9.5. http://news.qq.com/a/20130905/010391.htm/

"和平友好走向世界(奔向全面小康)". ≪人民日报≫. 2007.10.14.

"和谐世界: 中国外交新理念". ≪新京报≫. 2006.12.22.

"胡锦涛在纪念党的十一届三中全会召开30周年大会上的讲话". ≪人民日報≫. 2008.12.19.

"环球舆情调查中心'中国人看世界'调查显露大国公民视野". ≪环球时报≫. 2015.12.30.

"建设和谐世界: 中国外交思想的新发展". 2006.8.23. http://news.xinhuanet.com/world/2006-08/23/content_4993067.htm /

"拉近中国与世界的距离: 专家解读习近平主席访欧公共外交活动". 2014.4.1. http://news.xinhuanet.com/world/2014-04/01/c_1110054206.htm/

"李克强消弭'亚洲'疑虑". 2016.6.3. http://news.xinhuanet.com/politics/2016-06/03/c_129039136.htm/

"刘建飞: 提升软实力是实现民心相通的根本途径". 2015.7.5. http://world.people.com.cn/n/2015/0705/c397302-27256247.html/

"罗援: 美对台军售意在遏制中国崛起(图)". 2010.2.1. http://news.sohu.com/20100201/n26996745

3.shtml/
"罗援评P8A进南海: 美从偷鸡摸狗到明目张胆当强盗". ≪环球时报≫. 2015.2.28.
"美国在南海问题不断挑衅 日本公开支持美国'航行自由'". ≪环球时报≫. 2016.2.2.
"慕尼黑安全会议热议中国国际作用". 2016.2.14. http://world.people.com.cn/n1/2016/0214/c1002-28121200.html/
"普遍主义，特殊主义和民族主义：在当代世界的当代中国涵义". 2012.10.12. http://unirule.org.cn/index.php?c=article&id=2461&q=1/
"强硬! 朱成虎少将"核武攻美"讲话全过程". 2010.7.13. http://blog.sina.com.cn/s/blog_489f647f0100kfvu.html/
"秦亚青: 为国际秩序变革贡献'中国方案'". 2014.12.17. ttp://www.cssn.cn/zf/zf_dh/201412/t20141217_1446569.shtml
"人民网评: 亚投行为'金融丛林'注入中国'和'文化洪乐风". 2016.1.16. http://opinion.people.com.cn/n1/2016/0116/c1003-28060323.html/
"入世'变法'中国要与世界经济接轨". 2002.1.13. http://news.xinhuanet.com/newscenter/2002-01/13/content_236183.htm/
"入世4年中国交卷: 完成大部分承诺 进入后过渡期". ≪解放日报≫. 2005.12.11.
"社评: 爱国主义向多元内涵敞开大门". ≪环球时报≫. 2012.12.14.
"社评: 把菲律宾当'出头鸟'惩罚". ≪环球时报≫. 2012.1.29.
"社评: 当美日地缘政治出击让人目不暇接时". ≪环球时报≫. 2016.8.31.
"社评: 崩溃论与威胁论, 中国更烦哪个". ≪环球时报≫. 2015.8.29.
"社评: 构建大国心态是中国的一场硬仗". ≪环球时报≫. 2015.4.1.
"社评: 领导亚投行, 中国需学会挨骂和妥协". ≪环球时报≫. 2015.6.30.
"社评: 美国反对亚投行难免致自我孤立". ≪环球时报≫. 2015.3.23.
"社评: 没联合宣言, 比有乱谈南海的宣言好". ≪环球时报≫. 2015.11.5.
"社评: 美在南海的色厉内荏逐渐清晰". ≪环球时报≫. 2015.11.4.
"社评: 民族复兴, 今天的中国离它最近". ≪环球时报≫. 2012.3.7.
"社评: 切莫跟着外界炒亚投行'政治胜利'". ≪环球时报≫. 2015.4.7.
"社评: '清朝GDP世界第一'为何忽悠了我们". ≪环球时报≫. 2014.1.9.
"社评: '软顶'世贸裁决, 中国不必做乖孩子". ≪环球时报≫. 2012.2.1.
"社评: TPP压垮中国经济? 太有想象力了". ≪环球时报≫. 2015.10.6.
"社评: '万邦来朝'的滑稽比喻是黑中国". ≪环球时报≫. 2014.11.12.
"社评: 西方反华力量千方百计要坑中国". ≪环球时报≫. 2014.6.4.
"社评: 亚投行将倒逼中国更高水平开放". ≪环球时报≫. 2015.3.20.
"社评: 亚投行之赢不是中美间的胜负". ≪环球时报≫. 2015.3.25.

"社评: 亚投行, 中国的'和'赢了美国的'斗'". ≪环球时报≫. 2015.3.18.
"社评: 要把咋咋呼呼的美军舰看成'纸老虎'". ≪环球时报≫. 2015.10.28.
"社评：应构建有中国特色的大国外交". ≪环球时报≫. 2013.3.19.
"社评: 用升级战略反击力量应对反导". ≪环球时报≫. 2012.3.29.
"社评: 中国的'亨廷顿', 你们在哪". ≪环球时报≫. 2014.5.21.
"社评: 中国改革和崛起同时走入深水区". ≪环球时报≫. 2012.3.23.
"社评: 中美战略对话应达到四个目标". ≪环球时报≫. 2015.6.23.
"社评: 周边民族主义比中国的厉害多了". ≪环球时报≫. 2012.5.12.
"十八大以来习近平外交'路线图': 大格局彰显大智慧". 2014.11.15. http://politics.people.com.cn/n/2014/1115/c1001-26026910.html/
"世界上没有一成不变的游戏规则". ≪人民日报≫. 2012.2.1.
"世界需要什么样的国际秩序". ≪人民日報≫(해외판). 2012.3.13.
"同心共筑中国梦". ≪人民日报≫. 2012.12.27.
"推动共建丝绸之路经济带和21世纪海上丝绸之路的愿景与行动". ≪人民日报≫. 2015.3.29.
"外交部官员:公众意见是中国外交决策的重要参考". 2010.9.4., http://news.cn.yahoo.com/ypen/20100904/16011.html/
"外交部长王毅谈习近平主席出访: 开创周边外交新局, 推进亚太区域合作". ≪人民日报≫. 2013.10.9.
"网络民族主义发轫 百万签名递交日本驻华大使馆". ≪国际先驱导报≫. 2003.9.19.
"网络民族主义掀开中国民族主义新篇章". ≪国际先驱导报≫. 2003.9.23.
"王毅会见日本外相, 要求日本不要处处与中国'较劲'". 2015.8.7. http://world.people.com.cn/n/2015/0807/c1002-27425764.html/
"王毅谈习近平出席圣彼得堡二十国集团领导人第八次峰会". 2013.9.7. http://news.xinhuanet.com/world/2013-09/07/c_117266982.htm/
"王毅: 形成中国方案, 发出中国声音, 积极开展经济外交". 2013.12.3. http://www.fmprc.gov.cn/mfa_chn/zyxw_602251/t1105278.shtml/
"王毅: 中国是当代国际秩序的参与者, 维护者和改革者". 2015.2.24. http://news.xinhuanet.com/world/2015-02/24/c_1114421694.htm/
"王逸舟: 建设'一带一路'需提供更精细公共产品". 2015.7.5. http://world.people.com.cn/n/2015/0705/c397302-27256047.html/
"未来十年的中国外交转型". ≪环球时报≫. 2013.1.4.
"温家宝总理会见中外记者并答问". 2006.3.14. http://www.china.com.cn/zhibo/2006-03/14/content_8784882.htm?show=t/
"吴建民述中国外交60年变化: 韬光养晦仍要管100年". 2009.6.1. http://www.chinanews.com/gn/news/2009/06-01/1713676.shtml/

"吴胜利会见美国海军作战部长 就南海问题深入交换意见". 2016.7.18. http://news.xinhuanet.com/mil/2016-07/18/c_1119238489.htm/
"习近平: 承前启后继往开来 朝着中华民族伟大复兴目标奋勇前进". ≪人民日报≫. 2012.11.30.
"习近平: 加快实施自由贸易区战略, 加快构建开放型经济新体制". 2014.12.6. http://news.xinhuanet.com/politics/2014-12/06/c_1113546075.htm/
"习近平: 建设社会主义文化强国 着力提高国家文化软实力". 2014.1.1. http://politics.people.com.cn/n/2014/0101/c1001-23994334.html/
"习近平在联合国教科文组织总部的演讲". ≪人民日报≫. 2014.3.28.
"习近平在全国宣传思想工作会议上发表重要讲话". 2013.8.20. http://news.xinhuanet.com/photo/2013-08/20/c_125211184.htm/
"习近平在推进'一带一路'建设工作座谈会上强调 总结经验坚定信心扎实推进 让'一带一路'建设造福沿线各国人民". ≪人民日报≫. 2016.8.18.
"习近平在中共中央政治局第二十次集体学习时强调". 2015.1.24. http://politics.people.com.cn/n/2015/0124/c1024-26443993.html/
"习近平在中共中央政治局第三十一次集体学习时强调 借鉴历史经验创新合作理念 让"'带一路'建设推动各国共同发展". ≪人民日报≫. 2016.5.1.
"习近平: 中国不会成为'世界警察'". 2015.10.19. http://news.xinhuanet.com/world/2015-10/19/c_128335446.htm/
"习近平主持中共中央政治局第十九次集体学习并发表重要讲话". ≪人民日报≫. 2014.12.7.
"习总书记'两个绝不'释放出的信号". 2013.1.31. http://cpc.people.com.cn/n/2013/0131/c241220-20393735.html?ol4f/
"携手助力亚洲互联互通". ≪人民日报≫. 2016.1.18.
"亚太自贸区进程承载共同繁荣的使命". ≪人民日报≫. 2015.11.21.
"亚投行'朋友圈'在壮大 折射中国国际影响力和接受度". ≪人民日报≫. 2015.3.19.
"亚投行首批四项目亮相 获中国5000万美元赠款". 2016.6.25. http://news.xinhuanet.com/fortune/2016-06/25/c_1119111632.htm/
"亚投行谈判六月完成 中国首次领导国际多边金融". ≪环球时报≫. 2015.4.1.
"亚投行章程年中商签 '更好标准'考验创始国智慧". 2015.4.16. http://world.people.com.cn/n/2015/0416/c1002-26851621.html/
"'一带一路'不是'地缘政治'". 2015.3.8. http://language.chinadaily.com.cn/2015-03/08/content_19750368.htm/
"'一带一路'奏响合作共赢最强音". ≪人民日报≫. 2015.4.13.
"以结盟战略应对美国战略东移?". ≪环球时报≫. 2012.3.9.
"1998-1999年度国际形势报告". ≪战略与管理≫. 1999년 2기.

"以战略组合拳反制美对台军售". ≪瞭望≫. 2010.2.9. http://news.qq.com/a/20100209/001300.htm/
"英'擅入'亚投行令美国大哥不爽 日韩澳或随其后". ≪环球时报≫. 2015.3.14.
"张业遂: '一带一路'不是地缘战略的工具". 2015.3.21. http://news.xinhuanet.com/world/2015-03/21/c_1114716882.htm/
"郑永年: '一带一路'战略起步不易". 2015.3.23. http://www.ftchinese.com/story/001061172?full=y/
"'仲裁'后美海军高官首访中国 安静外交解决南海争端". ≪环球时报≫. 2016.7.18.
"中共中央关于全面推进依法治国若干重大问题的决定". 2014.10.23. http://news.xinhuanet.com/2014-10/28/c_1113015330.htm/
中国的国际环境质变了吗: 吴建民. 罗援交锋当下中国如何与世界打交道". 2014.8.1. http://www.infzm.com/content/102801/
"≪中国的和平发展≫白皮书". http://news.xinhuanet.com/politics/2011-09/06/c_121982103.htm/
"中国的军控, 裁军与防扩散努力(四): 致力与国家和区域裁军". 2005.9. http://www.china.com.cn/chinese/zhuanti/book/956904.htm/
"中国共产党第十八届中央委员会第五次全体会议公报". 2015.10.29. http://news.xinhuanet.com/politics/2015-10/29/c_1116983078.htm/
"中国共产党第十七届中央委员会第五次全体会议公报". ≪人民日报≫. 2010.10.19.
"中国回应永兴岛部署导弹, 相关岛礁部署早就存在". ≪环球时报≫. 2016.2.18.
"中国梦的国际表达: 和谐世界需要健康中国". 2006.4.12. http://news.sina.com.cn/c/2006-04-12/18019601572.shtml/
"'中国人看世界'舆论调查: 国人国家自豪感回归正常". ≪环球时报≫. 2011.1.2.
"中国人如何看世界? 2008初显大国心态". ≪环球时报≫. 2009.1.2.
"中国特色的外交转型: 访中国社会科学院世界经济与政治研究所副所长王逸舟". ≪中国党政干部论坛≫. 2008.11.25. http://theory.people.com.cn/GB/100787/8408314.html/
"中美海军首次在大西洋举行联合演练". 2015.11.8. http://news.xinhuanet.com/world/2015-11/08/c_1117075183.htm/
"中美经济伙伴之路越走越宽广: 汪洋副总理在中美商业关系论坛上的主旨演讲". 2014.12.17. http://www.mofcom.gov.cn/article/ae/ai/201412/20141200840915.shtml/
"中美确定军机相遇保持安全飞行规则". ≪京华时报≫. 2015.9.25.
"中美在東南亞的暗鬪". ≪廣角鏡≫. 2016년 7월.
"中央外事工作会议在京举行". ≪人民日报≫. 2014.11.30.
"专访秦亚青: 十七大后中国外交将更重视多边舞台". 2007.10.12. http://cpc.people.com.cn/GB/64093/64099/6369987.html/
"专家激辩'韬光养晦': 和平崛起不排除武力反击侵犯". 2011.12.17. http://china.huanqiu.com/roll/2011-12/2273974.html/

"专家解读习近平在中共中央政治局第三次集体学习上的讲话". 2013.2.1. http://news.xinhuanet.com/politics/2013-02/01/c_114588653.htm/
"专家谈习近平提出'中国方案': 对中国外交提出新要求". 2014.7.15. http://politics.people.com.cn/n/2014/0715/c99014-25284820.html/
"专家: 习近平重塑'韬光养晦有所作为'". 2015.8.15. http://politics.people.com.cn/n/2015/0815/c1001-27466723.html/

서양문헌

Allison, Graham. 2016.7.11. "Of Course China. Like All Great Powers. Will Ignore an International Legal Verdict." *The Diplomat*.
Ana, DJ Sta. 2014.6.13. "China reclaiming land in 5 reefs?" *The Philippine Star*.
Anderlini, Jamil et al. 2015.3.13. "UK move to join AIIB meets mixed response in China." *Financial Times*.
Austin, Greg. 2015.6.18. "Who Is the Biggest Aggressor in the South China Sea?" *The Diplomat*.
Baldor, Lolita C. 2015.10.29. "US. China officials discuss ship's passage by China islets." *AP*.
Barber, Lionel et al. 2015.4.15. "Interview: Li Keqiang on China's challenges." *Financial Times*.
Bateman, Sam. 2015.10.20. "What is the US protesting in the South China Sea?" http://www.eastasiaforum.org/2015/10/20/what-is-the-us-protesting-in-the-south-china-sea/
Bernstein, Richard and Ross H. Munro. 1997. *The Coming Conflict with China*. New York: Alfred A. Knopf.
Bin, Yu. 1996. "The China Syndrome: Rising Nationalism and Conflict with the West." *Asia Pacific Issues*, No.27(May).
Biswal, Nisha Desai. 2015.1.22. "The New Silk Road Post-2014: Challenges and Opportunities." http://www.state.gov/p/sca/rls/rmks/2015/236214.htm/
Buckley, Chris and Adam Wu. 2015.11.20. "China's President Praises Hu Yaobang. a Fallen Party Reformer." *The New York Times*.
Busby, Joshua W. and Jonathan Monten. 2008. "Without Heirs? Assessing the Decline of Establishment Internationalism in U.S. Foreign Policy." *Perspective on Politics*, 6: 3 (September).
Buzan, Barry. 2010. "China in International Society: Is 'Peaceful Rise' Possible?" *Chinese Journal of International Politics*.

Callahan, William A. 2011. "Introduction: Tradition. Modernity. and Foreign Policy in China." in Callahan, William A. and Elena Barabantseva(eds.). *China Orders The World: Normative Soft Power and Foreign Policy.* Washington. D.C.: Woodrow Wilson Center Press.

______. 2013a. *China Dreams: 20 Visions of the Future.* Oxford: Oxford University Press.

______. 2013b. "China's Harmonious World and Post-Western Orders: Official and Citizen Intellectual Perspectives." in Rosemary Foot(ed.). *China across The Divide: The Domestic and Global in Politics and Society.* New York: Oxford University Press.

______. 2014.12.8. "China Dream." *The Asan Forum.*

Chen, Zhimin. 2005. "Nationalism, Internationalism and Chinese Foreign Policy." *Journal of Contemporary China.*

______. 2012. "International Responsibility, Multilateralism and China's Foreign Policy." in Mario Telo(ed.). *State, Globalization and Multilateralism: The Challenges of Institutionalizing Regionalism.* Heidelberg: Springer.

Cheng, Dean. 2015.4.28. "America Needs a Comprehensive Strategy for Countering China's Expanding Perimeter of National Interests." The Heritage Foundation Issue Brief, #4397.

Cooper, Helen and Michael Forsythe. 2015.12.18. "U.S. Bomber Mistakenly Flew Near Disputed Island in South China Sea." *The New York Times.*

Deng, Yong. 1999. "Conception of National Interests: Realpolitik, Liberal Dilemma and the Possibility of Change." in Yong Deng and Fei-Ling Wang(eds.). *In the Eyes of the Dragon.* Lanham: Rowman & Littlefield Publishers. Inc.

______. 2000. "Escaping the Periphery: China's National Identity in World Politics." in Weixing Hu et al.(eds.). *China's International Relations in the 21st Century.* Maryland: University Press of America.

Deng, Yong and Sherry Gray. 2001. "Introduction: growing pains: China debates its international future." *Journal of Contemporary China.*

Donnan, Shawn and Geoff Dyer. 2015.3.17. "US warns of loss of influence over China bank." *Financial Times.*

______. 2015.9.27. "White House declares truce with China over AIIB." *Financial Times.*

Dyer, Geoff. 2015.3.13. "Superpowers circle each other in contest to control Asia's future." *Financial Times.*

Dyer, Geoff and George Parker. 2015.3.12. "UK and US in sharp row on how to deal with rising China." *Financial Times.*

Economy, Elizabeth C. 2015.3.1. "The AIIB Debacle: What Washington Should Do Now."

http://blogs.cfr.org/asia/2015/03/16/the-aiib-debacle-what-washington-should-do-now/

Ellis, Curtis and Peter Navarro. 2015.12.9. "'ObamaTrade' will let China 'write the rules'." *The Hill.*

Entous, Adam. 2015.3.12. "U.S. Military Proposes Challenge to China Sea Claims." *Wall Street Journal.*

Feng, Zhu. 2014. "Geopolitics and China's Response: Be a Co-operator and a Competitor." *Global Asia*, 9: 3.

Fengoct, Bree. 2014.10.24. "Deal Set on China-Led Infrastructure Bank." *International New York Times.*

Foot, Rosemary. 2001. "Chinese power and the idea of a responsible state." in Yongjin Zhang and Greg Austin(eds.). *Power and Responsibility in Chinese Foreign Policy.* Canberra: Asia Pacific Press.

______. 2013. "Introduction: China across the Divide." in Idem(ed.). *China across the Divide: The Domestic and Global in Politics and Society.* New York: Oxford University Press.

Ford, Peter. 2011.12.14. "How WTO membership made China the workshop of the world." *The Christian Science Monitor.*

Forsythe, Michael. 2016.2.16. "China Deployed Missiles on Disputed Island. U.S. Says." *The New York Times.*

______. 2016.5.13. "Beijing Tries to Whip Up Support for Its South China Sea Claims." *The New York Times.*

Frieden, Jeff. 1988. "Sectoral and foreign economic policy, 1914-1940." *International Organization*, 42: 1.

Gabuev, Alexander. 2015.11.12. "China's Silk Road Challenge." http://carnegieendowment.org/commentary/2015/11/12/china-s-silk-road-challenge/im66/

Glaser, Bonnie S. and Evan S. Medeiros. 2007. "The Changing Ecology of Foreign Policy-Making in China: The Ascension and Demise of the Theory of 'Peaceful Rise'." *China Quarterly*, No.190(June).

Godement, François and Agatha Kratz(eds.). 2015.6. *'One Belt, One Road': China's Great Leap Outward.* European Council on Foreign Relations.

Goldman, Merle et al. 1993. "China's Intellectuals in the Deng Era: Loss of Identity with the State." in Lowell Dittmer and Samuel Kim(eds.). *China's Quest for National Identity.* Ithaca: Cornell University Press.

Goldmann, Kjell. 1994. *The Logic of Internationalism: Coercion and accommodation.* London: Routledge.

Goldstein, Judith and Robert O. Keohane. 2007. *Ideas and Foreign Policy: Beliefs, Institutions and Political Change*(Ithaca: Cornell University Press. 1993)

Goodman, Matthew and Ely Ratner. 2014.11.23. "China Scores." *Foreign Affairs.* https://www.foreignaffairs.com/articles/china/2014-11-23/china-scores/

Green, Michael, Bonnie Glaser and Zack Cooper. 2016.2.18. "Seeing the Forest through the SAMs on Woody Island." http://amti.csis.org/seeing-the-forest-through-the-sams-on-woody-island/

Gries, Peter Hays et al. 2011. "Patriotism, Nationalism and China's US Policy: Structures and Consequences of Chinese National Identity." *The China Quarterly*, No.205(March).

Guang, Lei. 2005. "Realpolitik Nationalism: International Sources of Chinese Nationalism." *Modern China*, 31: 4(October).

Hao, Yufan and Ying Hou. 2009. "Chinese Foreign Policy Making: A Comparative Perspective." *Public Administration Review*(December). .

Hart, Melanie. 2015.9.29. "Assessing American Foreign Policy Toward China." Testimony Before the Senate Foreign Relations Committee Subcommittee on Near East, South Asia, Central Asia, and Counterterrorism. https://www.americanprogress.org/issues/security/report/2015/09/29/122283/assessing-american-foreign-policy-toward-china/

Heath, Timothy. 2014.11.20. "Fourth Plenum: Implications for China's Approach to International Law and Politics." *China Brief*, 14: 22.

Hempson-Jones, Justin S. 2005. "The Evolution of China's Engagement with International Governmental Organizations: Toward a Liberal Foreign Policy?" *Asian Survey*, 45: 5(September/October).

Hong, Yelin. 2015.5.8. "The AIIB Is Seen Very Differently in the US. Europe. and China." *The Diplomat.*

Huang, Chin-Hao. 2011.9.12. "Assessing the Role of Foreign Policy Elites in China: Impact on Chinese Foreign Policy Formulation." http://china.usc.edu/ShowArticle.aspx?articleID=2569&AspxAutoDetectCookieSupport=1/

Hughes, Christopher. 1997. "Globalization and Nationalism: Squaring the Circle in Chinese International Relations Theory." *Millenium: Journal of International Studies*, 26: 1.

______. 2011. "Reclassifying Chinese Nationalism: the geopolitik turn." *Journal of Contemporary China*, 20: 71(September).

Huntington, Samuel P. 1993. "The Clash of Civilizations?" *Foreign Affairs*, 72: 3(Summer).

Ikenberry, G. John. 2008. "The Rise of China and the Future of the West: Can the Liberal System Survive?" *Foreign Affairs*(January/February).

______. 2009. "Liberal Internationalism 3.0: American and the Dilemmas of Liberal World Order." *Perspective on Politics*, 7: 1(March).

Jacques, Martin. 2009. *When China Rules the World: The End of the Western World and the Birth of a New Global Order*. New York: Penguin Press.

Jakobson, Linda and Dean Knox. 2010. "New Foreign Policy Actors in China." *SIPRI Policy Paper*, No.26.

Jepperson, Ronald L. et al. 1996. "Norms. Identity. and Culture in National Security." in Peter J. Katzenstein(ed.). *The Culture of National Security: Norms and Identity in World Politics*. New York: Columbia University Press.

Johnston, Alastair I. 2003. "Is China a Status Quo Power?" *International Security*, 27: 4.

______. 2004. "Chinese Middle Class Attitudes towards International Affairs: Nascent Liberalization?" *The China Quarterly*, No.179(September).

Jorgensen, Malcolm. 2015.3.17. "China and the AIIB: Towards a new rules-based order?" *The Interpreter*.

Kassim, Yang Razali. 2015.11.20. "China and rebalancing the world order: a view from Southeast Asia." *PacNet*, #79.

Kennedy, Scott. 2005. "China's Porous Protectionism: The Changing Political Economy of Trade Policy." *Political Science Quarterly*, 120: 3.

Kennedy, Scott and David A. Parker. 2015.4.3. "Building China's 'One Belt. One Road'." http://csis.org/publication/building-chinas-one-belt-one-road/

Kent, Ann. 2001. "China's participation in international organizations." in Yongjin Zhang and Greg Austin(eds.). *Power and Responsibility in Chinese Foreign Policy*. Canberra: Asia Pacific Press.

Kuhn, Robert. 2012.3.23. "How China's Next Leader Will Guide." *The New York Times*.

Kuik, Cheng-Chwee et al. 2012. "The China Factor in the U.S. 'Reengagement' With Southeast Asia: Drivers and Limits of Converged Hedging." *Asian Politics & Policy*, 4: 3.

Kung, Phoak. 2015.10.2. "Why ASEAN should embrace Chinese initiatives." http://www.eastasiaforum.org/2015/10/02/why-asean-should-embrace-chinese-initiatives/

Kurlantzick, Joshua. 2006. "China's Charm Offensive in Southeast Asia." *Current History*, September.

Lampton, David. 1998. "China." *Foreign Policy*, 110(Spring).

______. 2014. *Following the Leader: Ruling China, from Deng Xiaoping to Xi Jinping*. Berkeley: University of California Press.

Lampton, David(ed.). 2001. *The Making of Chinese Foreign and Security Policy in the Era of*

Reform. Stanford. CA: Stanford University Press.

Legro, Jeffrey W. 2007. "What China Will Want: The Future Intentions of a Rising Power." *Perspectives on Politics*, 5: 3(September).

Leonard, Mark. 2008. *What Does China Think?* Philadelphia: Public Affairs.

Levy, Jack S. 2008. "Power Transition Theory and the Rise of China." in Robert Ross and Zhu Feng(eds.). *China's Ascent: Power. Security. and the Future of International Politics*. Ithaca: Cornell University Press.

Li, Gong. 2005. "The Difficult Path to Diplomatic Relations: China's U.S. Policy. 1972-1978." in William C. Kirby et al.(eds.). *Normalization of U.S.-China Relations: An International History*. Cambridge: Harvard University Press.

Li, Mingjiang. 2008. "Soft Power in Chinese Discourse: Popularity and Prospect." Rajaratnam School of International Studies(RSIS). Working Paper 165. https://www.rsis.edu.sg/wp-content/uploads/rsis-pubs/WP165.pdf/

Mearsheimer, John. 2001. *The Tragedy of Great Power Politics*. New York: W. W. Norton & Company.

Medeiros, Evans S. 2009. "Is Beijing Ready for Global Leadership?" *Current History*, September.

Menon, Jayant. 2015.10.29. "The TPP isn't a done deal yet." http://www.eastasiaforum.org/2015/10/29/the-tpp-isnt-a-done-deal-yet/

Miller, Doug. 2016.4.28. "Global citizenship a growing sentiment among citizens of emerging economies shows global poll for BBC World Service." http://www.bbc.co.uk/mediacentre/latestnews/2016/world-service-globescan-poll/

Ministry of Foreign Affairs of the People's Republic of China. 2016.4.23. "Wang Yi Talks about China's Four-Point Consensus on South China Sea Issue with Brunei, Cambodia and Laos." http://www.fmprc.gov.cn/mfa_eng/ zxxx_662805/t1358478.shtml/

Minnick, Wendell. 2015.4.12. "China's 'One Belt. One Road' Strategy." http://www.defensenews.com/story/defense/2015/04/11/taiwan-china-one-belt-one-road-strategy/25353561/

Moore, Malcolm. 2009.2.16. "Xi Jinping: China's 'next leader' in hardline rant." *The Telegraph*.

Murthy, Viren. 2006. "Modernity Against Modernity: Wang Hui's Critical History of Chinese Thought." *Modern Intellectual History*, 3: 1

Nathan, Andrew J. and Andrew Scobell. 2012. *China's Search for Security*. New York: Columbia University Press.

Niu, Xinchun. 2011. "Eight Myths about Sino-U.S. Relations." *Contemporary International Relations*, 21: 4(July/August).

Ota, Yasuhiko. 2015.2.5. "TPP crucial in shaping Asia's economic order." http://asia.nikkei.com/

magazine/20150205-Changes-in-the-air/Politics-Economy/TPP-crucial-in-shaping-Asia-s-economic-order/
Ou, Shujun. 2015. "Belt and Road: An Impetus from a Magnificently Reviving China." ≪동북아리뷰≫, 7: 2(August).
Pan, Jennifer and Yiqing Xu. 2015.4.12. "China's Ideological Spectrum." http://www.jenpan.com/jen_pan/manuscript_ideology.pdf/
Pan, Zhiping. 2014.9.18. "Silk Road Economic Belt: A Dynamic New Concept for Geopolitics in Central Asia." *CIIS*. http://www.ciis.org.cn/english/2014-09/18/content_7243440.htm/
Payne, Jeffrey. 2015.8.28. "China Goes West(And America Shouldn't Be Worried)." *The National Interest*.
Pearson, Margaret . 2006. "China in Geneva: Lessons from China's Early Years in the World Trade Organization" in Alastair Iain Johnston and Robert Ross(eds.). *New Directions in the Study of China's Foreign Policy*. Stanford: Stanford University Press.
Perlez, Jane. 2014.10.9. "U.S. Opposing China's Answer to World Bank." *The New York Times*.
______. 2015.10.28. "China Pushes Back Against U.S. Influence in the Seas of East Asia." *The New York Times*.
Perry, William H. 2000. "U.S. Strategy: Engage China. Not Contain." *Defense Issues*, 10: 109. http://www.defenselink.mil/speeches/1995/s19951030-kaminski.html/
Pew Research Center, Golbal Attitue Project. 2012.10.16. "Growing Concerns in China about Inequality. Corruption." http://www.pewglobal.org/2012/10/16/growing-concerns-in-china-about-inequality-corruption/
Phillips, Tom. 2015.4.20. "Xi Jinping announces £30bn 'China-Pakistan corridor'." *The Telegraph*.
Purushothaman, Uma. 2015.6.9. "China and Russia step up cooperation in Central Asia." http://www.eastasiaforum.org/2015/06/09/china-and-russia-step-up-cooperation-in-central-asia/
Putz, Catherine. 2015.6.3. "The US Prefers China to Russia in Central Asia." *The Diplomat*.
Qin, Yaqing. 2004. "National Identity. Strategic Culture and Security Interests: Three Hypotheses on the Interaction between China and International Society." in Yu Xintian(ed.). *Cultural Factors in International Relations*. Washington. D.C.: The Council for Research in Values and Philosophy.
______. 2010. "Struggle for Identity: A Political Psychology of China's Rise." in Brantly Womack(ed.). *China's Rise in Historiacl Perspective*. Lanham: Rowma & Littlefield Publishers. Inc.

______. 2011. "Development of International Relations Theory in China: Progress and Problems." in Wang Yizhou(ed.). *Transformation of Foreign Affairs and International Relations in China, 1978-2008*. Leiden: Brill.

Rachman, Gideon. 2015.3.16. "China's money magnet pulls in US allies." *Financial Times*.

R, S. 2014.11.11. "Why China is creating a new 'World Bank' for Asia." *The Economist*.

Ramo, Joshua Cooper. 2004.3. "The Beijing Consensus." *The Foreign Policy Centre*.

Rickleton, Chris. 2014.11.20. "Can China's Silk Road Vision Coexist with a Eurasian Union?" Inter Press Service. http://www.globalissues.org/news/2014/11/20/20323/

Rose, Gideon. 1998. "Neoclassical Realism and Theories of Foreign Policy." *World Politics*, 51: 1.

Ross, Robert. 2013. "The Domestic Sources of China's 'Assertive Diplomacy.' 2009-10: Nationalism and Chinese Foreign Policy." in Rosemary Foot(ed.). *China across the Divide: The Domestic and Global in Politics and Society*. New York: Oxford University Press.

Runde, Daniel. 2015.3.17. "Britain Launches European Rush to Join AIIB. Now What?" *Foreign Policy*.

Shambaugh, David. 2004. "China Engages Asia: Reshaping the Regional Order." *International Security*, 29: 3(May).

______. 2011a. "Coping with a Conflicted China." *The Washington Quarterly*, 34: 1.

______. 2011b. "International relations studies in China: history, trends, and prospects." *International Relations of the Asia-Pacific*, Vol.11.

Shtraks, Greg. 2016.8.9. "China's One Belt, One Road Initiative and the Sino-Russian Entente: An Interview with Alexander Gabuev." http://nbr.org/research/activity.aspx?id=707/

Shi, Yinhong. 2012.12. "The United States, East Asia, and the Chinese 'Triumphalism'." 고려대학교 아세아문제연구소 학술회의 발표문.

______. 2014. "Mixed Signals: China's Unpredictable Foreign Policy." http://www.themarknews.com/2014/07/21/mixed-signals-chinas-unpredictable-foreign-policy/

Shirk, Susan L. 2007. *China: Fragile Superpower*. New York: Oxford University Press.

______. 2011. "Changing Media. Changing Foreign Policy." in Shirk, Susan L.(ed.). *Changing Media, Changing China*. New York: Oxford University Press.

Sobolewski, Matthias and Jason Lange. 2015.3.17. "U.S. urges allies to think twice before joining China-led bank." *Reuters*.

Song, Xinning. 2001. "Building International Relations Theory with Chinese Characteristics." *Journal Of Contemporary China*, 10: 26.

Suettinger, Robert L. 2004. "The Rise and Descent of 'Peaceful Rise'." *China Leadership Monitor*, No.12. http://media.hoover.org/sites/default/files/documents/clm12_rs.pdf/

Sun, Yun. 2011.12. "Chinese Public Opinion: Shaping China's Foreign Policy. or Shaped by It?" http://www.brookings.edu/research/opinions/2011/12/13-china-public-opinion-sun/

______. 2015.7.31. "How the International Community Changed China's Asian Infrastructure Investment Bank." *The Diplomat.*

Sutter, Robert. 2015.7.7. "Xi Jinping's foreign policy: image versus reality: some adjustment required." *PacNet*, #38.

______. 2015.10.15. "Introduction to the Special Forum." *The Asan Forum.*

Swaine, Michael D. 1996. "The PLA and Chinese National Security Policy: Leaderships. Structures. Processes." *The China Quarterly*, No.146(June).

Swaine, Michael D. and Alastair Iain Johnston. 1999. "China and Arms Control Institutions." in Elizabeth Economy and Michel Oksenberg(eds.). *China Joins the World: Progress and Prospects.* New York: Council on Foreign Relations Press.

Takashi, Terada. 2016.2.3. "Japan and Geo-Economic Regionalism in Asia: The Rise of TPP and AIIB." http://www.eai.or.kr/type_k/panelView.asp?bytag=p&catcode=+&code=kor_report&idx=14500&page=1/

Tang, Wenfang and Benjamin Darr. 2012. "Chinese Nationalism and its Political and Social Origins." *Journal of Contemporary China*, 21: 77(September).

Teves, Oliver. 2014.5.15. "What is China building on this tiny island? Philippines government releases image of reclamation in the South China Sea." http://www.independent.co.uk/news/world/asia/what-is-china-building-on-this-tiny-island-philippines-government-releases-image-of-reclamation-in-9376289.html/

Tiezzi, Shannon. 2015.3.18. "America's AIIB Disaster: Are There Lessons to be Learned?" *The Diplomat.*

Vaz-Pinto, Raquel. 2015.10.29. "China's Pivot to Europe, with British Characteristics." *The American Interest.*

Viehe, Ariella and Aarthi Gunasekaran, Hanna Downing. 2015.9.22. "Understanding China's Belt and Road Initiative." https://www.americanprogress.org/issues/security/report/2015/09/22/121628/understanding-chinas-belt-and-road-initiative/

Wagner, Daniel and Robert Martin. 2014.8.26. "Can China's New Development Bank Succeed?" *The World Post.*

Walter, Andrew. 2013. "Addressing Global Imbalances: Domestic and Global Dynamics." in Rosemary Foot(ed.). *China across The Divide: The Domestic and Global in Politics and Society*. New York: Oxford University Press.

Wang, Jianwei. 2000. *Limited Adversaries: Post-Cold War Sino-American Images*. Hong Kong: Oxford University Press.

Wang, Jisi. 2011. "China's Search for a Grand Strategy: A Rising Great Power Finds Its Way." *Foreign Affairs*, 90: 2(March/April)

______. 2015. "The 'Two Orders' and the Future of China-U.S. Relations." http://www.chinafile.com/reporting-opinion/two-way-street/two-orders-and-future-china-us-relations/

Wang, Yi. 2013.6.27. "Exploring the Path of Major-Country Diplomacy With Chinese Characteristics." http://www.fmprc.gov.cn/mfa_eng/wjb_663304/wjbz_663308/2461_663310/t1053908.shtml/

Wang, Yuan-Kang. 2011. *Harmony and War: Confucian Culture and Chinese Power Politics*. New York: Columbia University Press.

Wang, Zaibang. 2011.10.24. "Aggressive diplomacy will leave country in isolation." *Global Times*.

Wang, Zheng. 2016.7.14. "What China Can Learn From the South China Sea Case." *The Diplomat*.

Westad, Odd Arne. 2012. *Restless Empire: China and the World since 1750*. New York: Basic Books.

Xia, Liping. 2001. "China: A responsbile great power." *Journal of Contemporary China*, 10: 26.

Xu, Man. 2015.11.17. "US-led trade pact is not an impossible challenge." *China Daily*.

Yale, William. 2015.4.22. "China's Maritime Silk Road Gamble." The Diplomat.

Yan, Xuetong. 2011.3.28. "The Sources of Chinese Conduct." http://www.project-syndicate.org/commentary/xyan1/English/

______. 2011.3.31. "How Assertive Should a Great Power Be?" *International Herald Tribune*.

______. 2011.11.7. "China's Rise and International Order." http://carnegieendowment.org/2011/11/07/china-s-rise-and-international-order/6mtw/

______. 2014. "From Keeping a Low Profile to Striving for Achievement." *The Chinese Journal of International Politics*, 7: 2.

Yan, Xuetong et al. 2011. *Ancient Chinese Thought, Modern Chinese Power*. Princeton: Princeton University Press.

Yu, Keping. 2007.5.10. "We Must Work to Create a Harmonious World." *China Daily*.

Zakaria, Fareed. 1999. *From Wealth to Power: The Unusual Origins of America's World Role*. Princeton: Princeton University Press.

Zhang, Feng. 2012. "Rethinking China's grand strategy: Beijing's evolving national interests and strategic ideas in the reform era." *International Politics,* 49: 3.

______. 2013. "Chinese Exceptionalism in the Intellectual World of China's Foreign Policy." in Rosemary Foot(ed.). *China across the Divide: The Domestic and Global in Politics and Society.* New York: Oxford University Press.

Zhang, Haizhou. 2016.6.18. "Wu Jianmin remembered as a true globalist." *China Daily.*

Zhang, Yongjin and Greg Austin. 2001. "China and the responsibility of power." in Zhang, Yongjin and Greg Austin(eds.). *Power and Responsibility in Chinese Foreign Policy.* Canberra: Asia Pacific Press.

Zhang, Jian. 2014. "The domestic sources of China's more assertive foreign policy." *International Politics*, 51: 3.

Zhang, Qingmin. 2008. "Continuities and Changes in China's Negotiating Behavior." in Pauline Kerr, Stuart Harris and Qin Yaqing(eds.). *China's "New" Diplomacy: Tactical or Fundamental Change?* New York: Palgrave MacMillan.

Zhao, Quansheng. 2006. "Epistemic Community, Intellectuals, and Chinese Foreign Policy." *Policy and Society*, 25: 1.

Zhao, Suisheng. 2000. "Chinese Nationalism and Its Internatioanl Orientations." *Political Science Quarterly*(Spring).

______. 2005-06. "China's Pragmatic Nationalism: Is It Manageable?" *The Washington Quarterly*(Winter).

______. 2010. "Chinese Foreign Policy Under Hu Jintao: The Struggle between Low-Profile Policy and Diplomatic Activism." *The Hague Journal of Diplomacy,* 5.

______. 2013. "Foreign Policy Implications of Chinese Nationalism Revisited: the strident turn." *Journal of Contemporary China*, 22: 82.

Zheng, Bijian. 2003.11.3. "A New Path for China's Peaceful Rise and the Future of Asia." http://history.boaoforum.org/English/E2003nh/dhwj/t20031103_184101.btk/

Zhu, Liqun. 2008. "The Domestic Sources of China's Foreign Policy." in Pauline Kerr, Stuart Harris and Qin Yaqing(eds.). *China's "New" Diplomacy: Tactical or Fundamental Change?* New York: Palgrave MacMillan.

______. 2010. "China's foreign policy debates." *Chaillot Papers*, No.121(September). Institute for Security Studies.

Zhu, Zhiqun. 2015.10.8. "China hits the road." http://www.eastasiaforum.org/2015/10/08/china-hits-the-road/

"A climate for change: how China went from zero to hero in fight against global warming in just 6 years." *South China Morning Post*. 2015.11.27.

"Accord reached on key bank." *China Daily*. 2014.10.25.

"AIIB banks on real growth, not rivalry." *China Daily*. 2015.3.18.

"Air power: US flew B-52 bombers near disputed South China Sea islands, Pentagon says." *South China Morning Post*. 2015.11.13.

"American poodle to Chinese lapdog?" *The Economist*. 2015.3.13.

"APEC agrees to work on FTAAP." *China Daily*. 2014.11.12.

"Armed Chinese fighter jets train over disputed waters in South China Sea in fresh response to United States sail-by." *South China Morning Post*. 2015.11.2.

"As China and the US jostle for influence, Southeast Asian nations must find a new equilibrium." *South China Morning Post*. 2015.10.2.

"Asean leaders raise concerns about South China Sea island-building as China tries to keep it off the table." *South China Morning Post*. 2015.11.22.

"Beijing and Hong Kong lose to Washington-led free-trade deal." *China Daily*. 2015.10.10.

"Beijing eyes bigger arms exports after Pakistan deal, experts say." *South China Morning Post*. 2015.4.26.

"Beijing rejects US, Philippines suggestion it freezes South China Sea projects." *South China Morning Post*. 2014.8.5.

"Beijing's challenge to the world of Bretton Woods." 2014.10.30, http://www.ft.com/cms/s/0/db2dcaf8-6042-11e4-88d1-00144feabdc0.html#axzz4AqxkO6f9/

"Beijing's South China Sea island building has polarised Asean nations." *South China Morning Post*. 2015.8.9.

"China Doing 'Large Scale' Reclamation in Disputed Islands: Media." *Reuters*. 2015.2.26.

"China faces hurdles on path to Asia-Pacific free-trade deal." *South China Morning Post*. 2014.10.27.

"China 'frustrated' by what it sees as US efforts to contain it in Asia." *South China Morning Post*. 2014.4.15.

"China 'has halted reclamation works in disputed South China Sea'." *South China Morning Post*. 2015.8.6.

"China keen to promote its idea for Asia-Pacific trade pact at Apec in Manila." *South China Morning Post*. 2015.11.11.

"China leads countries in signing up for US$50b Asian infrastructure bank." *South China Morning Post*. 2014.10.25.

"China must accept role on global stage." *South China Morning Post*. 2012.2.25.

"China pulls back in bid for free-trade pact after tough talks with US." *South China Morning Post*. 2014.11.8.
"China rejects US call for tougher sanctions against North Korea over nuclear bomb test." *South China Morning Post*. 2016.1.27.
"China Says AIIB Should Work Closely With World Bank, Others." *The New York Times*. 2016.6.24.
"China takes on role in Central Asia once held by Russia." *South China Morning Post*. 2015.7.6.
"China, US keep in contact despite rising tension in the South China Sea." *South China Morning Post*. 2015.11.4.
"China, US 'ready to engage' on TPP talks." *China Daily*. 2013.11.1.
"China, US sign agreement to boost army cooperation." *China Daily*. 2015.6.15.
"China will always ensure freedom of navigation in South China Sea, Xi says." *South China Morning Post*. 2015.11.7.
"China-led Asian bank challenges US dominance of global economy." *South China Morning Post*. 2015.4.11.
"China-Led Bloc Keeps Iran at Arm's Length Despite Russian Backing." *The New York Times*. 2016.6.23.
"China's assiduous courting of former Soviet Central Asian nations is stirring apprehension among Russia's leaders." *South China Morning Post*. 2015.12.28.
"China's development 'not a model': Wen." *Xinhua*. 2011.3.14.
"China's US$3 billion pledge to help countries tackle climate change is a sign of growing confidence as a leading player in world affairs." *South China Morning Post*. 2015.9.26.
"Chinese military on charm offensive as it announces joint drills with Malaysia, US and Australia." *South China Morning Post*. 2015.8.27.
"Chinese newspaper Global Times blasted over editorial on Donald Trump and poll on unifying Taiwan by force." *South China Morning Post*. 2016.5.12.
"Chinese President Xi Jinping crowns US state visit with deal on cyber espionage." *South China Morning Post*. 2015.9.27.
"Chinese threats to sanction Boeing are more sound than fury." *China Economic Review*. 2010.2.3.
"Don't mention the South China Sea: Asean defence chiefs cancel joint statement over territorial dispute." *South China Morning Post*. 2015.11.4.
"Dove vs. Hawk: Standoff between Chinese Diplomat and Global Times' Chief Editor."

People's Daily Online. 2016.4.8.
"Exclusive: China warns U.S. surveillance plane." http://edition.cnn.com/2015/05/20/politics/south-china-sea-navy-flight/
"'Faster talks needed' on conduct." *China Daily*. 2015.8.6.
"Fears in Japan over East China Sea". *South China Morning Post*. 2012.2.11.
"France, Germany and Italy 'to join China-led development bank'." *South China Morning Post*. 2015.3.17.
"Full Text of Chinese Premier Wen Jiabao's Speech at U.N. High-Level Meeting on MDGs." *Xinhua*. 2008.9.26.
"Getting into the game." *South China Morning Post*. 2012.3.7.
"'Grave concern': Japan expresses anger over China's test landing on Spratlys airstrip." *South China Morning Post*. 2016.1.4.
"Hague court deals a blow to China on South China Sea claims". *South China Morning Post*. 2015.10.31.
"Indonesia calls for US-China to 'restrain themselves', lashes US 'power projection' after Spratly sail-by." *South China Morning Post*. 2015.10.28.
"International Monetary Fund approves reserve currency status for China's yuan." *South China Morning Post*, 2015.12.1.
"It's the geopolitics, stupid: US-led TPP trade pact less about boosting economies than about containing China's rise." *South China Morning Post*. 2015.11.6.
"John Kerry fails to sway Cambodian leaders to take robust stance on South China Sea." *South China Morning Post*. 2016.1.26.
"Less biding and hiding." *The Economist*. 2010.12.2.
"Members named for Asia infrastructure bank." *China Daily*. 2014.10.24.
"Military Power of the People's Republic of China 2002." http://archive.defense.gov/news/Jul2002/d20020712china.pdf/
"Obama and Asean leaders say South China Sea disputes must be resolved under UN rules." *South China Morning Post*. 2016.2.17.
"Party steps up efforts to keep generals in line." *South China Morning Post*. 2012.3.22.
"PLA garrison 'warns off' US Navy destroyer sailing close to island in disputed area of South China Sea." *South China Morning Post*. 2016.1.31.
"PLA Navy gains use of port in Malaysia close to Spratly islands." *South China Morning Post*. 2015.11.21.
"Premier expresses China's sincerity at UN climate conference." 2009.12.18. http://china.org.cn/

environment/Copenhagen/2009-12/18/content_19094086.htm/

"South China Sea fears linger despite Beijing's loan and aid pledges at East Asia Summit." *South China Morning Post*. 2015.11.23.

"The road from China's past to future." *South China Morning Post*. 2014.12.8.

"TPP can benefit China." *China Daily*. 2013.6.24.

"Turning Your Eyes to China." *People's Daily Online*. December 12, 2003, http://en.people.cn/200312/12/eng20031212_130267.shtml#/

"UK to Join China-Backed Asian Development Bank." *The New York Times*. 2015.3.12.

"United States to remain world's Number 1 power 'for a fairly long time': Beijing." *South China Morning Post*. 2016.3.21.

"U.S. Compares China's South China Sea Moves to Russia's in Ukraine." *The New York Times*. 2015.6.26.

"US Navy carries out patrol in disputed part of South China Sea after PLA wraps up combat drills in the area." *South China Morning Post*. 2016.5.11.

"War of words erupts between Chinese ex-ambassador and editor of nationalist tabloid." *South China Morning Post*. 2016.4.7.

"Warning issued over arms sales to Taiwan." *China Daily*. 2010.1.8.

"Warships sent. US ambassador called in as China bolsters Navy presence in disputed Spratly islands. after US sail-by rattles Beijing's sovereignty claims." *South China Morning Post*. 2015.10.28.

"Why did the US choose the Subi and Mischief reefs for its South China Sea patrol?" *South China Morning Post*. 2015.10.30.

"Xi Jinping unveils China's plan for Asia-Pacific free-trade pact." *South China Morning Post*. 2014.11.11.

찾아보기

김재철(金材澈)

가톨릭대학교 국제학부 교수로 중국의 정치와 외교를 연구하고 강의하고 있다. 미국 워싱턴대학교(University of Washington)에서 「중국의 당 개혁: '당의 지도원칙'의 재개념화(Party Reform in Post-Mao China: Reconceptualizing the Party's 'Leading Role')」라는 논문으로 정치학 박사학위를 취득했으며, 세종연구소 연구위원을 역임했다. 주요 연구로 『중국, 미국 그리고 동아시아: 신흥 강대국의 부상과 지역질서』(2015), 『중국의 외교전략과 국제질서』(2007), 『중국의 정치개혁』(2002) 등의 단행본과 "Politics of Regionalism in East Asia", "The Political Economy of Chinese Investment in North Korea" 등 다수의 논문이 있다.

한울아카데미 1955

중국과 세계

국제주의, 민족주의, 외교정책

지은이 | 김재철
펴낸이 | 김종수
펴낸곳 | 한울엠플러스(주)
편집 | 김영은

초판 1쇄 인쇄 | 2017년 1월 30일
초판 1쇄 발행 | 2017년 2월 10일

주소 | 10881 경기도 파주시 광인사길 153 한울시소빌딩 3층
전화 | 031-955-0655
팩스 | 031-955-0656
홈페이지 | www.hanulmplus.kr
등록번호 | 제406-2015-000143호

Printed in Korea.
ISBN 978-89-460-5955-9 93340 (양장)
ISBN 978-89-460-6284-9 93340 (학생판)

* 책값은 겉표지에 표시되어 있습니다.
* 이 책은 강의를 위한 학생판 교재를 따로 준비했습니다.
  강의 교재로 사용하실 때에는 본사로 연락해주십시오.